KB141093

타자의 경험: 결혼이주여성의 생활세계담

김영순(Kim, Youngsoon)

베를린자유대학교에서 문화변동에 관한 연구로 철학박사학위를 취득하고, 현재 인하대학교 사회교육과 교수 겸 대학원 다문화교육학과 학과장으로 재직 중이다. 인하대학교 부설 다문화융합연구소 소장, 다문화멘토링사업단 단장, BK21＋글로컬다문화교육연구단 단장을 맡고 있다. 또한 전국 대학원생 질적 연구방법 캠프의 촌장으로 활동하고 있다. 이주여성에 관한 저술로는『초국적 정체성과 상호문화소통: 파독간호사 이야기』,『미국 한인이주여성의 초국적 삶과 공동체』,『중앙아시아계 이주여성의 삶: 이상과 현실 사이』,『관계의 서사: 결혼이주여성의 이주생애 내러티브』,『결혼이주여성의 주체적 삶에 관한 생애담 연구』,『이주여성의 상호문화 소통과 정체성 협상』등이 있다.

타자의 경험: 결혼이주여성의 생활세계담

초판 인쇄 2023년 9월 20일
초판 발행 2023년 9월 30일

지은이 김영순
펴낸이 박찬익
편집장 권효진
편 집 정봉선

펴낸곳 패러다임 북 | 주소 경기도 하남시 조정대로45 미사센텀비즈 8층 827호
전 화 031) 792 - 1195
홈페이지 www.pijbook.com | 이메일 pijbook@naver.com
등 록 2014년 8월 22일 제2020-000028호

ISBN 979 - 11 - 92292 - 15 - 1 93330

＊ 값 24,000 원

이 저술은 인하대학교 연구비 지원에 의한 것임

타자의 경험:
결혼이주여성의 생활세계담

김영순 지음

패러다임북

서문: 타자의 경험을 만나다

일상에서 타자는 과연 어떤 존재일까?

우리가 사는 세상에는 '우리'만 존재하지 않고, '그들'로 호명되는 타자와 더불어 있다. 우리가 될 수 없는 그들은 누구이며 어디에서 왔을까? 우리와 그들 사이의 경계를 넘어 함께 우리가 될 방법은 무얼까? 이런 일련의 질문에 관해 이 책은 무조건 "타자와 만나라."라고 호소한다.

이 책은 '타자로서 결혼이주여성'의 경험을 공유하기 위한 노력을 그리고 있다. 우리가 타자를 이해할 수 있는 유일한 방법은 아마 그들의 경험을 다시 경험할 방안을 모색해 보는 것이리라. 경험하지 않고 어떻게 그에 대해 말할 수 있고 관계 맺음을 할 수 있을까. 이를 위해 필자는 이야기를 시작하기 전에 이 저술의 이론적 관점으로서 타자 개념을 이해하기를 희망한다. 그래서 개요 격인 '타자로서 결혼이주여성'을 집필하였다. 이렇게 타자에 대한 이론 적 관점을 가진 후 본격적으로 결혼이주여성의 경험을 세 가지 영역으로 설정하여 기술하였다.

이 책의 1부는 '생활세계와 삶의 여정', 2부는 '교육의 경험과 자녀교육', 3부는 '공동체와 문화의 소통'이라는 주제를 달았다. 각 부는 다섯 개의 이야 기 꼭지들로 구성하였다. 모두 15개의 이야기들로 결혼이주여성의 이주생애 내러티브를 구성하였다. 이 내러티브의 원천은 지난 10년간 필자의 연구팀이 수행한 결혼이주여성에 관한 질적 연구 프로젝트의 결과물에서 발췌하여 인 용한 것이다. 연구팀은 자료를 공동으로 수집하고 이를 소논문으로 작성하여 학술지에 게재하였다. 이 책에 들어 있는 15편의 이야기들은 바로 이 소논문 들의 인터뷰 자료들을 엮은 것이다. 따라서 이 저술은 필자의 독창적인 연구 라기 보다는 필자가 수행한 공동연구프로젝트에서 영역별로 수행된 연구들을 재구성한 것으로 이해될 수 있다. 그럼에도 한 권의 책으로 그녀들의 이야기를 정리한 이유는 독자들로 하여금 파편적인 연구들을 세 가지 주제 영역으로 개괄할 수 있게끔 하기 위함이다.

이 저술은 필자의 안식 학기 기간 집필되었다. 기존 소논문들을 꼼꼼하게 읽고 질적 메타분석 기법을 활용해 유익할만한 인터뷰 자료를 발췌하였다. 또한 선정한 생활세계 주제에 대한 최신의 연구현황을 업데이트하였다. 그래서 이 책을 읽는 독자들에게 관련 연구동향을 확인할 수 있게 하였다. 무엇보다 이 책은 연구자를 위한 결혼이주여성 연구지침서가 아니라는 점이다. 일반 대중들도 편안하게 읽을 수 있도록 대중지향적 글쓰기를 수행하였다는데 방점이 있다.

독자들은 이 책에서 결혼이주여성을 어떻게 대할 것인가에 관한 답을 찾을 수 있다. 이 책은 아주 단순하게 "그들은 우리를 찾아 온 방문객이고 우리는 그들을 환대하고 그들과 대화할 수 있어야 한다."고 강조한다. 이 책을 통해 우리와 그들 모두 지상에 떨어진 수 많은 별들이며, 이 세계를 구성하는 공동존재라는 사실을 알아차릴 수 있다. 그들이 경험하는 세계가 우리가 경험하는 세계와 별다름 없음을 쉽게 인지할 수 있을 것이다.

이 책이 나오기까지 여러분들의 조력이 있었다. 무엇보다 이 저술의 토대가 되는 프로젝트의 공동연구자들은 이 저술에 공동연구 자료들을 활용할 수 있도록 해주었다. 이들은 이영선 교수, 박미숙 교수, 오영섭 교수, 황해영 교수, 오세경 박사, 박봉수 박사, 이춘양 박사, 채은희 박사, 천지아 박사, 최수안 박사와 연구보조원인 김도경 선생, 문희진 선생, 서현주 선생, 정연주 선생, 최유성 선생이다. 이 분들께 진심어린 감사함을 전한다. 또한 격주로 진행하는 다문화융합연구 세미나에서 타자성에 대한 인사이트를 제공한 정경희 박사, 오정미 박사, 김진선 박사, 종교와 과학으로의 시선을 넓혀 준 권요

5

셉 박사, 백우인 선생께도 무어라 감사함을 전할지 모르겠다. 아울러 몇 차례의 원고교정과 문헌 정리 등으로 수고해 준 박사과정 수련생인 함보연, 문희진, 최현정 선생에게도 고마움을 전한다. 특히 출판업계의 불황에도 멋진 책을 출판해주신 박찬익 대표님과 권효진 편집장님 정말 감사합니다. 끝으로 필자의 학문세계를 타자로 확대해 준 '우리' 결혼이주여성 분들에게도 정말 고마움을 드리고 싶다. 들판은 노랗고 하늘에 꽃이 만발한 그 날까지...

2023년 가을의 문턱에서
저자 김영순

차례

서문: 타자의 경험을 만나다 ·· 4

0. 타자로서 결혼이주여성 ·· 13

    0.1. 그녀들의 이주생애 이야기 ·· 13
    0.2. 이념적 관점: 타자 ·· 18
    0.3. 이야기의 구성 체계 ·· 21
    0.4. 타자를 만나는 방법: 환대와 대화 ·· 26

1부 생활세계와 삶의 여정

1장. 일과 쉼 사이: 여가의 경험과 기억 ·· 33

    1. 이주여성의 여가 ·· 33
    2. 개인과 가족 여가의 겹침 ·· 41
    3. 상호문화소통 지향 여가활동 ·· 45
    4. 여가활동을 통한 재생산 ·· 50
    5. 마무리 ·· 54

2장. 매체 다루기: 스마트폰 활용 경험 ·· 57

    1. 생활세계와 스마트폰 ·· 57
    2. 스마트폰의 언어적 역할 ·· 60
    3. 생활세계 정보매체로서의 역할 ·· 65

4. 심리정서 지원과 정체성 유지 ·· 69

5. 마무리 ·· 76

3장. 직업 구하기: 취업 동기와 취업 기대 ·· 79

1. 문화적응과 취업 ·· 79

2. 여성 이주와 취업 ·· 81

3. 취업 동기와 취업 요인 ·· 86

4. 이주여성의 취업지원 요구 ·· 97

5. 마무리 ·· 103

4장. 갈라섬: 이주여성의 이혼 경험 ·· 107

1. 폭력의 일상과 출구 ·· 107

2. 결혼의 가벼움과 혹독한 결과 ·· 112

3. 복합적인 폭력이 가져다준 결과 ·· 115

4. 홀로서기를 통한 미래 삶의 구상 ·· 120

5. 마무리 ·· 123

5장. 늙어감: 이주여성의 노후준비 ··127

1. 노후준비의 중요성 ·· 127

2. 건강하게 맞는 노후 ·· 133

3. 합리적 소비 생활 ·· 139

4. 여가에 관한 생각 ·· 143

5. 마무리 ·· 147

2부 교육의 경험과 자녀교육

6장. 돌봄 경험과 방문교육서비스 ·· 153

1. 이주여성과 정체성 ·· 153
2. 존재감 없는 이방인 ·· 162
3. 스며듦과 관계 맺음 ·· 165
4. 새로운 나로서의 삶 ·· 168
5. 마무리 ·· 172

7장. 첫 번째 어려움: 영유아기 자녀양육 경험 ·· 175

1. 베트남 출신 결혼이주여성 ·· 175
2. 한부모가정의 자녀양육 경험 ·· 180
3. 양부모가정의 자녀양육 경험 ·· 185
4. 시댁 및 친정의 자녀양육 경험 ·· 189
5. 마무리 ·· 197

8장. 언어문제: 자녀 계승어 교육 ·· 199

1. 결혼이주여성과 계승어 문제 ·· 199
2. 계승어 교육의 태도와 인식 ·· 201
3. 계승어의 교육 및 환경적 측면 ·· 202
4. 사회문화적 측면 ·· 207
5. 마무리 ·· 209

9장. 글로벌 브릿지: 자녀 이중언어 교육경험 ·· 211

1. 결혼이주여성과 이중언어 교육 ·· 211
2. 모국어 사용을 우려하는 이유 ·· 217
3. 자녀의 이중언어 교육 환경 ·· 221
4. 모국을 활용한 자녀의 이중언어 교육 ·· 225
5. 마무리 ·· 227

10장. 고민: 해체가정의 자녀 언어학습 ·· 229

1. 가정해체 이주여성의 어려움 ·· 229
2. 이주생애와 자녀 이중언어 ·· 236
3. 한국어 학습경로 및 한국어 교육 문제 ·· 244
4. 기타 언어학습 경로 및 언어학습 문제 ·· 250
5. 마무리 ·· 258

3부 공동체와 문화의 소통

11장. 변화 혹은 발달: 결혼이주와 문화정체성 ·· 263

1. 고려인의 정체성 ·· 263
2. 일치 단계와 부조화 단계 ·· 268
3. 저항과 몰입 단계 ·· 274
4. 내적 성찰 단계 ·· 277
5. 통합적 자각 단계 ·· 280
6. 마무리 ·· 283

12장. 상호소통: 문화의 교환과 교차 ·· 287

1. 이주여성과 상호문화 ·· 287
2. 상호문화성과 상호문화소통 ·· 288
3. 상호문화소통의 개인적 차원 ·· 293
4. 상호문화소통의 대인적 차원 ·· 303
5. 마무리 ·· 310

13장. 자립성: 자조모임 참여 경험 ·· 313

1. 생활세계와 공동체 ·· 313
2. 결핍의 기억들 ·· 321
3. 생성의 선을 그리다 ·· 327
4. 넘나드는 공간으로 ·· 335
5. 마무리 ·· 343

14장. 문화매개: 통역과 번역의 즐거움 ·· 349

1. 이주여성과 성인학습 ·· 349
2. 이주 후 삶에 대한 성찰 ·· 356
3. 유기적 네트워크 형성 ·· 358
4. 사회참여를 통한 변화 ·· 360
5. 마무리 ·· 363

15장. 자조모임 공동체와 상호문화소통 ·· 365

1. 이주여성과 상호문화소통 ·· 365
2. 상호성과 상호문화소통 ·· 369

  3. 상호문화소통 경험 ·· 372

  4. 마무리 ·· 384

참고문헌 ·· 389

찾아보기 ·· 417

0. 타자로서 결혼이주여성

0.1. 그녀들의 이주생애 이야기

> 사람이 온다는 건
> 실은 어마어마한 일이다
> 그는
> 그의 과거와
> 현재와
> 그리고
> 그의 미래와 함께 오기 때문이다
> 한 사람의 일생이 오기 때문이다

이 시구는 정현종의 시 〈방문객〉의 일부분이다. 누군가가 온다는 것은 눈에 '보이는' 외형적 특징을 가진 사람만 오는 것이 아니라 눈에 보이지 않지만, 분명히 있는 그 '무엇'과 함께 온다. '무엇'의 내용이란 그의 현재를 있게 한 과거의 역사와 현재의 모습이 만들어갈 미래의 모습이 담겨있는 일생의 이야기다. 걸음걸이, 표정, 손에 난 작은 흉터, 사용하는 어휘와 말투, 피부색, 몸집의 크기 등에서 시인은 눈에 보이지 않는 한 사람의 고유하고 내밀한 이야기를 들어버렸기에 이처럼 노래할 것이다.

누군가의 이야기를 아는 자는 그 이야기를 알기 전의 자신의 모습으로 돌아갈 수 없다. 누군가 반갑게 웃어주면 나도 덩달아 반갑게 인사하고 누군가 불친절하게 대하면 내 기분이 상하지 않는가. 사랑에 빠진 사람의 세상이 사랑에 빠지기 전의 세상과 어떻게 같겠는가. 어떤 식으로든 이야기에 영향을 받는 관계적 존재이다 보니 인간은 시시때때로 변하면서 온전히 나로 있을 수 없는 나약한 존재임이 틀림없다. 이런 의미에서 인간은 극복해야 할 그 무엇이라 말한 니체의 말은 옳다. 한사람이 오는 것은 오는 사람이나 맞이하는 사람이나 개인 역사의 전환점이되 될만한 실로 엄청난 사건이다.

시각을 사회로 확대하여, 다른 사회에서 온 이주민은 기존사회에서는 이방인이지만 그의 '일생의 다가옴'은 사회구성원의 개인적 사건을 넘어, 사회공동체 모두의 사건이다. 우리 사회는 그의 이야기를 통해 그와 함께 변화를 겪는 관계적 존재에 놓임으로써 그는 더 이상 낯선 자가 아니다.

이 책에서는 초국적 이주를 감행한 결혼이주여성의 이주생애 이야기를 기술할 것이다. 결혼이주여성은 다른 문화권 남성 배우자와 결혼이라는 통과의례를 통해 이주해 온 사람들이다. 그녀들에게는 본국에서 생활과 학습으로 인해 구성된 온전한 자신의 문화를 안고 이주국에서 문화적응이라는 도전에 직면한다. 결혼이주여성의 공통점은 국제결혼에 대한 기대감이다. 이 기대감은 어려운 경제적 상황의 타개로부터 행복한 가정의 실현에 이르기까지 다양하다. 그러나 실제 한국에서의 결혼생활은 그들의 꿈과 같은 기대와는 달리 혹독하다.

결혼이주여성들은 이주국에서의 가정 구성 초기부터 가정해체 혹은 중장년기에 이르기까지 다양한 갈등상황을 경험한다. 이들이 한국남성과 결혼을 택하게 된 데에는 경제적 이유가 있기에 한국생활에 대한 막연한 기대감이 있다. 그래서 중개업체의 정보만 믿고 한국행을 택하지만 실제로 맞닥뜨린 결혼생활은 큰 차이가 있었다(최미경, 2014; 최호림, 2015). 이로 인하여 결혼생활 중 경제적 갈등을 겪기도 하고, 가정 내에서 가족의 일원이 아닌 존재로 내몰리기도 한다. 그들은 결혼생활 중에, 본국 문화에 대한 일방적 무시를 경험하기도 하고 무엇보다도 언어문제로 어려움을 겪는다.

결혼이주여성들이 자녀가 있을 경우 남편의 양육에 대한 무관심 때문에 자녀까지 떠맡게 되어 양육의 어려움을 겪고 생계가 막막한 그들은 가사도우미와 같은 위치로 전락한다. 김오남(2006)은 국제결혼 부부의 주요 갈등의 원인으로 경제적 문제, 문화적응 스트레스, 보수적인 성 역할 태도, 부부 간 권력 불평등을 제시하였다. 한국어가 능숙하지 않은 경우 갈등이 더 깊은 것으로 나타났으나, 오히려 결혼이주여성의 한국어 능숙도가 높고, 한국사회에 잘 적응할수록 이혼에 대한 의향이 더 큰 것으로 나타났다(설동훈·이계승, 2011).

물론 이 책에서는 결혼이주여성과 이를 둘러싼 그녀의 가족, 나아가 우리 사회에서 이와 같은 가정해체 현상을 이주여성의 부적응 혹은 일탈 내지는 불행한 사건으로 치부하지 않는다. 오히려 결혼이주여성의 이혼은 한국사회에 대한 부적응의 증거가 아니라, 삶에서 경험한 어려움을 해소하기 위한 '주체성'의 발현으로 해석한다. 그 주체성은 결혼이주여성들에게 타자로서 우리들과의 상호인정의 맥락하에서 생성하게 됨을 주목해야 한다.

결혼이주여성들은 우리 사회의 다른 여성들과 비교의 대상이 되어 사회적 약자로서 보호를 받아야 한다거나 인권을 보호해야 한다는 등의 시혜적 관점을 오히려 불편하게 생각한다. 그냥 있는 그대로 우리의 이웃으로 대하고 소통하길 원한다. 한 번이라도 결혼이주여성들과 진지한 대화를 나눈 독자들이 있다면 그들이 상호주체성을 지닌 여성임을 단번에 파악할 수 있을 것이다. 한 번 생각해 보라. 낯선 이국의 땅으로 자신의 운명과 미래를 위해 국제이주를 선택한 용기에서 그녀들의 담대함을 확인할 수 있을 것이다.

이 책은 연구자가 결혼이주여성의 연구현장에서 그녀들의 목소리를 생활세계 영역으로 구분하여 재구성한 것이다.

"이야기는 인간에게 어떤 의미가 있을까?"

본 저서는 이 질문에 대한 답을 그려놓고 있다. 아침에 눈을 떠서 잠자리에 갈 때까지 우리는 이야기를 만나고 타자와 이야기를 나눈다. 무엇인가 읽고 보고 쓰고 말하고 듣는다. 이 모든 행위의 매개는 이야기이다. 코로나가 창궐했던 시대에 얼굴을 보고 이야기를 할 수 없었던 때를 돌아보면, 사람들은 저마다 고립된 섬이었고, 감염 바이러스로 목숨을 잃기도 했지만, 그곳에서 단절이 주는 외로움과 고독때문에 정신적인 죽음을 맞기도 했다. 이야기는 인간에게 소통 도구를 넘어 생명줄이다. 유발 하라리가 호모 사피엔스가 인류의 영장으로 등장할 수 있었던 이유를 언어의 사용이라고 주장한 바 있거니와 문학, 철학, 역사를 비롯하여 모든 학문역시 이야기를 전제로 한다.

인간에 의해 만들어지고 매개되는 이야기가 어떻게 학문의 영역으로 자리매김 되었을까? 인류 문명의 초기발전사를 살펴보면 공동체 중심의 생활세계는 공동체 전체를 이끌 수 있는 보편성이 중요했다. 따라서 개인의 경험은 주관적이고, 일반화할 수 없고, 특이한 사례로 처리되었고, 심지어 믿을 수 없는 것으로 취급해 왔다. 그러나 산업이 발전함에 따라 인류가 공동체 생활 중심에서 개인 중심의 생활로 바뀌면서 그동안 공동체라는 이름으로 가려졌던 개인의 이야기가 중요하게 등장하게 되었다.

무엇보다 데카르트 이래로 생각하는 주체인 내가 세계를 어떻게 인식하는가의 고민은 보편성 안에 접혀 들어가 있던 개인의 고유하고 특수한 상황의 이야기에 귀를 기울이게 하였으며, 여러 학문에서 연구 가치를 갖는 학문적 대상이 되었다.

내러티브 개념을 앞세운 이야기에 관한 학문적 논의는 최근 다양한 분야에서 관심이 증가하고 있다. 문학 이론, 역사학, 드라마, 영화, 미술, 사회학, 심리학을 비롯하여 심지어 진화론적 생물학에서조차 내러티브론 (narratology)이라는 용어가 사용되고 있다. 내러티브라 하면 흔히 소설가나 극작가 등 글쓰는 이들의 전유물처럼 생각되기도 하지만 그것을 포함하여 일상에서 소통하고 나를 표현하기 위한 수단으로 사용되는 이야기라고 할 수 있다. 예컨대, 한 개인의 전 생애적 발달과정에 대한 삶의 역사를 기술하는 생애사는 이야기(내러티브)를 사용하여 외적, 심리적 삶의 측면을 묘사해 낸다.

우리는 이 책을 통해 이야기가 어떻게 사회과학의 영역에 진입했는지를 경험할 수 있다. 사회과학의 연구는 자료를 읽어내는 도구가 중요하다. 수집된 자료의 분석은 분석자가 어떤 이론적 배경을 전제로 해석한 것이다. 독자는 그 배경 안에서 텍스트를 이해해야 한다. 결혼이주여성에 관한 생애연구서를 접할 독자들은 스스로 사회과학자라는 정체성을 가지고 텍스트를 분석해보길 바란다. 저자는 '타자'에 대한 질문을 가지고 독자를 초대할 것이다.

0.2. 이념적 관점: 타자

> 부서지기 쉬운
> 그래서 부서지기도 했을
> 마음이 오는 것이다 - 그 갈피를
> 아마 바람은 더듬어 볼 수 있을
> 마음,
> 내 마음이 그런 바람을 흉내낸다면
> 필경 환대가 될 것이다.

정현종은 한 사람이 온다는 것은 그의 일생이 오는 것이라 어마어마한 일이라 말하고 이어서 작은 일에도 '부서지기 쉽고', '어쩌면 수 없이 부서지기도 했을 마음'이 오는 것이라 말한다. 인생의 흐름과 함께 흘러온 바람이 마음을 헤아려 알고 있듯이 사람의 마음을 더듬어보려고 하는 것이 '환대'하는 것이라 한다.

그의 마음을 더듬는 나는 누구이며 마음이 더듬어지는 대상은 누구일까? 또 나는 어떻게 타자의 마음을 더듬을 수 있으며 그것의 구체적인 내용은 어떤 것이 있을까. 나 아닌 다른 대상을 타자라고 한다면 이 대상에는 사람만 있는 것이 아니라 나무도 바다도 강아지도 모두 타자다. 질 들뢰즈는 어제의 나와 오늘의 나가 '다르다'라는 관점에서 나조차도 타자라고 말한다. 전 지구 차원으로 타자를 확장 해보면 나 자신을 포함하여 모두가 서로에 대해 타자이며 우주 만물이 모두 타자다. 성서에는 "네가 대접을 받고 싶은 대로 타자를 대하라."는 구절이 있다. 그렇다면 지금, 여기서 구체적 타자는 대체 누구인가. 우리는 한 번쯤 인류의 계보학을 따져볼 필요가 있다.

루크레티우스(BC 96년경~ BC 55년)의 〈사물의 본성에 관하여〉에 따르면 세상에 존재하는 모든 것은 원자로 되어있다고 한다. 현대의 천체물리학자는 별들이 폭발한 잔해에서 원자들이 만들어졌고 이 원자들의 마주침과 충돌을 통해 물질이 만들어지고 이것들로부터 생명체가 출현했다고 한다. 고고인류학자는 공룡의 멸종과 함께 지구상에 인류가 등장했으며 빙하기와 간빙기를 거치는 동안 기후환경에 적응하기 위해 피부색이 다양해졌고 어려움을 극복하기 위해 서로 협력하였다고 한다. 한 예로 인간은 다른 동물과 달리 여성 신체 구조상 출산하다 죽을 위험이 크기 때문에 반드시 누군가 도와줄 사람이 있어야 했다고 전한다.

　직립보행과 언어의 사용이 인류의 지적인 능력을 발전시켰으며 창의적인 예술활동을 하게 되었다. 우리 앞에 있는 세계에 대한 호기심이 생각하는 존재, 앎을 추구하는 존재로 이끌었다. 도구의 사용으로 농사를 지었고, 야생동물을 길들여 가축으로 만들어 그들과 협력함으로써 문명의 발전을 개시하였다. 생물학자인 찰스 다윈은 인간이 공동조상으로부터 서서히 진화하여 지금의 인간 모습이 되었다고 말하고 유전학자들은 생명체의 구성물질은 모두 똑같은 유전물질로 이루어졌다고 한다. 발생생물학자에 따르면 인간은 누구나 정자와 난자의 결합으로 이루어진 단 하나의 수정란에서 시작되었고 유아기와 아동기, 청년기, 장년기, 노년기의 시간을 살고 죽음을 맞이한다는 생애사적 시간을 밝혔다.

　이들의 말을 종합해 보면 지구상에 존재하는 모든 것들은 우주의 먼지로부터 왔다는 점에서 물질적 친연성이 있고, 생명 있는 것들의 유전물질이 동일하다는 점에서도 근친적이다. 인종, 국적, 사회적 서열, 생김새, 성별, 연령의 다름은 외연일 뿐 인류학적 계보 안에서는 동일함과 유사함이 있다. 생로병사는 인간의 운명이고, 이 과정들 안에 희로애락의 경험이 깃들어 있다. 인생의 오디세이는 위대한 사상가도, 예술가도, 유명한 정치가도, 생로병사와 희로애락의 틀에서 보면 다르지 않다. 이러한 인류학적 과거를 가지고 있는 개인들이 바로 오늘날의 생활세계 안에서 함께 살아가고 있다.

우리는 생활세계에서 저마다의 기분에 사로잡혀 각자의 상황 속에서 일상성을 살아간다. "나는 생각한다. 고로 존재한다."라는 데카르트의 원자적인 개인은 또 다른 개인들과 공동체를 이루며 세상 돌아가는 이야기를 나누고 각자의 관심과 욕망을 좇아 하루하루의 삶을 지속한다.

하이데거는 태어날 때부터 이미 어떠한 하나의 세계에 던져진 개인을 세계-내-존재라고 규정하고 생활세계에서 함께 살아가는 개인을 공동-존재라고 말한다. 공동-존재인 개인은 저마다의 고유한 개체성을 가지고 관계 안에 놓여있다.

일상의 서사로 지하철 풍경을 떠올려보면, 다양한 사람들의 모습을 볼 수 있다. 남녀노소, 한국인, 외국인, 휴대폰을 보고 있는 사람, 옆 사람과 이야기하는 사람, 연인에게 기대어 있는 사람, 책을 보는 사람, 타인과 눈 마주치지 않으려고 시선을 비키는 사람이 있다. 빈자리가 많으면 굳이 모르는 사람 바로 옆에 앉는 것이 아니라 한두 칸 떨어져 앉는다. 출퇴근 시간에는 되도록 다른 사람과 신체적인 접촉을 하지 않으려고 조심한다. 이렇게 다양한 개인이 모두 공동-존재로 만난다. 우리는 사회적 관계 안에서 타자의 존재를 무시할 수 없다. 우리의 뇌는 내 앞에 어떤 대상이 있으면 본능적으로 신경을 쓰는 존재다. 내가 안전한지, 그것이 무엇인지를 점검하는 것은 인간 심리의 원형질이다. 내가 어떻게 보이는지, 내가 누구인지는 타자를 통해 영향을 받는다. 누군가 나를 인정해주는 사람이 있을 때 기분이 좋아지며, 무시당했을 때 기분이 상하는 것은 인지상정이다. 나를 호명하는 사람에 의해 내가 누구인지가 드러나며, 개미를 괴롭히고 있는 나는 어떤 대상에게 위협적인 존재다. 그런가 하면 나를 사랑하는 대상에게는 대체 불가능한 존재다. 자본주의의 서열화된 사회는 타자와의 경쟁을 부추기므로 개인은 때로 누군가 미워할 수 있는 대상이고, 공동체를 이루는 구성원으로 협동해야 하는 대상이다. 이처럼 타자는 투쟁의 대상이기도 하고 세상이 아름다워 보이게 만드는 대상이기도 하여 천국과 지옥으로 만드는 자다. 우리는 두통을 앓고, 지인의 죽음을 몸으로 겪은 그 경험으로, 타자들도 나와 같은 신체를 가지고 그만의 서사를 가지고 살아가는 나와 똑같은 인간이라는 측면에서 타자를 더듬는 것이겠다.

필자는 민주주의란 인류가 이러한 타자들과 어떻게 공존하며 상생할 것인가를 고민한 결과라고 결론짓는다. 민주주의는 인민주권론의 보편성을 가지고 있기 때문에 인민을 구성하는 타자로서 주체들의 다양성을 상호인정하는 세계이기도 하다. 그런 면에서 인간이 타자성을 갖는 것은 공동-존재의 확대 개념인 세계시민이 된다는 것이다. 이렇듯 타자에 대한 성찰은, 인류의 계보가 시작되는 순간부터 사회학적이고 철학적인 탐구 이전에 삶 자체에 부여된 정언명령이다.

0.3. 이야기의 구성 체계

이 저서는 결혼이주여성의 이주생애에 관한 이야기이다. 이야기를 구성하는 중요한 요소는 이야기의 주인공, 이야기, 구성되는 공간, 이야기를 발생시키는 사건과 시간들, 그리고 이 공간과 시간 속에서 주인공과 타자들과의 상호작용이다. 결혼이주여성의 생활세계는 공간과 시간 그리고 이주여성과 그녀를 둘러싼 인물들로 이루어졌다. 이 저서는 바로 이야기의 주인공인 결혼이주여성이 어떻게 타자적 존재로 가치화되었는지를 그녀들의 삶을 통해 재구조화하였다.

아울러 이 글은 필자로서 연구자와 연구팀 구성원들이 10여 년 간 결혼이주여성의 연구현장에서 수집한 자료를 토대로 함을 밝힌다. 이 저서에 실린 이야기들은 연구기간 내에 논문으로 발표된 15편의 자료들을 '개체로서의 삶', '배움의 실천', '공동체와 소통'으로 구분하여 3개 부를 구성하여 영역별 이야기의 대주제를 달았다. 개체로서의 삶 영역은 「1부 '생활세계와 삶의 여정'으로, 배움의 실천 영역은 2부 '교육의 경험과 자녀교육'으로, 공동체와 소통 영역은 3부 '공동체와 문화의 소통'」이란 주제를 달았다. 각 영역은 다음 표에 제시되었듯이 5편의 이야기를 배치하였다.

타자의 경험: 결혼이주여성의 생활세계담		
생활세계와 삶의 여정(1부)	교육의 경험과 자녀교육(2부)	공동체와 문화의 소통(3부)
■ 일과 쉼 사이: 여가의 경험과 기억(1장) ■ 매체 다루기: 스마트폰 활용 경험(2장) ■ 직업 구하기: 취업 동기와 취업 기대(3장) ■ 갈라섬: 이주여성의 이혼 경험(4장) ■ 늙어감: 이주여성의 노후준비(5장)	■ 돌봄 경험과 방문교육서비스(6장) ■ 첫 번째 어려움: 영유아기 자녀양육(7장) ■ 언어문제: 자녀 계승어 교육 (8장) ■ 글로벌 브릿지: 자녀 이중언어 교육(9장) ■ 고민: 해체가정 자녀 언어학습(10장)	■ 변화 혹은 발달: 결혼이주와 문화정체성(11장) ■ 상호소통: 문화의 교환과 교차(12장) ■ 자립성: 자조모임 참여 경험(13장) ■ 문화매개: 통역과 번역의 즐거움(14장) ■ 자조모임 공동체와 상호문화소통(15장)

1부의 주제는 '생활세계'와 삶의 여정'으로서 이주여성의 입국 초기에서 생활적응기와 자립기 등 이주와 더불어 맞닿는 생활세계의 경험을 정리하였다. 그녀들의 이주생애 과정을 5개의 주제, 즉 여가, 미디어, 취업, 이혼, 노후준비로 구분하여 기술하였다. 여가와 미디어는 이주여성의 재사회화 과정의 중요한 도구이자 수단이다. 또한 취업은 생활세계를 유지하고 사회적 생존에 필요한 경제활동의 시작이다. 무엇보다 희망과 기대를 안고 선택한 결혼생활을 일단락 지우는 이혼 역시 이주여성의 생애에 자립과 성찰을 위한 계기가 된다. 그리고 노후준비 역시 이주여성으로서의 삶에서 죽음을 미리 생각할 수 있는 동기를 마련해 준다. 이러한 주제들은 다음의 연구들에서 발췌된 면담자료를 기반으로 했다.

구분	논문명	게재학술지명
오세경·김영순 (2019)	사회통합적 관점에서 본 동남아시아계 결혼이주여성의 여가 경험과 의미	문화교류와 다문화교육, 8(2). 169 - 191.
박미숙·김영순 (2015)	입국초기 결혼이주여성의 스마트폰 이용 경험에 관한 연구	여가학연구, 13(1). 1 - 27.
박미숙·김영순·홍유나 (2014)	결혼이주여성의 취업지원 요구에 관한 연구	여성학연구, 24(2). 269 - 302.
황해영·김영순·이춘양 (2018)	가정폭력을 경험한 결혼이주여성의 이혼에 관한 내러티브 탐구	학습자중심교과교육연구, 18(23). 909 - 927.
채은희·김영순 (2020)	중년기 중국동포 출신 이주여성의 노후준비에 관한 의미 탐색	다문화와 평화, 14(3). 222 - 247.

2부는 '교육의 경험과 자녀교육'의 표제를 달았다. 이주여성 자신의 교육경험은 물론 자녀교육에 관한 이야기를 구성하였다. 방문교육 수혜, 영유아기 자녀양육, 자녀 계승어 교육, 자녀 이중언어 교육, 해체가정 자녀 언어학습 경험에 관한 주제들이다. 이주여성의 조기 사회적응을 위한

방문교육서비스 수혜의 경험은 단지 '받는 자'로서의 수동적 선입관을 넘어서게 한다. 아울러 영유아기 자녀양육에서의 어려움과 자녀들에게 자신의 모국어를 계승하기 위한 노력을 확인할 수 있다. 또한 자녀의 이중언어 교육에 대한 생각은 물론 해체가정의 이주여성의 자녀들이 어떻게 이중언어를 습득하게 할 것인가에 관한 고민들이 담겨있다. 이 이야기들은 다음 연구들의 면담자료에서 발췌되어 활용되었다.

구분	논문명	게재학술지 명
서현주·김영순 (2023)	방문교육서비스를 경험한 결혼이주여성의 정체성 변화에 관한 질적 연구	여성연구, 116(1). 5 - 32.
팜티휀짱·김영순·박봉수 (2014)	베트남 결혼이주여성의 가족유형에 따른 영유아기 자녀양육 경험	교육문화연구, 20(4). 137 - 164.
천지아·이영선·김영순 (2017)	결혼이주여성 계승어 교육에 나타난 어려운 점에 대한 연구	예술인문사회융합멀티미디어논문지, 7(4). 69 - 702.
박봉수·김영순 (2018)	중국계 결혼이주민의 자녀 이중언어 교육경험에 관한 연구	한국언어문화학, 15(1). 9 - 120.
이춘양·김영순 (2020)	가정해체를 경험한 이주여성의 자녀 언어학습 경험에 관한 사례연구	열린교육연구, 28(1). 1 - 46.

3부는 '공동체와 문화의 소통'이란 주제를 중심으로 결혼이주여성의 정체성 협상에서 공동체활동에 이르기까지 문화를 매개로 소통하는 주체로서 이주여성을 다루었다. 특히 고려인 결혼이주여성이 국제결혼으로 인한 초국적 이동과 이에 따른 정체성의 변화를 어떻게 경험하는지, 그녀들이 문화 교차 활동의 상호소통을 어떻게 하는지를 살펴볼 수 있다. 또한 자조모임에 참여하면서 어떠한 경험을 했는지, 통번역 자조모임에서는 문화매개는 어떻게 하였는지, 자조모임 공동체 활동을 통해 나타난 상호문화소

통은 어떠했는지 등 참여와 소통의 경험을 만날 수 있다. 여기에 활용된
자료들은 다음 연구들의 면담자료에 근거한다.

구분	논문명	게재학술지 명
오영섭·김영순·김도경·정연주 (2022)	고려인 결혼이주여성의 인종문화정체성 발달에 관한 생애사적 연구: 다문화상담의 가능성	문화교류와 다문화교육, 11(3). 159-192.
김영순·최유성 (2014)	사회통합을 위한 결혼이주여성의 상호문화소통 탐색	현대사회와 다문화, 10(4). 91-126.
김영순·최수안 (2017)	'생성'으로서의 자조모임에 참여한 결혼이주여성의 경험에 관한 연구	아시아여성연구, 61(1). 127-174.
김영순·문희진 (2022)	결혼이주여성의 통번역 자조모임 참여 경험에 관한 사례연구	한중인문학연구, 75. 9-119.
김영순·김도경 (2022)	결혼이주여성이 참여한 자조모임공동체의상호문화소통에 관한 연구	다문화사회연구, 15(2). 5-37.

이 저서는 결혼이주여성을 연구하는 연구자는 물론 다문화사회의 모든
시민들에게 타자성을 이해하고 이를 실천할 수 있는 역량을 강조하고자
기획한 것이다. 연구자는 이미 발표된 소논문들의 심층면담 자료들을 세
가지 영역의 이야기판으로 구분한 후 내러티브 방식을 통해 재구성하였
다. 특히 이 책의 독자들은 우선 결혼이주여성을 타자로서 바라볼 수 있겠
지만 그녀들의 이야기를 통해 자신 스스로 타자가 되어감을 경험할 수
있을 것이다.

0.4. 타자를 만나는 방법: 환대와 대화

일찍이 소크라테스는 "너 자신을 알라."라는 말씀을 통해 자신을 변화해야 함을 강조하고 우리의 소통가능성에 호소하며 보편성의 문을 두드린다. 그는 아테네 시민들에게 "저는 나이가 벌써 칠십인데 법정에 출두해보기는 오늘이 처음입니다. 여기서 쓰이는 말은 저에게는 외국 말 같습니다. 그런데 만일 제가 외국사람이라면 제가 자랄 때에 배운 말로 이야기하고 그 말투로 이야기한다 해도 여러분은 사정을 아시고 저를 용서해 주실 것입니다. 저는 지금 바로 이와 같은 것을 부탁드리려고 하는데, 이것은 부당한 일이 아니라고 생각합니다. 아마 제 말버릇은 좋지 못할지도 모르고 혹은 괜찮을지도 모르겠습니다. 그런 것은 문제 삼지 마시고 오직 한 가지 일, 즉 제가 말하는 것이 옳은지 옳지 않은지 하는 것만을 주의하여 생각해 주시기 바랍니다." 소크라테스와 같은 당대 최고의 지식인이 자신과 동질적인 공동체의 일원이라기보다는 외국인, 말을 더듬거리는 자로서 역할을 수행하고 있다.

소크라테스는 한 집단의 세련된 말로 이야기를 나누지 못하는 자, 외국인처럼 말을 더듬거림으로써 자신을 호소하려는 자는 당연히 이질적인 자이다. 이런 대상이 바로 타자이다. 마치 그는 자신의 운명이 위태롭다는 것을 호소하는 불법 체류 외국인과 같은 모습으로 나타난다. 그가 호소하는 것은 무엇이 정의로운지 그렇지 않은지의 관점에서만 평가해달라고 이야기하고 있다.

어쩌면 이런 소크라테스의 변명은 우리 사회에서 견고하게 구축된 동질적인 문화라는 높은 담벼락을 넘지 못하고 밖에 머무는 이민자들 혹은 난민들을 연상하기에 충분하다. 이들은 사회적 소수자들로서 담장 안의 사람들이 쓰는 말을 쓰지 못하거나 이해하지 못한다. 그렇다면 이들이 살고 있는 해당 공동체 안에서의 소통가능성은 어떻게 보장될 수 있는 것일까? 우리 사회에서 초국적 이주민들은 이질적인 존재의 출현이지만, 적어도 이들을 위해 고려되어야 할 유일한 희망으로서 정의는 존재해야 한다. 우리 사회에는 타자로서 결혼이주여성들에 대한 냉랭한 기운이 아직 군데군데 스며들어 있음은 부인할 수 없다. 이런 타자의 호소는 우리의 이성이 포획하기 전에 울음과 떨림으로 몸 안에 스며들어온다. 이런 맥락에서 타자를 더듬는 것은 환대를 위한 몸짓 그 이상의 것이 된다.

'타자를 더듬는 것'을 다시 정현종의 '환대'의 시어 "내 마음이 그런 바람을 흉내 낸다면// 필경 환대가 될 것이다."와 연결시켜 보자. 이 환대 개념은 우리가 타자를 어떻게 대하는지를 구체적으로 직시하도록 강조한다. 일단 타자를 환대 차원으로 상정한 레비나스를 소환해보면 타자는 내 테두리 밖에 있는 존재이기에 '낯선 자'이지만 내 옆에 붙어 있고 항상 나에게 다가온다. 그 때문에 타자는 '이웃'이다. 레비나스는 항상 타자의 호소에 대한 응답은 곧 책임이라고 강조한다. 나는 '내가 무언가를 소유하고 나의 혹은 우리의 테두리가 있으니까'라고 생각하면 타자와의 관계는 끊기고 자신은 테두리 안에 매몰된다. 레비나스에 의하면 이것은 죽은 삶이기에, 이에 유일한 소통은 '응답'하는 것이라고 한다. 내 집 밖의 타자를 내 집에 반갑게 맞아들이고 음식을 나누는 것, 이것이 환대이다. 이 환대야 말로 우리 삶의 근본적인 자세라고 언급한다.

레비나스의 환대 개념은 지극히 타자중심적이기 때문에 절대타자론으로 지칭되기도 한다. 특히 칸트의 '환대' 개념과의 비교를 통해 레비나스 환대 개념을 조명할 필요가 있다. 칸트는 환대를 '상호적 관계'에서 찾는

다. 남이 나의 집에 오면 '환대'하듯이 나도 남의 집에 가면 '환대'받을 권리가 있다는 '권리의 측면'에서만 말한다. 이를 쉽게 이해하면 역지사지의 개념이다. 당신이 환대받고 싶으면 당신이 먼저 환대하라는 말이다. 이것은 조건이 붙은 한계적 환대이다.

이런 맥락에서 레비나스의 환대는 무조건적 환대이다. 마치 부모가 자식에 대한 아무런 조건이 없는 지원과 같다고 볼 수 있다. 레비나스에 따르면 타자를 환대해야 하는 근거는 내가 태어나 이 세상 안에서 내 집이 나를 받아주는 것처럼 안락함으로 받아주는 세계가 있기 때문이라는 것이다. 그렇듯이 타인을 받아주어야 한다고 한다.

아마 정현종의 환대는 칸트의 환대가 아니라 레비나스의 환대로 해석된다. 그래서 레비나스는 만약 타자가 약자의 얼굴로 호소해 온다면 우리는 거기에 응답해야 할 '무한한 책임'의 주체가 되어야 한다. 이때 주체는 지배하는 주체가 아니라 응답하는 주체이다. 따라서 주체는 호소하는 타자에게 응답하고 호소하는 자와 관계하는 주체이고, 더 나아가 타자에 의해 형성된 주체이다.

마틴 부버는 세상을 '나와 그것'이 아닌 '나와 너'의 관계로 만들자는 대화의 중요성을 강조하였다. 즉 서로 떨어진 이기적인 인간들이 대화하고 이해하며 진실한 관계 속에 삶을 살며, 얼굴과 얼굴을 맞대고 진실한 삶의 길을 나누자는 의미를 담는다. "말의 위기는 신뢰의 위기와 밀접하게 관련된다"는 부버의 지적은 언어가 지닌 참된 의미에서 출발했다. 참된 대화에서 각자는 상대와 반대 입장에 설지라도 상대를 '함께 사는 인간'으로 마음으로 긍정하며 승인할 수 있는 것이다. 대립을 없앨 수는 없어도 참된 대화를 통하여 그 대립을 중재할 수 있다.

마틴 부버가 꿈꿨던 진정한 인격공동체는 '나−너'의 근원어에 바탕을 둔, 참다운 대화가 이루어지는 공동체이다. '나−그것'의 근원어에 바탕을 둔 주체와 타자의 공동체에서는 오로지 독백만이 이루어지는 집단적 사회이다. 즉 타자를 자기의 욕망을 충족시키기 위한 수단, 곧 '그것'으로 밖에는 보지 않는 공동체는 비인격공동체이다. 우리 모두 인격공동체를 이루고 살고 싶지 아니한가. 그렇기 위해서는 타자로서 결혼이주여성들의 이야기에 주목하고 그녀들의 목소리를 경청해야 한다. 대화를 위한 전제는 주목하고 경청하고 환대하는 데 있다.

타자로서 결혼이주여성의 이주생애를 읽는 우리는 어떤 환대와 대화를 준비할 것인가. 그녀들의 호소에 어떻게 응답하고 어떻게 관계할 것인가. 이 질문은 이 책을 일독함으로써 그 해답을 찾을 수 있을 것이다. 그런 과정에서 적어도 공동−존재로서의 타자가 생성해내는 저마다의 이야기가 있음을 인정하고 대화의 자리로 나아갈 수 있게 된다. 바로 이 책은 독서라는 경험을 통해 결혼이주여성과 같은 타자들을 환대하고 대화할 수 있는 계기를 열어줄 것이다.

1부 생활세계와 삶의 여정

1장. 일과 쉼 사이: 여가의 경험과 기억

2장. 매체 다루기: 스마트폰 활용 경험

3장. 직업 구하기: 취업 동기와 취업 기대

4장. 갈라섬: 이주여성의 이혼 경험

5장. 늙어감: 이주여성의 노후준비

1장. 일과 쉼 사이: 여가의 경험과 기억

1. 이주여성의 여가

'모든 사람에게 '일'은 생존을 위해 필요한 과정이듯, 일을 위한 에너지를 생산해낼 '쉼' 역시 일 못지않게 중요한 영역이다. 이렇게 삶의 일부분으로 인식되고 있는 '여가'는 이제 우리에겐 낯설지 않다. 2003년 이래로 주 5일 근무제가 도입되면서 노동으로서 일과 쉼으로서 여가, 즉 노동-여가 패러다임이 변화하였다. 이렇듯 한국인들이 생각하는 여가 인식 역시 환경이나 사회구조를 비롯하여 개인 심리 등 다양한 영역에서 개선되고 있다. 여가활동의 중요성에 대해서는 학문적인 연구결과를 넘어 일반 시민들 역시 생활세계에서 경험하고 있다. 일상생활 속에 깊이 관여하고 있는 여가는 스트레스 해소뿐만 아니라 삶의 질 향상에까지 영향을 미친다는 연구결과가 밝혀진 바 있다(오세경·김영순, 2019). 대부분의 여가에 관한 연구에 의하면 여가 경험은 인간의 생활세계를 살펴보기 위한 기제로서 다루어지고 있다. 이번 장에서는 여가가 과연 결혼이주여성에게 개념만의 단어일까? 그들은 어떻게 여가를 인식하고 있는가? 라는 질문에 관한 답을 제시하고자 한다.

한국은 이제 '단일민족'이라는 말이 무색할 만큼 주변 곳곳에서 외국인들을 흔히 볼 수 있다. 2021년 기준으로 전체 22,022,753 가구 수 대비 한국에 뿌리를 내린 다문화가구 수는 385,219가구로 전체 가구 수 대비 1.7%의 비중을 차지하고 있다(통계청, 2021). 다문화 혼인 건수는 2019년 24,721건(다문화 혼인 비중[1] 10.3%), 2020년 16,177건(다문화 혼인 비중 7.6%),

2021년도에는 13,926건(다문화 혼인비중 7.2%)(통계청, 2021), 외국인 여성과의 혼인이 2020년 11,100건, 2021년 8,985건(전년 대비 -19.1), 2022년 12,007건(전년 대비 33.6% 증가), 외국인 남편은 4,659건(전년 대비 13.2% 증가)으로 조사되었다.

2023년 4월 기준 한국에 거주 중인 결혼이주여성은 총 138,374명으로 전체 결혼이민자의 80.3%를 차지한다. 그들의 출신 국적은 결혼이주여성 전체 체류 대비 중국(33.0%), 베트남(25.8.9%), 일본(10.2%), 한국계 중국(9.7%), 필리핀(8.5%) 등의 순으로 조사되었다(법무부, 2023).

한국사회에서 다문화가족을 구성하는 주요 원인은 바로 국제결혼에 의함이고, '이주의 여성화(feminization of migration)'라는 현상이 빚어내는 결과라고 볼 수 있다. 결혼이주여성들은 결혼이라는 매개를 통해 자발적인 이주 형태를 보이지만, 실제로는 생계나 모국의 가족부양을 위해 결혼이라는 이주 경로를 선택하는 경우를 흔히 볼 수 있다(김민정, 2012). 이처럼 한국에 이주하여 살고 있는 결혼이주여성들은 대부분 모국에서의 삶보다 더 나은 미래를 꿈꾸며 국제결혼을 선택한다. 그들에게 이주국인 한국은 미지의 나라지만 도전의 장인 것이다. 그러나 결혼이주여성은 한국사회의 정주민들이 지닌 타문화에 대한 낯선 시선과 배타적 태도 등으로 심리적인 어려움을 겪고 있다. 그래서 이주여성들이 한국사회에 적응하기 어려운 요소로 제기된다(오세경·김미순, 2016; 이현옥, 2016). 이러한 주류 사회구성원이 지닌 이주민에 대한 부정적인 인식뿐만 아니라 결혼이주여성 자체가 지닌 의사소통의 문제, 자녀양육의 어려움, 문화차이에 따른 갈등 등이 개인의 문제를 넘어 사회문제로까지 확대된다(이

---

1 전체 혼인 건수에서 다문화 혼인 건수가 차지하는 비율

혜경 · 전혜인, 2013). 이런 맥락에서 정부와 지자체, 시민단체, 종교단체 등은 이주여성들이 한국사회에 적응하고 정체성을 확립할 수 있도록 다양한 지원 제도를 마련하고 있다.

정부는 2008년 다문화가족지원법을 제정하여 다문화가족지원센터, 이주여성인권센터 등과 같은 공공기관에서 결혼이주여성의 적응, 인권 등에 관한 다양한 지원 정책을 추진하고 있다. 또한 2016년 3월 다문화가족지원법 개정을 시행하여 과거 다문화에 대한 관점을 동화주의 접근에서 벗어나 다문화주의/초국가주의로 접근하고자 했다. 이로써 다문화가족 지원 정책은 결혼이주여성의 적응문제를 넘어 우리 사회의 통합문제를 포괄하고 있다. 따라서 결혼이주여성을 단순히 한국에 동화되어야 하는 대상의 차원이 아니라 그들을 초국적 문화매개자로 간주하고, 다중정체성을 형성할 수 있도록 지원해야 한다. 이는 초국적 행위자로서의 이민자를 주체적 존재로 바라보며, 초국적 유대관계의 매개자로서 그들의 삶을 이해하는 관점을 열어준다(김영순 외, 2014). 이 관점은 이주여성을 상호문화소통적 차원으로 귀결되며, 이주여성들이 주체가 되는 사회통합 방향으로의 접근을 가능하게 한다.

이런 맥락에서 이번 장은 상호문화소통적 측면에서 결혼이주여성의 다문화 생활세계를 기술하는데 특히 여가에 관한 내러티브를 통해 접근한다. 다문화 생활세계는 "주류 문화에 편입되는 생활세계가 아닌 정주민과 이주민이 함께 만들어나가는 공동의 생활세계"이며, "상호문화적 관계를 형성하여 '다름이해'를 넘어 '공존'의 사회통합을 추구" 하는 것을 의미한다(김영순 외, 2019). 이처럼 결혼이주여성의 생활세계를 파악하기 위해서는 여러 분야에서 논의될 수 있지만, 이번 장에서는 김영순 외(2019)에서 밝힌 다문화 생활설계의 인지정서적 영역의 하위 분야 중 하나인 '여가' 분야에 중점을 두고자 한다.

지금까지 결혼이주여성의 여가에 관한 연구들은 그들의 여가와 가족 여가의 실태를 파악한 연구(차성란, 2011), 문화복지 관점에서 그들의 한국생활적응을 위한 여가가 무엇인지, 여가를 어떻게 활용할 수 있는가에 대한 전략을 제시한 연구(김영미 외, 2014), 이주여성들이 신체적 여가활동 참여를 통해 심리적, 사회적 차원에서 의미를 탐색한 연구(김종호 · 권순용, 2013), 이주여성들의 여가활동과 관련된 특성들을 고찰하고 문제점들을 비판적으로 모색한 연구(민웅기 · 김상학, 2018) 등이 주를 이룬다. 또한 결혼이주여성의 거주 지역에 따라 도서지역 결혼이주여성의 여가참여 실태를 분석한 연구(박수정 외, 2011), 농촌 결혼이주여성의 여가 참여가 여가만족과 생활만족에 미치는 영향을 다룬 연구(이혜린 · 권유홍, 2014) 등이 있다. 이와 같이 기존 연구들은 결혼이주여성의 여가 경험과 실태를 고찰하여 여가활동을 통해 한국생활적응 향상에 기여할 수 있다는 근거 마련과 그들의 여가 실태 파악에만 중점을 두고 있다는 점에서 한계가 있다.

이번 장에서는 '초국적 이주 행위자'로서 결혼이주여성을 바라보고 그들의 여가 경험과 그 의미를 심층적으로 탐색하였다. 특히 내러티브 제공자들을 동남아시아계 결혼이주여성으로 제한하여 그들의 여가 경험을 살펴보았다. 앞서 밝힌 바와 같이 다양한 출신국의 결혼이주여성에 비해 동남아시아계 결혼이주여성의 경우, 모국의 가족 생존과 부양을 위해 결혼이라는 매개로 한국에 이주해 오는 경우가 많다. 그 때문에 그들이 한국에서 어떠한 여가 경험을 하는지, 그들이 느끼는 여가 경험의 의미가 무엇인지를 사회통합 측면에서 탐색하는 것은 다문화사회의 지속가능성을 위해 중요하다.

따라서 연구문제를 결혼이주여성의 여가 경험은 어떠한가? 사회통합을 위한 여가 경험의 의미는 무엇인가? 라고 두 가지로 설정하였다. 이주여성의 여가 경험과 그 의미를 살펴보는 것은 개인적 측면에서는 이주여성들의 일상생활 내의 삶의 질 향상을 위한 노력과 삶의 질 만족 등에 기여할 것이다. 나아가 대인적, 사회적 측면에서는 그들 가족과의 관계 개선은 물론 지역사회 구성원들과의 상호문화소통, 모국과의 초국적 문화매개자로서의 역할 등에 건설적인 대안을 제시할 것이다.

이주민과 정주민 간의 분열과 갈등을 감소하기 위한 제안으로는 생활세계의 사회통합을 위한 이해와 연습이 중요하다(오세경 · 김영순, 2018). 사회통합의 개념은 다양한 관점 및 분야에서 논의되고 있다. Lockwood(1964)는 사회통합(social integration)과 체계통합(system integration)으로 구분하여 관계 맺는 원칙과 관계양상으로 개념화를 시도한 연구가 있으며(고영복, 2010 재인용), Heitmeyer(1997)는 사회통합의 문제를 규제적 위기와 응집의 위기로 구분하여 사회통합을 저해하는 요소로 사회갈등을 야기한다고 밝혔다. Kearns와 Forrest(2000) 역시 사회통합을 위해서는 사회적 응집의 중요성에 관해 밝히고 있으며, 그 요소로는 사회적 관계망, 사회자본, 정체성과 소속감 등을 언급하였다. 또한 김영순 외(2019b)에서는 "사회적 포용, 사회적 융합, 사회적 응집이라는 세 가지 층위를 포괄하여 모든 사회구성원을 한 공동체의 틀에 맞게 조정하려는 노력이 아니라, 한 공동체가 다양한 개인을 수용하려는 노력을 의미"하는 것으로 정의하고 있다. 이처럼 사회통합에 관한 연구들은 주류 사회와 비주류 사회 간의 질서와 체계를 안정화하고, 조화와 유대라는 응집과 포용 측면에서 논의되고 있다. 즉 사회통합은 동화주의에 입각한 단일화 사회가 아닌, 다원화된 사회구성원들이 상호존중을 통해 결속을 유지하고 결합해 나가는 과정을 의미한다.

사회통합을 실현하는 방법은 무엇이 있을까? 사회통합은 '어떤 개념으로 정의하는가'에 따라 실태 파악이나 방향이 달라지기 때문에 확실한 개념 정의와 준거 틀이 요구된다(오세경·김영순, 2018). 이에 본 연구에는 사회통합을 개념화하고 필요한 요소가 무엇인지 도출하기 위해 '사회적 지속가능성'과 '초국적 사회 관계망(transnational social relation network)'과의 원리를 활용하였다. '사회적 지속가능성'의 개념은 사회적 시스템 내에서 적극적인 인간교류를 통한 사회 공동체 활성화를 꾀하는 것을 뜻하는 것으로(송은아, 2013), 이는 "개인의 사회적 상호작용이 친밀한 유대감을 형성할 수 있는 공간으로 기능하며, 개인 주체의 정체성과 공동의 정체성 형성으로 사회적 결속을 유지할 수 있는 사회적 장으로서 의미"를 가진다(이병준·장소은, 2013).

사회적 지속가능성은 세 가지 층위에서 설명될 수 있다. 첫 번째 층위는 개개인이 당면한 문제를 진단하고 스스로 해결하는 수준에서의 개별성이고, 두 번째는 사회문화적 차원에서 참여자들 간의 상호작용을 통해 동질감과 소속감을 유도하는 수준에서의 공동체성이며, 세 번째는 사회구성원들의 커뮤니티 능력과 개인의 사회적인 역량이 강화되면서 지속적이고 긍정적인 관계를 발전시켜 나가도록 하는 수준에서의 사회적 유기체성으로 볼 수 있다. 그리고 초국적 사회 관계망은 이주민이 한국과 모국 간의 경계를 넘어 초국적 유대관계를 맺고 상호 연결하면서 '초국적인 사회의

장'이 형성된다는 관점이다(김영순 외, 2014)

이와 같은 맥락에서 이번 장에서는 '사회적 지속가능성'과 '초국적 사회관계망'의 개념을 토대로 한 이주민들의 사회통합을 고민한다. 무엇보다 사회통합을 이주민－정주민 간 인간적인 유대관계를 바탕으로 간주하고자 한다. 그러므로 이주민들의 모국과 정주국을 가로지르는 긍정적인 정체성 협상과정을 통해 초국적인 유기체성을 형성해 나가는 과정을 의미한다. 특히 이번 장에서 주목하는 한국 내 결혼이주여성의 사회통합은 모국과 정주국 사이의 초국적 유대관계를 맺고 한국사회에서의 '사회적 위치'와 '정체성을 재형성'하기 위한(김영순 외, 2014) 초국적 행위자로서 그들을 바라보아야 할 것이다.

결혼이주여성의 여가에 대한 논의는 최근 10여 년 동안 지속적으로 논의되고 있다. 한국문화관광연구원(2008, 2010)에서는 이주민들의 여가 활동 실태를 파악하기 위해 이주민의 문화향수 실태조사를 실시하였다. 한국문화관광연구원(2010)에 따르면 주말과 휴일의 여가 활동은 TV/비디오 시청(65.1%)이 가장 많았으며, 휴식(38.5%), 사교관련 일(35.0%), 가사(33.3%), 컴퓨터 게임/인터넷 검색(26.2%), 종교 활동(17.0%), 여행(11.5%) 등의 순서로 나타났다. 희망하는 여가활동은 여행(55.4%)이 가장 많았으며, 취미활동(27.2%), 사교 관련 일(26.5%), 문화예술관람(25.9%), 자기계발(22.4%) 등의 순으로 나타났다. 이 같은 결과는 현시점보다 9년 전에 조사된 여가 양상이지만, 그 의미가 주는 시사점은 크다.

첫째, 이주민들의 여가활동은 주로 거주 지역 근방에서 이루어지는 활동들이 대부분을 차지하고 있으며, 정작 그들이 희망하는 여가활동은 일상을 떠나 여행하는 것을 선호하고 있다. 이처럼 이주민들의 여가 향유

기회는 제한적이며, 여가 행태는 소극적인 여가활동이라는 점이다. 둘째, TV/비디오 시청, 휴식 이외에 그 다음으로 높은 수치를 보인 사교 관련 일은 우리가 흔히 말하는 커뮤니티 활동으로 이해된다. 커뮤니티 활동은 이주민이라는 국한된 대상 이외에도 다양한 커뮤니티가 형성되어 있다. 미디어가 발달함에 따라 국가 간의 경계가 모호해져 온라인상에서도 상호 교류할 수 있는 커뮤니티가 활성화되고 있어 다양한 정보 교환이나, 초국적 교류가 용이하다. 특히 커뮤니티 활동은 이주민들의 문화적응 스트레스를 완화시키는 데 긍정적인 영향을 미치고 있다(오세경·김영순, 2018). 셋째, 이주민들이 희망하는 여가활동으로 자기계발이 22.4%를 차지하고 있다. 이는 미래 발전을 위한 계발을 위해 노력하기를 원하고 있으며, 여가활동이 '놀이'와 '쓸데없는 일'로 국한되지 않은 확장된 개념으로 이주민들에게도 인식되고 있다.

실제로 결혼이주여성의 여가활동은 대게 음악 감상, 음식 만들기, 노래 부르기, 놀이터 등 일반 한국인 여성과 유사하다고 보고된 바 있다(차성란, 2011). 또한 결혼이주여성들의 여가 제약은 시간적, 사회적, 경제적, 정보적 측면에서 다양하게 나타나고 있으며, 여가에 대한 개념조차 제대로 인지하지 못한다고 보고하였다(박수정 외, 2011). 한편, 민웅기·김상학(2014)의 연구에서는 거주 기간이 오래될수록 한국사회에 적응하고 경제활동에 참여하게 되면서 시간적으로 부족하여 여가활동에 참여하는 정도가 줄어들었다는 결과를 도출하였다. 이러한 여가 참여 제약을 해결하기 위해 결혼이주여성들은 다양한 협상 전략들을 마련하기도 한다. 전윤주 외(2012)에서는 이들이 여가 제약을 극복하는 방안으로 여가활동 동반자를 탐색하려는 노력과 여가 비용을 구축하거나 절감하려는 노력, 여가

기술을 습득하려는 노력 등을 보인다고 했다. 이는 '행동적 협상 전략으로 볼 수 있으며, 여가활동 희망 및 변화에 대한 노력 등은 인지적 협상전략으로 간주될 수 있다. 이와 같이 결혼이주여성들은 여가 경험을 통해 긍정적인 영향을 받는 것을 인지하고 있으며, 다양한 구조적, 개인적, 환경적인 여가 제약들을 극복하기 위한 대처 방안을 스스로 모색하는 등의 전략을 취하고 있는 것이다.

2. 개인과 가족 여가의 겹침

1) 자신의 여가가 아닌 가족 여가

결혼이주여성의 여가 경험은 '가족 여가가 곧 나의 여가'라는 주제로 포괄할 수 있다. 다시 말해 '이주여성들은 가족구성원의 여가가 자신의 여가라는 곧 나의 여가'라는 등식으로 배우자와 자녀가 원하는 여가활동을 주로 행한다. 이주여성들은 배우자의 여가활동을 따라하는 모방적 여가 행태를 보였다.

이주여성들은 배우자가 원하는 야구 경기를 관람하는 것이 주 여가활동이라고 말했다. 베트남에는 야구가 활성화되어 있지 않아, 경기 방식이나 야구에 관한 관심이 전혀 없었을 뿐더러 처음에는 배우자를 그냥 따라다니는 것뿐, 본인에게는 그 이상의 활동도 아니라고 하였다. 그들은 남편이 야구 경기에 대한 방식을 자세히 알려주어 경기에 대한 흐름을 이해하기 시작하였고, 자식 역시 야구를 좋아하게 되면서 그녀는 야구 경기 관람에 대한 흥미와 재미를 느끼게 되었다고 하였다.

"그냥 처음에는 아무것도 몰라요. 그냥 따라가는 것 뿐이죠...(중략)... 여러 번 따라가보면 이제 알게 되었어요...(중략)... 스포츠는 이렇게 어떻게 게임 하는지 그리고 어떻게 이거 한 대? 여기 이쪽으로 시작하면서 어떻게 한점을 받아야하는지 그건 한 참 있다가 이제 알게 됐어요. 점수가 어떻게 따는지...(중략)... 뛰어다가 가운데에 서는지 이렇게 왜 걸어가는지 그런건 궁금해하면서 신랑 보니까 이거를 왜 가냐고 이거를 왜 날아가냐고 왜 안들어가냐고 그 때 그 때 물어보고 신랑은 잘 가르쳐줘요...(중략)... 아들도 야구 좋아해요."

한편, 이주여성은 결혼 초기에 배우자와 주로 등산을 하였으며, 그녀는 그런 여가활동이 좋다고 밝혔다. 그녀는 모국에서 살았던 곳은 도시이기 때문에 산이 없어 등산을 하지는 못했다고 하였다. 그러나 한국 이주 후에는 배우자가 좋아하는 등산을 함께 하다 보니, 자연이 좋아지고 자연을 느끼고 싶다고 하였다. 그러나 자녀들은 등산을 싫어하다 보니, 자녀들을 위한 여가활동을 행한다고 하였다.

"남편은 항상 산에 올라가는 거 좋아하고... (중략)... 거긴 도시라 산이 없어 가지고. 시골 있을 때는 산 있는데, 산 올라가는 거 좋아하고. 그리고 조용한 거, 바람 시원하고 그런 자연. 자연 좋아해요. 그러니까 여기 한국에 있으면, 항상 애 안 볼 때도 산에 가요... (중략)... 안 바쁘면... 항상 매일 가고싶어요. 그런데 바빠가지고. 가끔씩. 한 달에 두 번? 세번? ...(중략)... 애들 싫어해요. 왜냐하면, 힘들다고... (중략)... 항상 영화나, 애들 위해서 시간 보내고 싶은거에요. 그리고 막 어디서나 놀러갈 수 있는거. 월미도 이런 가까운 데라도 애들을 위해서."

이주여성들이 밝힌 바처럼, '자신'이 원하는 여가활동이 아닌, '가족' 중심의 여가활동을 행하고 있었다. 이는 자신을 표현하는 여가활동보다는 가족 중심의 여가 행태를 보이고 있는 것이다. 어떤 이주여성의 경우 배우자의 여가활동을 따라 하기는 하지만 그 활동에 대한 만족감을 느끼지 못하고 있었으며, 또 다른 이주여성은 결혼 초기 야구 경기 관람에 관심이 없었으나, 경기 방식을 이해하고, 자신의 자녀 역시 야구를 좋아하게 되면서 그녀 역시 야구에 대한 흥미를 느끼기 시작한 것으로 나타났다. 또 다른 양상이 나타난 이주여성은 배우자와 본인이 원하는 여가활동이 같으나, 자녀가 원하지 않기 때문에 등산을 갈 수 없다고 하였다. 이주여성들은 '가족'이라는 테두리 안에서 여가활동의 범위가 한정되고 있었으며, 일반적인 한국의 기혼 여성들이 보이는 '가족 중심'의 여가 특성과 유사하게 나타나고 있음을 확인하였다.

2) 함께 놀아주지 않는 배우자

이주여성들은 대부분 배우자와 자녀가 함께 즐길 수 있는 여가활동을 행하길 원하고 있었다. 그러나 배우자들은 본인이 즐기는 여가활동 이외에는 여가활동 범위를 늘리려고도 행하려고도 하지 않는다고 하였다. 그들은 배우자들이 자녀에게 '자상한 아빠, 함께 놀아주는 아빠'가 되길 원하지만, 정작 배우자들은 그렇게 하지 못해 안타까움을 토로했다. 그들은 자녀들과 함께 나들이를 갔을 때 한국 남성들이 자녀랑 함께 놀아주는 것을 보고 부러워했다. 나아가 그렇게 하지 못하는 자신의 배우자에 대한 원망과 바람을 가지고 있었다.

> "특히 다른 가족들과 자꾸 비교하게 돼. 자꾸 부러워요. 특히 남편들이 잘 놀아주는 가족들 보면 진짜 너무 부러운 거에요. 그래서 항상 신랑한 테 자꾸 이야기해요. 한국 사람 똑같아 라고 그렇게 저한테 그렇게 이야기해요. 아니거든? 제가 밖에 나가면은 한국 남자들은 얼마나 잘 놀아

주잖아. 애들하고. 그런데 우리 신랑은 옛날 사람이라..."

또한 이주여성들은 역시 자녀들이 성장할수록 배우자가 자녀와 함께하는 시간이 줄어들고, 함께 여가활동하는 것을 싫어한다는 표현을 할 때면 속상하다고 하면서 자신의 배우자가 자녀에 대한 정이 없는 것 같다고 하였다.

　　"지난 번에 한 번, 딱 한 번 영화 봤어요. 남편은 싫어해요. 싫어해, 남편. 남편이 싫어해가지고 그거 걱정되는 거에요. 남편이 그렇게 활동할 때 같이 안하고 하면, 애들한테, 남은 정 없는 거 같아. 남편이. 항상 친구들과 같이 있는 거 좋아하고. 모르겠어요. 저는 애들 같이 있어도 힘들다고 느끼지 않아요. 애들 원하는 거 따라하면 되고, 항상 나쁜 활동만 안 하면, 저는 그 생각해요."

이주여성은 배우자가 혼자만의 여가를 보내기를 원한다고 하였다. 배우자가 보고 있는 TV 프로그램을 자녀와 함께 시청하려고 했지만, 그녀에게 자녀를 밖으로 데리고 가라는 식의 의사 표현을 한 것을 안타깝다고 하였다.

　　"오늘 같은 경우는 아침에 아이는 정리 청소 다 하고 나서 밥 먹여주고 그 다음에 옷 입혀주고 잠깐 컴퓨터 해서 중간고사 한번 보라고 했는데, 한 시간 반이나 봤나 봐요. 근데 남편이 조금 앞에서 아이랑 텔레비전 보는거 아이 좋아하는 프로그램 자기도 보고 싶다고 해서 근데 아이는 완전 우리 남편은 아이는 다 좋아요. 근데 어디 안 가? 빨리 가. 그런 건 아이를 빨리 같이 데려가라는 뜻이죠. 같이 못 놀아줘요. (중략) 안타까워요."

한편, 자주는 아니지만 가족이 함께 여행을 갔었던 시간이 이주여성에 게는 큰 의미로 다가왔다. 집 주변을 떠나 새로운 장소를 가족이 함께 가는 것만으로도 그녀는 배우자에게 사랑을 받고 있다고 느끼게 되었고, 열심히 살아가야겠다고 다짐을 할 수 있었다고 한다.

> "지난번 최근에 우리 남편이 좀 시간도 있고 좀 시간 있으니까 강원도 몇 시간 동안 저녁에 같이 갔어요. 저 남편 좀 더 잘해줘서 좀 고맙다고 생각하고 또 사랑해주고 기념도 있고 그랬어요. 좀 열심히 살아야 되겠다 고..."

이와같이 이주여성들은 배우자가 자녀와 함께 놀아주길 원하는 마음이 간절하지만 정작 배우자는 '혼자만의 시간, 본인 위주의 여가활동'만을 요구하고 있었다. 이주여성들은 본인이 원하는 여가활동을 포기하더라도 가족이 함께 시간을 보내거나 온 가족 위주의 여가활동을 행하기를 바라는 마음이 있는 것으로 나타났다. 특히 가족이 함께 즐기는 여가활동을 하면, 특별한 사건이나 상황이 아니더라도 일상의 활력을 불어 넣어줄 뿐만 아니라 삶의 질과 만족에까지 영향을 미칠 것이라는 기대를 가지고 있다.

3. 상호문화소통 지향 여가활동

1) 여가로서 모국과의 통화

이주여성들은 결혼 초기부터 늘 모국에 대한 그리움이 남아있다고 하였다. 하지만, 어떤 이주여성은 그 그리움이 줄어들기도 전에 시댁에서는 모국과의 관계를 끊을 것을 공공연히 요구했다고 말했다. 그것은 마치 딴 생각말고 한국사회에 잘 적응하라는 식으로 이해되기에 마음이 아프다고 하였다. 어떤 이주여성은 필리핀에 거주하고 있는 가족들을 보고 싶기도 하고, 도와주고 싶은 마음이 많지만, 시댁에서는 필리핀 가족들에게 더 이상의 금전적 지원을 하지 말라는 말을 했다고 한다. 그것이 그녀에게 가장 마음을 찌르는 '비수'의 말이 되었다.

> "아직 익숙하지 않은 문화라서, 우리 신랑하고 형님들이 이해 안 해주고 자꾸... 저는 혼자이잖아요. 그 필리핀에 있는 가족 만나고 싶지만 바로 바로 갈 수 없잖아요. 그리고 3개월 전에 우리 형님 연락 와 가지고. 이제는 자기 가족 있으니까 자기 가족만 신경 쓰고 필리핀에 있는 가족 신경 쓰지 말라고 했어요. 그때 진짜 너무 마음이 아픈 거예요. 제가 일하면서 조금씩 보내는 건데, 근데 우리 신랑 돈은 어떨 때 신랑이 조금 보내줘 라고 할 때만 조금 보내는 거예요. 근데 억지로 자기 돈이 없어서, (제가) 필리핀에 조금 보내면 안 될까요... 이러면 그런 말은 없었기 때문에, 우리 형님 그렇게 이야기했으니까 또 마음 아픈거예요."

한편, 이주여성들은 여가 시간에 모국에 거주하고 있는 가족들과 끊임없이 연락하며, 매체를 이용한 다양한 방법으로 모국에 거주하고 있는 가족들과의 소통을 하고 있는 것으로 확인되었다. 미디어를 통한 자신의 모국 가족들과의 연결이 이들의 여가 중 중요한 부분이며 고독감과 그리움을 해소하는 수단인 것으로 보였다. 이 이주여성은 비록 직접 모국에 방문하여 가족들을 만나기에는 현실적으로 어렵지만, 전화를 이용해 소통하는 것 자체만으로도 함께 같은 공간에 있다고 생각이 들어 그리움과 외로움을 해소하고 있는 것으로 파악되었다.

"가족들... 가끔 보고 싶은데, 보고 싶으면 저기... 국제 전화카드 있잖
아요. 항상 남편이 사줘요. 남편이 사주면 그거 카드 1시간짜리, 그거
다 써버려요. 그럼 또 사주고. 조금 조금씩 해야지 한꺼번에 다 쓰면...
(중략) 언니, 오빠, 엄마...이렇게. 전화하고 나서 그렇게 외롭지 않아요.
막 이렇게. 아니야, 다 쓸거야. (중략) 자주자주, 오빠들 목소리 듣고 그러
니까, 이제. 그냥 안가도. 자주 있는 거 같아요. 그런 느낌이어가지구."

또한 이주여성은 여기시간을 활용해 자신들의 일상을 사진 찍어 SNS
매체를 통해 필리핀 가족들과 소통하고 있는 것으로 나타났다. 필리핀에
거주하고 있는 가족들 역시, 주기적으로 일상생활, 자녀들의 사진을 공유
하며 필리핀 가족애(愛)를 느끼고 있었다. 그녀들은 전화나 SNS를 통해
모국과의 소통을 끊임없이 행하고 있었다. 이는 미디어가 이주여성과 그
들 가족 간 사랑을 싣고 초국적 소통에 기여하는 도구임을 알 수 있다.

"필리핀에 있는 가족을 페이스북 이용해서 얼굴 볼 수 있잖아요. 사진
도. 어떻게 지내는지, 사진 볼 수 있기때문에. 옛날엔 없었잖아요. 그냥
대화만 하니까. 전화만 하니까, 너무 외로웠어요. 그땐. 지금은 조금,
페이스북 때문에 조금 안 외로워요. 그 다음에 그 조카들이 얼마나 큰지
사진으로 계속 볼 수 있으니까 괜찮았어요. 페이스북 자꾸 열어요. 메시
지 올까봐. (중략) 좋아요 보고. 그다음에 항상 보는거 에요. 왜냐하면
필리핀에 있는 가족들이 자꾸 기다리는 거에요. 사진 올리는거. 그래서
계속 해요."

이주여성들이 지닌 모국에 대한 정과 마음은 한국 거주 기간이 오래되
었다고 해도 지속적으로 남아있었다. 또한 그녀들의 외로움과 그리움을
해결하기 위해 주로 활용되는 전화 통화나 SNS 활동이 주는 시사점은
크다. 이는 한상영(2012)의 주장과 상통한다. 결혼이주여성들이 한국사

회에서 모국어 사용 기회가 적어 답답함과 서러움을 느끼게 되고, 그래서 모국에 대한 그리움을 통화나 매체를 통해 해소한다. 모국과의 통화 자체가 이주여성들이 모국어를 사용할 수 있는 더할 나위없는 여가라고 볼 수 있다.

2) 모국의 문화 즐기기

이주여성들은 자신의 모국 음식을 만들어 먹으며, 모국과 고향, 형제자매에 대한 그리움을 해소하기도 한다고 하였다. 음식은 영양 섭취라는 것을 넘어서 심리정서적 차원으로 이해되는 소통 도구라는 것을 여실히 증명해 낸다. 모국 음식을 만들고 나누어 함께 먹는 것으로써 그리움을 해소시킬 수 있는 기회를 얻는다. 대부분 이주여성은 이주 초기에 한국 음식이 입맛에 맞지 않아 음식 적응에 어려움이 있었다고 한다. 그러나 거주 기간이 오래되어 한국 음식에 적응했다고 한다. 그러나 가끔 모국 음식이 먹고 싶을 때나, 모국이 그리울 때면 모국 음식을 만들어 가족들에게 주었으나, 별로 좋아하지 않아 마음이 좋지 않다고 하였다.

> "우리 남편은 베트남에 4년 살았는데 그 베트남에서 그냥 쌀국수나 뭐 특별한 음식 안먹고 밥 반찬 같은거 많이 먹어요. 그래서 저희 지금 한국에 가끔씩 해 주는데 안 먹어요. 뭐 다 다른 사람은 맛있다고 해도 안 먹어요. 좀 그래서 (마음이) 안 좋아요."

이주여성들은 앞서 언급한 모국에 거주하고 있는 가족들과의 소통 이외에도 모국 문화를 한국에서 즐긴다고 밝혔다. 그녀들은 모국어로 된 방송들을 들으며, 모국에 대한 그리움을 해소하고 모국 뉴스를 듣고 종교 활동을 행하고 있었다. 또한 베트남 출신 이주여성은 여가 시간에 모국의 노래를 듣거나 부르며, 모국에서의 옛 추억을 떠올리는 등 모국의 문화를 즐기는 것으로 나타났다.

"우리 필리핀에서 예수님 방송 있잖아요. 그냥 항상 들어요. 아니면 유튜브랑 목사님 이렇게 이야기 들어요. 드라마도 안 봐요. 관심이...

"(노래방) 베트남 노래 부르고 싶을 때. 옛날 생각나죠. 어떤 때에는 옛날이 생각나요."

필리핀 출신 이주여성은 모국의 음식을 가끔 만들어 직장 내의 한국인 동료들과 함께 나누어 먹었다고 하였다. 그녀는 필리핀 음식을 먹고 싶은 적이 가끔 있으나, 가족들은 필리핀 음식을 좋아하지 않기 때문에 자신의 가정 밖에서 혹은 직장 동료들과 함께 필리핀 음식을 먹는다고 하였다. 또한 그녀는 다양한 필리핀 음식들을 만들어 갈 때면, 동료들의 반응을 통해 문화 차이를 경험하였다. 그녀는 모국 음식 만들기와 나눔 행동을 통해 여가활동을 행했다. 이는 이주여성과 그녀의 동료 간 상호문화소통으로 이해할 수 있으며 여기서 이주여성은 진정한 '행위자성'을 지닌 주체로 이해될 수 있다.

"간? 돼지? 소간? 소간인가. 소간 간장 조림처럼 해줬는데, 너무 까매가지고 안 먹는거에요. 한 분도 안 먹었어. 냄새 나가지고. 아, 기분 나쁘다기보다는 이런 음식은 안 먹는구나, 알게 되는 거예요. 그런데 다른 음식 가져가면, 필리핀 만두나 필리핀 닭도리탕처럼. 잘 먹어요! 그것만 안 먹어요. 너무 심한가 봐. 냄새가. 그래서 그때부터는 간 안가져가요. 그런데 지난 번에는...잡채. 필리핀 잡채. 가져갔더니, 잘 먹어요. 근데 추워가지구요. 필리핀 음식은 따뜻할 때"

이주여성들은 한국에서도 모국의 음식문화를 즐기며 생활하는 것으로 나타났다. 한국 가족과 함께 그녀들의 모국 문화를 공유하고 싶어했다. 그러나 이를 선호하는 가족도 있지만 그렇지 않은 경우도 번번이 나타났다. 한편으로는 모국방송을 통해서나 주변 한국인 동료들과 함께 모국 문화를 즐기는 것으로 확인하였다. 이런 현상으로 볼 때 결혼이주여성이 한국사회에 동화되어야 한다는 동화주의 관점은 생활세계에서는 적합하지 않다. 오히려 이주여성들에게 자신의 모국 문화를 향유할 수 있도록 하는 여가 여건과 환경이 마련되어야 한다. 다시 말해 이들이 문화정체성을 유지하는 한편 새로운 제2의 정체성이 발현될 수 있는 사회통합적인 관점이 필요하다.

4. 여가활동을 통한 재생산

1) 적극적인 여가활동

이주여성들은 여가활동을 단순히 행하고 만족감을 느끼는 것에만 한정하지 않고, 또 다른 생산적인 활동을 하고 있었다. 필리핀 출신 이주여성은 평소 여가활동으로 만들기를 했다고 한다. 그녀는 자신이 잘하고, 즐기면서 할 수 있는 인형 옷 만들기를 활용해 필리핀 전통의상을 입은 인형들을 판매한다고 이야기하였다. 주요 판매 대상은 다문화 강사들이며, 구매한 인형들을 각급 학교나 기타 교육기관에서 다문화이해 교육을 위한 자료로 활용하고 있다고 언급하였다.

"지금 그 전통의상 인형이랑 같이 하는거 하고 있어요. 그 뭐지? 이렇게 하면은, 제가 만들었던 필리핀 전통의상. 인형을 사 가지고 이렇게 만들어요.(중략) 그 다문화, 필리핀 다문화 강사들한테도 판매하고 있어요. (중략) 필리핀 강사들. 필리핀 다문화 강사들한테. 지금은 세 명? 저한테 주문을 해서. 이렇게. 판매해요. 근데 받고, 만약에 그. 이런 전통의상 다 있기 때문에 그러면은 다음엔 안 사죠. 그래서 다른 물건도 하고. 필리핀 있는 친구는 내일 와요. 그 물건 들어와서, 그다음에 그 친구들한테 필리핀 다문화 강사들한테 줘요."

　　또 다른 필리핀 출신 이주여성 역시 모국에서 부모님이 음식점을 운영했었던 경험과 요리에 대한 재미를 느껴 한국에서 필리핀 음식을 직접 만들어 주변 친구들에게 어느 정도의 실비 금액을 받고 만들어 주고 있다고 하였다. 어떤 때에는 많은 필리핀 요리를 해야 한다는 버거움이 있다고 한다. 그래서 음식 만들기로 몸은 힘들지만, 경제적으로 도움이 되어 요리할 때면 기분이 좋다고 하였다.

　　"어렸을 때 우리 가족 요리 좋아해요. 우리 할머니 식당 있어요. 그때 음식 팔아요. 그래서 어렸을 때부터 매일 이렇게 도와줘요. 꼬마 때부터. 그래서 관심 많아요. (중략) 요리요. 요리. 필리핀식 만들어요. 그리고 팔아요. 배달오면, 주문 오면 배달해요. 필리핀 음식이요. 만들어요.(중략) 그런데 저 혼자 만들어요. 힘들어요. 시장도 가요 무거워요. 그런데 재미있어요. 왜냐하면 그냥 집에만...아무리 집에 있어도 조그만 돈벌이 할 수 있어요. 기분 좋아요."

　　이와같이 이주여성들은 인형 옷을 만들거나 모국 요리만들기 등 개인의 여가활동을 넘어 수입을 창출할 수 있는 경제 수단으로 활용하고 있었다. 이러한 보조적인 경제활동을 통해 그녀들은 여가활동에 대한 만족감이 높아졌으며, 개인 여가에서 또 다른 활동으로 확장되었다. 이 측면에서 이주여성들의 여가는 소극적인 여가에서 적극적인 여가로 변화된 것으로 해석가능하다. 또한 정주민들이 쉽게 접근할 수 없는 음식 콘텐츠를 모국 문화 자원과 연결하여 활용했다.

2) 봉사활동을 통한 만족

이주여성들은 가족센터는 물론 해당 지역의 주민센터 등의 요청을 받아 봉사활동을 하였다. 이들의 도움을 필요로 하는 곳, 예를 들어 해당 지역 내 독거 노인 돌봄 등 다양한 곳에서 봉사활동을 행하는 것으로 나타났다. 이주여성들은 자신들도 다양한 지원과 도움이 필요하지만, 자신의 도움이 필요한 곳이 있다면 상황이 되는 한 기꺼이 봉사를 적극적으로 한다고 하였다.

> "뭐, 동사무소에서... 어르신들 목욕하는거? 도와줄 수 있는 거? 그런, 봉사활동도 하고. 내가 활동 많이 하는건 출입국사무소 번역 통역 뭐 그리고, 음... 모든 다문화인들이 내가 할 수 있는거. 집에서도 뭐, 집에서 도 같이 청소하려 하면 같이 청소하고. 그런 봉사활동. 그리고 우리 교회. 모든 다문화인들이 제가 도와줄 수 있는 거 있으면 항상 연락하라고."

이주여성들은 개인의 여가활동이 경제적 수단으로 이어지고 있으며, 더 나아가 그러한 생산적인 활동을 통해 가족들과 주변 지인들로부터 신임과 격려를 받아 자신감이 생긴다고 말하였다. 어떤 이주여성은 자녀와 함께 인형 옷을 만들면서 자녀와 대화를 할 수 있어서 유대감 형성에 도움이 되고, 본인 자신도 자랑스럽게 느끼는 것을 확인하였다.

"오 잘하시네요. 이런 말 들었을 때 진짜 너무 기분이 좋고, 더 열심히
더 노력하고 싶은 마음이 생겨요. 만들기 이런 거랑 같이 만들어서 뭔가
자랑스럽잖아요. 딸도 좋아하고 그래서 더 만들고 싶어져요."

이처럼 이주여성들은 주변 사람들에게 도움을 주거나 인정을 받음으로
써 여가활동에 대한 만족도가 더욱 높아지고, 다른 일에도 효능감이 형성
됨을 알 수 있다.

3) 커뮤니티는 일상의 친구

이주여성들은 커뮤니티를 통해 일상적인 나눔과 정보를 상호 교환하면
서 여가활동 등 일상생활을 행하고 있었다. 커뮤니티는 온라인 오프라인
모두 이주여성들에게 이주의 사막에서 오아시스와 같은 역할을 한다. 이
주여성은 커뮤니티 친구들과 배우자에 대한 험담을 나누면서 공감과 유대
감 등을 통해 스스로 치유하는 것으로 나타났다.

"친구랑 마구 남편 얘기하는거에요… (중략)… 다 풀었어. 남편 그
화나는 것도 다 풀었어."

또한 어떤 이주여성은 필리핀 커뮤니티를 직접 만들어 주기적으로 한
달에 한 번 이상 구성원들과 소통을 위한 장을 마련한다고 하였다. 박미
숙·김영순(2015)에 의하면 결혼이주여성들은 손쉽게 소통할 수 있는 매
체로서 스마트폰을 사용한다. 이를 통해 언어적 문제 해결뿐만 아니라
모국에 대한 외로움과 그리움을 해소하고 있다고 언급하였다.

"제가 만든 가족 모임인데요, 이제는 78명 있어요. 한 달에 한 번 만나요. 필리핀 음식 만들어서, 안 맵게 만들어서 크리스마스 파티도 하고. 단체 카톡 만들어가지고. 그리고 제가 작년에 6개월 다문화센터 통번역 활동을 시작했거든요. 그래서 그때 시작했어요. 가족 모임으로. 그리고 어떤 때는 새로운 분들이 다문화센터 찾아오잖아요? 공부도 하고 그렇게 소개 하는 거에요. 이런 모임이 있어요. 이렇게 이야기해요. 그리고 또 아는 사람이 초대해 가지고. 그래서 크리스마스 파티는 50명이 참석했어요."

이주여성들은 한국 내 결혼이주여성 커뮤니티를 자발적으로 형성하고 있었으며, 커뮤니티를 통해 정보 교환, 친목 도모 등 사회적 활동을 지속적으로 행하고 있었다. 이와 같은 현상에 관해 기존 선행연구들에서는 주로 사회적지지 차원에서 논의되곤 하였다. 사회적지지를 형성하는 것은 어떤 사회든 그 사회구성원들을 위한 더할 나위 없이 중요한 한 부분이다. 가족, 주변 지인 등의 사회적지지는 결혼이주여성의 문화적응 스트레스를 줄여주고, 결혼 만족도를 높여준다(이혜경·전혜인, 2013). 이주여성들의 커뮤니티는 이주여성 스스로 사회적지지체계를 구성하고 또 다시 그들의 삶의 질을 높이는 데 유의미한 영향을 주는 요인 중의 하나다.

5. 마무리

이번 장은 결혼이주여성의 여가 경험의 양상을 세 가지 주제 범주, 즉 '개인과 가족 여가의 겹침', '상호문화소통 지향 여가활동', '여가활동을 통한 재생산'으로 구분하였다. 이와 같은 주제 분류를 통해 몇 가지 결론을 도출하였다.

첫째, 결혼이주여성들은 개인적인 여가활동보다 가족 여가를 통해 여가 만족도를 높여 일상생활에까지 이어지길 원하는 것으로 확인되었다. 그러나 결혼이주여성들의 배우자는 본인이 원하는 여가활동을 그들에게 일방적으로 요구하거나 자녀들에게만 초점이 맞춰진 여가활동 양상이 나타났다. 이는 결혼이주여성들의 여가활동이 자발적으로 본인이 원해서 하는 자유로운 순수여가 측면보다는 일반적으로 가족 내에서 '아내'와 '어머니' 역할을 동시에 수행해야 한다. 그러므로 결혼이주여성들의 여가는 목적형 여가활동이 주를 이룬다고 할 수 있다. 그들은 가족의 화합 애(愛)를 경험하고자 하는 갈망이 크며, 본인 이외의 가족들이 원하는 여가활동을 행하려는 마음이 강하기 때문이다.

둘째, 결혼이주여성들은 김영순 외(2014)에서 논의된 바 있듯이 '초국적 가족'이라는 유대 관계 속에 살아가고 있다. 국경을 넘는 공간에 부모님과 형제, 자매가 살고 있으므로 모국에 대한 그리움과 외로움은 더할 나위 없이 깊다. 그들은 모국 문화를 접할 수 있는 매개체를 활용하여 간접 경험을 하고 있었으며, 모국과의 교류를 통해 그리움을 회복하는 것으로 나타났다.

셋째, 결혼이주여성들은 모국 문화를 단순히 추억하고 행하는 것으로 끝나는 것이 아닌 '초국적 문화 자원'을 활용하여 또 다른 생산적 활동, 즉 결혼이주여성의 순수 여가활동이 준여가 행태의 특징으로 나타난다. 그러므로 이주여성들의 생활세계에서 여가와 노동 간의 경계가 불분명하게 드러나는 양상을 보이기도 하였다. 이러한 결혼이주여성들의 준여가활동을 통해 효능감과 자기표현 등의 효과를 보이며, 만족감에 영향을 미치고 있는 것으로 파악되었다.

또한 결혼이주여성들은 커뮤니티를 통해 문화정체성, 즉 사회적인 소속감 혹은 집단 유대감 등을 형성하고 있었으며, 상호 교류를 통해 동일 문화집단의 언어 사용, 정보 등을 주고받으며 일상생활에 활력을 불어넣어 줄 수 있는 요인 중의 하나로 나타났다. 다만, 아쉬운 점은 결혼이주여성들만의 커뮤니티라는 점이다. 결혼이주여성의 커뮤니티는 그녀들에게 소속감을 높여주고 한국생활에서의 어려움에 관한 공감을 함께 한다는 점에서는 긍정적이다. 그렇지만 이주여성들이 정주민 여성들과 다양한 정보와 교류를 하고 있지 못한다는 측면이 제기된다. 이를 위해 이주여성 자체 혹은 지원 기관에서는 이주여성과 정주여성 간의 심리적이면서도 문화적 거리감을 좁히기 위한 사회적 관계의 확장이 필요할 것으로 판단된다.

2장. 매체 다루기: 스마트폰 활용 경험

1. 생활세계와 스마트폰

결혼이주여성들은 한국에 입국하면 대부분 가장 먼저 스마트폰을 구입한다. 그들에게 스마트폰은 소통 도구를 넘어 생활세계의 가이드 역할을 한다. 스마트폰은 기존의 휴대폰의 통화기능에 PC 기능을 더한 융합매체이어서 기존의 휴대폰 기능과 현저하게 다르다. 특히 스마트폰은 장소를 구애받지 않고 다양한 방식으로 커뮤니케이션이 이루어지며 인터넷 검색, 음악 감상, 게임, 쇼핑 등 다양한 서비스를 제공받을 수 있다. 따라서 한국생활 적응을 해야하는 이주여성에게는 스마트폰이 유일한 소통 장치이며 친구이자 여가의 도구라고 할 수 있다. 그들은 스마트폰으로 여가 시간을 활용하고 있으며 생활 전반에 심리 정서적인 도움을 받는다. 아울러 결혼이주여성들의 빠른 한국생활 적응을 돕는데 기여한다. 따라서 결혼이주여성들이 한국생활적응에 스마트폰을 어떻게 활용하고 있으며, 이주생애에 어떤 의미를 형성하는지 살펴볼 필요가 있다.

다문화가정을 대상으로 스마트폰과 모바일에 대한 일련의 선행연구들(임희경 외, 2012; 오세연, 2013; 홍종배·유승관, 2014; 김은혜, 2018; 이래혁, 2022)은 다문화가정 자녀의 스마트폰 중독에 대한 예방과 대책의 필요성을 강조하였을 뿐 결혼이주여성의 스마트폰 사용 경험에 관한 연구는 저조한 편이다. 그렇지만 결혼이주여성들에게 스마트폰이 어떤 의미이고 어떻게 이용하고 있으며 이들에게 스마트폰이 왜 중요한지, 한국생활에 적응하기 위해 어떤 역할을 하는지 등에 대한 연구가 필요한 시점이다.

이런 맥락에서 이번 장은 입국초기 결혼이주여성의 스마트폰 이용경험을 통하여 스마트폰이 이들에게 어떤 역할을 하고 있는지 살펴보고 이들에게 스마트폰을 이용한 한국생활적응 교육 방안을 제안하는 것이 목적이다. 이번 장의 연구문제는 첫째, 입국초기 결혼 이주여성들은 한국생활에서 스마트폰을 어떻게 이용하는가? 둘째, 입국초기 결혼이주여성들에게 스마트폰은 한국생활에 어떤 역할을 하고 있는가? 이다. 연구문제 해결을 위해 결혼이주여성들 중 한국생활에 익숙하지 않은 초기 입국자들을 대상으로 한국생활에 적응하면서 스마트폰 이용에 대한 사례들을 심층적인 인터뷰를 통하여 자료를 수집하고 분석하고자 한다.

우리는 "스마트폰으로 하루를 시작하고 스마트폰으로 하루를 끝낸다."는 말을 많이 듣는다. 스마트폰이 일상화되면서 스마트폰은 사람들의 일상생활에 밀접하게 자리 잡고 있다. 과학기술정보통신부(2023)에 따르면 2023년 3월 말 기준 스마트폰 회선은 약 5,458만 개에 달한다. 스마트폰은 현대인의 생활에 전반적인 기능을 가능하게 하며 사람들의 라이프 스타일까지 변화시키고 있다. 과거에는 의사소통과 지식을 확보하기 위해 또는 여가활동을 위해 서적이나 신문 TV등 전통적인 매체를 이용하였다면 현대 많은 사람은 스마트폰을 이용하여 정보를 공유하고 여가활동을 하고 있다.

한 방송매체에서는 현대인이 하루 평균 150번씩 핸드폰을 열어 본다고 하였고, 개인의 핸드폰에 평균적으로 30개의 어플이 깔렸다고 하였다. 이렇듯 스마트폰은 장소를 구애받지 않고 다양한 방식으로 커뮤니케이션이 이루어지게 하였으며 인터넷 검색, 음악 감상, 게임, 쇼핑 등 다양한 서비스를 제공받고 전 국민의 통신과 IT의 대중화를 이루게 하였다. 그러므로 오늘날 공간의 제약을 뛰어넘는 스마트폰은 새로운 미디어 환경을 구축하고 있다. 과거의 미디어 이용은 일정 정도 지식만 있으면 신문이나 텔레비전, 라디오라는 미디어기기를 이용할 수 있었고, 미디어를 살 수 있는 경제적 능력만 있으면 가능하였다(백흥진·김세은, 2012). 그러나 현대의 미디어 이용은 매우 다양하고 손쉽게 이용할 수 있다. 그만큼 미디어가 사회적으로 차지하는 기능과 역할이 확대되었다고 할 수 있다.

결혼이주여성들은 자신의 언어와 문화가 다른 한국에서 의사소통으로 인한 어려움과 문화로 인한 갈등상황에 놓이게 된다. 특히 결혼이주여성들은 한국문화와 언어에 대한 충분한 교육 없이 입국하여 결혼하자마자 가정과 사회생활 적응, 자녀 임신과 양육 등 여러 역할을 동시에 수행해야 한다(김윤희, 2010). 그러므로 이들의 갈등은 개인과 가정문제를 넘어 여러 가지 사회문제로 전환될 수 있다. 정부와 지자체에서는 결혼이주여성들의 한국생활 적응을 돕기 위해 다문화 관련 정책을 펼치고 있다. 그중 대표적인 것이 한국어와 한국생활 교육이다. 그 이유는 이주여성들이 생활 한국어가 능통하여 일상생활에 장애가 없어야 하기 때문이다. 또한 이주여성들은 한국생활의 어려움으로 언어적 의사소통과 결혼을 통해 산재하는 임신과 출산, 그에 따른 자녀양육의 어려움, 한국의 가족들과 문화에 대한 차이가 갈등 대부분을 차지한다(이혜경·전혜인, 2013). 이들의 어려움을 해결하기 위하여 정부와 지자체가 노력하지만 해마다 해체가정의 수가 늘어나고 있다.

이들이 한국에 입국하면 한국사회에 적응하기 위하여 여러 기관을 통하여 한국어를 배우거나 한국문화를 배우고 있지만, 스마트폰 기기의 발달로 인해 손쉽게 가질 수 있는 스마트폰을 이용하여 한국어는 물론 한국문화와 정서를 배우기도 한다. 이들이 스마트폰 문화적응을 위해 어떻게 이용하는지 살펴보는 것은 이들의 한국문화적응을 살펴보는 데 많은 도움이 될 수 있다.

2. 스마트폰의 언어적 역할

1) 소통의 도구

결혼이주여성들에게 한국생활의 가장 큰 걸림돌은 언어적 소통 영역이다. 언어적 소통이 이루어져야 한국생활을 원활하게 할 수 있으며 자신들의 감정표현도 할 수 있기 때문이다. 이들은 스마트폰의 기능 중 가장 많이 사용하고 있는 것이 사전과 번역기이다. 많은 이주여성들은 이 분야의 기능을 잘 활용하여 소통하고 있었다.

> "저는 스마트폰으로 주로 인터넷 사전, 모르는 단어 찾아봐요. 모르는 사전 찾으면 바로 나와요." 스마트폰을 어학 기능으로 쓰고, 번역기능으로 쓰고, 잘 모르는 단어를 하면 번역하게 하고...(중략)..."

> "사전, 번역, 모르는 단어가 있거나 대화가 안 통할 때 주로 써요."

대부분 이주여성은 스마트폰을 활용하여 인터넷으로 사전이나 모르는 단어를 찾아보고 있었으며, 번역 어플을 사용하여 모르는 단어를 검색하여 대화에 이용하기도 하였다. 독서를 할 경우 혹은 신문이나 광고전단을 읽고자 할 때 어플을 이용하기도 한다. 이 경우 스마트폰을 통역 기능으로 가장 많이 사용하고 있음을 알 수 있다. 중국계 이주여성은 "사랑해요"라는 말뜻을 몰라 스마트폰에 이야기하면 중국말로 무슨 뜻인지 번역해주기 때문에 결혼이주여성들의 한국생활 소통을 위해서 없어서는 안 된다고 하였다. 또한 스마트폰은 결혼이주여성의 부부관계에서도 소통의 도구로 이용되고 있었다. 이들은 남편과 한국어 소통이 원활하지 않을 때 스마트폰을 이용하고 있다. 결혼 초기 한국생활에 있어 남편의 도움으로 물건들을 구매하고 있었음을 상기하며, 구매의 주도권을 갖지 못할 경우가 많았다고 회고했다.

> "남편이랑 언어가 통하지 않아서 남편은 스마트폰에 말해주고 스마트폰은 베트남말로 번역해주거나 길을 모를 때 물어볼 수 있어요."

> "제가 한국 사이트에서 알고 싶은 것, 사고 싶은 것이 있으면 남편이 검색해주고 베트남어로 번역사이트에 옮겨서 보고 있어요."

어떤 이주여성은 한국에 입국한지 3개월밖에 되지 않아 한국어가 많이 서툴렀을 시기에 남편이 스마트폰에 말해주고 스마트폰은 베트남말로 번역해서 부부간의 의사소통을 했던 경험이 있다. 또한 다른 이주여성은 스마트폰을 이용하여 자신이 알고 싶은 것, 구매하고 싶은 물건 등을 남편에게 이야기하면 남편이 검색해주고 이를 베트남 번역사이트를 이용하여 원하는 정보를 얻고 있었다. 이렇게 스마트폰은 부부 사이를 매개해주고 이주여성들의 요구를 해결하는 역할을 하고 있었다.

이지현 외(2013)는 언어소통능력이 거주 기간과 함께 이민자의 자존감 발달에 큰 영향을 미칠 뿐 아니라 새로운 문화에서의 대인관계의 도구적 역할을 하게 한다고 하였다. 그러나 언어의 소통 부재로 인하여 부정적인 영향도 나타나고 있다. 결혼이주여성들은 남편과의 의사소통 부재와 시부모와의 문화 차이에 따른 소통 부재로 입국 초기 결혼이주여성의 우울증이나 심리적인 현상으로 나타나기도 한다. 김영순 외(2009)는 미디어가 일상생활 영역으로 확대될 수 있으며 다양한 매체 환경을 구성할 수 있다고 보았다. 따라서 이주여성들의 적극적인 미디어 활동은 그녀들의 요구를 만족시켜 주며 한국에서의 생활적응을 원활하게 해줄 것이다.

2) 한국어 교사 역할

입국 초기 이주여성들은 한국생활에 있어 의사소통을 가장 중요한 요소로 인식하고 있다. 그 때문에 한국어를 배우기 위한 수단으로 스마트폰을 대부분 이용하고 있었다. 다시 말해 스마트폰이 한국어 교사 기능을 하는 것이다. 스마트폰에 설치된 여러 앱들과 유튜브 영상 검색 등을 통하여 한국어를 배우고 익히고 있다.

> "베트남 사람이 베트남어로 한국어를 가르치는 사이트가 있어요. 한국에 먼저 온 친구가 그 사이트를 가르쳐 주어 매일 거기 들어가서 한국어를 배우고 있어요."

> "혼자 한국어 공부할 때, 단어 모르면 번역기 찾아가면서 한국어를 배워요."

> "한국어 토픽 준비할 때 스마트폰 많이 썼어요. 시간과 장소를 구애받지 않고 공부할 수 있어서 참 좋았어요."

어떤 이주여성은 국제결혼 후 한국으로 이주한 지 3개월 된 새 신부이었다. 아는 친구의 도움으로 베트남 사람이 한국어를 가르치는 사이트를 찾아 한국어를 배우고 있다고 하였다. 또 다른 이주여성의 경우 한국어를 혼자 배우는 데 스마트폰을 사용하고 있거나 혹은 한국어 토픽 시험공부할 때 많이 이용하였다고 하였다. 더불어 이주여성들은 스마트폰을 통한 다양한 방법으로 한국어를 습득하고 있었다. 김영란(2006)은 이주 초기 이주여성은 언어적인 어려움을 가장 많이 경험하는 것으로 나타난다고 하였는데 스마트폰의 사용은 이런 지적들을 상쇄시킬 수 있는 도구일 것이다.

> "스마트폰은 상대방의 언어를 배울 수 있다고 생각해요. 문자의 경우 이모티콘 같은 기분 표시도 하고, 메신저는 짧게 할 수도 있고, 이것이 거의 대화체로 되기 때문에 사람들끼리 구어적인 표현을 배울 수 있는 것 같아요."

이주여성들은 메신저나 문자를 통하여 한국어를 배울 수 있다고 생각하고 있었다. 특히 대화를 통하여 한국어의 구어적인 표현을 배울 수 있다고 하였다. 또한 한국어를 게임을 통하여 도움을 받았다고 하였다. 이렇게 각자 스마트폰을 이용하여 다양한 방법으로 한국어를 배우고 있으나 스마트폰이 한국어 선생님의 역할을 하고 있다는 것을 의미하고 있다.

이처럼 결혼이주여성들은 한국어를 습득하기 위해 가장 큰 노력을 하고 있었다. 이들은 베트남 사람들이 쉽게 한국어를 가르쳐주는 사이트를 스마트폰으로 이용하고 있었으며 스마트폰으로 쉽게 한국어 교육을 받을 수 있도록 앱 등이 개발되길 바라고 있었다. 그러므로 결혼이주여성에게 체계적인 한국어 교육은 의사소통 향상 및 가족 간의 대화촉진은 물론 지역주민과 원활한 의사소통으로 사회활동에 자신감을 획득할 수 있게 한다(김미라·Tuan Anh, 2011).

3) 모국어 가르치고 사용하기

결혼이주여성들은 남편이 자신의 언어를 배우는 기회가 많았으면 좋겠다고 하였다. 자신만이 한국어를 배우는 것이 아니라 남편에게도 자신의 모국어인 베트남어를 배우게 하고 싶다고 하였다.

"남편은 아주 조금 베트남 말을 해요. 인사 정도...(중략)...제가 가르쳐 주고 있어요. 남편은 제게 한국어를 가르쳐주고 저는 남편에게 베트남 말을 가르쳐 줘요. 우리는 서로 가르쳐줘요. 남편도 베트남말을 스마트폰으로 쉽게 배울 수 있으면 좋겠어요."

"저희 나라 말과 문화도 배울 수 있는 사이트가 많았으면 좋겠어요. 아이가 크면 아이에게도 가르쳐주고 시댁 식구들에게도 가르쳐주고 싶어요."

한 이주여성은 남편과 같이 서로 자신의 모국어를 가르쳐주고 있다고 하였다. 또한 자신의 모국어를 아이에게 가르치기 위해 베트남어를 가르치는 사이트가 많았으면 좋겠다고 하였다. 이렇게 자신의 모국어를 가르쳐 줄 수 있는 문화가 만들어질 수 있도록 관련 연구자는 연구에 노력해야 하며 정책가들은 그런 분위기를 만들어야 한다. 무엇보다 다문화가정 구성원은 물론 우리 사회구성원들에게 이중언어를 넘어 다중언어와 다중문화에 대한 긍정적인 인식 전환을 가져올 수 있는 시민교육이 필요하다.

"베트남말로 번역되면 좋겠어요. 물건을 구매했는데 사이즈가 안 맞는데도 한국어를 몰라서 직접 가서 반품해야 할 때가 있어요."

"아이에게 베트남 사람이라서, 베트남 피가 있어서 억지로 베트남어

를 공부하는 것이 아니라 아이의 미래를 위해서 베트남어를 공부시키고
싶어요."

이주여성은 물건을 구입하였을 때 베트남어로 번역될 수 있는 앱이
만들어졌으면 좋겠다고 하였다. 또한 다른 이주여성은 자신이 아이를 낳
으면 베트남 언어를 가르쳐 주고 싶다고 하였다. 자녀에게 베트남 피가
섞여서가 아니라 이 자녀의 미래를 위해서 베트남어를 가르쳐 주어야
한다고 하였다. 어머니들이 자녀들에게 모국어를 가르치는 이유는 자녀들
의 정체성 확립과 어머니-자녀 간 정서적 교감, 다양한 사고방식과 같은
이중언어가 주는 혜택을 위한 것이다(탁옥경·배지희, 2014). 이렇게 결
혼이주여성들은 자신의 모국어를 남편에게도 자식에게도 가르쳐주려고
노력하고 있다는 것을 알 수 있었다. 자녀에게 어머니의 모국어나 어머니
의 출신 문화를 교육하는 것은 자녀와 이주여성 간의 소통을 더 원활하게
하고 어머니들의 자존감을 높이는 방안이다(황정미, 2012).

3. 생활세계 정보매체로서의 역할

1) 임신, 출산에 대한 정보 얻기

국제결혼을 통해 가정을 이루기 위한 목적으로 한국에 들어온 이주여성
들은 대부분 한국에 입국하면 임신을 우선적으로 고려한다. 이들은 한국
생활에도 익숙지 않은데 임신과 출산으로 한국생활에 어려움이 나타나고
있음은 여러 선행연구에서도 지적했다. 임신한 이주여성들은 스마트폰을
이용하여 임신과 출산에 관한 여러 가지 정보를 얻고 있다.

"제가 임신해서 스마트폰으로 주로 임신에 대한 것을 많이 검색해요."

"저는 임신했으니까 임신에 대한 정보들을 살펴보고 있어요. 저는 첫 아기이기 때문에 잘 모르는 것이 많고 어머니도 옆에 없어서 가르쳐주는 사람이 없어서 주로 많이 검색하여 보고 있어요."

"저는 스마트폰에서 임신에 대한 정보를 얻기도 하고 출산에 대한 것도 배우기도 해요. 또 좋은 부모가 되는 것에 대해 배우고...(중략)…"

이주여성들은 대부분 현재 임신 중이거나 인심과 출산을 경험한 여성으로서 임신과 출산에 대한 내용들을 인터넷 검색으로 정보를 받고 있다고 하였다. 특히 출산 시기에 친정어머니를 초청하기도 하나 친정어머니가 사정상 도와주지 못하면 옆에서 가르쳐주는 사람이 없는 경우 더욱 인터넷을 통한 관련 정보에 의존한다고 하였다. 김경숙 · 김민경(2014)은 결혼이주여성들이 결혼을 통해 새롭게 시작된 삶 속에서 임신, 출산을 통해 삶의 전환을 맞으며 양육하는 과정을 통하여 어머니로 성장하고 한국에서의 삶에 적응해가고 있다고 하였다.

2) 육아 정보 검색하기

이주여성들의 육아 영역에 있어서 어려움은 김경숙 · 김민경(2014)과 그 밖의 여러 선행연구에서 거론되었다. 이주여성들의 다양한 문제 상황에서 부모 역할을 효과적으로 수행하고 부모에게 요구되는 역량을 키우고 올바른 자녀양육 방법을 터득할 필요가 있다. 무엇보다 한국어와 한국문화, 한국의 교육방식에 서툰 이주여성들은 스마트폰을 이용하여 아이의 육아에 대한 정보를 적극적으로 검색하고 활용하고 있다.

"애기 보는 사람한테 너무 어려워요. 그래서 저는 선생님에게도 녹음해서 보내요. 한국어로 문자로 쓰는 것이 너무 어려워요."

"아기 사진 보면서 어린이집 자주 보면서 안심해요. 어린이집에서 매일 사진을 올려줘요. 영어 수업하는 것 이렇게 보고 안심 되요. 카페 비슷해요. 선생님이 찍어서 올려요."

어떤 이주여성은 한국어로 소통하는 데 어려움이 있어서 아이를 보는 사람한테 아이의 상태와 기분 등을 녹음하여 전달한다고 하였다. 또 다른 이주여성은 아이의 양육에 스마트폰이 가장 적합한 도구이며, 자주 이용한다고 하였다. 이를테면, 어린이집 교사가 올려주는 사진을 보며 자녀에 대하여 안심하고 맡길 수 있다고 하였다.

"저는 아이들한테 핸드폰을 주고 다 이렇게 많이 놀라고 하는데 우리 가족은 이렇게 하지않아요. 절대 그렇게 하면 안 돼요."

"스마트폰은 건강에 방해 돼요. 남자가 사용하면 아이가 생기기 힘들고 심장주위에 놓으면 심장이 나빠지고, 많이 보면 눈이 아프고 그러기 때문에 조금만 사용해야 되요."

어떤 이주여성은 요즈음 아이들에게 스마트폰을 주고 놀게 하는 것은 피해야 한다고 하였고 또 다른 이주여성은 스마트폰을 많이 사용하면 건강에 해롭다고 하였다. 그러므로 적당하게 스마트폰을 사용해야 한다고 하였다. 이렇듯 스마트폰 사용에 대한 이주여성의 인식은 긍정적인 측면도 있지만 부정적인 측면도 많은 것으로 나타났다. 스마트폰이 아이의 양육에 도움이 되기도 하지만 스마트폰을 아이가 많이 사용할 경우 건강을 해칠 수 있다는 염려를 하고 있었다. 이주여성들은 이현서 외(2013)에서와 같이 개인의 즐거움보다 한국생활에 적응하는데 도움이 되기 위한 정보나 지식을 습득하거나 고국 출신 결혼이주여성과 한국사회 정보를 공유하기 위해 여가활동을 하는 것으로 나타났다.

3) 한국 음식문화 익히기

입국 초기 이주여성들은 한국에 친구가 많지 않고 새로운 환경에 적응하기 위해 노력하고 있음을 알 수 있었다. 새로운 문화는 우리가 살아가는 사회와 학습의 형식과 내용, 그 자체에 대한 새로운 이해를 요구한다(한준상, 2003). 특히 이들은 한국인 남편에게 한국요리를 해주어야 하는 과정에서 새로운 문화와 예절에 대해 많은 부담을 느끼고 있었다. 이를 해결하기 위하여 스마트폰으로 한국 음식을 만드는 과정에 집중하고 이에 대한 정보를 탐색하였다.

> "주부이기 때문에 음식 재료도 보고, 음식 만드는 것보고, 음식 차리는 것도 보고, 한국 음식 요리에 대해 자주 봐요."

> "남편을 위해 스마트폰에서 한국 음식 만드는 것 많이 봐요."

대부분 이주여성은 스마트폰으로 한국 음식 만드는 것을 자주 보고 따라 하려는 것을 확인할 수 있었다. 이는 곧 남편이 좋아하는 한국 음식을 만들기 위한 정성과 노력으로 평가될 수 있다. 이는 최은숙·이연정(2014)와 결을 같이하는 것으로 평가된다. 이주여성들은 남편을 위해 음식을 만드는 데 주력하기 때문에 한식이 주는 건강적 요인과 영양의 가치 등을 올바르게 이해할 필요가 있다. 그렇기 때문에 한식 만들기 관련 교육과정 개설과 정책 수립이 요망된다. 이와 같은 생활세계 구성을 위한 음식 만들기를 포함한 생활문화 교육은 향후 이주여성들의 이주생활만족도를 높일 수 있다고 본다.

4. 심리정서 지원과 정체성 유지

1) 함께하는 친구

입국 초기 결혼이주여성들은 한국지리와 한국어가 능통하지 않아 온종일 집에 혼자 있는 경우가 많다. 다문화가족지원센터에 한국어를 배우러 오는 것이 하루일과라고 하였으며 남편이 출근하고 혼자 있는 시간을 스마트폰과 함께 여가를 활용하고 있었다.

> "프로그램 보는 것에 중독될 것 같아요. 안 보면 불안해요. 궁금하고 심심하면 보고, 어떤 소식이 있는지 봐요. 기사, 뉴스도 보고 안 보면 쓸데없는 정보도 받아들일 때가 있어요."

> "스마트폰은 친구예요. 심심할 때 놀아주고, 모를 때 가르쳐주고, 통화도 하게 해주고, 시어머니 찾아가지 않아도 되고, 한국어도 가르쳐주고..."

> "심심할 때 핸드폰을 켜놓고 목적 없이 일해요. 주로 한국어를 틀어놓아요"

한국 입국 초기의 결혼이민자들은 한국생활에 익숙하지 않아 남편이 출근한 후 하루종일 혼자 집을 지키고 있을 때가 많은데 이럴 때 스마트폰이 유일한 친구라고 하였다. 어떤 이주여성은 무슨 소식이 있는지 수시로 스마트폰을 활용해 정보를 검색한다고 하였으며 그러기에 쓸데없는 정보를 받아들일 때도 많다고 하였다. 또 다른 이주여성들은 스마트폰이 심심할 때 놀아주는 친구 같다고 하였다. 그러나 입국 초기 결혼이주여성들은 자신의 외로움과 그리움을 달래기 위해 게임이나 드라마, 쇼핑 중독에 이르는 부정적인 형태가 나타나기도 한다. 이러한 현상에 대하여 박인곤·신동희(2010)은 스마트폰을 통해 게임을 하거나 동영상 관람 등을 통해 즐거움을 많이 느낄수록 스마트폰에 대한 의존 현상이 높아지기 때문이라고 하였다. 그러므로 적절하게 이용할 수 있도록 자신을 통제하고 조절할 힘을 기르도록 교육되어야 할 것이다.

2) 그리움 해소

입국 초기 결혼이주여성들은 한국의 결혼생활에서 자신에게 다가오는 우울감이나 고국에 대한 그리움을 마인드컨트롤하기 위해 스마트폰을 이용하고 있었다. 고국에 대한 그리움과 부모님에 대한 그리움을 해결하기 위해 노력하고 있다.

> "저는 스마트폰으로 음악은 베트남 음악을 들어요. 특히 한국에서 혼자라고 느끼거나 우울할 때 베트남 음악을 틀어요. 베트남 음악을 들으면 마음이 평온해져요. 그런데 울지는 않아요."

> "혼자라고 느끼거나 우울할 때 베트남 음악을 들어요."

> "부모님이 보고 싶으면 영상 통화를 하거나 스마트폰으로 베트남 TV를 봐요. 베트남 TV는 혼자 있을 때 자주 보는 편이에요. 본방송은 아니지만 그리워서 자주 볼 때도 있어요. "

베트남계 이주여성은 우울할 때 모국 음악을 들으며 해결한다고 하였고, 또 다른 여성은 부모님이 그리울 때 영상통화를 하거나 베트남 방송을 보며 그리움을 해결한다고 하였다. 많은 이주여성이 그리움을 해소하지 못하여 우울증이나 스마트폰의 중독에 이르기에 정신과적 병증도 보이는 경우가 있다. 그렇기에 정책적으로나 교육적으로 이주여성들의 스마트폰 리터러시 교육이 요구된다고 본다. 한상영(2012)에서는 이주여성들은 모국어를 자주 사용하지 못하게 됨으로써 답답함과 서러움을 느끼면서 고향에 대한 그리움을 음성통화나 화상통화를 통해 그리움을 해결한다고 하였다. 이렇듯 이주여성들은 스마트폰을 이용하여 고국의 그리움을 나름대로 해결하고 있었다.

3) 온라인 쇼핑 선호

입국 초기 이주여성들은 자신들이 한국어 소통이 잘 이루어지지 않기 때문에 직접 매장에 가지 않고 온라인으로 손쉽게 물건을 구매하는 것을 선호한다. 그 이유는 매장을 방문하여 물건을 골라 계산하는 과정까지 언어적 소통에 많은 스트레스를 받고 있기 때문이다. 이들은 말을 하지 않아도 되는 스마트폰 쇼핑몰을 통하여 물건을 구입하는 등 스트레스를 해소하고 있었다. 이들의 이런 현상을 볼 때 이주여성들을 위한 합리적인 온라인 소비자교육 등이 요망된다.

"전 스트레스를 해소하기 위해 중국쇼핑을 잘해요. 한국에서 백화점이나 마트에서 쇼핑하면 스트레스 받아요. 인터넷으로 주문하면 남편이 중국 출장 잘 가니까 갔을때 가져오게 해요. 한국에서 필요한 물건을 구입하는 것은 아직도 어려워요. 한국어를 빨리 빨리 못하고, 결혼이주여성이라는 신분이 드러나는 것도 싫고……"

"스마트폰은 입국 초기 결혼이주여성에게 인터넷으로 물건 사는 것이 좋은 것 같아요. 남편이 도와주어 한번 등록해준 다음부터는 혼자도 할 수 있어요. 언어소통이 안 되는 사람한테는 좋은 방법인 것 같아요. 한국의 구매방법을 몰라서 스트레스 받는 것보다 나아요. 남편과 상의해서 살 수도 있어 좋아요."

중국계 이주여성은 자신에게 필요한 물건을 스마트폰을 이용하여 중국 쇼핑몰에서 구입해 놓으면 남편이 출장 시 찾아다 주는 그런 역할을 하여 중국쇼핑몰을 자주 이용한다고 하였다. 한국물건을 사는 것이 익숙지 않아서 이런 방법을 택하였다고 하였다. 다른 이주여성 역시 한국의 쇼핑이 원활하게 이루어지지 않아서 남편이 등록해 준 쇼핑몰을 통하여 물건을 구입하고 남편과 상의하여 물건을 구매하고 있다고 하였다. 이들의 이런 쇼핑 문화는 한국어가 익숙지 않은 입국 초기 결혼이주여성들에게 흔하게 일어나는 현상이라고 할 수 있다. 이에 따라 이주여성을 위한 다양한 맞춤형 콘텐츠들이 개발되어야 한다고 본다. 최근 들어 소비자 관련 학계에서도 다문화 콘텐츠의 확산 및 보급체계로서의 문화기반 시설과 온라인 환경은 중요한 연구대상이 되기도 한다.

4) 모국 정보 얻기

한국에 입국한 이주여성들은 자신의 모국에 대한 그리움 해소를 위해 스마트폰을 이용하여 모국의 소식을 항상 접한다고 하였다. 이들이 모국의 소식에 대하여 알고 싶은 것은 자신들의 민족정체성을 통하여 자신이 모국에서 떨어져 있지 않다고 느끼고 싶은 것으로 나타났다.

"제가 한국에 와서 사니까 베트남이 더 그립고 더 궁금해요. 엄마 아빠도 보고 싶고요. 그래서 베트남 소식도 궁금해요. 매일 베트남 소식을 보고 있어요. 하루에 몇 번씩 들어가 보고 있어요. 베트남 사이트도 자주 접속해요."

"베트남 소식이 궁금할 때 구글에서 베트남 치면 소식은 다 나와요. 베트남 소식 보면 더 그리워요. 그렇지만 보고 싶어서 잘 봐요."

이주여성들은 한국으로 결혼하여 와서 사니까 부모님이 보고 싶고 고국이 더 그립다고 하였다. 또한 베트남 소식이 궁금할 때 스마트폰의 구글로 베트남에 대한 소식을 듣는다고 하였다. 이렇게 결혼이주여성들은 모국에 그리움을 해결하고 베트남에 대한 정보를 스마트폰을 통하여 제공받고 있었다. 또한 스마트폰이 자신과 모국을 연결해주고 있다고 했다.

"스마트폰은 중국과 단절되지 않게 만들어 주며 나와 중국과를 연결해 주는 친구 같은 역할을 하며, 중국과의 연락책이다. 또 한국과의 중국과 의 연락망, 즉 브릿지 역할을 한다고 할 수 있어요."

중국계 이주여성은 스마트폰이 자신과 중국을 연결하는 친구 같은 역할을 하며 중국과의 연락망이라고 하였다. 그러므로 스마트폰이 중국과 연결해주는 브릿지와 같은 역할을 하고 있다고 하였다. 전현곤(2004)에 따르면 미디어는 현대인의 정체성을 형성하는데 핵심적인 장치로서 기능한다고 하였다. 이렇듯 결혼이주여성들은 스마트폰을 이용하여 자신의 관심을 해결하고 타인과 연결하며 줄곧 자신의 정체성을 확인하고 있다고 할 수 있다.

5) 모국어 사용의 기회 확대

또한 대부분 이주여성은 핸드폰에 사용하는 언어는 자신들의 모국어로 활용하고 있었다. 한국의 정보통신망이 발전되어 있고, 스마트폰의 기능 역시 고도화되어 본국과의 소통이 원활하다. 그 때문에 자신의 거주지가 한국이라도 본국과 밀접하게 연결되는 장점이 있다.

"스마트폰을 중국말로 쓰는 사람은 한국말보다 편해서예요. 한국말은 서툴고 불편하고 그래서 중국말로 해요."

"베트남 사람이기 때문에 베트남어로 사용하는 것은 당연하다고 생각해요. 핸드폰에 그런 기능이 있잖아요."

이주여성들은 스마트폰에서 사용하는 언어가 한국어보다 모국어가 편해서 모국어를 사용하고 있다고 하였다. 그렇지만 어떤 여성은 아주 강한 어조로 자신이 베트남 사람이고 웹 서핑이 혼자하는 행위이기에 당연하게 베트남어를 사용하여야 한다고 하였다. 이는 언어라는 수단으로 스마트폰을 매개로 자신의 정체성을 유지하고자 하는 마음을 읽을 수 있다. 이렇게 스마트폰은 자신들이 한국생활에서 혼자라고 느끼거나 우울할 때, 혹은 모국에 대한 그리움을 느낄 때, 자신의 정체성을 확인하고 싶을 때도 사용하고 있다는 것을 알 수 있었다. 또한 모국 사람과 한국 사람을 구분하여 스마트폰을 통한 소통 경험을 확인하였다.

"저는 중국 사람과 한국 사람을 분리해서 메신저를 하고 있어요. 중국 사람들과는 메신저와 같은 위챗을 사용하고, 한국 사람들과는 카카오톡 메신저를 이용하여 대화를 하고 있어요. 중국사람끼리 비밀이 있는 것 같아요. 그래서 저는 구별하고 있으면 더 좋은 것 같아요. 아마도 시어머니, 친정어머니 같은 느낌 있을 것 같아요."

　몇몇 이주여성들은 중국 친구와 한국 친구를 구분하여 스마트폰 소통을 하고 있었다. 비밀스러운 이야기의 경우 이를테면, 배우자 혹은 시댁에 대한 부정적인 의견 등에 대해서는 모국어로 모국 친구들과 소통을 한다. 이는 한국어 소통의 어려움으로 이해할 것이 아니라 정체성 유지 차원에서 간주할 수 있다. 이들의 모국어로의 소통은 마치 정체성 확인 혹은 유지를 위한 하나의 일상의례로서 이해할 가능성을 열어둔다.

　　"한국어 빨리 배우고 싶고 한국문화도 배우고 싶어요. 그래서 한국은 잘 발전되었으니까 좋은 생활을 하고 싶어요. 이런 데서 스마트폰이 도움이 되어요"

　　"지금 한국어를 모르니까 한국어를 먼저 공부하고 취직하여 돈을 많이 벌면 베트남 가족이랑 한국에서 같이 지내고 싶어요. 또한 아이들 키울 때도 한국어를 잘하면 좋겠어요"

　이주여성들은 발전된 한국에서 행복하고 나은 생활을 하고 싶다고 하면서 돈을 많이 벌어 모국 가족에게 도움이 되고자 하였다. 또한 아이 양육을 위해서도 한국어를 최우선으로 배워야 한다고 하였으며 한국어를 배우고 난 후 취업을 하고 그 이후에는 고생하는 부모님을 모시고 같이 살고 싶다고 하였다.

6) 모국 사람과 만남

　스마트폰은 한국에서 모국 사람과 만남을 매개하는 역할을 한다고 하였다. 이들은 한국에 있는 자조모임을 통하여 자신의 정체성을 확인하고 건강하고 행복하게 한국생활을 하기 위해 노력하고 있다. 자조모임의 경우 다문화가족센터에서 조직 및 운영에 대해 지원을 하고 있다. 주로 모국이 같은 이주여성들끼리 구성하는 경우가 많다.

> "메신저로, 밴드로 자기네 중국사람끼리 연결망이 되지요. 우리도 우리 교실도 그룹으로 묶여있어요. 우리 친구들끼리 공유해요."

> "베트남 자조모임에 가면 주로 요리하고, 한국생활에서 속상한 것 서로 얘기하고, 어려운 일이나 힘든 일 얘기하고, 서로 도와주고 그래요. 고향이 같아서, 또 국적이 같아서 위로해주는 것 있어요."

이주여성들은 스마트폰을 이용하여 한국에 거주하는 모국 출신 결혼이주여성끼리 연결하여 만나고 메신저, 밴드를 통하여 대화를 공유한다고 하였다. 또한 자조모임을 가면 한국생활에 대한 어려움 등에 대해 서로 이야기하거나 위로한다고 하며 자신들의 만남에는 스마트폰이 중요한 역할을 한다고 하였다. 대부분 이주여성은 이메일보다는 스마트폰의 메신저나 문자를 통하여 모임을 알게 된다고 하였다. 이러한 자조집단 및 동아리 활동은 이들이 경험하는 향수를 대처할 수 있도록 하고 정보교환을 통해 한국사회 적응력을 강화시키는데 매우 긍정적 기능을 할 수 있다(박명숙, 2014).

5. 마무리

이번 장은 결혼이주여성들이 사용하는 스마트폰의 경험을 살펴보았다. 이를 위하여 한국에 입국한지 3년 이내인 결혼이주여성 8명을 대상으로 심층인터뷰를 실시하여 자료를 수집하고 이를 주제별로 기술하였다. 스마트폰이 결혼이주여성에게 어떤 역할을 하는지 살펴본 결과 언어적인 측면과 정보적인 측면, 심리정서적인 측면, 정체성 측면으로 구분하여 기술하였다.

첫째, 언어적인 측면에서는 결혼이주여성들은 스마트폰을 이용하여 언어장벽을 극복하려고 노력하였다. 입국 초기 결혼이주여성들은 스마트폰을 이용하여 이들의 의사소통에 가장 많이 활용하고 있었다. 이들에게 한국생활 적응에는 한국어의 의사소통이 가장 중요시되고 있다는 것을 알 수 있었다.

둘째, 정보적인 측면에서는 스마트폰을 이용하여 입국 초기 결혼이주여성들은 가정생활을 유지하기 위한 정보를 제공받기 위하여 사용하고 있었다. 이들은 스마트폰을 이용하여 임신과 출산, 육아에 대한 정보를 제공받고 있었으며 한국 음식에 대한 요리 과정, 한국문화에 대한 정보를 이용하여 가정생활에 활용하고 있었다. 이들은 스마트폰을 이용한 임신 출산 교육과 양육에 대한 교육이 활성화되어 임신과 육아로 센터를 방문하기 어려운 이들을 위한 교육이 이루어지길 요구하고 있었다. 또 남편과 가족들이 자신들의 모국어를 스마트폰을 통하여 쉽게 배울 수 있길 바라고 있었다.

셋째, 정서적인 측면은 결혼이주여성들이 스마트폰을 이용하여 외로움과 그리움, 스트레스를 스마트폰으로 일부 해결하고 있었다. 결혼이주여성들 역시 일반인과 같이 스마트폰을 항상 같이하는 친구 같은 역할과 모국에 대한 그리움을 해결하고 있으며 한국문화적응에서 오는 스트레스를 해결하고 있었다.

넷째, 정체성 측면에서는 이주여성들은 스마트폰을 이용하여 자신들의 정체성을 유지하고 있었다. 결혼이주여성들은 모국과의 연계로 모국과의 가교역할을 하고 있으며 모국어를 사용하므로 자신들의 정체성을 지키려고 노력하고 있었다. 또한 모국인들과 모임을 통하여 다양한 커뮤니티를 이루고 있었다.

3장. 직업 구하기: 취업 동기와 취업 기대

1. 문화적응과 취업

국제결혼을 행한 이주여성들은 일시적으로 한국에 머물렀다 떠나가는 외국인 근로자나 유학생과 달리 한국에서 가정을 이루어, 아내와 어머니로서 역할을 하며 살아가고 있다. 또한 한국에 이주한 지 오래된 결혼이주여성은 한국어는 물론 한국생활에 잘 적응하여 이제는 자신들을 위한 취미활동이나 취업에 관심이 있다. 정부에서는 이주여성들의 적응을 위하여 언어적응 및 문화적응, 사회적응에 초점을 맞추고 있으나 이들의 경제적 어려움을 해결할 수 있는 취업지원은 미흡한 실정이다.

이들의 취업지원이 적극적으로 이루어져야 하는 이유는 이들의 결혼동기가 경제적 측면과 결부되어 있고, 더욱이 이들과 결혼한 한국인 남성 중 대부분이 한국사회에서 경제적으로 열악한 환경에 처해있기 때문이다. 실제 이러한 현상에 대해서는 필자의 연구팀이 수행한 그간의 연구에서도 확인된 바 있다. 대부분 결혼이주여성이 한국인 배우자를 희망한 것은 경제적 이유에서 비롯되었다. 다시 말해 결혼을 통해 한국에 들어오긴 했지만, 모국의 가족들을 위해 경제적으로 이민을 선택한 경우가 많다. 그러므로 이주여성들의 취업활동은 안정적인 가정과 모국의 가족들에게 도움을 주기 위해 매우 필요한 경제활동이라고 할 수 있다. 물론 정부에서는 이들의 경제적인 문제를 해결하기 위해 여러 센터에서 취업프로그램이나 일자리 창출의 노력을 하고 있지만, 이주여성들이 한국사회에서 적합한 일자리를 찾기는 쉽지 않은 현실이다. 많은 결혼이주여성은 제대로 된 직업을 가지고 싶어하지만 이들은 제대로 된 직업보단 일용근로나 아르바이트 등의 단순노동을 하는 실정이다. 이들은 행복한 사회를 꿈꾸며 한국으로 이주하였으나 그렇지 못한 현실로 인해 스스로 갈등하거나 배우자 간 혹은 가족 간 불화와 반목이 유발되기도 한다. Johnson & Johnson(2002)은 이런 결혼이주여성들이 한국사회에 사회적 · 문화적 · 경제적으로 통합될 수 있도록 인간관계가 상호협력적으로 이루어져야 한다고 언급하였다(김영순, 2010).

결혼이주여성의 취업에 관한 선행연구를 살펴보면 먼저 결혼이주여성들의 직업훈련프로그램의 필요성(심인선, 2010; 김병숙 외, 2010; 최승호, 2010; 김정희 · 최은수, 2012)에 대한 연구가 이루어졌으나 직업훈련프로그램이 결혼이주여성의 취업에 큰 도움이 되지 않았다는 연구결과가 나왔다. 그 원인을 찾기 위한 후속연구로 결혼이주여성들의 취업에 미치는 요인(이태정 외, 2013; 박재규, 2013)과 취업 경험 및 준비 · 적응과정(이정희 · 이수분, 2013; 공수연 · 양성은, 2014), 결혼이주여성의 출신국가에 따른 인적자본과 취업 현황 비교(김새봄 · 정진화, 2016), 결혼이주여성을 위한 취업지원서비스 효과성 평가(황민철, 2017) 등이 이루어졌다. 이외에 국제결혼 이주여성의 취업이 한국사회 적응에 미치는 영향(박능후 · 선남이, 2010), 여성결혼이민자의 인적자본 및 사회자본이 취업에 미치는 영향(양인숙 · 김선혜, 2011)에 관한 연구가 진행되었으나 결혼이주여성이 아닌 한국사회 관점에서 경제활동를 중심으로 연구되었다는 한계가 있다. 이런 연구들은 결혼이주여성들의 양적연구나 문헌조사를 통한 연구가 대부분이며 결혼이주여성의 실질적인 취업 경험을 살펴본 질적연구는 미흡한 편이다.

따라서 결혼이주여성의 직업 경험을 토대로 이들이 직업을 선택하는 동기와 직업선택 시 어떤 어려움이 있는지에 대한 심층인터뷰를 통하여 표면적으로 드러나지 않는 이들의 문제와 지원 요구에 대하여 깊이 있게 살펴볼 필요가 있다. 결혼이주여성은 결혼을 전제로 한국에 이주하였기 때문에 이들에 대한 취업과 진로에 대한 기회가 제한되어 있고, 자녀양육 문제가 여성의 몫으로 남아있어 이들의 취업은 많은 어려움을 안고 있다. 더욱이 한국국적을 취득하고 육아에서 벗어난 결혼이주여성들은 경제적인 활동을 하기 위해 취업을 원하고 있으나 거주기간이 긴 결혼이주여성들을 위한 진로개발이나 직업탐색, 취업프로그램은 매우 부족하다. 더불어 이들에 대한 실질적인 프로그램이나 정책은 단발성으로 이루어져 이에 대한 개선방안을 제시하는 현실적인 연구가 필요하다.

이런 맥락에서 본 장은 취업 경험이 있는 결혼이주여성들을 통해 취업 동기와 취업 시의 어려움을 탐색하여, 이들이 취업을 하는 데 있어 요구되는 지원이 무엇인지 파악하는 것이다. 연구문제는 첫째, 결혼이주여성의 취업 동기는 무엇인가? 둘째, 결혼이주여성들이 취업할 때 겪는 어려움은 무엇인가? 이다.

2. 여성 이주와 취업

세계화로 인해 형성된 현대사회의 지구촌은 취업, 혼인, 유학 등으로 국가 간의 이동이 보편화 되었다. 국제이동은 세계화와 시장 확대에 의한 것으로 이정남(2007)은 초국적 이동의 원인을 첫째, 신고전주의 거시경제학 관점에서 국가 지역 간의 노동과 자본의 불균형한 분배 때문이라고 하였다. 둘째, 이주노동시장 이론적 관점에서는 목적국의 경제적 필요성에 의해서 유발된다고 보았다. 셋째, 세계체제 이론적 관점에서는 세계화와 시장 확대에 의한 것으로 국제정치의 위계질서에 따른 세계시장 확대의 결과로 보았다. 특히 여성들의 국가 간 이동은 현대사회의 중요한 특징으로 아시아지역 여성 이주자의 비중이 높아지고 있다. 여성의 이주는 크게 노동 이주와 결혼 이주로 나눌 수 있다.

여성의 노동 이주는 성별에 따른 국제노동시장에 의해 발생한 것이다(윤형숙, 2005). 이는 가족을 따라 이동하는 이전의 여성 이주와 다르게, 여성이 독립적인 노동자로 취업을 통해 이주하는 경우라 할 수 있다. 홍기혜(2000)는 동남아시아 지역에서 가정의 빈곤을 위해 딸들이 돈을 벌어 가족을 돌보는 전통에 따라 여성들이 가족 부양을 책임지기 위해 이주가 가속화되었다고 분석하였다. 이주한 여성의 직업은 3D 등 기피업종에서 노동하는 이주남성과 다르게 청소, 저급서비스, 가사보조, 유흥업 종사자 등 서비스 계급에 종사하고 있다(김민정, 2006).

결혼 이주의 경우는 경제적으로 빈곤함을 해결하고 일자리를 찾는 과정에서 저개발국 여성들이 선진국 남자들과 결혼을 통해 이주하는 것이다. 한국의 2022년 국제결혼 건수는 16,666으로 전년대비 27.4%(4천건) 증가하였고, 전체 혼인 중 외국인과의 혼인 비중은 8.7%로 전년보다 1.9%p 증가하였다(통계청, 2023). 2021년 전국다문화가족실태조사에서 확인된 다문화가구 규모는 총 346,017가구이며, 이중 결혼이민자 가구는 82.4%를 차지한다. 2021년 결혼이민주 현황을 살펴보면 총 결혼이민자 수는 166,771건, 이 중 135,019건인 81%가 여성으로 조사되었다(법무부, 2021) 이들은 한국의 중하위층 남성과의 결혼을 통해 아내의 지위를 갖고 빈곤에서 벗어나는 새로운 삶을 꿈꾼다. 그러나 결혼이주여성은 결혼을 통하여 얻고자 하는 새로운 삶에 대한 꿈과는 달리, 한국생활에서 경제적인 어려움을 겪고 있다. 이는 이들이 결혼한 한국 남편이 경제적으로 중하위층의 남성이 많기 때문이며, 이에 결혼이주여성들은 경제적 자립과 가정의 경제적 보탬을 위한 다양한 취업 욕구를 가진다.

결혼이주여성의 취업 요구에 대한 선행연구가 없어 일단 기혼여성의 취업 요구를 살펴보았다. 왜냐하면, 기혼여성과 준고령자, 노인들은 결혼이주여성과 같이 경제적으로 자립을 원하고 있고, 사회적으로 단절된 자신을 현실에 적응하고 싶어하며, 자아실현과 사회공헌을 하기 위하여 노력하기 때문이다. 고학력 기혼여성의 취업 요구에 대하여 고혜원(2008)은 자아발전을 도모하기 위해, 윤혜경(2007)은 자기 자신의 정체성을 가지는 단계로 개념화 하였다. 또 Kim Mi-Kyong(1999)는 경제적 이유로 취업을 희망한다고 하였고 오은진 외(2009)는 자녀 사교육비 마련을 위해 취업을 한다고 하였다.

이런 맥락에서 볼 때 취업 요구는 취업을 하는 동기로 발현되고, 취업의 어려움은 취업지원 요구로 이어진다. 이처럼 기혼여성의 취업 요구는 결혼이주여성의 취업 욕구와 크게 다르지 않다고 보았다. 따라서 이번 장에서는 결혼이주여성의 취업의 요구에 대하여 개인적인 요인과 가정적인 요인, 사회적인 요인, 국가이주적인 요인으로 나누어 살펴보고자 한다. 첫째, 개인적인 요인은 결혼이주여성 개인에 대한 요구와 동기 등이 반영되는 요인이다. 둘째, 가정적인 요인은 결혼이주여성들이 이루고 있는 가정을 둘러싼 요인들이다. 셋째, 사회적인 요인은 한국생활에 필요한 사회적인 요인들이다. 넷째, 국가이주적인 요인이다. 국가이주적인 요인은 결혼이주여성들이 모국을 떠나 한국으로 이주하면서 고국을 위해 공헌하고 헌신하기 위한 요인으로 볼 수 있다. 그러므로 결혼이주여성들이 취업을 통하여 경제활동을 한다는 것은 경제적으로 어려운 다문화가정의 생존권을 보장하는 것과 동시에 가족해체를 미리 방지하는 중요한 역할을 할 것이다.

결혼이주여성의 취업현황에 대하여 살펴보면 취업자는 60.8%%, 실업자는 3.7%, 비경제활동인구는 35.8%%로 나타났다. 이들의 취업자 비율은 20~29세 미만이 43.3% 인데 비해 40~49세 취업자의 비율은 69.6%, 50~59세 취업자의 비율 68.1%로 높게 나타났다. 이렇듯 한국에 거주기간이 길고 적응상태가 높을수록 취업을 하는 비율은 높으며 취업에 대한 욕구도 높게 나타난다. 또한 다문화가정의 월평균 소득을 살펴보면 200~300만원 미만이 24.8%로 가장 많았으며 100~200만원 미만인 가구는 14.3%, 100만원 미만은 10.2%로 나타났으며 300~400 만 원 미만은 22.7%, 400~500만 원 미만은 15.3% 500~600만 원 미만이 되는 가구는 7.2%로 600~700만 원 미만 2.3%, 700만원 이상 되는 가구는 3.2%로 나타났다(여성가족부. 2021).

이처럼 결혼이주여성들이 받는 월급여는 우리 사회의 현실과 비교하면 매우 적다. 결혼이주여성들은 경제적으로 어려운 가정을 돕기 위해 취업전선에 뛰어들지만, 이들에게 현실은 어렵다. 이런 열악한 결혼이주여성들의 일자리 창출을 위하여 2010년 발표된 결혼이민자 취업지원 종합대책[2]을 발표하였다. 내용은 크게 결혼이민자를 위한 일자리 창출, 취업지원

---

2 다문화가족정책위원회가 2010년 5월에 발표한 다문화사회 형성을 통한 선진일류국가 진입을 위한 정책비전으로 4가지 세부 추진과제가 있다.

서비스 강화, 취업능력 제고를 위한 직업훈련 실시, 다문화사회에 대한 이해 증진으로 나누고 각각 세부 과제를 내용으로 대책을 마련하였다(고혜원·김상호, 2010). 결혼이민자 취업지원종합대책의 내용은 결혼이주여성들의 노동시장 참여확대를 통한 사회통합 정책의 목표로 설정하고 세부추진과제를 설정하여 추진하는 것이다. 주로 결혼이민자들의 일자리 창출과 취업지원 서비스 강화, 취업을 위한 직업훈련 등을 실시하여 일반 기업에 다문화사회에 대한 이해를 돕고 민간 부분과 네트워크를 형성하려고 노력하고 있다.

이렇게 결혼이주여성의 취업지원 정책과 취업교육에도 불구하고 여성들의 취업에는 많은 장애요인들이 있다. 박현순(2009)은 여성의 취업에 영향을 미치는 요인으로 인적자본과 가족생애주기, 사회적 자본, 노동시장, 경제적 자본이 있으며 송성이(2007)은 기혼여성의 경제활동 참여에 개인적인 요인, 제도적인 요인, 사회문화적 요인, 가구적 요인이 있음을 지적했다. 성미영 외(2010)은 사회 인구학적 특성, 가정 경제적 특성, 사회 심리적 특성, 자녀양육 특성, 가족 내 외부지원들이 상호작용이 있음을 연구를 통하여 밝혔다.

이처럼 많은 여성이 취업을 위한 장애요인을 가지고 있으며 결혼이주여성들 역시 취업의 어려움을 경험하여 이는 취업지원에 관한 요구들로 이어지고 있다. 먼저 지원의 정의에 대하여 Thompson et al.,(2002)는 지원받을 사람의 관심과 복지를 촉진하고 개인적 자립과 생산성 강화, 상호의존적인 사회에서 많은 참여를 이끌고 지역사회통합의 증대, 삶의 질 향상을 가져오는 자원과 전략이라고 하였다.

또한 지원요구란 개인의 규범적 개인기능성과 연관된 활동에 참여하는

데 필요한 지원의 수준 혹은 강도(Thompson et al., 2004)라 하였으며 개인의 특성과 선호를 파악하여 이를 개별화 교육 프로그램과 정책수립, 서비스 등에 반영하여 주는 것이다(고갑승, 2011). 그러므로 지원을 받고 있거나 지원을 받고 싶은 것에 대하여 적절하게 지원하고 반영하여 주는 것이라고 할 수 있다. 지원을 효율적으로 하기 위해서는 수혜자의 입장에서 그들의 요구에 맞는 지원이 이루어져야 한다. 미리 결정된 수준의 지원을 주기보다는 지원받는 사람의 개별적이고 실제적인 요구에 맞는 지원을 제공해야 하는 것이다(윤호신, 1998).

이번 장은 결혼이주여성의 취업에 대한 동기와 어려움, 취업지원 요구를 개인적인 요인, 가정적인 요인, 사회적인 요인, 초국적인 요인으로 유형화하여 살펴보고자 한다. 결혼이주여성의 취업지원에 대하여 이들이 필요로 하는 지원계획을 확인하고 이들에게 맞는 지원이 이루어진다면 결혼이주여성 개인뿐만 아니라 이들의 가정 모두에게 가치 있는 결과를 제공하고 미래지향적인 결과에 초점을 맞출 수 있을 것이다.

3. 취업 동기와 취업 요인

1) 개인적인 요인

결혼이주여성들이 취업하는 이유의 개인적인 요인을 살펴보면 일반여성들의 취업 동기와 크게 다르지 않았다. 이들은 자신들로 인해 자식들이 어려움을 겪지 않을까 항상 걱정하고 있었다. 모든 엄마가 자신의 자녀가 자신의 삶보다 더 나은 삶을 살기를 바라고 있듯이 한국국적이 아닌 엄마를 둔 것에 아이들이 상처를 받지 않을까 염려하고 있었다.

"저는 아이들이 국제결혼 한 저를 원망하거나 부끄러워할까봐 열심히 살았어요. 그리고 저의 능력이 한국에 와서 사라지는 것 같아 속상했어요. 그래서 무엇이든 열심히 배워요."

"저는 내 자식에게 당당한 엄마가 되고 싶어요. 그래서 센터에서 열심히 한국어도 배우고 좋은 직장에 취직하기 위해 노력하였고 대학원도 다녀 학위를 받아 아이에게 보여주고 싶어요. 왜냐하면, 엄마가 결혼이주여성이지만 한국 엄마보다 훌륭하다는 말을 자식에게 듣고 싶어요."

어떤 이주여성은 자식들이 자신의 엄마가 국제결혼 한 사실을 원망하거나 부끄러워할까 봐 더욱 열심히 살았다고 하였다. 또 다른 이주여성은 자식에게 당당한 엄마가 되고 싶어 무엇이든 열심히 배우고 석사학위과정도 공부하고 있다고 하였다. 이들은 모국에서의 자신의 능력이 사라질까 두려워서 무엇이든 열심히 배우고 있었다. 공수연·양성은(2014)에서도 결혼이주여성들은 좋은 엄마와 당당한 엄마가 되기 위해서 노력하고 있다고 하였다.

"취업은 모국에서 가지고 있는 저의 능력을 발전시키고 저에게 앞으로 나갈 수 있는 발전의 기회를 제공한다고 생각해요."

대부분 이주여성은 모국에서 가지고 있던 자신의 능력을 발전시키기 위해 취업을 선택한다고 하였다. 이는 고혜원(2008)이 밝힌 여성의 취업 동기가 자아발전을 도모하기 위해서라고 한 것과 유사하다. 이렇듯 결혼이주여성들이 취업을 하는 개인적인 요인은 자신이 자식들에게 당당한 엄마가 되기 위해 또는 자신의 모국에서 갖춘 능력을 발휘하기 위해 열심히 배우고 노력하며 살아가고 있음을 알 수 있었다.

2) 가정적인 요인

결혼이주여성들은 대부분 경제적으로 열악한 상황에 놓여있으며 가정에 경제적인 도움을 주기 위하여 많은 여성이 취업을 선택하고 있다. 경제적인 어려움은 이들의 행복을 방해하거나 전반적인 생활에 피해를 주기 때문이다. 이들이 취업하는 이유를 가정적인 측면에서 살펴보면 다음과 같다.

> "제가 돈을 버니까 사고 싶은 것을 사고 아이들도 사주고 해서 좋아요. 남편에게 돈을 타서 쓸 때는 아이들이 사달라는 것을 다 사주지 못해 속상한 적이 있었어요. 특별히 더 좋은 것은 친정 부모님께 조금이라도 돈을 편하게 보낼 수 있어 좋아요."

> "저는 돈을 벌어서 좋은 점이 내가 번 돈을 마음대로 쓸 수 있어요. 내가 사고 싶은 것을 사고, 아이 것도 사주고, 남편 것도 사주고. 더 많이 벌어서 좋은 집으로 이사 가고 싶어요."

어떤 이주여성은 돈을 모아 지금보다 좋은 집으로 이사하고 싶다고 하였고, 다른 여성의 경우는 돈을 벌어 친정부모님께 마음 편히 돈을 부칠 수 있어 좋다고 하였다. 또한 이주여성들은 자신들이 돈을 벌어 자신과 남편, 아이들을 위해 쓰며 현재의 생활보다 경제적으로 윤택한 생활을 할 수 있어서 좋다고 하였다.

> "취업은 경제적 문제해결과 새로운 삶에 대한 도전과 성취를 통해 자신감과 정체성을 가질 수 있도록 합니다."

이주여성들은 일자리를 가짐으로써 경제적인 문제를 해결하면 자신감과 정체성을 가질 수 있게 된다고 하였다. 이처럼 경제적 이유로 이주여성들은 취업을 희망한다. 따라서 이주여성들이 취업을 하는 가정적인 요인은 가정경제에 도움을 주고 현재보다 경제적으로 나은 생활을 하고자 하는 욕망도 있지만, 취업을 통하여 한국에서 보다 잘 살아갈 수 있다는 자신감과 한국에서의 정체성을 형성하는 데 도움을 주고 있다는 것을 알 수 있었다.

3) 사회적인 요인

이주여성들이 취업을 하는 사회적인 요인은 직업을 갖게 됨으로써 한국 사회에 적응되고 한국인 사회구성원으로서의 정체성을 함양하는 것으로 이해하였다. 이들은 취업을 통하여 원활한 의사소통이 이루어지고 한국사회에 보다 잘 적응할 수 있다고 생각한다.

> "제가 처음에는 취직하기가 너무 두려웠어요. 가장 큰 문제가 의사소통인데 제가 의사소통이 안 될 때는 취직을 하려는 생각도 못 했어요. 회사, 음식점, 학생들 가르치는 것까지, 전 이제 완전한 한국사람 같아요. 어디 가든 살아갈 수 있을 것 같아요. 취직 걱정은 하지 않아요. 여자들은 할 일이 많잖아요. 월급이 적어서 그렇지. 센터에 취업하면서 자신감이 생겼어요. 전 이제 완전한 한국사람 같다고 생각해요. 어디 가든 살아갈 수 있을 것 같아요."

> "취직하여 많지 않은 월급을 받으면서 가장 기쁜 것이 나는 이제 한국에서 살아갈 수 있겠다는 생각이었어요. 이젠 한국생활이 두렵지 않아요."

위의 이주여성은 한국에서 거주한 지 12년이 되어서인지 취업 경험도 다수 있고 한국어도 능숙한 상태였다. 이 여성의 경우 한국사회에 적응하고 구성원이라는 사실에 자신감이 있었으나 급여가 너무 적다고 지적하였다. 몽골계 이주여성은 이중언어 강사 과정을 마치고 초등학교에서 이중언어 강사로 활동하고 있었다. 이중언어강사 제도는 2009년 당시 교육과학기술부가 '다문화 가정 학생의 역량 강화를 위한 교육 지원 방안'으로 시작되었다. 서울시 교육청과 서울교육대학교 다문화교육연구원이 연계하여 한국어와 모국어가 능통한 대졸 이상의 고학력 결혼 이주여성 70명을 선발해 6개월 900시간 집중 연수를 통해 이중언어강사로 양성하여 일선학교에 배치하였다(원진숙, 2018).

> "전 한국에서 사회적으로 함께 호흡해 나갈 수 있기 위해 취업을 합니다."

대부분 이주여성은 한국사회에서 사회구성원으로서 인정받고 사회적 관계 맺음을 하기 위해 취업을 한다고 하였다. 이렇듯 이주여성들의 취업은 한국사회에 긍정적으로 적응하도록 지원할 수 있음을 보여주었다(김병숙 외, 2010). 정리하면, 이주여성들이 취업을 하고자 하는 사회적인 요인은 한국사회에서 당당하게 자리 잡고 있음을 확인하고, 진정한 한국인으로서 살아갈 수 있다는 자신감으로 볼 수 있었다.

4) 초국적인 요인

국제 결혼이주여성들은 국가를 넘는 초국적 이동을 통해 결혼을 감행한 여성들이다. 이들은 결혼이라는 의례를 통해 부부의 연을 맺어 한국에 들어왔다. 초국적 이주를 행한 결혼이주여성들은 자신들이 한국에서 더욱 잘 적응해 살아가기 위해 모국인과의 네트워크를 형성하고, 이를 통해 서로 도움을 주거나 지지하는 등 서로 의지하는 모습을 자주 보이곤 한다.

"저는 제가 하는 일에 만족하고 있습니다. 비록 적은 시급을 받고 있지만, 돈을 생각하면 일을 할 수 없습니다. 그러나 저와 같은 결혼이주여성들에게 도움을 주고 싶어 이 일을 하고 있습니다. 처음 결혼을 하여 한국어를 전혀 모르고 온 베트남 결혼이주여성들이 한국어를 배우는데 베트남어로 가르쳐주면 쉽게 배우거든요. 그래서 전 이 일을 하는 것이 무척 좋습니다."

어떤 베트남 이주여성은 이주민센터에서 베트남 사람들에게 한국어를 가르쳐주는 강사 일을 하고 있었다. 그가 한국생활도 오래되었고 관련 공부를 했기 때문에 자신의 모국 사람들에게 한국어를 쉽게 가르쳐주는 것에 대하여 만족하고 있었다. 그러나 적은 시급을 생각하면 일을 할 수 없지만, 자신이 가진 재능을 같은 나라에서 온 이주자들에게 베트남어로 한국어를 가르친다는 것에 자부심을 가졌다.

"다문화사회를 만들어 나가는데 이주여성들의 역할이 크다고 생각합니다. 우리들의 취업을 통해 한국의 다문화사회를 이끌어갈 수 있다고 생각합니다. 그래서 우리가 이 사회를 잘 만들어 갈 수 있다고 생각해요."

연구팀이 만난 결혼이주여성들은 취업에 관심을 가지고 활발한 경제활동을 꿈꾸고 있었다. 어쩌면 다문화사회에서 이주여성들의 역할이 크기 때문에 이들의 활발한 활동이 요구된다. 그렇기 위해서는 이들의 경제적 자립이 관건이 된다고 볼 수 있다. 따라서 이들의 취업동기를 초국적 이주 측면에서 살펴보았을 때, 단순히 급여를 받는 취업활동을 넘어 자신과 같은 처지에 있는 이주여성들을 돕고 싶은 마음의 타자성 발현으로 볼 수 있다.

5) 구직과 취업의 어려움

이주여성들이 취업을 하였거나 취업을 하려고 할 때 겪는 어려움은 구직과정에서부터 취업시기까지 다양한 모습으로 나타났다. 이들의 어려움을 개인적인 영역, 가정적인 영역, 사회적인 영역, 초국적 이주 영역으로 나누어 살펴본 결과 다음과 같다.

(1) 개인적인 영역

결혼이주여성들이 한국생활에서 겪는 가장 큰 어려움은 당연히 의사소통이다. 의사소통은 취업에 있어 가장 큰 역할을 하고 있으며 한국어때문에 취업하는데 어려움이 가장 크게 나타났다. 김범수(2007), 구차순(2007), 김오남 외(2008)에서 한국생활에 중요한 요인으로 의사소통을 꼽았으며 한국어에 자신이 없을 때에는 취업을 포기하는 경우가 많다고 하였다.

박명숙·송사리(2022)는 결혼이주여성의 한국어 능력이 취업을 위한 가장 기본적이고도 중요한 조건으로 간주하였다. 또한 이들이 노동시장에 진입하기 위해서는 경제활동이 가능할 정도의 한국어 의사소통 능력이 요구되었다. 오은주·고진호(2021)는 결혼이주여성이 한국에서의 취업에 가장 필요성이 큰 부분이 여전히 '한국어'라는 연구결과를 내놓았다. 황해영·김영순(2019)은 재한 중국동포 출신 결혼이주여성들은 능숙한 한국어와 중국어 구사능력으로 인해 직업 현장에서 환영받았는데 이는 취업에서의 의사소통의 중요성을 반증하는 모습이라 볼 수 있다.

"취업하는 데 가장 큰 어려움은 한국어예요. 한국어를 잘하지 못하니까 취직할 수가 없어요. 왜냐하면, 저 같은 경우 특별한 능력이 없어서 음식점에서 일하려고 하는데 말을 잘 못 한다고 사장님이 안 뽑아줘요. 그래서 이런저런 일 하다가 음식점을 하게 됐어요."

"저는 한국어를 잘하지 못해서 중국 요리 집에서 일하고 있어요. 여기서는 말을 잘하지 못해도 음식 주문받고 음식 치워 주는 것만 하면 되요"

대부분 이주여성이 취업과정에서 어려움을 겪는 가장 큰 요인은 의사소통으로 나타났다. 어떤 이주여성은 한국어를 잘하지 못해 취업에 실패한 경험을 이야기했고 다른 이주여성은 아직도 한국어를 능숙하게 하지 못하여 중국 요릿집에서 근무한다고 하였다. 일은 힘들지만, 한국어때문에 스트레스는 덜 받아 좋다고 하였다. 이러한 내용을 고려해 볼 때, 결혼이주여성들의 취업을 위한 한국어 교육은 취업 유형 및 업종에 맞게 이루어져야 할 것이다.

심인선(2010)은 결혼이주여성에게 한국어의 습득은 기본적인 생존이 담보된 매우 중요한 것이며 언어는 의사소통의 기본이고, 특히 직업에 있어 꼭 필요한 것이라고 하였다. 이와같이 결혼이주여성들의 취업 어려움을 개인적인 측면에서 보았을 때 낮은 한국어 수준으로 원활한 의사소통이 되지 않는 것이 가장 큰 문제점으로 나타났다.

(2) 가정적인 영역

결혼이주여성들은 가부장적인 성향의 남편과 시어머니가 취업을 못하게 한다고 하였다. 이들은 결혼이주여성들에게 집에서 조용히 자녀를 키우길 바라거나, 또는 그녀들이 사회생활을 한다면 가정이 파괴될 것으로 생각하고 있었다. 이들이 취업에서 겪는 어려움에 대한 가정적인 영역의 내용은 다음과 같다.

> "저는 돈을 벌고 싶은데 남편이 아이만 키우고 취직을 못 하게 해요. 그래서 많이 싸웠어요. 남편 월급이 적어서 돈을 벌어야 한다고 하면 친정에 돈을 보내려고 취직을 하려 한다고 생각했어요. 제가 돈을 번 것은 몇 년 안 돼요."

> "제가 취직을 하려 하니 시어머니가 못하게 했어요. 왜냐하면, 취직하고 돈을 벌면 제가 도망간다고 생각하시는 것 같아요. 또 한국 사정을 잘 모르니까 사기라도 당할까 봐 취직하지 말라고 했지만, 주위 사람들이 바람난다고 했대요."

몇몇 이주여성들은 남편과 시어머니가 자신의 취업을 반대한다고 하였다. 남편은 친정에 돈을 부치기 위해 돈을 벌려고 한다고 생각하며 아이만 키울 것을 요구하였고, 또 다른 경우는 취업하여 돈을 벌려고 나가면 도망가거나 바람이 날 것이라는 근거 없는 정보와 편견을 가지고 있다고 하였다. 이런 이주여성의 취업을 둘러싼 남편과 시어머니의 부정적인 시각은 최근 늘고 있는 다문화가정의 해체 원인이 된다. 그러므로 이의 변화를 위해선 남편의 취업에 대한 긍정적인 태도가 이루어져야 한다(이태정 외, 2013). 이로써 결혼이주여성들의 취업을 어렵게 하는 가정적인 요인은 가족들의 비협조와 결혼이주여성이라는 불신에서 비롯된다는 것을 알 수 있었다.

(3) 사회적인 영역

이주여성들은 한국사람들이 자신들에 대해 아시아지역 출신이라는 민족적 편견을 가지고 있다고 보았다. 한국사람들은 유럽이나 미국사람들에게 대하는 것과 달리 자신들에게 적은 보수를 주거나 직업적으로 무시하고 있다고 생각하고 있었다.

> "저희 센터에는 외국인들이 많이 상담을 오는데 아시아 결혼이주여성들이 오면 우습게 생각하는 경향이 있어요. 유럽이나 미국사람들이 오면 센터장님이 다르게 대하는 것 같다는 생각이 들어요."

> "저는 통번역 일을 하고 있어요. 저는 다른 일보다 시급이 높은 편인데 영어를 하는 선생님은 저보다 시급이 더 높아요. 그럴 때 속상하죠."

이 이주여성은 자신이 상담 일을 하고 있으며, 그 과정에서 한국사람들이 유럽이나 미국사람과 다르게 아시아사람들에게 편견과 차별을 하고 있음을 발견했다고 하였다. 특히 동남아계통의 결혼이주여성들이 오면 더욱 무시하는 행동을 한다고 하였다. 다른 이주여성은 자신이 통번역 일을 하고 있으나 영어권사람들보다 적은 시급을 받고 있다고 하였다. 이는 사회구조적으로는 한국의 불안정한 고용시장과 결혼이주여성들에 대한 편견이 수용도에 영향을 미치며 이들은 반복적으로 인정의 욕구를 드러내고 있다(공수연·양성은, 2014). 아직 한국사회에서는 결혼이주여성에 대한 차별과 편견이 보이지 않는 곳에서도 이루어지고 있음을 알 수 있었다. 이런 결과는 결혼이주여성들이 한국사회에서 취업시 겪는 사회적인 어려움을 알 수 있게 한다.

(4) 초국적인 영역

이주여성들은 생계유지, 생활비 보충, 자녀교육비 충당, 모국으로의 송금 등 다양한 이유로 취업하기를 원하지만, 현실적으로 취업이 어려운 이유로는 자녀양육의 문제가 있다(설동훈·윤홍식, 2005). 이들은 친정 부모님이 가까이 살지 않고 형제, 자매들 또한 곁에 없기때문에 자녀의 양육은 오로지 자신의 몫으로 남아 있다고 하였다. 양육은 결혼을 전제로 들어온 이들에게 풀리지 않는 갈등으로 이해할 수 있다.

> "저를 도와줄 사람은 아무도 없어요. 한국에는 저 혼자밖에 없거든요. 친정엄마와 형제들이 가까이 살면 아이도 맡기고 할 텐데, 그런 것이 가장 부러워요."

> "아이를 키울 때까지 취업한다는 것은 생각도 못 했어요. 아이들이 어려서 누구에게 맡길 수 없었어요. 한국 사람들은 친정엄마나 시어머니 가 봐주고 그러잖아요. 그런데 저희 시어머니는 아이는 안 봐주세요. 저 보고 다 키우래요. 또 처음 한국에 들어올 때 출입국관리소에서 결혼 을 목적으로 한국에 왔으니 취업을 하지 말라고 교육받았어요."

이 여성은 취업하고 싶지만, 아이들을 봐줄 사람이 없으며, 자신들이 아이를 키우게 될 때 드는 어린이집 비용이 아까워서 결국 자신이 직접 아이를 키웠다고 하였다. 또한 처음 한국에 들어오면서 참여한 출입국관 리소의 교육 내용이 국제결혼을 통해 한국에 들어왔으니 취업을 하면 안 된다는 것이 포함되어 있다고 했다. 그래서 이 여성은 그 말을 따라야 만 한다고 생각했다고 하였다. 그녀는 자신이 빨리 한국생활에 적응하고 자리를 잡아 친정부모님을 모시고 와서 살고 싶다고 하였다. 대부분 이주 여성은 자신의 가족들을 초청하고 싶어한다. 그러나 녹록지 않은 한국의 경제적, 환경적 현실은 이들에게 실망감을 안겨준다.

몇몇 이주민 관련 연구에서는 인구소멸 방지의 일환으로 결혼이주여성의 가족 근로 이민 등의 제안을 찾아볼 수 있다. 특히 조현·고준기(2013)는 이주여성들의 모국 가족들의 국내 취업활동을 허용한다면 불안정한 다문화가정이 경제적으로 또한 심리적으로 안정되고, 결혼이민자들을 사회적 관계로 형성시키는 데 도움이 될 수 있다고 주장했다. 결혼이주여성들의 취업에 대한 장애물 중 가장 큰 것은 배우자나 시댁의 비협조적 태도도 있겠지만 무엇보다 자녀양육 문제가 우선된다. 이 장을 통해 이주여성들이 자신이 보유한 능력보다 자녀양육과 같은 문제를 혼자서 헤쳐 나가야 한다는 어려움이 더 크게 차지하고 있다는 것을 알 수 있었다.

4. 이주여성의 취업지원 요구

앞에서 이주여성들의 취업 동기와 취업을 경험하면서 겪는 어려움에 대하여 살펴보았다. 이를 바탕으로 이들이 원하는 취업을 하기 위해 요구되는 지원을 개인적인 지원, 가정적인 지원, 사회적인 지원, 초국적인 지원 영역으로 나누어 살펴보았다.

1) 개인적인 지원 요구

이주여성들은 자신들의 민족적 문화적 배경을 기반으로 국적과 능력에 맞는 프로그램을 시행하면 좋겠다고 하였다. 나라마다 그 나라의 특성과 문화가 다르므로, 이를 고려하여 적합한 직업을 준비할 수 있는 맞춤형 취업지원프로그램을 원하고 있었다.

"다문화가족센터는 다 같이 똑같은 직업개발 프로그램을 시행하고 있 잖아요. 그건 잘못되었다고 생각해요."

"베트남은 베트남 사람에게 맞는 일, 중국은 중국사람들이 잘하는 일, 몽골은 몽골 특성에 맞는 지원이 필요하다고 생각해요. 나라마다 특성이 다르고 문화가 달라서 개인의 능력이 다르잖아요."

어떤 이주여성은 직업을 갖기 위해 다문화가족지원센터 취업지원프로 그램에 신청하고 싶었지만 다양한 프로그램이 마련되어 있지 않고 모든 사람이 똑같은 프로그램을 교육받는다고 하였다. 이런 점에 대해 왜 참여 자 위주의 능력과 적성에 맞는 다양한 프로그램이 없냐고 불만을 표시하 였다. 또 다른 이주여성 역시 출신 국가에 적합한 프로그램을 시행하였으 면 좋겠다고 하며, 이들의 문화와 특색에 맞는 프로그램들이 이루어졌으 면 하였다. 그러나 현재 정부에서 시행하는 프로그램은 사용자의 특성은 간과하고 운영자 위주의 일회성, 일률적, 단편적, 중복적 서비스가 여러 기관에서 실행되고 있다. 그렇기에 지역 수요, 수강자 요구에 따른 전문화 되고 세분화된 교육서비스 제공이 필요하다(최승호, 2010). 그러므로 이 들에게 결혼이주여성의 취업방안을 저출산과 농촌 총각 장가보내기의 대 처 전략이 아닌 이들의 흥미, 욕구, 능력 등을 바탕으로 취업지원책이 마련되어야 할 것이다(공수연·양성은, 2014).

"전 회사에 다니는 건 못해요. 음식점에서 일하는 것은 괜찮은데 허리 가 아파 쉬어야 해서요. 돈은 적지만 제가 할 수 있는 일을 하고 있어요."

이 여성의 경우 대학을 나오지 못하여 큰 회사에 다닐 수 없고 음식점 같은 곳에서 서비스업을 하고 싶으나 몸이 안 좋아 쉴 때가 많았다고 하였다. 그래서 현재는 다문화가족센터에서 시급을 받으며 중국인에게 언어를 가르치는 일을 하고 있다고 하였다.

> "저는 현재 대학원을 다니고 있고 몽골 결혼이주여성들은 거의 다 대학을 나왔어요. 그런데 다문화센터의 프로그램은 모든 결혼이주여성에게 맞추어져 있어 제가 배우고 싶은 것은 없어요. 전 자격증을 따고 싶어요."

이 이주여성은 현재 대학원에서 석사과정을 공부하는 학생이어서 자신에 대한 자존감이 상당히 높았다. 이 여성은 다양한 자격증을 갖기를 원했다. 그러나 다문화가족센터나 여성인력개발원에서는 다양한 프로그램이 없고 단일성 프로그램만 있어서 아쉽다고 했다. 그러므로 결혼이주여성들에게 지역별 및 국적별, 성별, 체류 기간 별 요구가 반영되는 맞춤형 취업 프로그램 등을 개발하여야 한다(심인선, 2010). 결혼이주여성들의 개인적 측면에서의 취업지원 요구를 살펴볼 때, 결혼이주여성의 문화적 배경과 개인의 능력에 맞는 지원이 이루어져야 할 것이다.

2) 가정적인 지원 요구

이주여성들이 취업을 하는 데에 있어서 무엇보다 자녀양육 문제가 가장 큰 어려움으로 나타나고 있다. 홀로 한국에 들어와 한국사회에서 적응하는 어려움과 함께 한국에 온 후 바로 임신을 경험하게 되는 어려움이 겹쳐 이중적 어려움을 겪기도 한다. 자녀양육에 대한 주변 도움을 받을 수 있는 비다문화 가정 여성과는 달리 이주여성들은 자녀양육의 어려움에 처한다. 이들은 그들이 가진 문제를 해결하고 취업을 하기까지 자녀양육에 대한 많은 지원을 요구하고 있다. 취업하고 싶어도 자녀 때문에 하지 못하는 것은 비다문화 가정 여성들과 다르지 않지만 이들은 자신을 지원해 줄 친정 부모와 형제가 없다는 것에 정서적, 심리적인 어려움을 느낀다. 따라서 이들은 이주여성들의 취업에 있어 가정적인 측면에서 요구되는 지원에 대해 다음과 같이 말하였다.

"취업을 하고 싶은데 아이를 봐줄 사람이 없어요. 아이 걱정 없이 마음 놓고 직장생활을 할 수 있도록 정부에서 지원해 주었으면 좋겠어요."

"친정엄마를 자유롭게 초청하여 아이도 봐주고 친정엄마가 일도 할 수 있었으면 좋겠어요."

"아이 양육을 위해서 자기계발을 위해서 가족초청에 대한 제도가 완화되었으면 좋겠어요."

대부분 이주여성은 아이를 마음 놓고 양육할 수 있도록 제도적인 지원을 요구하고 있었다. 이는 일반 기혼여성들과 다르지 않다. 몇몇 이주여성들은 친정부모를 초청하여 아이를 봐주길 원하고 있었다. 현재 친정부모를 초청할 수 있는 제도가 있으나 이 제도에 대해 좀 더 범위를 확대하고 완화를 원하고 있었다. 사실상 가족초청으로 결혼이주여성들의 정서적, 심리적인 어려움이 해결되고 취업에 도움이 되는 등 가족초청은 실제로 이주여성의 자립에 도움을 준다.

"가장 괴로운 것이 남편이나 시어머니가 내가 돈을 벌면 친정엄마에게 돈을 빼돌린다고 생각하고 돈을 벌면 바람나서 도망간다고 생각하는 것을 어떻게 해야 할지 모르겠어요."

위의 이주여성은 남편과 시어머니가 자신을 불신하는 것이 가장 괴롭다고 하였다. 이주여성들의 가정은 경제적으로 열악한 경우가 많음에도 불구하고 아내나 며느리가 취업을 적극적으로 하려는 데 대해 부정적인 견해를 가지고 있다. 그래서 이들이 겪는 취업의 어려움은 남편과 시부모의 편견과 불신에서 비롯되는 경우가 많이 있었다. 이런 점을 비추어 볼 때 이주여성들이 원하는 가정적인 측면에서의 지원 요구는 우선적으로 친정부모를 초청하는 부분이 수월해져야 한다는 점이다. 그렇다면 자녀양육 문제의 해결뿐만 아니라 더불어 친정식구들에게 정서적, 심리적인 안정감도 제공할 수 있을 것이다.

3) 사회적인 지원 요구

결혼이주여성의 취업교육은 이들에게 취업할 수 있도록 자격을 갖추거나 자질을 갖추도록 교육하는 것이다. 그러나 결혼이주여성들은 다문화가족센터에서 하는 취업교육프로그램을 수강한 적이 있지만 이것이 취업으로 연결되는 것은 어렵다고 하였다.

"전 다문화가족센터에서 수많은 취업프로그램에 참여하였지만, 그것으로 취직은 할 수 없었어요. 센터에서 프로그램을 마치면 취직시켜주는 줄 알았는데 취직한 사람은 한 사람도 없어요."

"이중언어 강사교육을 통하여 초등학교에서 이중언어 강사를 하고 있어요. 그런데 실무에서는 교육에서 배운 것은 거의 쓸 수가 없어요. 그냥 제가 알아서 수업하고 보고서 쓰고 문서 만들고 그래요. 이중언어 강사교육을 받았지만, 저같이 일하는 선생님들은 많지 않아요...(중략)...처음에는 월급이었는데 작년에는 다시 시급으로 바뀌었다가 올해는 다시 월급을 받고 있어요."

이주여성들은 취업하고 싶어서 다문화가족지원센터에서 실시하고 있는 프로그램을 교육받은 적이 있으나 취업으로 연계되지 않았다고 하였다. 또한다른 이주여성은 이중언어 교육을 받고 초등학교에서 이중언어 강사를 하고 있지만 오랜 시간 교육받은 것이 학교에서 큰 도움이 되지 않았다고 하였으며, 급여도 정책에 따라 해마다 변동되고 있다고 하였다. 따라서 이주여성들에게 지역사회 및 국가적 차원에서 이들에게 실질적 직업을 알선하거나 직업교육기회를 제공하여야 한다. 또한 이들이 취업하여 직장에 잘 다니고 있는지, 또 어려움은 없는지에 대한 교육기관이나 가족센터 등에서 사후관리가 필요하다고 하였다.

> "저는 학력도 되고 여러 가지 조건이 있으나 결혼이주여성들의 취업기회를 대기업이나 회사 등에서도 채용할 수 있었으면 좋겠어요. 저희가 대기업에 들어가는 것은 생각도 할 수 없잖아요."

> "전 큰 회사에 들어가고 싶지만 어떻게 들어가는지 모르고 그런대서 저희를 뽑아줄지 몰라요."

어떤 이주여성은 대기업에 취업하고 싶지만, 기회가 없다고 하였고, 다른 이주여성 역시 큰 회사에서 근무하고 싶지만, 결혼이주여성들을 채용하는 경우는 보지 못했다고 하였다. 두 이주여성 모두 몽골에서 대학을 마친 결혼이주여성이며 자신들의 능력이 한국에서 인정받지 못하는 것에 대하여 불만을 나타내고 있었다. 또한 동남아사람에 대한 한국인의 차별로 인해 좋은 직장에 취업할 수 없다고 이야기하고 있었다. 이와 같이 결혼이주여성들은 한국의 사회적인 요인으로 경험하는 어려움에 대한 지원을 요구하고 있었다.

4) 초국적인 지원 요인

이주여성들은 모국에서의 여러 가지 어려움으로 한국에 이주하여 왔으나 모국에 대한 그리움과 함께 모국 발전을 위해 봉사하거나 헌신하고 싶은 마음을 가지고 있다.

> "전 베트남 있는 한국기업에서 일하고 싶어요. 그런데 어떻게 해야 하는지 잘 몰라요. 네트워크가 잘 연결될 수 있도록 지원해 주었으면 좋겠어요."

> "전 아이들이 더 크면 몽골에 돌아가서 강의도 하고 한국어도 가르치고 싶어요. 이런 기회가 제공되도록 한국 정부와 몽골정부의 지원이 이루어졌으면 좋겠어요."

베트남계 이주여성의 경우 베트남기업에 취업하고 있었고, 몽골계 이주여성은 아이가 크면 몽골로 돌아가 한국어를 가르치고 싶다고 하였다. 더불어 이들은 자신들이 한국과 모국의 브릿지 역할을 할 수 있도록 정부 차원에서 제도적인 지원을 해 달라고 요구하고 있었다. 이주여성들은 자신들이 국가를 이주하여 한국생활을 하지만 자신의 본국에 도움이 되는 사람이 되고 싶어 하고 있었다. 다시 말해, 누구보다도 한국에 대한 문화가 익숙한 자신이 한국과 자신의 본국의 가교 구실을 할 수 있도록 지원해 주길 바랐다.

5. 마무리

이번 장은 취업을 경험한 결혼이주여성들을 대상으로 취업 경험을 수집하고 이들이 요구하는 지원이 무엇인지를 살펴보는 것을 목적으로 하였다. 이를 위하여 결혼이주여성 8명에게 심층인터뷰를 실시하여 취업 동기와 취업 시 어려움을 살펴보고, 결혼이주여성들이 요구하는 지원사항을 정리하였다. 이를 기술하면 다음과 같다.

첫째, 결혼이주여성의 취업 동기는 취업 요구에 따라 다양하게 나타났다. 먼저 개인적인 요인은 자녀에게 당당한 엄마가 되고 싶고 자신의 능력을 한국사회에서 발휘하고 싶어했다. 가정적인 요인은 가정경제에 도움이 되기 위해서 취업을 하였고 사회적인 요인은 한국사회에 잘 적응하며 살아가길 원하고 있다, 초국적인 요인은 자신과 같은 처지에 있는 결혼이주여성을 도와주고 있다. 이렇듯 취업을 하는 이유는 사람마다 제각기 다르지만, 이들이 한국사회에 잘 적응하고 건강하게 살아가기 위해 노력하고 있다.

둘째, 결혼이주여성이 취업하는 데 겪는 어려움을 살펴보면, 개인적인 요인은 낮은 한국어 실력으로 인한 의사소통의 어려움이다. 이는 거주기간이 짧은 결혼이주여성들에게 주로 나타나는 현상이며, 거주기간이 긴 여성들이 겪는 어려움은 의사소통보다는 경제적으로 적은 급여였다. 가정적인 요인은 남편과 시어머니가 가진 취업에 대한 부정적인 시각이 취업을 못 하는 요인으로 나타났다. 사회적인 요인은 한국 사람들과 경영자들이 동남아시아사람들에 대한 편견을 가지고 있다. 유럽이나 미국사람들과는 다르게 아시아 계통의 결혼이주여성들에게 가지는 편견이 그들이 취업하는 데에 있어 걸림돌과 장애 요인으로 나타났다. 초국적인 요인은 한국에 친정부모나 형제들이 없어 아이를 맡길 수 없는 상황적 요인과 결혼을 목적으로 한국으로 들어왔기 때문에 취업하지 말라고 강요하는 출입국관

리소의 교육 때문이다. 한국사회는 다문화가정에 대한 차별과 편견이 감소하였다고는 하나 결혼이주여성들에 대한 편견과 차별이 여전히 이루어지고 있어 이에 대한 다문화 시민교육이 시급하다고 할 수 있다.

　결혼이주여성의 취업 동기와 취업의 어려움을 통하여 이들이 취업을 위해서 요구하는 지원이 무엇인지 살펴본 결과 첫째, 개인적인 지원 요구는 국적에 맞는 교육 프로그램과 이들의 문화 특성에 맞는 취업교육 프로그램을 원하고 있다. 대부분 다문화가족지원센터에서 시행하는 단일화된 프로그램에서 벗어나 결혼이주여성의 특성에 맞는 프로그램을 개발되어야 한다. 더불어 몽골 여성과 같이 학력과 능력이 높은 결혼이주여성에게 맞는 취업기회가 마련되어야 할 것이다. 둘째, 가정적인 지원 요구는 친정가족을 초청하여 한국에서 그들과 함께 살기를 원하고 있다. 현재 가족 초청이 이루어지고 있으나 제도의 완화를 요구하고 있다. 이로 인해 자녀양육에 대한 어려움을 해소하고 취업을 하는데 자녀로 인한 장애가 해결되어 결혼이주여성들이 마음 놓고 일을 할 수 있는 환경이 마련되어야 한다. 셋째, 사회적인 지원 요구는 실질적인 취업교육프로그램이 시행되길 원하며 이를 통하여 취업이 연계되도록 요구하고 있다. 더불어 취업 후에 이들이 직장생활을 잘 유지하고 있는지 사후관리도 함께 이루어지길 바라고 있다. 따라서 단순히 취업지원프로그램을 시행하는 것에 목적을 두는 것이 아니라 이들이 취업지원프로그램을 통하여 취업으로 연계되고 이에 대한 사후관리까지 함께 이루어질 수 있는 장치가 마련되길 원한다. 더불어 대기업이나 큰 회사에 취업의 기회가 확대되길 바라고 있다. 넷째, 초국적인 지원 요구는 국가적인 제도 등을 마련하여 한국과 모국에 브릿지 역할을 하고 싶어 했다. 결혼이주여성들은 모국과의 취업이 연계되어 모국에 돌아가 한국어를 가르치거나 한국기업에 가서 일할 기회가 마련되길 원하고 있다. 이에 대한 정부의 노력이 요구된다.

4장. 갈라섬: 이주여성의 이혼 경험

1. 폭력의 일상과 출구

1980년대 이후 전 지구적으로 확산된 '이주의 여성화' 경향에서 한국도 예외는 아니다. 작금의 한국사회는 농촌 지역의 성비 불균형, 인구 고령화와 초저출산 문제들에 직면하고 있다. 이런 문제의 해결책 중 하나로 한국 정부는 국제결혼으로 인한 다문화가정의 지원정책에 적극적인 입장을 취하고 있다.

2021년 결혼이민자·귀화자 수는 316,729명이고 여성이 81%이다(법무부, 2023). 체류기간별로 5년 미만 12.1%, 10–15년 미만 28.9%, 15년 이상 39.9%로 나타났다. 이를 2018년과 비교해 보면 15년 미만 거주 비중은 감소하고 15년 이상 거주 비중이 급증함을 알 수 있다(여성가족부, 2021). 한국가정법률상담소(2023)가 발표한 다문화가정 이혼상담통계를 보면 재혼가정의 이혼상담은 2019년 43.8%, 2020년 37.5%, 2021년 37.8%, 2022년 32.9%로 나타났다.

반면 외국인과의 이혼 건수의 증가는 국제결혼 초기에 이루어진 결혼중개업체들의 결혼성사 위주의 영업 폐단으로 비롯된 것이다. 즉 국내에 난립한 결혼중개업자들이 대규모 단체 관광형 맞선과 정형화된 속성 절차에 의해 성혼율을 높이기에만 급급했기에 사랑에 기반을 두지 않은 목적성 혹은 매매의 성격을 지닌 결혼이 많아지게 되었다. 이러한 속성결혼은 결혼 당사자 상호 간의 애정 결여 및 정보 부족으로 가정해체를 유발하게 된다. 한국사회의 인구 사회적 구조 문제를 해결하기 위해 추진된 국제결혼이 오히려 국제이혼 문제를 양산하면서 한국사회에 심각성을 더해주고 있음을 알 수 있다. 또한 결혼이주여성들에 대한 편견과 그들의 이혼에 대한 귀책사유를 결혼이주여성에게 돌리는 사회적 분위기도 사회적으로 만연해 있는 현실이기도 하다.

이혼·별거 중인 결혼이민자 귀화자 중 여성 응답자들은 본인이 자녀를 키우는 경우가 69.5%지만, 남성 응답자는 35.3%로 훨씬 낮다. 이혼이나 별거 후 자녀를 본인이 양육하는 경우, 양육비를 받고 있다는 응답은 18.6%로 나타난다. 한부모로 자녀를 양육하는 결혼이민자 귀화자 80% 이상이 양육비를 받지 못하고 있다는 현실도 우리가 그들의 삶에 주목해야 할 필요성이 강조된다. 즉 한부모 결혼이주여성들은 경제적으로 자립해야 함과 동시에 자녀양육도 감당해야 하기 때문이다.

이혼한 결혼이주여성들도 엄연히 한국사회의 구성원이고 또한 자녀의 양육자 및 친권자로서 다양한 파장을 일으킬 수 있으므로 그 생활실태에 대한 주의 깊은 관심이 필요하다. 본 연구에서는 다양한 이혼 사유 중에서 가정폭력을 경험한 결혼이주여성들의 이야기를 통해 그들의 삶의 실상을 살펴보고자 한다.

가정폭력은 가정 내에서 발생하는 모든 종류의 폭력을 지칭하는 개념으로 '가족구성원 중 한 사람이 다른 가족원에게 의도적으로 물리적인 힘을 사용하거나 정신적인 학대를 통해 고통을 주는 행위'로 정의할 수 있다(전명길, 2017). 가정폭력은 신체 폭력, 정서 폭력, 경제 폭력, 성폭력, 방임 등의 유형으로 구분될 수 있다. 정서 폭력은 배우자에게 모욕인 어투로 말을 하는 행위, 배우자를 때리려고 위협을 하는 행위, 배우자의 물건을 파손하는 행위 등을 말하며, 경제 폭력은 배우자에게 생활비를 제대로 주지 않는 행위, 재산을 배우자의 동의 없이 임의로 처분하는 행위, 수입 지출을 독점하는 행위 등이 포함된다. 방임은 배우자에게 무관심하거나 냉담하게 대하는 행위와 병원에서 치료를 받아야 할 상황인데도 배우자를 병원에 데려가지 않는 행위를 말한다. 성학대는 배우자가 원치 않음에도 성관계를 강요하는 행위와 배우자에게 원치 않는 형태의 성관계를 강요하는 행위로 간주하고 있다. 대부분의 가정폭력은 여러 가지 폭력 유형이 동시에 나타나는 특성을 갖는다(장온정·박정윤, 2010).

이번 장에서는 직접적인 신체적 폭력 외에도 방치 등을 광의적인 폭력의 개념으로 보고 결혼이주여성의 이혼 경험을 다루고자 한다. 즉 결혼 이후 결혼이주여성들이 겪은 갈등, 폭력 그리고 이혼 경험, 자립의 경험담들을 통해 그들의 생활실태에 대한 심층적인 이해를 하고자 한다. 최근 결혼이주여성에 관한 관심으로 다수의 논문이 있지만 그들의 이혼 혹은 가정폭력 경험을 직접 다룬 논문은 미흡한 편이다. 이는 그만큼 연구참여자 선정이 어렵고 연구주제가 민감하고 자료수집이 어렵기 때문이다.

결혼이주여성의 가정폭력 대한 선행연구를 살펴보면 결혼이주여성의 갈등 및 폭력의 배경 요인으로 남편의 정신적 문제(장온정·박정윤, 2010), 한국사회에서 남편의 주변인적 위치(차옥숭, 2008)를 지목한 연구가 있었다. 한편, 정현미(2015)는 5개의 관련법규를 분석하면서, 결혼이주여성들에게 불평등하고 불합리한 법제 속에 가정폭력의 원인이 배태되어 있으며, 법제도 개선을 우선으로 주장했다. 결혼이주여성에 대한 가정 폭력의 형태에 대하여서는 황정미(2015)는 경제적 폭력이 피해 경험의 핵심이 될 수 있다고 강조하고 있으며, 장온정·박정윤(2010)은 연구에서 가정폭력을 경험한 결혼이주여성들은 언어적, 정서적, 경제적, 성적 폭력

등 두 가지 이상으로 중복적으로 노출되고 있다고 밝히고 있다. 그 외에도 김이선 외(2007)에서는 결혼이주여성들의 이혼은 남편의 정신장애를 비롯한 언어소통이나 대화기술 부재, 경제적 무능력, 음주 및 구타 등의 주요 원인들이 중첩적으로 작용하므로 보다 심층적인 이해가 필요하다고 밝혔다. 전명길(2017)은 다문화가정 내의 가정폭력이 심각한 수준에 이르렀음에도 불구하고 가정폭력의 피해자들을 위한 피해자 지원체계나 폭력 예방 대책이 미비한 것이 현실이며 이에 대한 개선방안의 마련이 시급하다고 주장한다. 또한 다문화가족의 가정폭력의 문제는 다문화가족 자체가 안고 있는 특수한 상황에 가정폭력의 특수성이 더해져 그 현상과 원인분석에 있어서 다원적 차원의 접근이 필요하다고 결론지었다. 손미향·최희경(2018)은 결혼이주여성과 이혼한 한국남성의 결혼 해체 경험에 대하여 남성의 입장에서 그들의 결혼이라는 사적 관계의 실패 경험을 거쳐 배우자에 대한 원망과 비난에서 결혼이주여성과 이주노동자, 더 나아가 특정 국가의 문화와 인종에 대한 편견과 적대감으로 치환되어 확장된다고 해석하였다. 박애란 외(2018)은 다문화가족의 가정폭력에 대한 대안으로 국제결혼 대상자에 대한 상담 및 교육실시, 국제결혼 중개업체의 관리감독 강화, 결혼이민자들의 자조모임 활성화, 부부교육 및 부모교육 지원, 다문화가족지원센터의 상담강화, 지방자치단체의 다문화가족의 가정폭력피해자에 대한 지원의 의무화, 다문화가족의 가정폭력피해자에 대한 주거지원 사업, 가정폭력 근절을 위한 사회분위기 조성을 제시하였다. 류은영·조숙정(2021)은 가정폭력 유형을 빈도가 높은 순서대로 정서적 폭력, 경제적폭력, 신체적 폭력, 성적 폭력, 사회적 격리 등 5가지 유형으로 구분하였다. 이들 가정폭력의 특징은 약점을 이용한 폭력, 경제적 유무와 상관없는 내 맘대로 폭력, 결혼이주여성에 대한 비 존중에 따른 폭력, 결혼이주여성들의 막연한 두려움을 이용한 폭력이 주를 이루고 있다. 결혼중개업소에 대한 엄격한 관리 및 책임부여, 가정폭력 예방을 위한 사례 공유, 결혼사증발급을 위한 소득조건 강화 등의 결혼이주여성 가정폭력 예방을 위한 정책적 개선방안을 제공하였다.

선행연구를 살펴보면 대부분의 이혼한 결혼이주여성들은 한국사회에서 남편으로부터의 다양한 폭력, 그리고 사회적 및 제도적 약자로서 폭력의 어려움을 겪고 있다고 보고한다. 또한 이혼한 결혼이주여성들을 위한 정책적 대안은 대부분 그들의 적응, 자립에 초점을 맞추고 있다. 따라서 결혼이주여성들을 나약한 피해자이자 시혜의 대상으로만 일반화시키는 우려가 있다. 즉 결혼이주여성들의 거주기간이 장기화되고 초기의 정착, 적응의 어려움을 딛고 한국사회에서 새롭게 이혼이라는 어려움을 극복해 나가고 있는 결혼이주여성들의 이야기는 소외되고 있었다.

이번 장에서는 국내 다문화가정의 증가 그리고 장기화에 따라 이혼가정의 실제 상황에 대해 알아보고 문제점을 탐색하고자 한다. 특히 그중에서 가정폭력을 경험하고 이혼에 이른 가정을 선별하여 그들의 결혼 그리고 이혼과정의 경험들을 통하여 이혼한 결혼이주여성의 삶의 실상에 대한 이해를 돕고자 한다. 따라서 이혼을 경험한 결혼이주여성들의 삶에 다가가 그들의 주체적인 이야기를 통해 그들의 이혼 경험에 대해 알아볼 필요가 있다.

2. 결혼의 가벼움과 혹독한 결과

1) 일회성의 만남 그리고 결혼

이주여성들이 한국사회로 이주를 결정하는 데는 그들의 주체적인 의지가 반영되어 있다. 초국적 이주가 빈번한 시대 그들은 다양한 경로를 통해 한국으로 이주를 결정한다. 그들의 결혼생활에 대한 이해를 위해서는 결혼 배경을 알아볼 필요가 있었다. 이주여성들이 한국행을 결정하는 데는 다양한 동기가 있었다.

이주여성은 지인의 소개로 남편을 만났고 만난 지 하루 만에 결혼을 결정하게 된다. 그는 아는 언니 또는 고모들의 한국행을 보고 한국에 대하여 막연하게 동경을 하게 되었고 한국에 대한 호기심과 남편에 대한 기대로 결혼을 쉽게 결정하였다. 반면에 다른 여성은 종교적인 이유로 결혼을 결정한 경우이다. 그녀는 21살 때 필리핀에서 통일교회에 다니면서, 교회의 만남 프로그램을 통해 남편을 만나 결혼을 했다. 또한 친언니 역시 통일교를 통하여 한국 사람과 결혼하였고 잘살고 있었기에 한국에 대한 동경이 그에게 자발적으로 결혼을 결정할 수 있게 하였다.

> "저는 한국나라 굉장히 관심 많거든요. 왜냐면 우리 문선명 목사님 한국 사람이니까. 그래서 한국나라에 관심가지고 있었어요. 그래서 관심 많아져서 한국에 관심 많아요. 그때도 한국 사람하고 많이 결혼했어요. 관심을 가지고 이제 어떤 나라인지 한 번도 들어본 적도 없고 본적도 없고. 우리 동네 교회에서는 결혼하는 건 축복이라고 해요."

이 이주여성 역시 가정불화로 현실의 어려움에서 벗어나고자 결혼을 하나의 해결책이자 탈출구로 여기고 자발적으로 한국행을 하게 된다. 어린 나이에 젊음을 믿고 쉽게 선택한 해외 이주, 그리고 남편을 통한 안전한 해외 이주는 그들이 경제적 선진국인 한국이라는 땅에 발을 디딜 수 있는 가장 빠르고 쉬운 경로이기도 했다. 대부분 논문에서는 여성 결혼이민자들의 이주를 경제적 동기로 보고 있었다. 하지만 이주여성들은 본국에서 가난하지 않았고, 자신들의 직장을 가지고 있었으며, 그들의 한국행의 기저에는 더 나은 삶에 대한 동경, 한국에 대한 막연한 기대, 불만스러운 현실 상황에서의 탈출구로 한국행을 결정한 경우이다. 그들은 친정 가족에 대한 경제적 지원에 대한 부담은 없었고 오히려 힘든 한국생활로 인하여 경제적으로 적게나마 친정의 도움을 받기도 했다.

2) 암담했던 한국생활

기대와 동경을 안고 행한 한국행에서 이주여성들은 모두 경제적 어려움을 겪게 된다. 눈으로 보이는 한국의 경제적 부유함과 화려함은 그들의 결혼 후 실제 생활로 이어지지 않았다. 그녀들의 남편들은 저소득이며 주거환경이 열악하였고, 생활비조차 제대로 주지 않았다. 결혼 후 바로 자녀 출산을 하게 된 그들의 생활비 부담은 더 커질 수밖에 없었다. 어떤 이주여성은 결혼하고 시댁에서 시부모님을 모시고 살았다. 그녀의 시어머니는 당시 오랜 당뇨의 영향으로 앞을 보지 못했고, 한국어를 전혀 모르는 상황에서 그녀는 시어머니 간호를 해야 했고, 낯선 음식문화 앞에서 심각한 영양실조를 경험하게 된다. 이러한 스트레스는 첫아이 유산으로 이어지고 그녀에 대하여 배려가 전혀 없었던 남편은 생활비조차 제대로 주지 않았다.

"한 달에 2만원 줬어요. 생활비도 안 되고 먹는거는... 저는 사실 큰애 낳기 전에 아이 하나 있어요. 유산했어요. 시어머니 키워야 되고(당뇨 있으니까 눈 안보여요. 밥도 드려야 되고 목욕도 시켜야 되고), 아침마다 아주버님 가지(출근) 남편 가지(출근).. 스트레스예요. 그리고 제대로 못 먹거든요. 임신할 때 입덧하니까 너무 스트레스 받으니까 아무하고도 의사소통 안 되니까 친구 없고 스트레스 받으니까 유산했어요 ... 6개월 후에 또 임신했어요."

이주여성은 한국어도 전혀 모르는 상태에서 한국인 남성을 만나 가정을 이루고, 어린 나이에 혼자의 힘으로 언어, 문화를 배워가면서 임신까지 감당하기에는 너무 버겁고 힘겨웠다. 속성으로 이루어진 국제결혼에서 이주여성들은 주체적으로 선택하고 이주를 하게 되지만 부딪힌 현실의 삶은 암담 그 자체였다. 설상가상으로 빠른 임신과 자녀의 출산은 빠듯하던 생활에 더 큰 부담으로 다가온다. 부부당사자들의 왜곡된 정보, 비인격적 만남이 시초였기에 부부 간의 이해와 협조가 없으면 원만한 가정이 형성·발전되어 가기에는 다양한 어려움이 있다. 중개업소의 결혼 당사자 프로필 부풀리기로 이루어진 국제결혼은 부부간의 불신감을 조장시키고, 의사소통의 어려움은 서로 오해를 가중시켜 원만한 결혼생활 유지가 어려워지게 된다.

부부관계의 권력 또한 부부갈등을 야기하는 요인으로 부각되고 있는데, 권력은 부부관계의 불평등성을 나타내는 기제로써 이주여성의 경우 성혼과정에서부터 부부간 권력의 불균형이 결국 부부 간 갈등에 부정적 영향을 미치게 이른다. 이들은 가정의 경제적 어려움을 해결하기 위하여 자녀가 유치원에 다닐 즈음 다각적으로 취업을 시도한다. 이주여성들은 모두 영어, 중국어권 출신이었기에 학원 또는 외국인센터 등에서 영어, 또는 중국어 강사를 하면서 생활비를 벌 수 있었다.

3. 복합적인 폭력이 가져다준 결과

1) 무시, 언어적 폭력

이주여성들은 결혼 이후 가정의 어려움을 직접 해결하고자 어린 자녀를 양육하면서 취업을 시도하였다. 그들에게 있어서 경제적 어려움은 이혼 사유가 아니었다. 그들은 모두 경제적으로 어려우면 스스로 경제활동을 하여 가정의 어려움을 적극적으로 타개하고자 노력하고 있었다. 실제로 이주여성들은 남편의 경제적 무능력과 무책임으로 인하여 오랜 기간 가족 생활비를 자신의 힘으로 해결하고 있었다. 이주여성들에게 가장 큰 어려움 은 경제적 어려움이 아닌 남편의 폭력, 폭언, 그리고 무관심한 방치였다.

> "술을 안 마셔도 원래 폭언을 많이 해요. 원래 언어폭력도 있고 술 마신다면 그건 진짜 미친 X예요. 저는 인제 내가 대들면 그 사람은 한다 고 하면 하기 때문에 식구들하고 회사에도 쫓아오고. 제가 애 때문에도 남한테 피해 안 주려고 많이 참았어요."

> "친한 친구가 술을 좋아하니까 매번 우리 집에 오면 안주까지 들고 와서 술을 마셔. 시댁 얘기가 나왔어. 시댁도 맏며느리잖아 나는. 나이는 어리지만 맏며느린데 그에 대한 존중이 없는 거야. 그랬더니 친구 앞에서 시댁 얘기했다고 술 부어버렸어 얼굴에. 아이."

가정생활 전반에 걸쳐 남성 우선적 조건과 상황 속에서 남편의 가부장적 성역할태도가 이주여성에 대해 권력자로서 폭언이나 무시로 이어지고 있었고, 이런 것들이 이주여성들이 일상적으로 겪는 폭력이었다. 맞선 당일 수십 명의 여성 중 선택 된 이주여성은 다음 날 결혼과 합방의 절차를 거쳐 부부가 되는 과정으로 인간의 몸, 정서, 감정, 인격까지 구매-판매의 관계 속에서 여성은 삶의 동반자가 아니라 소유물로 인식되는 것이다 (김영옥, 2010). 이렇게 결혼을 한 배우자는 인생의 동반자가 아니라 한국 남성에게 있어서 상품으로 생각하는 경향으로 드러나게 된다. 따라서 한국의 가부장적 정서에 익숙한 한국 배우자는 그의 아내인 이주여성이 자신의 기대에 미치지 못하는 경우 폭력으로 이어진다.

2) 신체적 폭력

이 이주여성은 남편과 결혼한 지 3년 만에 남편이 폭력사건에 가담하여 감옥을 가게 된다. 교도소에서 출소 후 남편은 마땅한 직업이 없이 여기저기 전전하다가 사기도 당하고 빚도 많이 진다. 가중되는 생활고 속에서 남편의 음주, 그리고 폭력은 점점 도를 넘어서고 생명의 위협을 느낄 정도로 그녀의 삶을 피폐하게 만든다.

> "싸웠다고 하면 끝까지 버티고 다 죽이고 그러자고 하니까. 우리 아이들이 신고 했어요. 나는 옆집인줄 알았는데. 막 목 조르고 막 때려 부수고, 막 이성을 잃어버리고, 술 마셨다면 저는 참 성격을 알기 때문에 저는 집안에 있는 칼이고 뭐고 다 치우거든요. 뭔가 이상한 생각도 하고 가스 켜고 다 죽자고 하니까 딸이 무서워서 신고를 했더라고요."

이주여성 남편의 폭력은 그녀가 학원 강사를 하면서 늦은 귀가가 이유가 되었다. 어려운 가정형편 때문에 이주여성은 중국에서 고등학교 교사 경력을 살려 영어유치원에서 낮에는 중국어 보조 선생님으로, 저녁에는 성인 대상으로 중국어를 가르치며 생활비를 벌기 시작했다. 하지만 그녀의 이러한 수고는 남편의 자존심에 금이 가게 했고, 급기야 폭력으로 이어지게 된다.

> "돈은 있어야 하고. 의처증이 있었던거 같애, 늦게 들어왔다고 그래서 나를 팼어. 처음에 싸웠을 때는 다 싸우고 나니까 머리가 산발이고 눈텡이 밤텡이 됐더라구…그러더니 이 인간이 뭐하냐면 부엌에 가서 칼을 가는 거야. '이런 젠장' 온갖 욕하면서 있잖아. 그러고서 살았어. 내가 나쁜 짓 한 것도 아니고 잘 먹고 잘 살고 싶어서 열심히 한건데."

국제결혼은 많은 오해를 불러일으키며 서로에 대한 불신감을 조장하게 된다. 가부장적 의식에 젖어 있는 남편은 실직이나 사회적 실패 등으로 경제적 곤궁에 빠지게 됨으로써 부양자의 역할을 제대로 하지 못할 때 자신의 권위가 손상되었다고 느끼기 쉬우며 이러한 손상된 권위를 회복하기 위해 폭력적으로 되기도 한다(문성훈, 2014).

설상가상으로 의사소통이 어려운 환경은 오해를 가중시키며 결혼생활을 극단적으로 몰고 가는 경우로 전환하였다. 또한 미래의 경제적 부담은 한국남성들의 스트레스 및 심리적인 불안을 증폭시켜, 취업이나 교육 등 사회생활을 하려는 아내의 사생활을 통제하려는 경향을 보임으로써 부부 갈등을 초래하고 있다. 신체적 학대의 결과는 사회적 치욕의 형태와 함께 자기에 대한 믿음, 세계에 대한 믿음의 상실이다(Honneth, 1994).

이주여성들은 속수무책으로 남편의 폭력 앞에 노출되었지만, 그들을 도울 수 있는 지지망은 없었다. 그들은 홀로 한국에 거주하였기에 주변 사람들의 도움을 구할 수 없었고, 경찰에 신고하였지만, 남편에 대한 특별한 제재가 없었고, 내 아이의 아빠를 감옥에 넣을 수도 없는 상황에서 또 참고 살아가는 수밖에 없었다.

3) 방치 – 무언의 폭력

가정폭력의 범주는 단지 물리적 폭력에 한정되는 것이 아니고, 증거가 없는 무형적 폭력피해도 있는데 남편의 무책임, 무관심으로 인한 방치 역시 그들이 겪는 가정폭력의 한 형태였다. 이주여성들은 몇 년 심지어 10여 년씩 남편으로부터 경제적 도움을 받지 못하고 자신의 힘으로 생활비를 벌어야 했다.

> "폭력. 경제적인 면도 있고. 생활비를 안주고 몇 년 동안 집세도 500만 원씩이나 밀리고 집안일도 하나도 안 도와줘요. 제가 다 벌어서 생활해요. 그냥 제가 애들 다 챙기고 집안일도 하나도 안하고. 대남자주의 남존여비(가부장적인) 그런 사람이에요. 여자는 무조건 따라야 복종해야 된다. 그런 부분이 있어요."

남성 우선적 조건과 상황들 속에서 남편의 가부장적 성 역할 태도가 이주여성들의 불만을 야기하게 된다. 이주여성들은 가사와 일을 모두 부담해야 하는 어려움 속에서도 가정을 지키고자 각고의 노력을 한다. 이주여성은 남편과의 결혼생활 속에서 4번의 임신, 그리고 3명의 자녀를 출산하였다. 하지만 무책임한 남편은 늘 집을 비우기 일상이었고, 출산 그리고 산후조리마저도 남편의 도움 없이 혼자서 감당을 했다.

"병원도 같이 가준 적도 없어요. (셋째 임신 시) 의사선생님이 너무 불쌍하게 생각 하는 거예요… 그리고 저는 산후 조리도 못 받았어요. 혼자서 미역국도 요리하고 다 혼자 했죠. 그래서 이 몸이 관리 안 된게 못하니까 뭐지… 남편은 자꾸 핑계하고 뭐하고 바쁘고 없어지고…"

이주여성들은 현실 속에서 다양한 불합리함과 가정폭력을 경험하고 있었지만, 이혼 결정은 쉬운 것이 아니었다. 실제로 그녀는 결혼 후 3년 후부터 남편의 폭력적 성향으로 인하여 힘들어 하였지만, 자녀들을 생각하는 마음에 20년을 참고 견디었다. 그녀는 점점 더해가는 남편의 폭력의 수위, 그리고 늘어가는 남편의 빚 때문에 결혼생활 20년 만에 어렵게 남편과 이혼을 한다. 다른 이주여성도 10년의 결혼생활 속에서 다양한 어려움을 겪었지만, 자녀들을 생각하면서 남편의 무관심, 무책임 방치 속에서 홀로 자녀들을 양육하면서 견디어 왔지만 남편의 지속적인 이혼요구로 이혼을 하게 된다. 또 다른 이주여성 역시 가난과 폭력의 상황 속에서도 아들때문에 강한 모성으로 가정을 지키고자 했다. 그렇지만, 남편의 일방적인 이혼 요구를 수용하고 옷 가방 한 개만 달랑 들고 집을 나왔다.

이주여성들은 어려운 결혼생활 속에서도 자신이 선택한 결혼이고 이주였기에 불합리함과 폭력도 견디며 이혼만은 피하고자 하였다. 그들은 강한 생활력과 의지의 소유자로서 어떻게든 결혼생활을 유지하고자 노력한다. 따라서 그들의 이혼 선택은 한국사회에서 구조적 약자로서 어쩔 수 없는 자기 보호 방식이거나 남편으로부터 강요당한 선택이기도 했다.

4. 홀로서기를 통한 미래 삶의 구상

1) 이혼으로 인한 상실감

힘들고 불행했던 결혼생활이었지만 이주여성들에게 이혼은 큰 상실감으로 다가왔다. 더 나은 삶을 위하여 한국행을 결심하고 열심히 살아보고 싶었지만, 그들이 견뎌야 했던 현실은 참혹했고, 결국 이혼은 또 다른 상처로 그들에게 다가온다. 이주여성 모두 이혼에 대한 낙인 그리고 자녀들에게 아빠를 잃게 했다는 죄책감으로 자녀들한테 많이 미안하고 힘들어했다.

> "이혼하고나서 시원할 줄 알았는데 허전하고, 마음이 초조해지고 시원할거 같은데 끝나고 나니까 그것도 아니고 사람도 만나기 싫고. 일주일 쉬고 몸도 아프고 장마철이라서 장롱도 많이 버렸어요. 지하에서 살았는데 옷이 곰팡이 다 피고 장롱도 다 썩었더라고요. 마음 추스르고 일 나가겠습니다. 일을 해야 저도 살 수 있고, 힘든 고비겠죠. 돈도 없고, 빚은 많고, 혼자 됐는데..."

해가 갈수록 더해가는 남편의 폭력에서 탈출하려고 이혼을 선택했고 어렵게 이혼까지 했지만 이 이주여성은 이혼하고 몇 개월 동안 그 후유증에서 헤어 나오지 못하고 심한 우울증에 시달리고 있었다. 다른 이주여성도 남편과 오랜 별거 속에서 혼자 자녀들을 양육하면서 힘겹게 버텨왔지만 정작 이혼을 하고 난 뒤 심적으로 많은 어려움을 느꼈다. 또한 이혼에 대한 주변 사람들의 부정적인 시각 때문에 많이 힘들었다.

> "사실은 남편 연락 없거든요. 자꾸 연락하니까 욕먹고도 연락하고. 그래서 제가 3년 동안 많은 경험이 있고 봉사도 많이 하고 그래서 친구도

생기고. 그냥 메리아 너 어차피 혼자니까 사실은 마음 아프죠. 마음속으로 이혼 안하고 싶었거든요. 왜냐면 저는 괜찮은데 나중에는 아이들에게 안 좋더라고요···사실 저는 이혼안하고 싶은 마음 많지만 제일 하고 싶은 건 아빠로서 자격이 책임감 없고, 이혼하는게 낫다라고 생각했어요. 근데 하자마자 이상해요. 시원한 거 아니라 아이들 생각하면 달라요."

이주여성은 남편한테서 일방적으로 이혼 요구를 받았고, 이혼 후 남편은 살고 있던 집을 팔고 아들을 데리고 시골로 내려갔다. 지하전세방에서 그녀의 노력으로 새집을 사고, 그 집이 재개발로 돈을 벌었지만 이혼하면서 그녀는 옷 가방 하나만 들고 집을 나섰다. 남편과 시댁이 지닌 자신의 아들에 대한 욕심, 그리고 이혼 후 한국 땅에서 홀로 자녀를 양육하는 것에 대한 두려움에 그녀는 남편의 불평등한 요구를 받아들이게 된다. 하지만 이혼 이후 이주여성은 아들에 대한 그리움 그리고 남편의 일방적인 횡포는 또 다른 아픔으로 다가왔다.

"이혼한 후 애를 안 보여줘 가지고. 내가 시골로 쳐들어갔어. 쳐들어갔는데 그 우리 아들이 나오더니 나한테 꼭 안기는데 가슴을 대고 나한테 그렇게 안기는 거야. 가슴이 찢어지더라고... 그 상처는 말도 못해. 애기 아빠가 안 보여줘. 가지고 가슴이 너무 아파서 울며 다녔어. 1년을 눈물이 마를 날이 없었어. 내가 시골로 계속 찾아갔지. 가도 만날 때도 있고 못 만나고 오는 때도 많고..."

다른 이주여성은 많은 어려움 속에서도 아들에 대한 사랑을 멈추지 않았다. 그녀는 월급 대부분을 아들에게 투자하면서 철마다 옷을 사서 보내주고, 학용품을 챙겨주고 용돈을 보내주었다. 그녀의 전남편은 아이가 고등학생이 되면서 지출도 많아지자 그녀에게 아들을 보내주었다.

2) 홀로서기를 위한 고군분투

이혼 이후의 적응기에는 가족, 친구 및 기타 사회적 지원망이 생애 위기에 대한 대처에 중요한 매개 변인의 역할을 한다(정선희, 2014). 이 이주여성의 경우에는 이혼 직후에도 친정 가족의 도움을 받을 수 없는 상황으로 더욱 힘든 적응기를 맞게 된다. 하지만 이주여성은 어떤 상황에서도 최선의 방식으로 주변 사람들과 관계를 맺고 문제에 대응하고자 하는 적극적인 성격의 소유자였다. 다른 이주여성은 생계를 위하여 영어 학원 강사, 보험 설계사, 코이카 강사 등 열심히 일하고 이주여성 단체에서도 사무국장을 맡아 활발하게 활동하고 있었다. 또 다른 이주여성은 이혼하였지만 아들 때문에 어쩔 수 없이 남편과 계속 연락을 하고 지내야 했다. 이혼 초기에는 아이를 만나지 못하게 하면서 그녀를 힘들게 했던 남편은 아들이 성장하여 고등학생이 되자 경제적으로 부담이 된다고 그녀에게 아들을 보낸다.

그녀는 생활비 부담으로 밤에는 학원 강사, 주말에는 파출부, 낮에는 무역회사를 전전하면서 열심히 살아왔지만, 경제적으로 여전히 어려웠다. 아들과 함께 사는 것은 너무 좋지만 늘어난 생활비에 대한 압박감에서 벗어날 수는 없었다.

> "처음에는 있잖아 우리 아들 왔는데 생활비를 안준다고 난리 쳤어. 난 이혼할 때 집 다주고 돈 일전 한 푼 안 받고 그냥 나왔어. 근데 이번에 10월에 아들이 올 때도 생활비 안준다고. 돈 없으니 못준대. 내가 버텼어, 하다못해 내가 주말에 알바 뛰고 했지. 아들 키우려니 어쩔 수 없으니까. 아들이 크고 고등학교 가야하고 그러니까 자기가 시골에서 감당이 안되니까 나한테 보내 버린 거야. 이혼이라는 게 끝난게 아니야. 아들이 가운데 있으니까."

국제결혼으로 한국에 온 이주여성들은 자신의 삶을 개척하려고 경제활동을 꿈꾼다. 이주여성들은 제한된 자신의 자원을 이용하여 살아가기 위하여 최선의 노력을 다하고 있었지만 고달픈 삶에서 벗어나지는 못하고 있었다. 그들은 생계를 위하여 다양한 직업을 전전하지만, 경제적으로 여전히 어려움을 겪고 있었고, 자녀양육을 병행하고 있었다. 그들은 개인적으로는 영어, 중국어 등 이중 언어를 능숙하게 구사할 수 있는 능력을 가졌고, 본국에서 전문대 이상의 학력을 지니고 있었다. 그렇지만 한국사회에서 그들은 여전히 저소득층의 굴레에서 벗어나지 못하고 있었다. 그뿐만 아니라 젠더와 이주라는 이중적인 약자로서 그녀들의 위치가 고정되어 있다.

5. 마무리

이 장은 결혼이주여성들이 가정폭력 그리고 이혼 과정에 겪었던 사실들을 바탕으로 그들이 그 과정에서 어떤 경험을 하게 되고, 그 경험 속에서 어떻게 대처하고 살아내는지를 탐색하고자 했다. 특히 삶의 다양한 방식에 대하여 내러티브 탐구 방법을 활용하여 의미를 찾아가고자 하였다. 결과를 정리하면 다음과 같다.

첫째, 결혼 초기라고 할 수 있는 다문화가족 형성기에서 이주여성들은 더 나은 삶에 대한 도전, 이상적인 한국생활에 대한 기대로 한국행을 하게 됨을 알 수 있었다. 이주여성들은 도전적으로 자신의 삶을 개척하려고 노력하였고, 현실의 어려움에 대해 낙심하거나 포기하지 않았으며 적극적으로 극복하려고 경제활동을 시작했다. 이를 통해서 우리는 그들이 적극적인 삶의 주체로, 자발적으로 이주를 선택했고 자신의 선택에 대하여 책임감을 느끼고 현실의 어려움을 극복하고자 부단히 노력하는 긍정적인 성격의 소유자임을 알 수 있다.

둘째, 다문화가정 해체 단계에서 가정폭력이 이주여성들의 이혼을 둘러싼 핵심 경험으로 작동함을 알 수 있었다. 결혼이주여성들의 이혼 경험을 연구하면서 우리는 정보의 일치도와 결혼 후 알게 된 경제적 차이에 주목하였다. 그렇지만 오히려 이주여성들은 경제적 어려움에 대하여서는 자신이 직접 일을 하여 경제력을 향상하는 노력을 보여 왔다. 그들은 이주, 경제적 어려움, 가정폭력의 어려움 속에서도 강한 모성으로 가정을 유지하고자 다각적인 노력을 하고 있었다. 그들은 결혼 후 가정폭력 자체가 인생에서 닥친 최대의 난관이었고, 자녀를 위하여 참고 견디며 자신의 제한된 자원을 활용하여 현실을 타개하고자 노력했다. 이런 와중에서 그녀들의 경제활동 활성화로 남편에 대한 경제적 의존도가 낮아지고, 남성의 가부장적인 자존심에 손상이 가게 되는 것을 발견할 수 있었다. 아울러 부부 갈등 및 가족 갈등이 증폭되고 폭력으로 이어지는 모습들이 나타나기 시작했다.

셋째, 이혼 후 결혼이주여성들의 홀로서기 단계의 이야기를 통하여 그들이 행복하지 않은 결혼생활이었지만 이혼 후 모두 상실감 그리고 자녀들에 미치는 낙인효과 때문에 많이 힘들어하고 있음을 알 수 있었다. 그들은 이혼한 다음에도 남편에게 아빠 역할을 기대했지만, 전남편으로부터 기본적인 양육비조차 제대로 받지 못하는 현실에 처해 있었다. 그들은 자녀양육과 생계의 이중고 속에서 치열하게 살아가야만 했다. 결혼생활 동안 지속된 생활고는 그들에게 주체적으로 경제활동을 하게 하였고, 이혼 이후 자립이 아니라 이혼 전부터 이미 자립을 하고 자녀의 생계를 책임지고 있었다. 따라서 이혼 이후 그들은 새롭게 자립해야 하는 어려움이 아닌 폭력으로 인한 자녀들의 정서적 어려움, 그리고 이혼 결혼이주여성에 대한 낙인들 때문에 위축되고 있었다.

5장. 늙어감: 이주여성의 노후준비

1. 노후준비의 중요성

결혼이주민의 수가 날로 증가하면서 한국사회는 많은 갈등과 시행착오를 경험해 왔지만, 이러한 과정들을 통해 점차 안정화 되어가고 있음이 통계를 통해 확인된 것이다(김영순, 2020). 2020년 4월 기준 결혼이주민의 수는 167,860명으로 전체 체류외국인 중 7.7%에 해당하는 수치이며(통계청, 2020), 이는 전체 혼인 중 8.8%가 국제결혼임이 확인된 결과이다. 1990년대 당시 20~30대이던 중국 동포 출신 이주여성들은 현재 시점에서 중년기를 맞이하게 되었다.

중년기는 40세에서 60세 사이에 해당하는 시기로 신체적, 인지적, 정서적, 사회적으로 많은 감퇴를 경험하며 위기로 경험될 수 있지만, 자신의 삶을 돌아보고 다시 새로운 의미를 부여할 수 있다는 점에서 시기의 중요성이 강조되고 있다(Papalia & Olds, 1998). 이러한 의미에서 자신의 삶을 되돌아보고 인생의 중반에서 삶에 대해 다시 계획하는 일은 중년기 발달단계에서 주요한 과업이 되고 있다. 특히 곧 닥쳐올 노년기 삶에 대비하기 위한 노력은 중년기 시점에서 충분히 이루어지지 않는다면 노년기의 크고 작은 문제와 직면할 수 있다(박현식 외, 2010).

2017년 한국의 총인구는 5,136만명, 65세 이상 고령인구는 707만명으로 전체인구의 13.7%이지만, 2025년에 1,000만명을 넘고, 2067년에는 1,827만명까지 증가할 전망이다(통계청, 2019). 또한 '노인실태조사'(보건복지부, 2015)에 따르면 전체 노인의 10.9%가 자살 생각을 갖고 있는 것으로 확인되었다. 이들이 자살을 하려하는 이유로는 경제적 어려움 (40.4%), 건강문제(24.4%), 외로움(13.3%), 가족이나 친구와의 갈등과 단절(11.5%), 주요타자의 사망 영향(5.4%) 등으로 나타났다. 이렇듯 많은 노인은 신체적, 경제적, 사회적, 정서적 어려움으로 인해 자살관념을 갖는 것을 확인할 수 있다. 그러므로 노년기에 발생할 수 있는 문제들을 예측하여 그 피해를 최소화한다는 차원에서 노후준비의 필요성이 강조되고 있다 (김미령, 2008).

최근 노후준비에 관한 연구동향 분석 내용을 살펴보면(채은희·김영순, 2020), 중년기의 한국인 정주민을 대상으로 한 노후준비에 관한 양적 연구가 대부분을 차지하고 있음을 확인할 수 있었다. 반면, 현재 시점에서 중년기를 맞이한 이주여성을 대상으로 한 노후준비에 관한 연구가 매우 미흡함을 확인하고 연구의 필요성으로 인식하게 되었다. 성지혜(2015)는 베트남 출신 이주여성을 대상으로 이에 관한 내용을 다루고 있지만 중년기를 포함하고 있지 않다. 이런 맥락에서 중년기를 맞이한 중국동포 출신 이주여성을 대상으로 한 연구는 이주민의 복지 관련 영역에서 의미가 있다.

이번 장은 현재 시점에서 중년기를 맞은 중국동포 출신 이주여성들의 노후준비 의미 확인을 통해 노후준비의 수준을 확인하고 그에 따른 대안을 탐색하기 위함이다.

결혼이주민의 성별 및 출신국 현황을 살펴보면, 성별은 여성이 82.6%로 남성과 비교하면 월등히 높으며 그 중 중국 출신자는 36.3%에 해당했다. 중국 출신자 중에서도 한족과 기타 소수민족을 제외하고 중국동포 출신은 37.6%에 해당되었다(법무부, 2020). 중국동포는 주로 중국의 동북 3성(길림성, 요령성, 흑룡강성)에 거주하는 자들로 연변조선족자치주 거주자들 중 35.8%가 조선족에 해당된다(최미화, 2018). 일제 강점기, 중국으로 이주해 살아 온 이들은 한국의 전통 문화를 유지·발전해 오며 '조선족' 특유의 문화를 형성해 살아 온 이주배경을 가진 한국인이다(김영순 외, 2019). 이들은 한국전쟁 이후 50년간 왕래가 없다가 1990년대 초 한·중 수교를 기점으로 이주가 활발해졌다.

중국동포 출신 이주여성은 기존의 결혼이주여성들에 대한 부정적 이미지와는 달리, 다양한 인적 네트워크를 통해 결혼이 이루어지는 것으로 확인되었다(황해영, 2018). 반면, 이들의 이주배경이 가져다준 의사소통의 어려움, 적응의 어려움, 가족갈등 등은 가족해체의 위기로 이어지기도 한다(통계청, 2020). 그러나 지속적인 노력과 인내를 통해 변화를 추구하고 불가피한 상황에서는 유동성을 발휘해 차별과 편견에 맞서 극복해 나아가고 있었으며(김영순 외, 2019), 다른 이주여성들보다 귀화율이 높고 한국에서의 적응도 비교적 빠르지만 한국사회 안에서 언어적으로나 문화적으로 동질성이 큰 만큼 스트레스를 더 많이 경험하는 것으로 나타났다(홍세영·이혜영, 2018). 즉 민족의 동질성과 국적의 이질성 사이에서 큰 혼란을 경험하는 것으로 나타난 것이다. 실제로 2019 사회적 약자에 대한 인권의식 조사 결과에 따르면 이들은 여성노인이나 장애인, 그리고 다른 국가 출신 결혼이주여성들에 비해 자신이 존중받지 못하고 있다고 느끼는 것으로 확인되었다(통계청, 2020).

민족의 동질성과 국적의 이질성 사이에서 혼란을 경험하면서도 다름대로 잘 적응해 살아온 이들이었다면, 앞으로 이들의 노후준비에도 관심을 가져야 할 시점이 되었다. 2008년 시행된 「다문화가족지원법」에 근거한

'다문화가족 생애주별 맞춤형 지원 강화대책 발표(보건복지가족부, 2008)'
에서도 결혼준비기를 시작으로 자녀교육기까지 생애주기가 형성되어 나
타났다.

현대사회는 생활수준의 향상으로 영양과 섭생이 충분하고 보건의료기
술의 획기적인 발달로 기대수명이 높아지고 있다. 그러나 저출산, 고령화
의 문제로 인해 사회보장제도의 위기를 경험하며 그에 따른 국가적, 사회
적, 개인적 차원의 노력과 함께 노후준비의 필요성이 강조되고 있다(박창
제, 2008). 노후준비는 노후생활을 미리 대비하여 필요한 자원을 확보하
고 성공적 노후생활을 영위하려는 방법으로 건강 상실과 소득 하락, 은퇴
후에 직면하게 될 고독 등의 문제를 미리 예측하고 준비함으로써 노후생
활의 충격을 완화한다는 측면에서 그 중요성이 강조되고 있다(석상훈 외,
2011). 즉 노년기의 건강 상실, 빈곤, 소외와 외로움 등에 대처하기 위해
신체적, 경제적, 사회·정서적 차원의 고른 노후준비의 필요성이 강조되
고 있다.

많은 연구에서는 노후준비가 노년기에서 직면될 경우, 바로 해결할 수
없음을 인식하고 중년기부터의 노후준비를 가장 이상적인 계획으로 꼽고
있다(배문조, 2011). 예를 들어 노년기에 경제적 노후준비가 되어있지
않을 경우 이미 경제능력을 상실한 노인의 빈곤 문제와 연결될 수 있으며,
그 외에 충분한 건강관리와 대인관계 확보가 이루어지지 않는다면 건강
상실, 소외와 외로움의 문제에 직면할 수 있기 때문이다. 이러한 문제는
한국사회의 이주민들에게도 예외가 아니다.

이주민의 경제활동참여율은 69.5%로 정주민에 비해 3.9% 높으며 이주
민 중에서도 귀화자의 경제활동참여율이 상대적으로 높았다. 고용률 역시

정주민보다 이주민이 3.3%로 약간 높았으나 이주여성의 고용률은 62.5%지만, 이주남성의 고용률은 85.3%로 나타나고 있다(여성가족부, 2019). 즉 노동시장에서의 성차별이 이주민 사이에서도 뚜렷하게 나타나고 있다. 이주민의 종사 직종을 살펴보면, 정주민보다 단순 노무 종사자 비율이 14.9% 더 높게 나타났으며, 전문직 종사자 비율은 이주민 남성과 정주민 남성의 비율에 큰 차이가 없는 반면, 여성 내부에서는 이주여성이 8.4%에 반해 정주민 여성은 23.2%로 높게 나타났다(여성가족부, 2019). 즉 이주여성은 여성 내부에서조차 취약한 상황에 놓여있음을 확인할 수 있다.

다문화가구의 월 가구 소득은 100만 원에서 300만 원 미만이 48.5%로 나타났으며 이 중 이주민의 월평균 임금은 100만 원에서 200만 원 사이가 47.6%로 나타났다(여성가족부, 2019). 참고로 정주민 가구 연평균 소득이 5,828만 원임을 감안한다면(통계청, 2020) 다문화가구는 일반 국민의 가구보다, 이주민은 정주민보다 경제적인 면에서 취약한 상황에 놓여 있음을 확인할 수 있다. 이러한 경제적 요건과 함께 건강이나 복지 측면에서도 정주민보다 이주민의 수준이 좋지 않은 상태인 것으로 확인되었다(여성가족부, 2019). 특히 이주민의 연령이 상승할수록 이들의 건강·경제·복지 상태는 정주민보다 취약해지는 것으로 나타났다. 이러한 이유에서 최근 노인의 빈곤과 관련된 국가 정책이 확대되고 있는 상황에서 이들 이주민 특히 이주여성에 대한 집단 빈곤의 예방 차원에서 정책의 실효성과 포괄성을 검토해 볼 필요가 있다.

한국인 정주민 중년층은 65세 이상을 노인으로 자각하고 있었으며, 이들은 자녀지원에 아낌이 없었음에도 자녀와 동거하지 않고 요양원에 입소하기를 희망했다(김양이·이채우, 2008). 또한 이들이 가장 중요하게 여기는 노후준비는 경제적 노후준비로 나타났으며(인은영·김찬우, 2015), 노후준비는 국가가 아닌 개인이 알아서 준비해야 하는 것으로 인식하고 있었다. 그럼에도 불구하고 정주민들은 경제적 노후준비가 잘 되고 있지 않음으로 나타났다(박창제, 2017). 이유로는 '경제적 여유가 없고 그 방법을 잘 몰라서'로 나타났다.

중년기에 해당하는 이주민의 노후준비 정도를 살펴보면, 44.6%가 노후준비가 잘 되어 있지 않다고 답했지만, 정주민들은 69.7% 정도가 노후준비가 잘 되어있지 않다고 답하였다(여성가족부, 2019). 즉 이주민들은 정주민들에 비해 사회적, 경제적 조건이 좋지 않은 것에 반해, 노후를 대비하려는 준비도는 높은 수준임을 확인할 수 있었다. 이는 이들의 이주 배경이 미래 불안과 연결된 결과로 짐작된다. 실제로 한국인 재외동포를 대상으로 한 연구(박현식·최옥자, 2012; 이미영, 2017)에서도 이들은 경제적 노후준비보다 다른 신체적, 사회·정서적 노후준비에 더 주력하고 있는 것으로 확인되었다. 즉 이주배경 프레임은 미래 불안에 대비하기 위해 개인이 가장 통제하기 쉬운 경제적 여건을 우선적으로 대비한 후 다른 신체적, 사회·정서적 측면을 고려하는 것으로 이해할 수 있다.

반면, 20~30대에 해당하는 베트남 이주여성을 대상으로 한 성지혜(2015)의 연구에 따르면, 대부분의 이주여성들은 전혀 준비되어 있지 않고 국가나 자녀에게 기대하고 있음을 지적하였다. 즉 아직 중년기를 맞이하지 않은 베트남 출신 이주여성들은 노후생활 기대는 매우 높지만, 그에 따른 대비는 미흡함이 문제점으로 나타난 것이다.

2. 건강하게 맞는 노후

1) 내 몸이 곧 재산

건강한 신체는 건강한 정신을 바탕으로 인간 삶의 만족감과 연결된다는 점에서 중요한 의미를 지니며 이는 미래 자신감과 연결된다는 점에서도 의미가 있다. 즉 건강한 몸과 정신은 현재는 물론, 미래의 든든한 자원이다. 이러한 의미에서 아직 건강 상실의 경험이 없는 이주여성들에게 건강의 의미를 스스로 어떻게 부여해 나아가고 있는지 확인해 볼 필요가 있다.

> "아, 저희 회사가 정년이 없어요. 사장님이 본인이 정년이 없는 회사를 만들고 싶다. 이제까지 건강이 되고 본인이 의지가 있으면 다녀라 이러시 거든요. 저는 그냥 다닐 때 까지 회사를 쭉 다닐 계획이고, 신랑이 엔지니어 기술자예요. 좀 큰 회사인데 인원감축이 들어갔는데 신랑은 현장 직원이 아니라 기술부라 전혀 상관없거든요. 그래서 저희 신랑도 회사 열심히 다니라고 하고 있어요. 하하하."

가구 월 소득이 가장 높았던 이주여성은 결혼 초 남편이 혼자 벌 때에도 급여의 70%를 저축할 정도로 알뜰하게 절약하여 가계 자산을 늘려 나간 것으로 보였다. 그녀는 상가임대수입보다 시세차액을 노릴 수 있는 부동산에 투자하는 것을 선호했으며, 관련된 부동산을 물색하는 일은 이들 부부에게 크나큰 기쁨이고 삶의 보람이 되었다. 그로 인해, 그녀의 가정은 휴양지 땅과 신도시에 분양받은 아파트 두 채의 중도금 상환이 가장 중요한 이슈가 되고 있다.

정년을 없애겠다고 한 고용주의 발언은 이 이주여성에게는 둘도 없는 미래 희망이 되었다. 자신의 급여를 더욱 신뢰하고 있는 그녀의 기대 안에는 건강이 허락되는 한 지금처럼만 꾸준히 경제활동을 할 수 있길 희망하고 있었다. 그러나 주변 사람들로부터 건강 상실을 간접적으로 경험하게 된 그녀는 자신의 건강을 곧 재산으로 인식하고 미래에 닥칠지 모를 건강 문제에 대해 미리 대비하겠다는 마음을 가지게 했다. 그러나 그녀는 지금처럼만 꾸준히 정년을 넘은 나이까지 직장생활을 영위할 수 있기를 희망하면서도 정작 건강에 신경 쓰고 있는 부분은 포착되지 않았다.

> "많게는 아니지만 내가 움직일 수 있을 때까지 내가 소일거리는 있었으면 좋겠어요. (계속 돈을 벌고 싶으세요?) 그렇죠! 그래야만 내가 살아가는 존재 이유를 알 수 있으니까... 그러니까 지금까지 일만 해야 한다. 그런 생각을 좀 갖고 있는 거 같아요. 제가 누군가에 의존하고 그런 걸 잘 못해요. 하하하. 아마 제가 아직 건강해서 그런 거 같아요."

결혼 전의 자신을 '온실 속 화초', 결혼 후의 자신을 '잡초'로 표현할 만큼 결혼 후 많은 고난을 겪었던 어떤 이주여성은 무능력한 남편 덕분에 실질적인 가장의 역할을 도맡아야 했다.

특히 누군가에게 의존하는 것이 싫다고 했던 그녀는 노후에도 경제활동 열심히 하여 스스로의 힘으로 살아갈 수 있기를 희망했다. 즉 그녀에게 건강의 의미는 장담할 수 없는 미래 앞에서 확실한 자산이 되는 반면, 건강 상실의 의미는 한 집안을 풍비박산 낼 만큼의 끔찍한 경험으로 나타난 것이다. 이제야 마음잡고 배송서비스 사업을 시작한 남편을 생각하면 핑크빛 미래를 꿈꿔 볼만 하지만, 시작한지 얼마 되지 않은 일에 벌써부터 싫증을 느끼기 시작한 남편을 감지한 그녀에게 건강 유지는 보험과도 같은 것이었다.

"요양병원 가면 자식들이 버렸다는 그런 느낌도 있고, 내가 곧 죽음을 맞이하겠구나 하는 그런 마음으로 그 안에 있으니까, 안에 있으면 시원하고 좋기는 해요. 여름에는 시원하고 겨울에는 따뜻할 거잖아요. 그런데 마음으로는 똑같은 환경에서 하루하루 종일 전쟁을 치러야하고, 조금 있으면 밥 주고, 또 조금 있으면 자야 하고, 아무런 의미도 없이, 낙이 없잖아요. 그러니까 진짜 안 아파서 집에서 살면서 밖에도 돌아다니고 다 느끼면서 혼자... 그러면 행복하겠다. 그렇게 생각해요."

이 이주여성은 자신의 미래 진로와 혼자된 친정아버지의 돌봄에 대비하여 몇 해 전, 요양보호사 자격증을 취득했다. 그러나 요양병원 실습을 통해 노년기 건강 상실을 간접적으로 경험하며, 자신의 힘으로 온전하게 살아가는 삶을 가장 이상적인 삶으로 인식하게 되었다. 요양원 생활이 물리적으로는 편리할 수 있으나 정서적으로는 가족들에게 버림받았다는 느낌, 신체적으로는 개인의 뜻과는 상관없이 타인의 돌봄을 받아야 하는 생활이 아무런 삶의 의미가 되지 않는 것으로 느껴지기 때문이다. 그러므로 그녀 역시 건강 상실의 경험은 피하고 싶은 경험 중 하나가 되었다. 이 이주여성은 노년에 비록 친정아버지처럼 폐지를 주워 생활할지라도 혼자 힘으로 독립적으로 살아가는 삶이 가장 이상적인 삶으로 인식하게 되었다. 가끔씩 찾아오는 경제적 어려움으로 인해 스트레스를 경험하기도 하지만, 신앙으로 충만한 정신과 건강한 신체는 혼자 힘으로도 충분히 살아갈 수 있다는 미래를 대비한 자신감과 연결되었다.

2) 아프면 요양원 가야죠

이주여성들에게 건강의 의미는 미래의 든든한 자산과 같았다. 왜냐하면, 건강한 신체를 바탕으로 경제활동은 물론, 남에게 의지하지 않고 독립적으로 살아갈 수 있다는 미래 자신감과 연결되기 때문이다. 반면, 이들에게 건강 상실은 미래 좌절감과 연결됨을 확인할 수 있었다. 아직까지 건강 상실의 경험이 없는 이주여성들이지만, 만약 건강을 상실하게 된다면 치료 열심히 받아 원래의 건강한 상태로 회복하도록 노력하겠다는 의지를 확인 할 수 있었다. 반면, 타인 돌봄이 불가피할 경우, 자녀나 가족에게 의지하지 않고 시설에 입소하겠다는 뜻을 분명히 했다. 즉 지금까지 자녀지원에 아낌이 없었던 그들이었지만 자녀 기대는 나타나지 않은 것이다.

> "요양원 가야죠. 왜냐하면 사실 저희 외할머니도, 엄마가 9남매여서 다들 잘 사시거든요. 저는 사실 어릴 때에는 아니 왜 할머니가 병원에 계시지? 그때는 아니 다들 형편이 안 되는 것도 아니고 다들 충분히 모실 수 있는데, 왜 병원에 계시지? 했어요. 이모가 병원 다니시고 병원도 있고 하시고, 사촌언니들도 다 병원을 운영하고 있어요. 근데 보니까 할머니도 그렇고 이모들도 그렇고 요양병원에 모시더라고요. 그게, 돈이 있어서 요양병원에 모시는 게 아니라, 서로의 건강... 정신건강? 그런 거에 훨씬 도움이 된다고 그러더라고요. 그래서 저도 아이들한테 의지할 생각은 없고 요양원 가야죠... 근데, 솔직히 말하자면 시어머니 아프시다면 저는 자신 없거든요."

인문계 고등학교에 다니는 자녀가 둘이나 있는 한 이주여성은 자녀들에게 사교육을 시키지 않았다. 반면, 자녀가 요구하는 취미활동 등과 같은 다른 지원은 충분히 이루어지는 것으로 보였다. 이러한 자녀지원 역시 자녀가 성인이 된 이후에는 대학등록금도 스스로 벌어 해결해야 한다. 즉 이 이주여성과 배우자는 부모와 자녀 사이의 경계를 분명히 함으로써 자녀기대는 나타나지 않는 것이다. 그녀는 결혼 초기에 시어머니 간병 경험을 통해 부부갈등이 심하던 기억이 있다. 이러한 경험을 바탕으로 어린 시절 외가 식구들이 형편이 넉넉하면서도 외할머니를 스스로 돌보지 않은 이유를 충분히 이해하게 되었다. 그녀는 자신의 경험을 바탕으로 자녀에게 의지하지 않고 시설 좋고 서비스 좋은 시설에 입소할 수 있기를 희망하게 되었다. 그러므로 이 이주여성은 지금의 절약 생활을 포기할 생각이 없다.

> "요즘 언니들 말로는 자식은 보내는 습관을 들여야 한다고, 자식은 평생 내 자식이 아닌 거라고, 그래서 정말 떼어 내는 습관을 해야 한데요. 아이들이 여기 같이 있다고 해도 나중에는 아이들 생활이 있으니까, 저는 의지 안 해요! 요즘 애들 교육하기도 힘들지만 그렇다고 자기가 힘든데 부모님까지 챙겨드릴 형편도 안 되잖아요. 진짜 내가 돈이 많이 있지 않은 이상 평범하게 살려면, 부모까지 챙기지 못해요. 나도 내 부모를 못 챙기는데, 내가 지금 자식들한테 '너희도 나 챙겨 달라...' 이렇게 말은 못하죠."

또 다른 이주여성은 시설에 입소하겠다는 직접적 언급은 없었지만, 자녀에게 의지하지 않겠다는 뜻은 분명했다. 남편과의 소통보다 주변 친구들과의 소통을 더 중요하게 여기는 그녀는 직장선배들의 조언을 통해 노후에 자녀에게 의지하지 않겠다는 의지를 스스로 확인하게 되었다. 특히, 자신도 형편이 되지 않아 맏딸이면서도 친정부모를 모시지 못하고 있는데, 자녀들에게 돌봄을 기대하는 것은 모순이라고 생각했다. 또한 남에게 빚지는 것을 싫어하는 그녀는 빚지지 않기 위해 아파트보다 빌라를 선호하였던 것처럼, 앞으로 현금 2억 모으기가 꿈이 되었다. 노후에 자녀에게 의지할 마음이 없다던 그녀는 현금 2억이 모아지면 남에게 커피 한 잔 대접할 수 있는 여유와 함께 스스로 힘으로 살아갈 수 있기를 희망하였으며, 자녀지원 역시 간과하지 않았다.

"시아버님이 살짝 치매이신데, 80세가 넘으셨어요. 건강한 편은 아니지만 요양원 가기 싫어하세요. 어머님이 아버님 구박하시면서도 티격태격 오래 사시더라고요. 제가 모실 수 있는 능력이 안 되고, 저는 사회활동도 하고 싶은데 집에서 부모님 모시고 싶은 마음은 없어요. 저희 친정부모님은 오래전에 생각이 앞서가시는 분들이라 두 분이 같이 살다가 한 분이 힘들어지면 알아서 요양원 가신다고 했어요. 그러면 시부모님도 그렇게 하셔야 된다고 생각해요... 저도 자식한테 폐 끼치기 싫어서 요양원 갈 거예요. 그래서 저는 건강하게 사는 게 목표예요. 건강하게 오래오래 사는 게 자식들 도와주는 거라 생각해요."

이 이주여성의 남편은 장남도 아니면서 경매로 넘어갈 뻔한 시부모의 집을 매입해 다시 시부모에게 제공하는 효자 남편이었다. 그러므로 그녀는 시부모에게 할 만큼 한 것으로 여기고 있었으며, 그들에 대한 부양 부담은 나타나지 않았다. 반면, 스스로 건강을 돌보지 못해 수 십 년을 친정아버지에게 의지해 살아온 친정어머니를 통해 남에게 민폐 끼치지 않는 노인이 되는 것이 노후 희망이 되었다. 즉 자녀지원에 아낌이 없는 것은 물론, 몸이 불편한 아내를 오랜 기간 돌보아 온 친정아버지를 존경하는 반면, 아프면서도 오래 살기를 바라는 친정어머니를 통해서는 이러한 신념을 더욱 강화하게 된 것이다. 그렇기 때문에 그녀는 역시 하나뿐인 아들만 독립하면 친정으로 다시 돌아가고 싶은 마음은 있지만, 만약 누군가에게 민폐를 끼치게 되는 상황이 된다면 고민 없이 시설에 입소하겠다는 의지는 분명했다.

3. 합리적 소비 생활

1) 절약만이 살길

현재 생활을 유지하고 미래 생활까지 생각한다면 자신이 가진 한정된 자원을 어떻게 효율적으로 관리해 나아가야 하는지 고민하지 않을 수 없다. 그렇기 때문에 일부 사람들은 한정된 자산을 늘리려는 방법으로 투자나 재테크에 관심을 갖는다. 그러나 이러한 방법 역시 모두에게 적용되거나 성공하는 것은 아니다. 그래서 대부분의 평범한 사람들은 결국 근검절약을 선택할 수밖에 없다. 일부 이주여성들은 '안 쓰는 것이 곧 버는 것'으로 여기고 나름대로 근검절약을 몸소 실천하며 생활해 왔음을 알 수 있었다.

> "재테크로 분양을 받았어요. 두개를 따로 분양 받은 게 있어서 그게 지금 중도금 낼 거를 모아놓고 있는 거죠... 정수기는 없고 물을 끓여 먹어요. 원래 생수를 먹었는데, 왜 생수를 안 마시냐면, 택배 아저씨가 너무 힘들게 배달하잖아요. 물이 사실 가격은 얼마 안 되는데, 한 번 시킬 때 금액 맞추려다보니까 많이 시켜야하고 그러면 그거 들고 오시게 하는 게 너무 죄송스러워서 그래서 배달 안 시키고 물을 끓여 먹는 거죠."

이 이주여성은 여느 가정에 비해 가구 월 소득이 매우 높음에도 불구하고 식수를 끓여 마시는 수고를 단념하지 않는 것이다. 왜냐하면, 신도시에 분양받은 아파트 2채의 중도금 상환과 자녀에게 의지하지 않고 시설 좋고 서비스 좋은 요양시설에 입소하기 위한 미래를 생각하면, 정수기 렌탈은 아직 사치에 지나지 않기 때문이다.

"저희는 외식 같은 것도 줄이고 외식은 거의 안 해요. 그리고 저희 집이 아직 차가 없어요. 하하하. 차가 없고 하니까, 거기에서 다른 집보다 좀 많이 모을 수 있죠. (다니는 건 어떻게 다니세요?) 대중교통이요. 제가 인천에 오래 살아서 노선도 인천 쪽만 알고 가끔 경기도 안산 쪽 가고, 친구들이 거의 다 인천에 있으니까 ○○○ 쪽이나 주안 쪽에서 주로 만나요."

　　중국에서 사업하던 남편을 만나 결혼한 이 이주여성의 경우 신혼 생활을 중국에서 시작했다. 그러나 중국어만 하고 한국어는 못하는 3세 아들이 걱정되던 남편 때문에 그녀와 아들은 한국으로 먼저 이주해 들어와야 했다. 사업이 잘되지 않던 남편 역시 몇 해 전에는 한국으로 들어와 같이 살게 되었지만, 생활은 예전만 못하다. 그로 인해 이 이주여성은 처음으로 4대 보험 적용이 가능한 직장에 취직하게 되었고 본격적으로 시작된 사회 생활을 통해 만족감을 얻고 있었다. 남에게 빚지는 것을 몹시 싫어하고 현금을 선호하는 이주여성 부부는 현금 2억 모으기 꿈을 이루기 위해 외식을 자제하고 웬만한 가정집에 있을법한 자동차를 두지 않으므로 여느 가정보다 더 절약할 수 있는 것으로 믿게 되었다. 그러므로 그녀는 지금의 불편함 정도는 충분히 감내할 자신이 있다.

　　"저희 남편이 하루에 얼마씩 쓰라고 넣어 줬어요. 만원, 2만원, 만원, 2만원 이렇게... 생활비 초과하지 말라고, 저는 한꺼번에 많이 쓰거든요. 돈 관리는 제가 하는데, 남편이 생활비 아끼는 방법을 아이디어를 줘서 봉투에다 홀수 날은 만원, 짝수 날은 2만원 넣어줘요. 오버하지 말라고... 그래도 애들 용돈이랑 제 용돈은 따로 주더라고요. 하하하"

　　인터뷰에 참가했던 이주여성 중 가구 월 소득이 가장 낮았던 여성은 월 소득 300만 원 중 100만 원은 무조건 저축하고 나머지로 생활한다고 했다. 면담 중에서 돈이 아무리 많아도 전부 다 쓰라고 하면 쓸 수 있을 것이라며 의미심장하게 웃던 그녀는 남편의 제안을 통해 생활비를 통제받고 있었다. 그녀는 남편에게서 따로 용돈을 받고 있었는데, 자신의 용돈이 개인 소비로 사용되는 것으로 보이지 않았다. 다시 말해, 자신에게 어려운 일이 있을 때마다 교회의 목사나 사모를 찾아가 기도로써 자신의 어려움을 풀어낸다고 하였는데, 그런 목사나 사모에 대한 감사의 표시로 교회 헌금이 지출되는 것으로 짐작되었다. 이를 잘 아는 남편이 계획 없이 지출되는 생활비를 통제하기 위해 짝숫날은 만원, 홀숫날은 2만원, 그리고 아내의 용돈을 따로 책정하고 있다. 그래서 그녀는 가끔 경제적인 각박함으로 인해 스트레스를 경험하는 것으로 확인되었다.

2) 걱정 없는 노후생활 기대

이주여성들은 대부분 자신의 친정부모가 노후준비를 미리 해 두었기 때문에 걱정하지 않는다고 했다. 다시 말해 그녀들의 친정부모들에게 경제적인 지원을 해 드리는 것보다 심리정서적 지원이 필요하다고 생각했다. 어떤 경우는 오히려 친정부모에게 지원을 받는 경우도 나타났기 때문이다. 그러나 시부모의 경우는 조금 달랐다. 왕래가 뜸해 시부모의 노후준비 정도가 파악되지 않거나 형제들이 조금씩 모아 생활비를 지원해 주어야하는 경우에 놓이기도 했다. 한마디로 중국동포 출신 이주여성들의 친정부모들은 노후준비가 비교적 잘 되어있지만, 한국에 거주하는 시부모는 그렇지 못한 것이다. 그러므로 이들은 자신의 친정부모와 같은 노후를 희망하게 되었다.

"저희 친정엄마가 되게 부지런하게 사셨거든요. 그래서 늘 봐서 그런 거 같아요. 그렇게 사는 게 당연한 걸로 알고, 저도 그렇고 동생도 그렇고 성격이 다 비슷해요... 땅은 나라에서 준 땅이니까 당연히 있는 거고, 젊었을 때 사 논 집 2채 정도 있는 거 세 받아먹고, 엄마는 정말 열심히 사셨어요. 근데 저는 엄마처럼 열심히 못 하는 거 같아요. 하하하. 엄마가 내 나이 때는 경제적 기반 다 잡고 계셨는데, 저는 아직 아니잖아요. 저는 현재진행형이잖아요."

어렵던 시절, 고생하는 큰딸이 안쓰럽던 이 이주여성의 친정부모는 딸을 시댁으로부터 분가시키기 위해 집을 얻어 주었다. 또한 변변한 직장이 없던 사위를 대신해 생활비까지 지원해 주기도 했다. 그런 친정부모에게 고마움을 느끼고 있는 이주여성은 친정부모와 같은 노년의 여유를 생각하면 아직 갈 길이 멀게만 느껴진다. 이제야 겨우 마음잡고 배송서비스 사업을 시작한 남편으로 인해 자신의 노후는 아직 진행형이다. 그러나 그녀에겐 앞으로 넘어야 할 고비가 너무 많아 보였다. 그녀는 영업용 트럭과 개인용 자동차 할부금, 주택담보 대출 상환, 그리고 벌써 일에 실증을 느끼고 있는 남편을 보자면 막막한 마음을 갖고 있었다. 또한 친정부모와 같은 여유를 통해 자신 역시 자녀들에게 지원해 줄 수 있는 능력 있는 부모가 되고 싶은 열망이 숨겨져 있음을 확인하였다.

"제 아버지가 사실 남을 잘 도와요. 지금 이제 보니까, 다 나간 것이 아니라, 잘 그 자리에 있고, 집이 부족하더라도 남을 먼저 배려하는 그런 성향이 있으세요... 아버지는 본인이 계속 모아 놓은 거로 다 자식들에게 빌려주면서 살고 계세요. 하하하. 자식들이 없는 게 아닌데, 뭔가 하려다가 부족하면 아버지에게 빌려요. 하지만 다 갚아야죠. 없어서 그러는 게 아니고 오빠랑 언니는 이쪽에 집이 있고 중국에도 집을 하나씩 사 놨어요... 아버지가 얼마 정도 갖고 계신지 몰라도 자기 쓰실 거는 잘

준비되어 있는 거 같더라고요. 노후준비는 잘 되어 있다고 볼 수 있죠."

남에게 베푸는 삶을 신앙인의 참모습으로 여기고 있는 이 여성은 능력만 된다면 남에게 베풀며 살고 싶은 열망이 있다. 역시 남에게 베풀며 살았지만 다른 형제들과 별반 다르지 않게 살아가는 친정아버지를 지켜보며 그녀는 자신의 신념을 더욱 강화하게 되었다. 어릴 적에는 가족보다 남을 먼저 생각하는 아버지 때문에 어머니가 돌아가셨다고 생각될 때도 있지만 어려운 형편 속에서도 가끔 급전이 필요한 자녀들에게 돈을 빌려주시는 아버지를 통해 비워지면 다시 채워지는 삶의 경험을 자신의 신앙과 연결시키고 있는 것이다. 비록 폐지를 주우며 힘겹게 살아가는 아버지지만 그녀는 그런 아버지의 모습을 통해 욕심 없이 베풀며 사는 삶도 성공적일 수 있음을 스스로 확인하게 되었다.

4. 여가에 관한 생각

1) 여가는 아직 사치예요.

한국 노인들의 여가 형태를 살펴보면, TV시청하기가 82.4%로 가장 많았다(보건복지부, 2015). 이러한 결과를 보더라도 한국 노인의 삶의 질이 높지 않음을 유추할 수 있다. 그렇다면 자신의 본 국적을 포기하고 한국 귀화를 결심하였으며, 이민자라는 사회적 배경으로 인해 결코 만만치 않은 삶의 무게를 견뎌내야 했던 중국동포 출신 이주여성들에게 여가의 의미는 무엇인지 확인할 필요가 있다. 이들에게서 확인된 여가의 의미는 그들 삶의 질을 확인해 볼 수 있다는 점에서도 의미가 되기 때문이다.

"여행은 애들 어렸을 적이나 많이 다니고 했지, 요즘은 애들이 크다보니까 같이 모이기 힘들어서... 큰애가 또 학원에 매달려 있다 보니까, 주말엔 자기가 쉬어야한다고 하고 잘 안 따라 나서다보니까, 작은 애는 아직 어리니까 잠깐씩 다녀오고... 이제 애들 방학이니까 잠깐 강화 가까운데 1박2일 그냥 놀다가 오려고요. 애들 스트레스라도 풀어주려고... 근데 너무 사치는 안 부려요."

이 여성은 남편이 중국에서 사업할 때는 어린 자녀들을 데리고 자주 여행을 즐겼다고 했다. 그녀는 어릴 적 부모와 함께한 가족여행을 떠올리며 자신의 자녀에게도 가족여행의 즐거움을 경험케 하고 싶었던 것이다. 그러나 사정은 달라졌다. 중국에서의 오랜 사업을 접고 귀국한 남편으로 인해 경제 상황이 나빠졌기 때문이다. 또한 아들의 사교육비를 생각하면 가족여행은 더욱 어려운 일이 되고 말았다. 그럼에도 불구하고 적어도 1년에 한 번쯤은 사치를 부리지 않는 선에서 가족여행을 거르지 않으려는 그녀의 노력을 확인할 수 있었다. 그러나 어려워진 경제사정으로 인해 과거만큼의 여가는 현재 시점에서 사치로 경험되고 있었다.

"저는 신혼여행도 안 갔어요. 딱 한 번 북한 산 갔다 온 게 끝이에요. 저는 여름휴가도 안 갔어요. 그 돈이 아까워서... 여행 가려면 몇 십만 원 깨지잖아요. 저는 그 돈 깨지는 게 아까웠어요. 그 돈을 쓸 거면 차라리 가전제품을 바꾸자. 저는 그런 마음이었어요... 여가를 즐긴다는 그런 생각을 해 본 적이 없어요. 제가 여자이긴 해도 집안의 가장 역할을 해야 하니까..."

이 여성은 결혼 전만 해도 자신이 번 돈으로 친구들과 충분한 여가를 즐기며 살았다고 회고했다. 결혼 후 북한산 한 번 다녀온 것이 유일하게 기억되는 여가 중 하나가 되었지만, 만약 여가를 즐길 수 있는 상황이 되더라도 그 돈으로 가전제품 하나 바꾸는 게 더 낫다고 생각된다. 그도 그럴 것이, 생활능력이 없는 남편을 대신해 실질적인 가장의 역할을 해야 했던 그녀라면 여가는 분명 사치에 불과할 수 있다. 장학금 받는 대학생 딸과 특성화고에 들어간 아들 덕분에 더 이상의 자녀 지원이 끝난 시점에서 남편까지 새롭게 사업을 시작하며 가구 월 소득이 상대적으로 높아졌지만 아직 갈 길이 멀다고 느껴지는 그녀의 입장에서 여가는 당분간 사치에 지나지 않으리라고 본다.

2) 노후에는 여가를 즐기고 싶어요

이주여성들은 대부분 가정생활과 직장생활, 그리고 자녀양육 등을 병행하며 살아가고 있기 때문에 여가의 여유는 포착되지 않았다. 이들에게 여가는 아직 사치에 불과하다고 여겨지지만 현재 시점에서의 부족한 여가를 통해 자신의 노후준비 수준을 확인하는 계기가 되었다. 그러므로 현재 시점에서 충분치 않은 여가를 노후에는 충분히 즐길 수 있기를 희망하였으며, 과거의 반추와 미래의 유추를 통해 노후준비 인식으로 확장시켜 나아가고 있었다.

> "저는 노후에 폐지를 줍는 할머니는 되고 싶지 않아요. 그러니까 좀 교양 있는 할머니. 하하하... 그러니까 조금 여유를 가진 할머니가 되고 싶어요. 여유가 없으면 아무래도 내가 먹고 살기 힘들면, 뭐 아무 노동일도 하겠죠. 그런데 내가 조금 여유를 가지면 그래도 그 분들보다는 내가 덜 힘들게 살지 않을까... 그러니까 그때 되면 독서활동이라던가 뭐, 취미반 다닐 수도 있는 거고, 그 나이가 되면 또 할머니들끼리 모여서 하는 그런 활동 많잖아요."

이 이주여성은 여가의 여유를 통해 교양을 지닌 멋진 노인의 모습을 상상하고 있다. 현재는 아직 그럴만한 여유가 없다고 생각되지만, 노후에는 육체적으로나 정서적으로 편안하고 여유 있는 상태를 기대하고 있다. 특히 다른 사람들과의 소통을 좋아하는 그녀는 노년에도 "남에게 커피 한 잔 대접할 수 있는 여유 있는 노인"을 통해 관계의 질을 높이고 싶은 욕구가 확인되었다. 그러므로 노년의 여유를 생각하자면 현금 2억 모으기는 절대 포기할 수 없는 노력이 되고 말았다.

> "돈도 돈이지만 내가 즐길 수 있으면 그게 뭐든... 아기자기하게 손으로 하는 거, 홈패션 같은 거 좋아하거든요. 경제적으로 여유가 되면 등록해서 배우고, 남들이 100만 원 벌 때, 나는 10만 원 벌어도 괜찮으니까, 그렇게 해서 그냥 용돈 정도라도 벌 수 있었으면 좋겠어요."

이 이주여성은 돈의 소중함을 누구보다 잘 알고 "내가 성실하게만 하면 돈은 나를 배신하지 않는다."고 말하기도 했다. 그녀는 남편 덕분에 실질적인 가장의 역할을 도맡아 오며 스스로 삶의 진리를 터득해 나아가고 있었다. 그렇기 때문에 그녀는 남편이 돈으로 사고를 치더라도 얼마든지 해결해 나아갈 수 있다는 자신감을 내비쳤었다. 그녀 역시 신혼여행도 가지 못하고 북한산 다녀온 것이 여가의 전부라고 했지만, 노후에는 홈패션과 같이 손으로 무엇인가를 만드는 일을 하고 싶어했다. 그러나 그녀는 여가 안에서도 경제활동의 끈을 놓지 못했다. 다시 말해, 친정부모와 같은 경제적 여유를 갖추기 위해서라도 돈벌이는 절대 포기할 수 없는 삶의 수단이며 존재의 이유가 되고 만 것이다.

> "그 권사님이 평생을 유치원 원장님을 하셨어요. 근데 연로하셔서 지

금 80세 가까이 되세요. 그런데도 일을 하세요. 무슨 일을 하시냐면, 강사
를 나가시는데 명강사예요. 동화 구연... 그분은 노년에도 도전하는 게
있어요. 파워포인트 만들어서 중학교 가서 학교폭력예방 교육하고, 그
분은 KBS 아침마당에도 나오신 분이에요. 저의 롤 모델이에요......[중
략]......동암역 근처에서 의문사 진상규명 시위 활동하는 할아버지가 있
어요. 그 할아버지가 80세가 넘으세요. 시아버지는 치매 끼가 있어서
집에만 계시는데, 그 할아버지는 의식이 젊으니까 오래된 옛날 컴퓨터
고치면서 돈도 벌고 계세요. 너무 멋있지 않아요?"

이 여성은 한국의 사회문제에 대해 적극적인 관심을 표명하였다. 그녀
는 벌써 10년 넘게 초등학교 갓 입학한 아들의 차별 경험을 통해 이주여성
으로서 사회실천가로 활동을 열심히 하고 있다. 그녀는 한국사회에서 이
주여성으로서 이주민 처우개선을 위해 헌신해 왔지만 그만큼 수많은 좌절
감을 함께 경험한 것으로 나타났다. 그러므로 하나뿐인 아들만 독립하면
미련 없이 친정 식구들이 있는 중국으로 돌아가고 싶은 마음도 있다. 하지
만 중국으로 다시 돌아가고 싶다던 그녀의 내면에는 한국사회에서 민폐
끼치는 노인이 아닌, 존경받는 노인의 모습을 열망하고 있음을 확인할
수 있었다. 그녀에게 여가란, 자신이 가진 역량을 통해 사회에 선한 영향
력을 발휘하는 것이며, 이를 통해 한국사회에서 존경받은 노인의 모습을
기대하는 것이다.

5. 마무리

이번 장에서는 중년기를 맞은 중국동포 출신 이주여성 5명을 심층면담
하고 이들의 노후준비에 관한 의미를 탐색하였다. 그 결과로 첫째, 건강의

의미에서는 이들의 신체 건강은 곧 미래 자산과 연결되었다. 즉 노후에도 자신의 건강을 바탕으로 현재와 같이 꾸준히 경제활동 할 수 있기를 희망하고 있다. 하지만 특별히 건강에 신경 쓰고 있는 부분이 포착되지 않음이 문제점으로 나타났다. 이주여성들은 기존의 결혼이주여성들에 대한 부정적 이미지와는 달리 다양한 인적 네트워크를 통해 결혼이 이루어지고, 아직 건강 상실의 경험이 없는 이들에게 특별하게 건강관리에 신경 쓰고 있는 모습은 포착되지 않은 것이다. 만약 건강을 상실하게 될 경우, 자녀에게 의지하지 않고 시설에 입소하기를 희망했다. 이들 역시 자녀양육기에서의 자녀지원에 아낌이 없었음에도 자녀에 대해 무엇인가를 바라는 자녀기대는 나타나지 않은 것이다. 그러나 노후에도 현재와 같이 경제활동 할 수 있기를 기대하는 이들에게 포착되지 않은 건강관리문제는 건강 상실로 인한 노후생활의 상실감을 유추하기에 충분해 보인다.

둘째, 돈의 의미에서 이들은 불안한 미래를 도모하기 위한 수단으로 근검절약을 통해 안정적 자원을 확보하였다. 그러나 막연한 불안감은 노후준비인식으로 확장되었다. 이들은 확보된 자원을 통해 자신도 친정부모와 같이 여유 있는 노후를 기대했다. 다시 말해, 이주여성들의 친정부모들은 시부모들에 비해 노후준비가 비교적 잘 되어있음을 확인할 수 있었다. 또한 다른 노후준비 보다 경제적 노후준비를 가장 중요하게 여기고 있었으며, 그것이 자신들이 가장 잘 준비할 수 있는 노후준비로 인식하였다.

셋째, 여가의 의미에서 이들에게 여가는 아직 사치에 가까웠다. 왜냐하면, 지금까지 가정생활에 직장생활, 자녀지원에 아낌이 없던 이들에게 여가의 여유를 즐길만한 시간과 비용이 없기 때문이다. 그러나 노후에는 충분한 여가를 즐길 수 있기를 기대하였으며, 노후준비인식의 확장을

통해 현재의 자원을 더욱 통제해 나아가려는 모습이 포착되었다. 20~30
대 베트남 이주여성을 대상으로 한 성지혜(2015)의 연구에서는 자신들의
노후를 전적으로 국가나 자녀에게 기대하는 것으로 나타났지만, 이 연구
의 결과에서는 자녀기대가 나타나지 않았다. 즉 현재 시점에서 중년기를
맞은 중국동포 출신 이주여성들은 중년의 정주민들과 같이 자녀지원에
아낌이 없었음에도 자녀기대는 나타나지 않은 것이다. 왜냐하면, 이들은
자신의 노후로 인한 자녀부담을 원치 않기 때문이다. 이들은 자녀지원이
어느 정도 끝난 시점에서 이제야 비로소 자신의 노후준비에 관심을 갖기
시작했지만, 이들 역시 근검절약 외에 다른 방법을 잘 알지 못했다.

2부 교육의 경험과 자녀교육

6장. 돌봄 경험과 방문교육서비스

7장. 첫 번째 어려움: 영유아기 자녀양육

8장. 언어문제: 자녀 계승어 교육

9장. 글로벌 브릿지: 자녀 이중언어 교육

10장. 고민: 해체가정 자녀 언어학습

6장 돌봄 경험과 방문교육서비스

1. 이주여성과 정체성

결혼이주여성들은 이주와 정착의 과정에서 언어와 문화에 제대로 적응하지 못한 상황에서 가정을 이루게 된다. 그래서 출산과 양육의 어려움뿐 아니라 한국 사회화, 가족관계의 어려움, 언어소통의 제약, 건강문제, 지원체계 부족 등 여러 문제에 직면한다(김미종 외, 2008). 이러한 문제로 인한 부적응은 결혼이주여성 개인과 사회 요소의 건강한 정체성 확립의 저해요인으로 작용한다. 결혼이주여성과 배우자, 자녀로 구성되는 다문화가족이 개인·사회 영역에서 안정된 정착과정을 거치며 건강한 정체성을 확립하는 것은 결혼이주여성에게 중요한 발달과업이라 할 수 있다. 따라서 한국 사회가 이들을 건강한 구성원으로 정착시킨다는 측면에서 중요한 국가 정책으로 시행함을 알 수 있다. 그러므로 이들이 심리·사회적으로 안정된 적응을 이루기 위한 세분화된 관심과 지원이 필요하다(오성배, 2005).

결혼이주여성들의 정체성 형성에 관한 연구는 첫째, 교육프로그램을 통한 정체성 형성(손민호·조현영, 2013; 신승혜, 2015; 원진숙, 2010). 둘째, 사회적 연결망을 통한 정체성 형성(김연희·이교일, 2017; 설진배·김소희, 2013). 셋째, 초국적 유대를 통한 정체성 형성(김영순, 2014; 심영희, 2011). 넷째, 경제활동을 통한 정체성 형성(염지숙, 2017; 최인이, 2016). 다섯째, 국가·민족별 결집을 통한 정체성 형성(이춘호·임채완, 2014), 여섯째, 자신의 언어와 문화차이를 자본화함으로써 사회적 지위를 확보하는 정체성 형성(이정애·최은경, 2019) 등의 연구로 구분할 수 있었다. 선행연구를 분석한 결과 결혼이주여성들은 다양한 문화접촉을 통해 상호소통을 시도하며 정체성을 형성해 가고 있음을 알 수 있었다. 이러한 개인적, 사회적 변화와 요구에 따라 다문화가족정책은 2005년 결혼이주여성, 이주자에 대한 체류 안정화 및 생활 안정 대책 필요로 시작해 결혼이주여성의 인권 보호를 거쳐 그들의 가족을 포함한 정책으로 확대하였다. 결혼이민자와 그 가족들을 위한 다문화가족 지원 사업은 심리·정서, 교육, 제도 및 정책 등 다양한 방면에서 시행되고 있다. 특히 한국 이주 초기 결혼이주여성들의 안정적인 정착을 돕기 위한 지원으로 가족 돌봄서비스의 일환인 다문화가족 방문교육서비스 등이 있다.

방문교육서비스는 언어소통이나 문화차이 등의 문제로 한국 이주 후 정착에 어려움을 겪고 있거나 자녀양육에 어려움이 있는 초기 적응 결혼이주여성을 대상으로 한다. 결혼이주여성이 다문화가족지원센터를 방문하여 집합교육을 받기 어려운 경우 방문교육지도사가 직접 다문화가정을 방문하여 한국어 교육, 부모교육, 자녀 생활 서비스, 가족 상담 등을 지원하는 프로그램이다(봉진영·권경숙, 2013). 결혼이주여성의 방문교육서비스에 관한 연구를 살펴보면 심리 및 문화적응을 위한 프로그램의 유용성(이경은·박창재, 2009), 결혼이주여성의 입장과 현장의 상황을 반영한 정책 및 제도 실행 요구(이귀애, 2016; 이오복, 2019), 방문교육지도사의 역할과 전문성 강화를 위한 보수교육 및 교육지원의 필요성(봉진영·권경숙, 2013; 이진경, 2014), 결혼이주여성의 입장과 요구를 반영한 방문교육서비스 제공의 필요성(응포친, 2013) 등이 이루어졌다.

선행연구를 살펴본 결과 방문교육서비스 시행의 목적과 필요성을 제시하며 초기 결혼이주여성에게 필요한 제도로서 서비스의 내용 및 지원인력에 대한 전문성 강화뿐 아니라 서비스 수혜대상자인 결혼이주여성의 관점과 요구가 반영된 실효성 있는 서비스 지원을 주장하였다. 또한 방문교육서비스가 단순한 정책 및 제도의 의미를 넘어 결혼이주여성 및 이들 가족구성원으로 하여금 균형적인 발전을 이루는 데에 영향을 미치는 것에 주목하며 이들의 문화 차이를 인정하는 지원의 필요성을 언급하였다. 방문교육서비스의 효과와 의미를 밝히는 이와 같은 결과는 다문화 복지서비스 정책과 제도에 따른 지원프로그램의 효과성과 만족도에 대한 정량적인 평가, 서비스 제공인력인 방문교육지도사의 역할 및 역량 강화, 수혜당사자의 입장 반영에 대한 필요성을 제시하며 방문교육서비스의 긍정적 역할을 도출하였다. 그럼에도 불구하고 방문교육서비스 수혜당사자인 결혼이주여성의 관점에서 방문교육서비스가 이들의 한국 이주 초기 정착과정에서 어떠한 역할을 하였으며 방문교육지도사와의 상호문화소통을 통하여 자신의 정체성을 확립해 나가는 경험과 의미를 담아내지 못한 한계가 있다.

이번 장에서는 결혼이주여성이 한국 이주 초기에 개인·가정·사회구성원으로 삶을 이루어가는 과정에서 서로 다른 문화를 가진 정주민 방문교육지도사와 이주민 결혼이주여성 간 방문교육서비스를 통한 상호문화소통에서 정체성 형성과정의 경험과 의미를 탐색하였다.

다문화가족지원법에 따라 다문화가족의 안정적인 정착과 가족생활을 위해 '결혼이민자 가족 지원센터' 개소를 시행하였다. 지원센터는 2006년 전국 시, 군, 구 21개 지역에 개소 이후 꾸준히 증가하여 2022년 기준 230개소에 이른다. 이후 '다문화가족지원센터'를 거쳐 현재의 '가족센터'

로 변경되어 운영되고 있다(여성가족부, 2022). 가족센터지원정책으로 다문화가족들은 가족 및 자녀교육 상담, 통번역 및 정보제공, 역량 강화지원 등 다문화가족의 한국사회 조기적응 및 사회경제적 자립을 도모한다(여성가족부, 2022). 다문화가정 방문교육 사업은 다문화가족지원센터가 운영하는 대표사업으로 주무 부서인 여성가족부가 지원하는 체계적이고 단계적인 서비스이다. 특히 한국 입국 5년 이내인 적응 초기에 육아 및 경제적·지리적 여건 등으로 센터에 내방하여 집합교육을 받기 어려운 결혼이주여성과 그 자녀, 중도입국자녀 등을 대상으로 센터와 지역사회, 다문화가정을 연결하는 역할을 맡는다.

이 과정에서 다문화가정 가족관계 및 가족생활에 개입하여 결혼생활과 한국문화적응과정에서 발생할 수 있는 다양한 문제해결을 도모한다. 방문지원 서비스는 크게 세 가지로 구분할 수 있다. 첫째, 한국어 교육 서비스는 한국어 능력 향상을 목표로 생활언어 습득·문화이해를 위한 체계적이고 단계적인 한국어 교육을 제공한다. 둘째, 부모교육 서비스는 자녀양육 역량 강화를 목표로 언어·문화 차이 등으로 자녀양육에 어려움이 있는 결혼이주여성에게 생애주기별(임신·신생아기, 유아기, 아동기) 서비스를 지원한다. 셋째, 자녀생활 서비스는 자아 정서 사회성 발달 도모를 목표로 한다. 학업성취가 낮고 사회성 발달에 어려움이 있는 다문화가족 자녀를 대상으로 학업 및 상담을 지원한다(여성가족부, 2022). 운영방식은 방문교육지도사가 직접 가정을 방문하여 1:1로 한국어 교육, 부모교육 및 자녀 생활 서비스 등의 편의를 제공하는 형식이라는 점에서 타 지원서비스와의 차별성이 있다. 결혼이주여성은 자신의 주체적이고 능동적인 정체성을 확립하기 어려운 한국 이주 초기에 방문교육서비스를 통해 방문교육지도사와 만난다.

이렇듯 결혼이주여성을 방문하여 1:1로 제공하는 방문교육서비스는 이주 초기 결혼이주여성에게 한국의 언어·문화·교육을 통한 상호문화소통 기회를 제공하고 이들의 안정적인 적응을 통한 정체성 형성과정에 개입하게 됨을 시사한다. 이처럼 방문교육서비스는 이주 초기 결혼이주여성과 가족들의 한국 적응을 돕고 다문화가정의 안정적인 정착을 목표로 일상생활 및 교육부분을 지원하여 문화적응 과정에서 겪는 심리·정서적 혼란과 어려움을 겪는 결혼이주여성에게 용기와 도움을 주는 등 단순한 서비스 제공기능의 역할을 넘어 결혼이주여성이 한국 사회의 다양한 문화와 접촉하며 상호문화소통과정에서 건강한 정체성을 형성하여 평등한 사회구성원으로서 자리매김할 수 있도록 하는 기회의 장을 제공하는 역할과 의미를 지닌다.

Husserl은 타자를 나와 동질적인 존재로 이해하며, 타자성을 주체가 접근할 수 없는 타자의 고유한 경험이자 주체에 의해 선험적으로 구성되어야 할 대상이라 하였다. '나의 이성적 판단이 올바르고 보편적이라고 주장하기 위해서는, 타자 또한 나와 같이 판단한다'고 전제하며 타자를 온전한 주체로 인정하는 상호주관성을 가져야 한다고 보았다(장한업, 2016). 이 과정에서 감정이입이라는 윤리적 태도가 중요한데 감정이입은 '여기(Hier)'에 있는 자신을 '저기(Dort)'에 있는 타자로 옮겨 가는 것이다(박인철, 2015). 즉 나와 타자와의 관계에서 서로의 주체성과 자율성을 인정하고 감정이입하는 윤리적인 실천으로 타자와 상호작용하는 것이다. 이때 문화 간의 해석과 소통이 가능해지고 상호문화성을 바탕으로 상호문화소통을 이루게 된다(Mall, 1996).

상호문화성이란 '문화와 문화 간의 접촉과 만남을 통해 이루어지는 개별 문화의 변화, 문화 사이의 동등한 상호작용으로 공통의 문화적인 표현 형식을 창출할 수 있는 가능성'이다(박인철, 2010). 이는 사회공동체에서 나 외에 타인의 존재를 인정하고 사회구성원으로 함께 살아가는 것을 전제로 한다(최승은, 2019a). 함께 살아간다는 것은 단순한 접촉이나 교류 차원을 넘어 함께하는 문화 속에 있는 보편적이고 공통적인 특성과 내적 연관성을 가지는 것을 의미한다(김태원, 2012). 문화 간 내적 연관성을 이루는 과정은 특정한 문화를 흡수 또는 배제하여 획일화하는 것이 아니라 각자의 문화가 가지는 다양한 세계관을 바탕으로 관용의 태도를 취하며 서로의 문화를 동시에 인정하는 것이다. 따라서 상호문화성에서 주목해야 할 부분은 윤리성과 타자에 대한 절대적인 책임 의식이다. 이는 다양한 문화가 단순히 공존하는 외적 연대 개념이기보다는 하나의 문화가 다른 문화와 관계를 맺고 각자가 또 다른 문화와 관계하는 수평적 관계 맺음이라 할 수 있다(최재식, 2006).

Abdallah-Pretceille(1999)은 수평적 상호문화소통의 관계 맺음을 집단 성보다는 개별성에 기반을 두었다. '상호문화적'을 '교차문화 간', '대조문화'의 의미로 문화가 소통됨을 전제하였다. 따라서 상호문화소통은 각 개인이 보유한 언어와 문화의 다양성을 인정하면서도 상이한 문화 사이의 의사소통을 강조한다고 할 수 있다(허영식, 2015). 이러한 의사소통을 통한 개인 간 상호작용은 서로를 변화시키는 소통, 문화 간 경계와 장애물 인식, 나아가 이를 극복하려는 실천을 요구한다(김영순, 2020). 그러나 각 문화가 가진 다양성의 차이는 의사소통의 과정에서 문화 간 접촉과 충돌을 야기한다. 이때 발생하는 갈등 상황에서 상호문화소통은 상호문화

간 '완전한 일체성'이나 '극단적인 차이'에 대비되는 해석이 아닌 문화가 중첩된 부분의 공통점과 차이를 이해·소통·번역하며 겹침의 태도를 보이는 것이다(장한업, 2016). 이러한 상호작용의 과정에서 타문화에 대한 이해를 넘어 타인과의 다양한 만남과 관계 맺음을 통해 적극적인 의사소통의 실천 또한 가능해지는 것이다(이병준·한현우, 2016; 정기섭, 2011).

Holzbrecher(2014)는 인간의 일상적인 현실 차원에서 상호문화소통을 설명하며 한 문화권 내 구성원 간의 '만남'과 '관계'가 역동성의 동기가 된다고 하였다. 역동적인 상호소통은 '나의 것'과 '낯선 것'이 동시에 뒤섞이고 표현되며, 이러한 '낯선 것'과 접촉하는 자신의 지각모델에 따라 각기 다른 성찰이 이루어진다. 이러한 성찰은 비단 타인과 낯선 것에 대한 이해에서 그치는 것이 아니라 자기에 대해 이해하는 기회가 될 수 있다. 이는 상호문화소통을 이루는 구성원들이 상호문화를 이해하고 서로 존중하는 문화와 환경을 창출하는 생산자가 됨을 의미한다. 따라서 소수이건 다수이건 각 사회에 존재하는 모든 문화와 환경을 창출하는 생산자는 그 권리를 동등하게 존중받아야 할 평등한 관계라는 것을 알 수 있다. 이러한 맥락에서 볼 때 상호문화소통의 과정에서는 나와 타자의 차이점과 공통점을 바라보는 시각의 균형을 이루는 것이 중요하다(최승은, 2019a). 상대의 문화 다양성과 차이에 대한 이해와 존중의 마음, 타문화를 배우려는 개방적이고 평등한 관계 추구의 자세, 문화 차이로 인한 갈등에 공감하고 상호작용하며 협력하게 된다(조용길, 2015). 이 과정에서 주체적인 역량을 강화하고 개인의 정체성을 정립해 나가게 된다.

Griffin은 인간의 정체성을 이루는 정신과 태도는 본질적인 동시에 사회 속에서 나와 타자가 상호작용하며 형성되는 것이라 하였다. 따라서 인간은 환경의 변화 및 접촉하는 대상에 따라 영향을 받고 자아개념을 변화시켜 나가며 정체성을 형성한다고 하였다(강준만, 2018). Mead는 인간을 타인과의 상호작용 과정에서 단순히 다른 사람의 영향에 반응하는 역할만 하는 수동적인 존재가 아니라고 보았다. 오히려 타인과의 접촉과 만남을 통한 상호작용과정에서 타인의 문화에 대해 정의하고 해석하며 의미를 부여하는 능동적인 존재라 하였다. 이러한 능동적인 사회적 행위를 통해 인간은 정신과 자아가 창출되며 정체성을 이룬다(이성식, 1995). 즉 다양한 문화를 가진 나와 타자가 서로의 고유한 문화의 가치를 인정하며 상호문화소통하는 사회적인 행위를 통하여 자신의 정체성을 새롭게 형성할 수 있다.

이처럼 결혼이주여성의 정체성 형성에 상호문화소통이 중요함을 알 수 있다. 결혼이주여성의 정체성 확립을 위한 상호문화소통은 집단성보다는 개별성에 기반을 둔 수평적인 관계 맺음, 한 문화권 내의 만남과 접촉을 통한 역동적 동기부여가 요구된다. 인간의 정체성을 이루는 정신과 태도는 본질적인 동시에 사회적인 것으로 개인은 타인과 문화에 영향받으며 자아개념을 변화시키는 유동성과 타인의 문화에 대해 정의와 해석을 내리며 의미를 부여하는 능동성을 가지고 있다. 따라서 결혼이주여성이 자신이 속한 개인 및 사회관계 안에서 상호문화소통에 의해 자신을 성찰하고 자기에 대해 이해하는 기회를 가지며 능동적인 사회적 행위를 영위한다면 자신의 정신과 자아를 창출하며 정체성을 확립함을 알 수 있다. 즉 정체성을 새롭게 형성해 가기 위해서는 다양하고 능동적인 사회적 행위가 중요하다(이성식, 1995).

결혼이주여성의 상호문화소통에 관한 연구를 살펴보면 다문화 복지서비스 공급자 관점에서 이들을 수혜의 대상인 약자로 규정하여 복지서비스 정책 및 지원의 실효성과 교육의 효율성 강화를 주장하였고(이귀애, 2016; 이오복, 2019), 다문화 복지서비스 지원인력의 관점에서 결혼이주여성의 상호문화소통을 통한 정착과 성장의 과정을 간접적으로 살펴볼 수 있었다. 이 밖에 결혼이주여성의 상호문화소통이 개인에서 공동체와 사회 영역으로 확장됨에 따라 자기 주도적으로 타인과 소통하는 경험과 양상을 상호문화관점에서 고찰하여 주체성을 형성하는 이들의 목소리를 대변하였다(김영순·김도경, 2022; 봉진영·권경숙, 2013).

결혼이주여성들은 많은 부분에서 상호문화소통역량을 소유하고 있었으며 지속적으로 노력하고 있었다. 김영순·김도경(2022)에서 결혼이주여성은 참여 공동체 내에서 거주국과의 문화차이에 대한 이해와 존중, 갈등의 해결을 위한 상호문화소통과정에서 자신을 수혜 대상의 이주민이 아닌 상호문화소통의 주체로 상정하였다. 이들은 스스로를 위해 참여했던 공동체 내에서 상호소통을 반복하며 개인 영역에서 타인 삶 영역으로 확장해 나갔다. 이러한 경험의 형태들은 결핍의 기억을 가진 이주민의 정체성을 넘어서 상호문화소통 과정을 통해 상호연결을 이루며 주체성을 생성한 타자되기의 실천적 공존의 윤리를 이어가는 생성 과정의 반복을 통해 다문화 생활세계에 요구되는 지식과 태도를 형성하였다(김영순·최수안, 2022).

이 밖에 결혼이주여성의 공동체 활동 경험 및 결혼이주자 정책연구를 통해 사회·문화시민의 확장된 측면에서 결혼이주여성들의 초국적 정체성 형성에 따른 상호문화 실천과 임파워먼트 경험을 탐색하고 이를 통해 결혼이주여성을 주류사회로부터 타자화된 대상이 아닌 주체성을 지닌 존재임을 규명하며 다문화 생활세계 내에 지속 가능한 통합사회를 준비하는 사회적 역할을 제시하였다(김경숙, 2014; 김기화, 2022). 위의 연구를 통해 우리는 결혼이주여성의 정체성과 상호문화소통에 관한 다양한 함의를 탐색할 수 있다. 그러나 결혼이주여성 자조 모임 및 공동체 경험의 상호문화소통에 관한 연구는 동일 문화권 간의 상호문화성 탐색과 상호문화소통이라는 점에서 본 연구와 차이가 있다. 이번 장에서는 이주민과 정주민의 문화와 언어의 뒤섞임과 겹침의 과정에서 드러나는 상호문화소통 과정의 양상을 통해 형성되는 결혼이주여성의 정체성 변화에 대해 살펴보고자 한다.

2. 존재감 없는 이방인

Husserl은 타자를 나와 동질적인 존재로 이해하며, '나의 이성적 판단이 올바르고 보편적이라고 주장하기 위해서는, 타자도 나와 같이 판단한다'고 전제하며 타자를 온전한 주체로 인정하는 상호주관성을 가져야 한다고 하였다(장한업, 2016). 그러나 타문화와 언어에 대한 이해가 부족한 결혼이주여성은 상호문화소통에 어려움을 겪었다. 개인의 정체성은 나와 타자와의 관계에서 서로에게 영향을 받고 유동적으로 자아개념을 변화시키게 된다(강준만, 2018). 그러나 결혼이주여성들은 한국 이주 초기에 이러한 상호문화소통의 제한으로 정체성 확립에 갈등을 겪었다.

1) 언어와 문화이해 부족으로 인한 소외

한국사회에 대한 사전정보 부족과 언어와 문화에 대한 준비 없이 입국한 결혼이주여성은 일상생활에서 자기 의사를 한국어로 표현하지 못해 정서적인 위축감을 느끼고 자신의 정체성을 부정적으로 인식하는 등 정주민과 동등한 존재로 인정하지 못하는 소외감을 경험하였다.

> "한국에 온 지 얼마 안 돼서 애기 병원 갔는데 의사 선생님 병원에서 애기 계란 먹을 수 있냐고 물어보는데 저는 그때 바로 말이 안 나와서 의사 선생님이 웃었어요. 그때는 마음이 너무 아팠어요. 내가 못 했구나. 근데 그 마음이 너무 아파서 공부하려고 결심했어요."

2) 나를 표현할 연결고리가 없는 고립

이주여성과 정주민이 서로를 동질적인 존재로 바라보는 감정이입의 윤리적인 실천(Mall, 1996)의 상호작용은 언어와 문화의 장벽으로 인해 단순한 호기심만 일으킬 뿐 상호문화소통의 핵심인 역동적이고 쌍방적인 상호소통을 통한 문화 간의 해석과 소통은 이루어지지 못하였다. 이에 따라 결혼이주여성은 자신을 개방할 기회를 가지는 것이 쉽지 않았다.

> "어린이집에 외국 엄마들 거의 없어요. 한국 엄마들은 그냥 '집이 어디야? 여기서 집이 어디냐고 전세야? 월세야?', '남편이 뭐해?', '직업이 뭐예요? 이런 것만 물어봐요. 저는 거절하지 못하고 말하지도 못했어요."

이주여성의 한국생활은 단순히 언어와 문화의 접촉을 경험하는 것에서 끝나지 않는다. 한국인 가족들과 상호문화소통을 하기 위해 서로의 정체성을 인정하고 가치관을 존중하며 문화 속에 있는 보편적이고 공통적인 특성과 내적 연관성을 가지는 것을 의미한다(김태원, 2012). 결혼이주여성이 한국입국 시 사전지식 없이 막연하게 자신의 방식으로 상호작용하던 한국의 언어와 문화는 실제와는 거리가 있는 것을 깨닫고 자신의 무능으로 해석하는 자아개념을 가졌다.

3) 무용지물 같은 '나'에 대한 불안

이주여성은 한국 입국 직후 한국문화와 언어를 다양하게 접촉하고 배우지 못해 부적응한 고립 상황을 불안해하였다. 이후 방문교육서비스를 경험하며 방문교육지도사와 직접 상호작용하고 실제적인 한국의 문화와 언어를 배워나가는 것에 안도하였다.

> "저는 한국 오기 전에 한국어를 배우고 왔어요. 3개월 배웠는데 여기 오니까 쓸모가 없는 거예요. 남편이 못 알아들었어요. 한국 선생님한테 발음을 많이 고쳐졌어요. 이걸 책으로 배우는 거 말고 진짜 말할 기회가 있어야 발음도 고치고 하는데 말하기는 내가 너무 부족하고 힘들어요. 이렇게 얼굴 보는 게 좋아요."

4) '심리적 유아'를 경험하는 무능함

이주여성은 한국 입국 초기 가족 외에는 접촉이 거의 없는 단조롭고 폐쇄된 생활을 하며 '심리적 유아' 상태인 자아의 무능함을 고백하였다. 이후 방문교육지도사와의 만남을 통한 상호소통에서 직·간접으로 문화와 언어에 영향을 받으며 자아개념을 변화시키기 시작하였다.

> "저는 한국에서 완전히 아기로 다시 태어난 것 같아요. 여기 와서 한국 말도 모르는 것처럼 남편하고 같이 다녀야 되고 그럴 때 조금 나는 한국에

와서 바보다 그렇게 생각했어요. 갈 곳 없어서 혼자 놀이터에 있었고, 내가 이분 말고는 도움을 받을 데가 없어. 그런데 지금은 선생님 계속 둘이만 만나서 한국어 공부하고 선생님 오늘 너무 속상한 일 있었어요. 이야기도 하고 좀 이렇게 풀어야지."

3. 스며듦과 관계 맺음

문화다양성을 이해할 때 상호문화소통은 문화가 중첩된 부분의 공통점과 차이를 이해하고 소통하고 번역하며 겹침의 태도를 취하게 된다(장한업, 2016). 결혼이주여성과 방문교육지도사는 서로의 문화를 인정함과 동시에 자신의 문화를 기준으로 상호작용하였다. 이때 겹쳐지며 생기는 문화의 공통과 차이의 역동적인 상호소통에서 '나의 것'과 '낯선 것'이 동시에 뒤섞여 표현되는 것을 경험하였다. 이때 결혼이주여성은 방문교육서비스를 통한 학습과 돌봄으로 '낯선 것'과 접촉하는 자신의 지각모델에 따라 자기성찰을 이루었다. 이처럼 한 문화권 내 구성원 간의 만남과 접촉을 통해 발생하는 역동성은 상호문화소통의 동기가 되어 자신에 대해 성찰하고 이해하는 기회가 되었다(Holzbrecher, 2014). 이는 문화와 환경을 창출하는 능동적인 정체성 형성의 과도기가 되었다.

1) 언어와 문화의 접촉에서 빚어지는 갈등

이주여성과 가족들 간 언어와 문화의 갈등은 아이의 양육 과정 등 생활 전반의 상호작용에서 나타났고 이를 조율하는 과정에서 유·무형의 갈등이 빚어지게 되었다.

"저는 아침부터 저녁에까지 8시간 수업이 받아야 해요. 시부모님이 아기를 봐요. 아기한테 자주 찬물 줘요. 중국은 찬물 같은 거 잘 안 주고 어렸을 때 워나 대장은 너무 작아서 따뜻한 물 주는데 이런 거 때문에 시부모님이랑 제일 힘들었어요. 아기 분유 먹을 때 할아버지가 왜 이렇게 자주 먹이니? 하고 줬어요. 혹시 배가 고플까 봐 이만큼 줘야 돼요. 아기가 배가 고팠어요. 자주 울었어요."

2) 자신의 힘으로 단계적 목표 달성

이주여성은 방문교육서비스 외에도 한국에서 잘 적응하고 살기 위해 도움이 된다면 더 높은 수준의 교육을 받기를 원하였고 목표를 설정하며 배움을 이어갔다. 이러한 실천을 통해 자신의 정체성을 형성하였다.

"저는 방문교육서비스 끝나고 지금은 공인중개사 공부해요. 한국말로 하는 건 사실 이해 안 될 수도 있어요. 그런데 제가 다시 보고 이해하는 만큼 생각하면 돼요. 선생님 만나기 전에는 외로워서 미칠 때 미칠 때, 하늘 보고 아니면 핸드폰 보고 아니면 점심 좀 하고 지금은 2016년에 와서 6년 정도 지났지만 계속 공부할 때예요."

이주여성은 방문교육서비스를 경험하며 자신에게 필요하고 원하는 교육을 방문교육지도사에게 요청하고 협의하였다. 방문교육지도사와 결혼이주여성의 상호작용은 일방적이고 경직된 교육을 제고하거나 무조건적으로 순응하는 관계가 아니다. 오히려 이해와 존중의 마음, 타문화를 배우려는 개방적 태도로 서로 협력하여 문제를 해결하기 위해 조정안을 만들며 실천적 역량이 강화하였다(조용길, 2015). 이러한 상호문화소통의 과정은 결혼이주여성의 정체성 형성에 긍정적인 영향을 미쳤다.

3) 모방을 통한 적응과정의 변화

결혼이주여성들은 방문교육서비스를 경험하며 한국사회 적응을 위해 자신에게 필요한 것이 무엇인지 알아가게 되었고 방문교육서비스 과정에서 부족함을 채워나갔다.

"처음에 선생님이 어떤 사람인지 모르고 맞는지 안 맞는지도 모르고 책만 공부해요. 하지만 선생님 너무 착해서 이거저거 다 이야기하고 지냈어요. 왜냐하면 제가 한국에 왔고 어떻게 말하는지가 필요하니까요. 내가 모르는 게 많았으니, 내가 필요하니까."

"사회통합을 배운 후에 저는 좀 한국사람처럼 다 알게 되었어요. 그래서 어디 가서 좀 알아서 좀 창피하지 않아 한국 사람처럼 행동할 수 있어서 자극받지 않았어요. 사회통합 프로그램을 받으니까 다 알고 있으니까 좀 자신감도 좀 들고..."

4) 나만의 가치관 성장을 통한 관계 형성

이주여성들은 한국 적응을 위해 열심히 노력하면서도 확신이 부족하여 조급함을 느꼈다. 그러나 방문교육서비스를 받고 지도사와의 관계에서 격려받고 지지받는 상호문화소통의 과정은 결혼이주여성에게 자신의 가치관을 형성하고 능동적인 관계 맺음을 할 수 있는 지지의 역할을 하였고 결혼이주여성에게 주체적인 정체성을 형성하도록 하였다.

"항상 제 생각이 한국에서 살아야지 그래서 계속 노력해야 하는데 그런 마음 있어요. 그럼 선생님한테 괜찮아, 지금 그렇게 서두르지 않아도 괜찮아 잘하고 있어 이런 격려를 들었을 때 조금 안심이 되고 마음이 좀 편해졌어요. 자신감도 생겼어요. 선생님이 저한테 잘하고 있는 거 칭찬해 주면 자신감 나고 열심히 공부해요. 그래도 되게 모르겠어요."

"선생님 만나고 고졸 시험 볼 때, 밤늦게 책보고 새벽에 일어나서 아기 밥을 주고 제가 죽을 정도로 피곤하고 책 보면서 많이 힘들었어요. 그런데 제가 나중에 어떻게 될 거 생각하면 얼마나 좋을까 생각해 보고 일어났어요. 만약에 제가 나중에 돈이 많이 벌었어요. 나중에 아들도, 시부모님도 너무 좋아하고 여러 가지 좋은 일들만 있는데 그러려면 책, 책을 봐야 돼요. 그래서 일어나서 공부했어요."

4. 새로운 나로서의 삶

문화 간 수평적 관계 형성은 윤리성과 타자에 대한 절대적인 책임 의식을 바탕으로 하는 문화 간 내적 소통의 연대를 의미한다(이화도, 2011). 결혼이주여성은 입국 초기 이방인으로서 낯선 문화와 언어의 관문을 거치며 한국사회의 구성원으로 적응하고 정착하기 위해 노력하였다. 인간은 타인의 문화에 대해 정의하고 해석하며 의미를 부여하는 정체성을 지닌 능동적인 존재로 타인과의 상호작용에서 인간은 단순하게 영향받는 대신 사회적 행위를 통하여 자신의 정신과 자아를 창출하며 정체성을 이룬다(이성식, 1995). 따라서 정체성을 새롭게 형성해 가기 위해서는 능동적인 사회적 행위가 요구된다. 이때, 방문교육서비스는 교육지원이라는 목표 외에도 방문교육지도사와 결혼이주여성과 상호문화소통을 하며 수평적 관계 맺음으로 내적 소통의 연대를 이루었고 결혼이주여성은 이를 통해 한국사회의 구성원으로 자리매김할 수 있었다.

1) 정체성 형성과 역량 발휘

결혼이주여성은 방문교육지도사가 제공하는 교육지원을 수혜자의 역할에서 더 나아가 자신의 내적 가치를 인정하고 가정과 한국사회의 구성원 역할을 담당하고자 도전하는 자아개념으로 정체성을 성장시켰다.

"선생님한테 배우면서 생각해요. 공부가 힘이에요. 나중에 아들이 크면 말해 줄 수 있잖아요. 그리고 제일 기쁜 건 제가 이거 보고 합격했어요. 다른 사람이 전혀 이해 못 할 정도로 좋아요. 제가 노력해서 이거 따는 거 너무 기뻤어요. 제가 아기 키우면서 이것도 배우고 자격증 따고 너무 힘들지만, 제가 이 일을 거쳤어요. 이 좋은 결과를 받아봤고 그 과정을 너무 힘들지만 좋은 결과를 받을 수 있어서 기뻐요. 우리 시아버님도 우리 며느리 중국 사람이지만 좋은 직장 취직했어요. 우리 며느리도 우리 손자 잘 키웠어요. 이런 말 듣고 싶어요."

"선생님들은 한국 분들이 갖고 계시는 엄마의 마음이라는 거를 전달해 주시는 게 가장 중요했다고 저는 생각했어요. 왜냐하면 한국문화 자체가 정이라는 게 있어요. 근데 그거를 겪어 봐야지 한국문화에 조금 만졌다거나 스쳐 지나갔다거나 그런 느낌이 와요. 그게 이해가 돼야지 나도 한국에 살고 한국문화가 좋겠다는 실감이 있어요. 그게 없으면 한국에서 살아가는 자신감 없고 두려움이 사라지지가 않아요. 정말 마음으로 이렇게 못 느꼈을 때 사람 대 사람으로 만나지 못해요."

2) 모국어와 모국문화를 전수하는 엄마

이주여성은 입국 초기, 자신의 문화와 언어를 부정하거나 자녀에게는 전수하지 않으려던 모습에서 방문교육지도사와의 상호문화소통을 통해 양 국가의 문화에 대한 공통점 및 차이점을 이해하고 혼란을 겪지 않으면서도 한국문화에서 수평적인 공존을 이룰 수 있음을 깨닫고 자녀들에게 모국 언어와 문화를 전수하였다.

"처음엔 아이가 제게 물어보는데 내가 아는 게 많이 없어서. 몰라 그냥 사진 보라고 중국말로 알려줬어요. 그때 많이 슬펐어요. 제가 아이한테 좋은 거를 가르쳐 주는지 안 주는지 때문에 선생님한테 물어봤어요. 선생 님이 'OO씨도 중국말로 아이한테 이야기하면 좋겠어요.'라고 말해서 제가 이렇게 할 수 있구나, 이렇게 해도 되는구나. 아기가 잠깐만 헷갈리 지만, 나중에 크면 다 알 수 있게 돼요. 지금은 계속 중국어를 가르쳐 주고 있어요."

"지금 와서 제가 지금 제일 후회한 거 사실 엄마 나라말 이렇게 했으면 좋았을 텐데 몰랐어요. 저는 첫째 아이한테 안 가르쳤어요. 왜냐하면, 엄마가 한국말을 너무 못하잖아요. 그래서 어른이 돼서 생각해 보니까 아이가 아무 말도 잘못해요. 아이가 한국말 못할까 봐 한국말 가르치고 중국어는 안 가르쳤어요. 선생님이 와서 그냥 아이한테 엄마 말 가르쳐줘 라 하고, 그래서 둘째는 처음부터 엄마 말을 가르쳐줬어요."

상호문화소통을 이루기 위해서는 같음과 다름, 일반적인 것과 특별한 성격을 띠는 다양한 문화의 뒤섞임 속에서 공존하는 구성원들에게 각 개인 이 보유한 언어와 문화의 다양성을 인정하는 데 그치지 않고 서로 상이한 문화 사이의 의사소통을 강조한다(허영식, 2015). 결혼이주여성들은 방문 교육서비스를 통해 배우고 경험한 역량을 가지고 한국사회의 또 다른 이주 민과 정주민을 연결하는 교량의 역할로 자신의 정체성을 형성하여 목표를 설정하고 한국사회의 구성원으로 자리매김하고자 하였다.

3) 이주민과 정주민의 디딤돌

이주여성들은 한국사회의 구성원으로 자리매김하고 자신의 모국에서 의 경험을 활용하고자 하였다. 자신의 문화와 언어를 바탕으로 한국사회 에 적합한 역할과 역량 간의 소통을 통해 새로운 정체성을 형성하였다.

"요즘은 취업에 대해 생각해요. 지금 한국어 토픽 공부하고 싶거든요. 공부하면 뇌가 점점 좋아져요. 이렇게 주부로 가만히 있는 게 왠지 좀 아쉬워요. 나중에는 여행 가이드도 되고 싶어요. 저는 대학도 나왔고 회사에도 다녔었고 그랬잖아요. 지금 한국사회 발전하면서 사람들은 스트레스를 많이 받잖아요. 저 생각에 아마 사람들은 스트레스를 풀기에 아마 여행 제일 좋다고 생각해요."

"처음에 한국 와서 선생님이 나 많이 데리고 다녔어요. 지금은 제가 통역도 하는데 단순한 통역 아니고 조언 많이 해요. 한국 온 지 1, 2년 된 사람들. 집에서 뭐 하냐고 하니까 그냥 논대요. 그래서 내가 아니야 당신 한국어 배울 수 있으면 빨리 배우고 다문화 센터도 있잖아요. 그래서 온라인 수업도 가고 그다음에 무조건 많이 나가서 배우라고 여기서 살려고 하면 그리고 또 나처럼 나중에 학생 가르칠 수도 있고 그런 조언 진짜 많이 해요."

4) 수혜 대상에서 주체적 역량 제공자로

결혼이주여성은 점차 한국사회 안에서 자신의 정체성을 능동적으로 형성하며 자신에게 주어진 상황과 역할에 도전하고 재해석을 시도함으로써 자신에게 불리한 상황을 바꾸어 나갔다.

"제가 우울증이 깊었을 때 선생님 앞에서 웃으려고 힘냈어요. 지금은 일본어 강사 하구요. 주변에 있는 사람 중에 집 있고 좋은 직장이고 일을 안 해도 되는데 힘들어해요. 지금 아이들이 미쳐가요. 자살 시도하기도 하고 부모하고 애들하고 소통이 안 되고 그 아이들을 많이 도와줬어요. 저는 가정폭력 상담사 자격이 있어서 다문화가정 결혼이주여성의 자녀들을 상담했어요. 아이들이 공감되고 내 아이 같은 거예요."

5. 마무리

이번 장은 방문교육서비스를 경험한 결혼이주여성이 방문교육지도사와 상호문화소통하는 과정을 통해 정체성을 형성해 가는 경험과 의미를 탐색하였다. 탐색결과는 다음과 같다.

첫째, 방문교육서비스는 결혼이주여성들에게 교육제공과 정보 전달 기능에서 나아가 문화와 언어의 뒤섞임과 겹침의 상호소통과 정체성 발달을 위한 장으로 의미가 있었다. 언어와 문화가 낯설고 안정적인 적응을 이루지 못한 한국 입국 초기 결혼이주여성과 방문교육지도사의 만남은 가족의 울타리를 넘어 보다 확장된 개념으로 한국문화를 접촉하는 상호소통의 공간이 되었다. 한국 입국 초기 소수자인 결혼이주여성이 집단성보다는 개별성에 기본을 둔 상호문화소통의 핵심인 역동적이고 쌍방적이며 수평적인 관계맺음을 할 수 있었던 이유는 이주민의 가정으로 찾아간 방문교육지도사와의 1:1 만남에서 맞아들이는 소수자 이주민, 낯선 것에 접촉하는 정주민 방문교육지도사의 뒤섞임의 순환적인 교차문화를 가능하게 하였기 때문이다. 이주민인 결혼이주여성과 정주민인 방문교육지도사와의 만남과 관계맺음의 사회적 행위는 나와 타인과의 상호작용 속에서 타자의 관점에서 자신을 바라보고 자기를 해석하는 과정을 제공하였다. 이를 통해 결혼이주여성이 자아에 대한 개념과 행위를 결정하고 이전과 다른 자신의 정체성을 새롭게 형성하도록 영향을 주었다.

둘째, 한국 입국 초기 결혼이주여성들은 문화와 언어가 충돌하는 한국 가족과 사회 안에서 상호소통하면서 혼란을 느끼며 위축되었다. 이는 자아개념에 부정적인 영향을 주는 정체성 혼란을 경험하였다. 그러나 방문교육지도사와의 개별적이고 일상으로 반복되는 접촉을 통해 낯선 문화와 상호문화소통의 과정을 경험하며 자신의 문화와 타인의 문화가 겹치고 뒤섞이며 표현되었다. 집단성보다는 개별성에 기반을 두고 문화가 소통됨을 전제로 하는 상호문화소통(Abdallah-Pretceille, 1999)을 위해 결혼이주여성과 방문교육지도사는 1:1의 만남에서 대화와 소통 등 개인 간 상호작용을 하였다. 이 과정에서 문화·언어 차이로 인한 경계와 장애물이 있음을 실제로 경험하며 이를 거부하고 단절하는 것이 아니라 인정하고 극복하는 실천적 차원의 상호문화소통을 이루었다(김영순, 2020). 결혼이주여성은 방문교육서비스를 통해 서로를 존중하는 문화와 환경을 창출하는 생산자로 기능하였고 이러한 상호문화소통은 나와 타자의 문화 다양성으로 인한 공통점과 차이를 경험하는 기회를 제공하였다. 이를 통해 타자에 대한 이해와 더불어 자아개념을 교정해 나갈 기회를 얻어, 자신이 누구인지, 원하는 것이 무엇인지 깨달았다. 그뿐만 아니라 타자의 문화와 언어의 의미를 찾아가며 가족과 사회 안에서 이전의 정체성과는 다른 자아개념을 형성하였다. 이러한 결과로 한국사회에서 소수자 내지 타자로 간주되던 결혼이주여성이 한국사회에서 동등한 자격을 가진 구성원으로서 자녀에게는 모국의 문화와 언어를 전수하고 정주민과 이주민 사이의 상호문화소통의 참여자이자 주체자로 정체성을 확장하여 중재자 역할을 하는 디딤돌로 자리매김하며 정체성을 확장하였다.

방문교육서비스 과정에서 이루어지는 문화 및 언어교육과 사회적 상호작용의 행위는 결혼이주여성에게 정주민과 이주민의 문화가 충돌하는 위기의 공간인 동시에 자신의 정체성을 발달시켜 나갈 수 있는 격려와 지지의 의미로 존재하였다. 결혼이주여성은 한국 입국 초기에 정체성에 혼란을 겪으며 위축되어 있었으나 방문교육지도사와의 수평적인 상호문화소통의 역동적인 경험은 자신의 지각모델을 변화시켜 성찰하고 자신을 이해하는 기회를 얻고 주체적인 정체성을 형성해 갔다.

김영순·김도경(2022)에서와 같이 결혼이주여성은 자신이 참여한 공동체에서 이해와 존중, 갈등 해결을 위해 소통하는 과정을 거쳤다. 이때 결혼이주여성은 자신을 수혜 대상의 이주민이 아닌 상호문화소통의 주체로서의 정체성을 확립할 수 있었다. 이는 이주민 결혼이주여성이 정주민 방문 교육지도사와 상호문화소통하며 정체성을 확장하였다는 점에서 서로 다른 문화 간 충돌을 거쳐 사이의 문화 속에서 생성해 낸 주체성의 실현이라 할 수 있다. 이렇듯, 자신이 속한 문화에서 경험할 수 없는 타문화와 세계관을 접하고 배우며 타자와 소통하는 것은 개인의 정체성 확장을 통하여 다문화사회를 살아가는 우리에게 필요한 관점의 전환을 가져온다.

7장. 첫 번째 어려움: 영유아기 자녀양육 경험

1. 베트남 출신 결혼이주여성

최근 몇 년 사이에 한류 열풍이 아시아 전역으로 전파됨에 따라 많은 나라에서 한국으로의 이주가 보편화되고 있으며 베트남도 예외가 아니다. 베트남 여성과 한국 남성과의 결혼 비율도 매년 증가하고 있다. 이러한 사회적 맥락에서 다문화가정 자녀수도 꾸준히 증가하고 있다.

2021년 교육기본통계(교육부, 2021)에 따르면 전체 다문화학생 수는 160,058명이며 이중 초등학생 111,371명, 중학생 33,950명, 고등학생 14,308명으로 나타났다. 이와 더불어 2021년 전국다문화가족실태조사에 의하면 다문화자녀의 총취학률은 초등학교 96.2%, 중학교 97.9%, 고등학교 94.5%, 고등교육기관 72.5%이며, 순취학률은 초등학교 95.3%, 중학교 95.7%, 고등학교 94.5%, 고등교육기관 40.5%이다. 순취학률을 기준으로 국민 일반과 비교해 보면, 초등학교 3.1%, 중학교 2.2%, 고등학교 1.6%로 큰 차이가 나지 않지만, 고등교육기관에서는 31.0%로 국민 일반과 큰 차이를 보인다. 이는 초·중등교육에서는 해당 연령에 맞게 대체로 취학을 하는 편이지만, 고등교육에서는 취학 연령에 제대로 입학하는 경우는 별로 없고, 그 연령대를 지나서 입학하는 비율이 훨씬 높음을 의미한다(여성가족부, 2021). 이런 추세로 보아 한국의 보육시설과 학교는 다문화적 환경의 제도를 구축하고 문화다양성이 확대되는 교실로 전환되어야 할 것이다.

다문화가정 자녀가 겪는 어려움으로는 크게 가족관계, 교육 및 학교생활문제, 사회적 편견, 심리사회적 문제 등이 있으며, 특히 동남아 지역 출신의 부모를 둔 아동의 경우에는 피부색 등 외모의 차이로 인해 차별을 받는 것으로 나타났다. 그뿐만 아니라 한국어 능력이 부족한 외국인 어머니 때문에 이들이 언어발달 장애를 겪게 되고 학교에 부적응하는 문제도 발생하게 된다(성상환 외, 2010; 김영순 외, 2013).

가정은 사회의 기본적인 단위로서 노동력을 유지하고 어린이들을 출산하는 곳 외에 사람의 물질적 · 정서적인 안식처가 되어주는 곳이다(Le Thanh Hoa, et al., 2011). 또한 가정은 사람들의 인성이나 사회적인 능력을 형성할 수 있도록 하는 곳이며, 가정의 건강한 삶이 있어야 사회는 원활하게 발전을 이룰 수 있다. 이에 따라 가정 내 부모-자녀 상호작용의 핵심 요소인 부모의 양육행동은 자녀의 신체적 · 인지적 발달에 상당히 영향을 끼친다. 한국 가정에서는 유교 사상의 영향으로 예로부터 자녀양육 책임은 어머니의 몫으로 여겨져 왔다. 이렇듯 어머니는 아이들에게 중요한 존재이며 어머니의 양육 방법에 따라 아이들의 자아형성은 다르게 나타난다(이홍균 외, 2010). 자녀는 출생이후 대부분의 시간을 부모와 함께 보내며, 부모의 영향력은 인생의 초기에만 한정되는 것이 아니라 성인이 될 때까지 지속되기 때문이다(이미자, 2008). 특히 베트남 결혼이주여성에게 자녀의 의미는 특별하다. 예컨대 시어머니에게 며느리에 대한 신뢰로서의 의미를 가지며, 한국생활을 위한 안정적인 가정의 증표이자 자손의 보존이라는 의미가 된다(이미정 외, 2012).

베트남결혼이주여성에 관한 연구에 의하면 한국의 음식과 날씨 등이 다르기 때문에 적응하는데 시간이 필요하며(하밍타잉, 2005; 채옥희 · 홍달아기, 2007; 응우엔티히엔트랑, 2009), 의사소통 문제, 한국의 가부장제

등 문화차이로 배우자 및 가족구성원과의 갈등이 나타났다(정혜영·김진우, 2010; 레황바오쩜, 2012). 이처럼 지금까지 대다수 연구들은 베트남 결혼이주여성의 문화적응, 결혼동기, 가정생활 적응, 우울감 등에 대한 연구들이었다. 반면에 베트남 결혼이주여성의 가족 유형에 따른 자녀양육에 관한 연구는 미흡한 상태이다.

본 장의 목적은 베트남 결혼이주여성이 자녀양육 과정에서 어떠한 경험을 하는지를 탐색하여 문화와 관습적 차이가 많은 베트남에서 한국에 이민해 온 여성을 위한 자녀양육지원 프로그램 개발에 기초자료를 제공하기 위함이다. 이를 위해 베트남 결혼이주여성의 가족유형을 다음과 같이 4가지 유형으로 분류하여 심층면접을 하였다. 첫째, 베트남 결혼이주여성 중 남편과 이혼하여 혼자서 자녀를 양육하는 한 부모가정이다. 둘째, 한국에 사는 베트남 결혼이주여성이 베트남의 친정어머니를 초청하여 자녀양육에 도움을 받고 있는 가정이다. 셋째, 한국의 시부모와 같이 살면서 자녀를 양육하는 가정, 마지막으로 부부가 자녀를 양육하는 가정이다. 현재 가족의 구조 및 유형은 다양한데 사람이 사회생활에 적응할 수 있는 능력은 그 사람이 속한 가족유형에 달려있다(Bigner&Gerhardt, 2002). 가족유형에 따라 남편의 도움, 시어머니의 도움, 친정어머니의 도움, 사회의 지원 등의 도움의 필요가 다르게 나타날 것이다.

결혼이주여성이 겪는 어려움은 대부분 유사하겠지만 각국마다 문화가 서로 다르므로 똑같이 여겨서는 안 된다. 베트남 결혼이주여성에 관련 논문은 문화적응, 가정생활적응, 자녀양육에 관한 연구에 집중되어 있다. 베트남 결혼이민자여성 대부분은 베트남의 농촌 지역 출신이며 한국 남성과의 결혼을 선택한 이유는 가족을 돕기 위한 생각, 가난한 것을 벗어나 더 나은 삶을 추구하겠다는 생각, "코리안 드림"이라는 한국 사회에 대한 환상 등 때문이었다. 하지만 언어, 음식 그리고 날씨와 같은 기본적인 문화적 요소들에도 적응하기 힘들다고 하였다(하밍타잉, 2005; 채옥희·홍달아기, 2007; 응우엔티히엔트랑, 2009).

결혼이주여성의 자녀양육 스트레스는 결혼만족도에 영향을 미치는 것으로 나타났다(서홍란 외, 2008). 베트남과 다른 가부장적인 한국의 남녀 불평등, 일상생활방식 차이로 인해 부부갈등, 가족구성원과 갈등 등이다(정혜영·김진우, 2010; 류정현, 2010). 특히 베트남 결혼이주여성 경우는 부부간에 연령 차이가 많아서 남편한테서 자녀양육 도움을 받지 못한 상황에서 자녀가 크면 클수록 한국어 능력부족으로 인해 자녀와의 대화가 어려워지고 학습지도에 부담감이 큰 것으로 나타났다(하밍타잉, 2005; 채옥희·홍달아기, 2007).

다문화가정 자녀에 대한 연구로는 첫째, 언어적 환경에 따른 어려움으로 한국말이 서투른 외국인 어머니의 언어능력은 자녀에게 영향을 미치는 것으로 나타났다(성상환, 2010; 송유미, 2009; 오성배, 2007). 둘째, 외모가 다름에서 오는 어려움으로 다문화가정 자녀의 문화적 특성에 따른 학교부적응의 차이는 아동이 자신의 외모가 다른 사람과 다르다고 느낄수록 학교부적응 정도가 높다(신지혜, 2008; 오성배, 2009; 성상환 외, 2010; 장덕희·신효선, 2010). 셋째, 정체감 형성의 어려움으로 이중문화적 배경에서 부모의 서로 다른 가치관과 생활풍습으로부터 오는 어려움을 들 수 있다. 넷째, 경제적 어려움[1]으로 2021년 전국다문화가족실태조사' 자

---

1 대다수의 결혼이주여성들의 경제적 어려움은 곧 자녀양육에서 자녀의 학원비 마련, 학습지도, 숙제지도 등에 영향을 미치는 것으로 나타났다(긴급콜센터, 2013).

료에 따르면 다문화가구의 월평균 가구소득은 200~300만 원 미만이 24.8%, 300~400만원 미만이 22.7%이며, 이를 기준으로 양극단으로 점차 비율이 낮아지는 경향이다. 300만원 이상 구간의 비중이 증가하여 다문화 가구의 월평균 소득이 전반적으로 증가하고 있다는 것을 알 수 있다. 다만 100만원 미만의 저소득층 비율도 계속 증가하여 다문화가구 내에서도 소득의 양극화가 진행되고 있음을 알 수 있다. 다문화가구 중 국민기초생 활보장 수급 가구의 비율은 6.4%로 이 비율은 15년 이래 지속적으로 증가하고 있다. 다섯째, 또래 관계와 교사 및 교우관계로 또래와의 외모의 차이에 따라 다문화가정 자녀의 학교부적응 정도에 차이가 있고(장덕희 · 신효선, 2010), 또래 집단과의 관계에서 편견과 정체성 혼란을 경험한다 (장온정, 2010). 또한 교사는 차별적 · 극단적 용어를 사용하며 편들기 차별, 극단적 차별, 인권침해를 하였고, 학생에 대해 불신을 가졌으며 또 래 아이들은 배타적 행동, 부적응도 교사의 간접적인 영향력이 크게 나타 났다.

이와 같이 어머니의 영향은 유아의 다중지능에 영향을 미친다(팜프억 마잉, 2004). 자녀양육에 있어서 가족유형은 중요한 요소이며, 사회생활 에 적응할 수 있는 능력은 그 사람이 속한 가족유형에 달려있다 (Bigner · Gerhardt, 2002). 즉 어떠한 가족유형에 속하느냐에 따라 사람 의 인성과 사회능력이 달라진다. 따라서 이번 장에서는 베트남 결혼이주 여성이 가족유형에 따라서 자녀양육 하는 데 있어서 어떠한 경험을 하는 지 살펴보고자 한다.

2. 한부모가정의 자녀양육 경험

1) 경제적 어려움

한부모가정의 당면 문제로는 자녀양육과 경제적 문제, 과중되는 가사노동, 열악한 주거환경과 건강상의 문제, 만성적인 스트레스와 죄책감과 같은 심리적인 고통을 들 수 있다(홍길회 외, 2012). 이혼가정의 여성은 여러 문제를 겪게 되는데 그중에서 가장 스트레스를 많이 받는 것은 어머니가 아버지의 역할까지 해야 한다는 자녀양육상의 스트레스가 가장 크다고 할 수 있다. 아이를 양육하기 위해서는 우선 경제적인 여건이 뒷받침되어야 하는데 한부모가정의 경우 경제적으로 매우 어려움에 처해 있는 것으로 나타났다.

> "이혼하고 남편한테 돈을 하나도 받지 못하고 아이만 데리고 나왔어요. 아이 때문에 잘살아보려고 했어요. 하지만 매일 술을 마시고 돌아오면 "오늘 뭐 했냐"부터 시작하여 의심에 구타에 도저히 참을 수 없어 이혼을 했어요. 돈은 하나도 없어 힘은 들어요. 하지만 제 힘으로 돈을 벌어서 아이를 키울 거예요."

이 이주여성은 남편의 자녀양육비를 받지 못하고 있으며 혼자 자녀를 키우는데 경제적인 어려움을 겪고 있다. 자녀가 별거하는 아버지와 접촉하지 못하는 경우에는 자녀의 심리적인 고통이 크며, 비록 떨어져 지내지만 아버지가 자녀양육비 지급하면 자녀와 관계를 지속시키는 정서적 안정을 제공한다고 하였다(Seltzer, 1991). 그녀는 이혼 후 자녀의 양육에 민감하고 경제적 어려움을 겪고 있지만 자녀가 아버지를 만나는 것을 원하지 않고 있다. 이 때문에 자녀양육비를 받지 못하고 경제적인 어려움을 겪고 있다.

"남편은 무능해서 자기 한 몸 챙기는 것도 할 수 없는데 자녀양육비를 어떻게 지급할 수 있겠어요? 제가 돈을 벌 수 있는데 굳이 그럼 사람으로 부터 돈을 받을 필요가 없잖아요."

다른 이주여성의 경우는 자녀를 만나게 해주지만 남편은 일하지 않아서 양육비를 받지 않겠다고 합의했다. 이혼하기 전에도 베트남 결혼이주여성은 가족의 경제적인 문제를 다 해결하는 역할을 했다. 때문에 이혼 후에는 남편의 지원 없이 자녀를 양육하고 있는 것으로 나타났다.

"아이가 아프면 제가 일을 못해 쉬어야 돼요. 그런 때 어떤 사장님이 이해해주면 근무를 계속 하게 해주는데 어떤 사람이 저를 해고해요. 그래서 다른 일을 구해야 해요."

가정의 사회경제적 수준은 자녀들의 양육환경의 차이를 가져오는 주요 요인이다. 대부분의 이주여성들은 학력이 낮으며 취업이 불안정한 상태이고 소득이 매우 낮은 것으로 나타났다. 이주여성들은 생산직 근무로 노동부의 규정에 따라 시급 5,210원을 받고 있으며 한 달 월급이 1백50만 원에서 2백만 원을 받는 것으로 나타났다. 또한 임시직 직업 때문에 자녀가 아프거나 무슨 일이 생겨 많이 쉬면 해고를 당하게 되면 다른 직장을 구해야 된다. 따라서 정서적인 스트레스도 많으며 자녀와 관계가 불안정하여 자녀양육이 문제시되고 있었다.

2) 자녀를 위한 희생

다른 언어를 사용하고 다른 문화적 배경을 가지고 있는 베트남 결혼이주여성에게 자녀양육은 가장 큰 어려움 중의 하나이다. 그런데도 베트남 결혼이주여성은 자녀를 위해 한국생활이 아무리 힘들더라도 잘 버티고 어려움을 극복해나가는 모습을 볼 수 있었다.

> "아이와 잘 먹이고 잘 살기 위해 아무리 힘든 일도 다 해요. 나를 돌볼 시간도 여유도 없어요. 공장에서 월요일부터 토요일까지 하루 9시간을 일하는데 생활비는 부족해요."

자녀를 양육하는 데 있어서 경제적인 문제를 마련하기 때문에 공장에서 하루 9시간 일하고 퇴근하면 가사노동 또한 자녀를 챙기느라 자기한테 여유가 없는 것으로 알 수 있다. 이주여성들은 이혼 후 자녀를 데리고 혹은 베트남 친정에 맡기고 돈을 벌어 자녀를 양육하려 했다. 하지만 자녀가 좀 더 선진화된 한국의 교육시스템에서 교육을 받는 것을 선택하였다. 힘들 때 가족이 있는 베트남에 가버리고 싶지만 자녀를 생각해서 한국에 계속 정착하기로 결심한 것이다. 베트남 결혼이주여성은 자기의 인생을 잊어버리고 자녀의 인생만을 생각하면서 살아가는 것으로 나타났다.

> "여기 생활하기가 힘들어서 베트남에 갈 생각이 많이 있었지요. 그런데 아기를 생각하면 한국에 살아가야겠다는 생각이 들었어요. ...(중략)... 애기를 위해 마음을 더 독하게 열심히 살아야겠다는 생각이 들어요. 제가 제 인생을 살 것 같지 않고 애기를 위해 살아가는 것 같아요."

이 이주여성은 남편의 무능력으로 경제활동을 해야 하는 상황에서 남편은 2시간에 1번씩 전화를 걸어 영상통화를 요구하며 감시가 심해 이혼을 했다. 이혼을 한 후 남편의 도움 없이 혼자 자녀를 양육하기 어려워 베트남에 가고 싶지만, 자녀에게 좀 더 선진화된 교육시스템에서 공부할 수 있는 기회를 주고 싶어 참고 희생하는 것으로 나타났다. 자녀를 혼자 양육

함에 있어 한국에 거주하고 있는 베트남 결혼이주여성 중 한국생활 어려움을 잘 극복한 여성들로부터 자녀양육 정보를 서로 공유하여 자녀양육 지식이 강화될 수 있길 희망하고 있었다.

3) 한국의 친척 및 가족과의 단절

이혼한 부부는 자녀양육을 위한 상당 부분을 조부모, 외조부모의 도움을 의지할 수밖에 없다(박봉수 외, 2012). 그러나 베트남 결혼이주여성은 이혼 후 시댁과 관계가 단절되는 상태이다. 그리고 한국사회에 잔존하고 있는 이혼 가정에 대한 사회적 편견이 가중되어 자녀양육 어려움이 큰 것으로 나타났다.

> "시어머니가 시골에 있는데 손녀를 사랑해서 우리한테 쌀을 보냈어요. 그런데 시누이가 보내지 말라고 시어머니한테 막 잔소리를 했어요. 그것을 알게 돼서 제가 시댁이 주는 것을 아무 것도 받지 않고 연락도 안 해요."

한국사회에서는 이혼에 대한 부정적인 인식이 강하며 이혼가정과 자녀를 위한 사회적, 제도적인 지지체계가 미흡한 것으로 나타났다. 이 이주여성들은 이혼 후 남편과 그의 친척 등과 연락을 하지 않고 지내는 것으로 나타났다.

> "남편의 가족은 시골에 있고 이혼 전에는 1년에 몇 번 만났지만 이혼 후에는 연락을 안 했어요. 물론 도와주는 가족도 없고요."

이주여성은 이혼 후 혼자 자녀를 양육하면서 시댁의 친척과 시부모님과 연락을 하지 않고 지내고 있다. 유아기 자녀를 둔 어머니의 사회적 관계망은 주로 배우자, 시댁, 친정식구, 이웃, 친구, 직장동료, 종교기관 및 금전 거래를 통한 형식적 관계 등이다(김숙영, 1995). 그러나 그녀는 배우자의 가족, 친척, 이웃, 동업자 또한 친구도 없기 때문에 사회관계망과 연결되지 않은 상태에 지원을 받지 못하고 있다.

4) 자녀의 정서적 불안

이혼 직후 비양육 아버지와 접촉하지 않는 자녀들이 우울증과 같이 사회성이 낮고 발달과정에 문제가 있는 것으로 밝혀져 있다. 대부분 이주여성의 자녀들은 전남편과 자녀와 접촉을 금지하기 때문에 자녀가 심리적인 불안정에 직면한 것으로 나타났다.

> "제 아이가 한국말을 잘해요. 유치원에서 친구와 교사들과 대부분의 시간을 보냈으니까요. 그런데 아빠와 이혼하고 저와 살면서 성격이 조용하고 사람을 피하는 경향이 생겼어요."

가족의 정서적 역할을 담당해야 하는 어머니가 생계를 부담하면서 가사를 전담해야 하는 이중 노동의 과중한 부담으로 인해 가족의 정서적 요구를 들어주기가 어렵다는 결과와 같이 이주여성 자녀들도 정서적 불안을 보였다. 그녀의 자녀는 아직 어려서 부모의 이혼에 대한 것을 모르지만 아버지와 떨어져 살고 있는 것을 느끼게 돼서 성격이 다른 아이보다 활발하지 않고 정서적으로 매우 불안한 것으로 나타났다.

"제 애기가 아빠랑 더 친해요. 제가 밖에 일하러 나가니까 같이 보내는 시간이 별로 없어서요. 애기가 가끔 아빠 보고 싶다고 하고 아빠한테 통화해 달라고 졸라요."

그녀는 이혼하기 전에 남편이 일을 안 하고 집에 있으면서 자녀를 돌보았기 때문에 자녀가 어머니보다 아버지와 애착이 더 강한 상태였다. 이혼 후에는 아버지를 만나지 못하기 때문에 상당한 정서적 불안정과 산만함이 나타났다. 이혼 후 아버지의 애정이 부족해지기 때문에 정서적 불안이 되는 양상이 나타났다.

3. 양부모가정의 자녀양육 경험

베트남 국제결혼 가정 중 양부모 가정에서 베트남 결혼이주여성 양육 경험을 살펴본 결과, 자녀양육에 대한 남편과의 갈등, 베트남 문화 계승에 관한 욕구, 남편의 불신 등으로 나타났다.

1) 자녀양육에 대한 남편과의 갈등

유아는 양육 담당자인 어머니에 대한 동일시로부터 시작되는데 의존성을 형성하게 된다. 그러나 시간이 지나감에 따라 의존성을 벗어나서 자율성을 확립하게 된다고 한다. 유아는 자율적인 행동으로 부모로부터 애정을 구하기 시작한다. 베트남 결혼이주여성 역시 자녀가 스스로 자립할 수 있도록 양육하고 싶지만 남편의 양육방식과 달라 갈등하는 것으로 나타났다.

"아이가 앞으로 이런 사람이 되라고 강요하지 않아요. 아이가 건강하
게 자라는 것이 저한테 가장 중요해요. 하지만 남편이 집에 있으면 아빠
한테 너무 의지를 많이 해서 독립심을 기르는 데 방해가 돼요."

이 이주여성은 한국에 온 지 3년이 되었다. 자녀는 1명으로 2살이 되어
아직은 자녀양육에 대한 경험이 많지는 않다. 하지만 베트남 결혼이주여
성은 자녀가 어렸을 때부터 스스로 문제를 해결할 수 있길 희망한다. 하지
만 남편은 자녀에게 무조건적인 도움을 주기 때문에 양육 방법에 있어
갈등을 겪는 것으로 나타났다.

"아이가 옷을 스스로 입고, 신발을 스스로 벗게 해요. 그리고 밥을
먹을 때 엄마의 도움 없이 먹어야 해요."

박찬옥 · 이은경(2012)에 따르면 결혼이주여성들은 어머니로서 중요한
역할은 자신들의 적응경험에 비추어 주변 환경에 적응하고 즐겁게 생활하
도록 도움을 주는 것으로, 적극적 부모역할 개입이 자녀의 자존감과 현실
적인 문제해결에 도움이 되는 것으로 보았다. 이 이주여성은 자녀가 어린
시기에 자신의 의주생활을 스스로 해야 한다는 자립심과 책임감을 심어주
려고 하였다.

2) 베트남 문화 전승

김영순 · 문하얀(2008)에 따르면 언어는 한 사회의 문화를 반영하는
상징이라고 하며 언어와 문화는 서로 친밀한 관계가 있는 것으로 밝혔다.
부부만 살고 있는 가정의 베트남 결혼이주여성은 남편의 동거가족 없이
자녀와 자유롭게 베트남어로 소통하며, 자연스럽게 베트남 문화를 전승하

는 것으로 나타났다

> "전 쌀국수, 월남쌈 등 베트남 음식을 자주 해요. 애 아빠와 애기가
> 잘 먹거든요."

이주여성은 처음 한국에 와서 시부모와 같이 살았다. 시어머니와 같이
살 때는 자녀들과 베트남 말을 못하게 해서 한국말을 했고, 베트남 음식을
해 먹을 수 없었다. 하지만 시어머니가 돌아가시고 나서 자녀들과 베트남
어로 소통을 하고 베트남 음식도 만들어 먹음으로써 자연스럽게 베트남
문화를 전승하는 것으로 나타났다.

> "제 아이한테 아오자이를 만들어 주었어요. 아빠가 늦게 오시니까요.
> 베트남이 그립거나 외로울 때 우리 셋이 베트남 옷을 입고 베트남 춤도
> 춰요. 아이들도 즐거워해요."

> "제가 애들한테 어렸을 때 찍은 사진을 보여주고 고향의 아름다운 경
> 치도 보여줘요. 아이들에게 엄마의 고향은 얼마나 아름다운지 알려주고
> 싶어서요."

이 이주여성은 가정은 사회의 일부이며 민족의 고유문화를 유지하고
전승하는 것이 가정에서부터 시작하는 것이라고 여긴다. 가정에서 여성의
역할이 중요하다고 생각하며 베트남 문화의 전통을 2세들에게 전승하는
것은 어머니의 책임이라고 할 수 있다. 그녀는 어릴 적부터 이런 사상을
교육을 받기 때문에 자녀에게 베트남 문화를 전승하는 것을 중요시한다.
이로 인하여 베트남 결혼이주여성은 자신의 정체성도 유지하면서 자녀에
게 베트남 문화를 전승하는 것으로 나타났다.

3) 남편의 불신

대부분의 이주여성들은 베트남 결혼이주여성은 경제적인 문제를 해결하기 위해 국제결혼을 선택한 것으로 나타났다. 나이 차이가 많은 남편은 아내에 대한 의심이 많고, 무슨 일을 결정할 때 아내의 한국어 능력을 핑계로 상의하지 않고 혼자 결정하는 등 아내를 불신하는 것으로 나타났다.

> "저희가 결혼하고 함께 산 지 7년이 되었고 자녀도 2명을 두고 있는데 남편은 저를 믿지 않는 것 같아요. ...(중략)... 저는 그냥 집안일만 하고... 아이의 의식주에 대한 것만 챙길 수밖에 없어요. 이 집에서 내 존재는 무엇인가에 대해 생각한 적이 많아요. 내 존재는 없다고 생각하면 속상할 때가 많지요."

이주여성은 남편의 신뢰성을 받지 못한 느낌을 가짐으로 마음이 섭섭하다. 앞에 언급했듯이 어머니의 역할이 제대로 인정되지 못하거나 아무리 가까워지려 해도 언제나 간격은 좁혀지지 않은 남편과의 관계는 결혼이주여성들에게 자신들의 노력에 대한 성취에 회의감에 휩싸이게 만든다. 특히 가족으로부터 듣게 되는 문화적 무능력에 대한 비판은 자존감이 낮아지고 그녀들을 무능력하게 만든 것으로 나타났다.

> "저는 베트남 친구들과 카톡을 자주 해요. 애들 유치원 생활이 어떤지, 교육은 무엇을 어떻게 하면 좋은지에 대해서요. 그런데 남편은 저를 의심하는 거예요. 누구와 무슨 말을 하는지에 대해 물어요. 남편 혼자 결정하는 것도 속상하고 힘든데 의심까지 하니까 정말 돌아가고 싶을 때가 많아요."

부모의 사회적 관계망은 정서적 · 도구적 지지를 해주는 역할을 하며,

자녀양육에 대한 조언과 기타 정보적 지원을 해주고 부모의 양육 행동에
도 영향을 준다(김현주 외, 2000). 하지만 베트남 결혼이주여성은 사회적
관계망이 약한 것으로 나타났다. 자녀양육에 있어서 아버지가 직접적으로
양육 행동을 수행하지 않더라도 어머니를 통하여 간접적인 영향을 미칠
수 있다. 즉 한 여성은 남편의 사랑을 받고 행복한 심리를 가지면 자녀에
게 애정을 전수하면서 적절한 양육 행동을 수행할 수 있다고 한다. 반면에
여성은 남편의 사랑과 신뢰를 받지 못하면 자녀에게 심한 처벌과 훈육을
가하는 경향이 있다(Le Thanh Hoa, et al, 2001).

4. 시댁 및 친정의 자녀양육 경험

1) 시댁: 시어머니는 가정교사

결혼이주여성의 상당수가 초기 문화적응을 위해 시어머니와 가까이
살면서 가사노동이나 자녀양육 등 실제적인 도움을 받고 있다고 한다(이
미정 외, 2012). 베트남 결혼이주여성은 시어머니가 한국생활에 첫 교사
인 것으로 나타났다.

> "저희 시어머니가 나이가 들어서 아이를 돌봐주거나 놀아주지는 못해
> 요. 더욱이 집안일은 해줄 수 없지요. 제가 시어머니한테 모든 것을 챙겨
> 드려야 돼요. 하지만 저나 아이의 행동이 잘 못 되거나 남편과 다툴 때
> 시어머니의 훈계를 들어야 해요. (이하생략)"

이 이주여성의 시어머니는 나이가 많기 때문에 아이를 돌봐주지 못하고
있으며 가사노동도 도움을 받지 못하는 상태이다. 시어머니와 같이 사는

데도 시어머니의 도움을 받지 못할 뿐만 아니라 자녀양육을 하면서 시어머니를 돌봐야 되니까 이중으로 힘겨움을 받고 있다. 하지만 장점도 많다. 아이가 아플 때 병원에 가지 않고 민간요법으로 낫게 한다거나, 만약 남편이 늦게 들어오면 바로 지적하고 며느리 편을 들어주는 것으로 나타났다.

> "처음에는 한국에 와서 아무 것도 몰랐는데 시어머니께서 저에게 한국 요리를 알려 주고 한국말도 가르쳐주셨어요. ...(중략)... 아이를 낳을 때 한국말을 몰라서 시어머니가 아이를 달래주고 노래도 불러주셨어요. 시어머니가 이야기하는 것을 보면 제가 따라 배웠어요."

시어머니와 같이 사는 베트남 결혼이주여성이 부부만 사는 여성보다 한국어가 더 능숙한 것으로 나타났다. 이주여성의 시어머니는 결혼에 실패한 아들을 보면서 근심이 많았고, 심지어 우울증까지 있었다고 한다. 그러나 베트남 며느리와 함께 살면서 며느리에게 한국 음식과 한국어 등을 가르치고 살갑게 구는 며느리를 보면서 우울증도 없어졌다고 한다. 또한 자녀출산 후 시어머니는 손수 산후조리까지 맡아주시고, 자녀양육을 하는 데 있어서 자녀가 말을 배우기 시작할 때, 말을 가르치는 역할을 하는 시어머니에 대한 감사한 마음을 가지고 있었다.

2) 시댁: 양육방식으로 인한 고부 갈등

결혼을 하면서 남편의 가족과 관계를 맺기가 중요한데 그중에서도 시어머니와 관계는 가장 주목할 점이다. 시집에 가면 살아왔던 생활습관, 문화가 변하면서 새로운 가족문화에 적응하는 시기를 걸쳐야 한다(임사랑, 2012). 베트남 결혼이주여성은 시어머니로부터 도움을 받지만 고부간에 자녀양육방식이 달라 갈등이 나타났다.

> "제가 아이에게 훈육할 때 어머니가 오셔서 아이의 편을 들어주곤 해
> 요. 그러면 버릇이 없는 아이가 될 수 있다고 말씀드리는데도 계속 그러
> 실 때가 있어요. 베트남에서 아이가 딸꾹질이 나면 아이에게 물을 먹이는
> 거예요. 근데 시어머니가 그렇게 하면 안 된다고 따뜻하게 입히라고 하셨
> 어요."

문화적 배경이 서로 다른 다문화가정의 시부모와 외국인 며느리 관계에
서도 한국가족에서 나타나는 갈등적인 특성이 그대로 나타날 수 있으며,
어떻게 보면 문화적 차이에 의해서 일반적인 관계보다 며느리와 갈등
상황에 처할 가능성이 높아질 수도 있다(Rossi · Rossi, 1990). 이주여성
은 자녀양육에 있어 시어머니와 다른 견해를 가지고 있으며 이는 갈등의
요인으로 작용하는 것으로 나타났다.

> "날씨가 추울 때 집에 있어도 시어머니가 아이에게 옷을 많이 입히는
> 거예요. 난방이 되는데 옷을 많이 입으니까 아이가 더워서 땀을 많이
> 흘리고 또 불편해서 많이 울었어요. 그리고 베트남 음식을 하면 시어머니
> 가 식사를 안 하시고 아이도 먹이지 말랬어요."

시부모와 같이 사는 여성들은 특히 시어머니의 지나친 간섭이나 자녀양
육의 방식으로 갈등을 겪는 것으로 나타났다. 시어머니는 한국에서의 양
육방식과 당신 시대의 양육방식을 가르치지만 젊은 결혼이주여성은 자국
의 양육방식과 젊은 사람들의 사고로 자녀를 양육하기 때문이다. 이는
베트남 결혼이주여성에게 스트레스로 작용하여 자녀에게 부정적인 영향
을 미치는 것으로 나타났다.

3) 시댁: 자녀는 고부 갈등의 해결사

시어머니들에게 손자의 존재는 그녀의 결혼이주여성이 가정을 버리고 도망가지 않을 것이라는 신뢰가 생기도록 한다. 그뿐만 아니라 손자의 존재는 시어머니가 그녀의 사회적 관계망 속의 사람들에게 자랑할 만한 이야기를 무한히 만들어 낼 수 있는 소재가 되었으며, 결혼이주여성과의 관계에서 만족도를 더욱 향상시켰다(이미정 외, 2012). 이처럼 자녀는 가족 간의 윤활유 역할을 하며, 베트남 엄마와 한국 남편 사이의 징검다리 역할을 하고 있었다.

> "남편은 저한테 아이의 밥 먹는 습관이 안 좋다고 하면서 화를 냈어요. 제가 화가 나서 남편하고 말을 안 했어요. 그런데 아이가 제 손과 아빠 손을 잡고 뽀뽀하라고 했어요. 저도 아이 때문에 뽀뽀를 했지만 그래서 남편하고 화해했어요."

확대가족에서 결혼이주여성에게 가장 큰 영향을 미친 사람이 시어머니였다는 점이다. 이주여성의 시어머니는 경제권을 가지고 있다는 점과 결혼이주여성이 아들과 안정적인 가정을 이루어 잘살아주기를 바라는 마음에서 어떤 문제가 발생했을 시에 시어머니가 많은 부분을 양보하고 이해하려는 경향도 있었다. 갈등이 발생했을 때 자녀가 갈등을 해결해 주는 기재가 되기도 했다.

> "우리 어머니는 저를 별로 좋아하지도 믿지도 않으세요. 하지만 우리 딸 때문에 제가 한국에서 살 거라고 생각하고 있어요."

이주여성은 아들이 결혼을 못해 대를 이을 걱정을 하던 시어머니에게 외국인 며느리가 썩 마음에 들지는 않지만 자손을 낳아 대를 이어주었다는 것만으로도 시어머니에게 고마운 존재이다. 베트남 며느리가 도망갈 두려움도 손자로 인해 안심을 하고, 베트남 며느리가 한국에서 자식을 키우며 잘 살아줄 거라 믿고 있는 것으로 나타났다. 베트남 결혼이주여성에 있어서 자녀는 가정을 화목하게 만들어 주는 교량 역할을 하는 것으로 나타났다.

4) 친정: 한국에서 고생하는 딸을 위한 희생

대부분의 이주여성들은 자녀양육비가 부족하거나 베트남 가족을 지원하기 위해 경제 활동을 참여하게 되었다. 남성과 달리 직업여성들은 결혼을 한 이후에도 여성성을 유지하면서 자녀를 양육하고 가사를 담당해야 하는 부담을 가지고 있어 베트남에 있는 친청엄마를 초청하여 자녀양육을 도움을 받고 있었다.

> "저희가 맞벌이 부부라서 아이를 돌봐주기 위해 친정엄마를 초청했어요. 아이를 어린이집에 데려다주고 밥을 먹이고 목욕을 시켜줘요."

이주여성은 나이가 많은 남편을 대신하여 가장역할을 하고 있다. 공장에서 일하면서 늦게 돌아와 양육에 투자할 수 있는 시간이 절대적으로 부족하기 때문에 더욱 힘들어한다. 친정어머니를 초청하여 친정어머니로 하여금 자녀양육을 도움 받고 있다. 낯선 이국에서 고생하는 딸을 위해 자녀의 양육은 물론 집안일까지 도맡아 하고 있는 것으로 나타났다.

> "직장생활이 힘들거나 동료랑 갈등이 있을 때 엄마가 있으니까 내가

혼자 아니다 느낌이 들었다."

이주여성은 이혼 후 자녀양육을 위해 베트남 친정엄마를 초청하여 도움을 받고 있다. 직장생활에서 받은 스트레스나 갈등을 엄마한테 베트남어로 털어놓아 친정엄마의 조언을 구하는 것으로 나타났다. 베트남 결혼이주여성에게 친정엄마는 가사노동, 자녀양육 도움뿐만 아니라 정서적인 안정도 가져오는 요인이다. 본국을 떠나서 한국생활에서는 외로움과 소외감을 느낄 때가 많지만 친모가 와서 같이 사니까 마음이 든든해진다는 것을 볼 수 있다.

5) 친정: 친어머니와 갈등

고부 갈등과 마찬가지로 장모와 사위 관계에도 갈등이 발생하는 것을 알 수 있다. 같은 문화 배경을 지니는 장모와 사위 사이에 갈등도 나타나는데 다른 언어와 문화를 가지고 이중, 삼중 갈등이 나타났다. 베트남 남편들은 경제 활동을 하면서 가사분담을 하는데 한국 남편은 달리 경제 활동만 집중하고 집안일과 자녀양육에는 관여를 안 한다. 그러므로 베트남 결혼이주여성의 친모가 딸의 배우자인 사위에게 불만을 표했다.

> "어머니가 남편에 대해 안 좋은 감정을 가지고 있어요. 제 남편은 집에 와서 아무것도 도와주지 않아서요. 그런데 한국말을 할 줄 몰라서 제 남편한테 말할 수 없어서 때로는 안 좋은 얼굴 표정을 해요. 저는 중간에서 너무 곤란해요."

이주여성의 친모는 딸의 집안일이나 자녀양육에 관여하지 않는 사위에 대한 불만을 가지고 있다. 하지만 사위와 의사소통이 안돼서 직접 말할 수 없는 것이다. 대신에 좋지 않은 태도를 표하거나 딸을 통하여 분노를 표했다. 때문에 베트남 결혼이주여성은 장모와 사위 관계의 갈등에 대한 스트레스를 받는 것으로 나타났다.

> "베트남에서는 쓰레기를 분리수거하지 않고 그냥 버려요. 제가 자녀한 테 쓰레기를 버릴 때 반드시 분리해야 된다고 교육시키고, 자녀가 잘못 버리면 제가 혼내지요. 그런데 엄마가 손자한테 괜찮다고 하셔요."

세대 차이에 성장하기 때문에 사고방식과 가치관 등이 차이가 있어 갈등이 나타나는 것을 알 수 있다. 같은 문화적 배경을 지니더라도 세대 간에 자녀양육방식이 다를 수도 있다. 그러나 베트남 출신 결혼이주여성은 한국에서 살기 때문에 자녀양육방식은 한국 전통식 및 시댁의 간섭으로 인해 영향을 받고 있다. 그런데 친모가 베트남의 양육방식을 가지고 있기 때문에 친정엄마와 이주여성 간 갈등이 나타났다.

> "우유를 제 때에 먹여야 하는데 엄마가 아기에게 밥을 먹이면서 우유 를 먹게 해주는 거예요."

모든 어머니가 자녀를 위해 모든 것을 희생하고 자녀의 요청을 들어주며, 자녀를 돌보는 데 힘쓴다 이 점은 베트남도 예외는 아니다. 이것은 문화 간 보편적인 차이가 없는 모성애 차원이다. 그러나 최근에 젊은 어머니들 사이에서 자녀들의 독립성 발달에 관심을 두고 전통적인 돌봄 양육방식에서 주체적인 방식으로 변화하고 있다. 베트남 결혼이주여성의 친모가 전통적 가족제도의 가치를 가지고 손자, 손녀를 챙기는 반면, 베트남 결혼이주여성은 자녀에게 독립성 발달을 시키길 원하기 때문에 친모와 이주여성 간 갈등이 발생하기도 한다.

6) 친정: 친모에 대한 죄책감

대부분의 베트남 결혼이주여성은 가족의 경제생활을 돕기 위해 한국으로의 국제결혼을 선택했다. 그럼에도 한국생활이 힘들어서 친정의 도움을 요청하는 경우가 있다. 그러므로 목적반향적 사정에 대해 이주여성들은 책임을 통감하고 있었다. 무엇보다 자녀를 출산하고 키우는 과정에서 친정어머니가 한국으로 와서 고생하는 것에 대한 죄책감을 느끼는 것으로 나타났다.

> "부모님을 도와드리지 못하고 오히려 나 때문에 언어도 통하지 않는 나라에 와서 어머니가 고생해야 되니까 미안해요."

이주여성은 자녀양육을 위해 베트남의 친정엄마를 초청하여 자녀양육을 지원받고 있다. 베트남에서는 딸은 시집에 가면 친정 가정의 보살핌을 떠나서 살림을 스스로 해야 되는데 한국으로 온 베트남 결혼이주여성은 친정어머니의 도움을 받는 것에 대해 죄책감을 가지고 있었다.

> "어머니가 아이들한테 베트남 음식을 만들어주고 베트남 민요도 불러 줘요."

베트남의 문화 중에서 가장 중요시되는 것은 효도이며 부모와 조부모에 대해 존경하고 감사하는 마음을 가져야 된다는 사상이 있다(김영순·Nguyen Van Hieu 외, 2013). 베트남 결혼이주여성의 자녀가 친조부모나 외조부모께 효도하는 행동을 보면서 자기가 답습하게 되는 것이다. 이는 2세들에게 효도를 교육시키는 좋은 방법이라고 할 수 있다. 어떤 이주여성의 친모는 자신의 딸의 자녀들에게 베트남어와 베트남 문화를 무의식적으로 전수하는 것을 통해 보람도 가지고 있고, 이주여성 또한 자녀들의 정체성 발달에 긍정적인 영향이 있는 것으로 판단하고 있다. 예컨대 베트남 외할머니가 자녀에게 베트남어로 대화하거나 베트남 음식을 만들어 주고, 민요를 불러주는 것이다. 또한 자녀가 어머니와 외할머니가 베트남어로 대화하는 것을 듣고 베트남어를 친숙하게 생각하고 베트남어 습득의 동기가 될 수 있다고 본다.

5. 마무리

자녀양육은 부부가 공동으로 수행하는 것이 일반적이다. 하지만 베트남 결혼이주여성의 가족에서는 대체로 남편이 자녀양육에 관여를 안 하는 것으로 나타났다. 그 이유는 한국의 전통적인 가부장적 문화에 기인하고 있는 것으로 판단된다. 대부분의 경우 남성 배우자의 수입 불안정으로 인한 경제생활의 어려움으로 이주여성 역시 경제생활을 하지만 여성이 전적으로 자녀양육과 가사담당을 한다. 그렇지만 베트남 결혼이주여성에게 자녀는 한국생활에서의 모든 힘겨움을 이겨내는 데 있어서 유일한 존재가 되는 것으로 나타났다. 그녀가 이주와 경제생활에 따른 어려운 고생을 하고 있지만, 자녀의 존재는 그녀들 삶의 존재 이유가 되고 있다. 실제로 연구팀이 만났던 이주여성들은 본국을 떠나서 낯선 한국 땅에 와서 경제적인 어려움, 외로움, 가족과 갈등, 사회의 편견과 같은 문제에 직면했을 때 자녀가 있기 때문에 난관을 극복할 수 있 힘이 되었다고 토로한다.

이번 장에서 몇 가지 시사점을 얻을 수 있다. 가족유형별로 자녀양육

경험은 첫째, 한 부모가정에서 경제적 어려움, 자녀를 위한 희생, 한국의 친척 및 가족과 단절, 자녀의 정서적 불안 등으로 나타났다. 둘째, 양부모가정에서 자녀양육에 대한 남편과의 갈등, 베트남 문화 계승, 남편의 불신 등으로 나타났다. 셋째, 시부모와 같이 사는 시부모가정에서는 시어머니는 가정교사, 양육방식으로 인한 고부 갈등, 자녀는 고부 갈등의 해결사 등으로 나타났다. 넷째, 베트남 친모가정에서는 한국에서 고생하는 딸을 위한 희생, 친모와 갈등, 친모에 대한 죄책감 등으로 나타났다. 자녀양육은 가족 안에서부터 시작하여 점차 사회로 이어질 수 있는 연결고리가 될 수 있도록 베트남 결혼이주여성의 자국 공동체와 한국사회관계망 구축이 강화되어야 한다. 이를 위해 첫째, 한부모가정을 위해 자녀를 늦은 시간까지 안심하고 맡길 수 있는 탁아 및 육아 돌보미시설의 확충과 상담 및 교육 프로그램이 이루어져야 한다. 둘째, 시부모가정을 위해 외국인 며느리에 대한 이해 교육과 육아 방법 등의 교육이 병행되어야 한다. 셋째, 베트남 친모가정을 위해 친모의 안정된 체류가 보장되어 육아에 전념할 수 있도록 해야 한다. 가족단위의 지원방안이 먼저 강구되고 실행될 때 결혼이주여성 문제는 해결될 것이고 지속가능한 다문화사회가 실현될 것이다.

8장. 언어문제: 자녀 계승어 교육

1. 결혼이주여성과 계승어 문제

현재 한국사회는 급격하게 다문화사회로 발전하고 있다. 행정자치 연보에 따라 총인구 대비의 비율을 외국인이 차지하고 있다는 것을 알 수 있다. 한국사회는 점점 다문화사회로 변화하고 있으며 다양한 언어 환경에서 생활하는 다문화가정 자녀들도 증가하게 되었다. 한국에 등록한 외국인 자녀 수가 만 20만 명을 넘은 것으로 나타났다(행정안전부, 2016).

다문화 가정 자녀들의 특징 중 하나는 이중언어 환경에서 생활하고 한국어와 계승어 외국인 부모의 모어 이중언어 능력을 가질 수 있다는 것이다. 행정안전부와 교육부는 다문화가정 자녀에 대한 조사를 지속적으로 시행하고 있다. 2016년 조사 결과를 살펴보면, 이주민 자녀 중 12세 이하 어린이가 84.6%인 것으로 나타났다. Eric Lenneberg는 언어습득의 생물학적 '결정적 시기'를 12살까지라고 주장하였다(Lenneberg, E. H., et. al., 1967). '결정적 시기'가 지나면 언어 습득은 매우 어렵고 대개의 경우 성공적으로 이루어지기 힘들어진다는 것이다. 따라서, 다문화가정 자녀들의 이중언어 능력의 배양, 특히 계승어 교육은 다문화사회로의 발전 과정 중에서 국가적으로 시급히 해결해야 할 문제임을 뜻한다.

하지만 이중언어 가정에서 태어난 아이들이 성공적으로 두 가지 언어를 모두 장악한다는 것은 결코 쉬운 일이 아니고(De Houwer, A., 2009) 현실적으로 봐도 다문화 가정에서 태어난 자녀들의 계승어 교육 현황은 낙관적이지 못하다. 2015년 전국다문화가족실태조사 중 다문화가족 자녀의 언어구사력 및 이중언어 태도에 관한 결과를 살펴보면 다문화 가정 자녀들이 한국어 구사능력에 대해서는 89.8%가 잘한다고 응답한 반면 외국계 부모의 모국어 능력에 대해서는 과반이 넘는 55.5%가 잘하지 못한 다고 하였다. 이에 따라 이번 장에서는 중국 결혼이주여성을 중심으로 결혼이주여성의 자녀에 대한 계승어 교육에 관한 형성과정을 조사하여 다문화가정의 외국인 부모나라 언어교육에 관한 문제점과 제안에 대하여 논의하도록 한다.

Fishman은 미국의 상황을 예로 들어 계승어를 설명했는데 그에 따르면 계승어는 이민자의 언어 원주민의 언어 그리고 식민지 지역의 언어이다 (Fishman, J. A., 1991). 여기서 사용한 계승어란 한국인과 외국인이 결혼 하여 구성한 가정에서 외국인인 아버지 혹은 외국인 어머니가 사용하는 모국어를 말한다. 이런 가정환경에서 태어난 아이는 계승어를 할 줄 알거 나 모르거나 이런 언어와 혈연관계로 맺어지고 있다.

이중모어습득이란 출생한 날부터 한 가지 이상의 언어를 동시에 습득하 기 시작하는 것을 말한다(De Houwer, A., 1990). 처음 두 가지 언어를 동시에 습득하는 현상을 연구한 사람은 두 가지 언어를 사용하면서 아이 를 키운 Ronjat이다(Ronjat, J., Escudé, P., & Lieutard, H., 1913). 그는 한 명의 가정구성원이 한가지 언어를 할 수 있는 이중언어 교육방식인 OPOL(one-person-one-language)가정언어 교육방식을 소개했고 OPOL 은 각자 다른 모국어를 하는 부모로 구성된 가정에서 아이에게 이중모국 어를 가르쳐주는 효과적인 교육방식이라고 지적했다. Houwer은 연속적 으로 입력하는 것은 아이로 하여금 이중모어를 습득하게 하는 매우 중요 한 작용을 한다고 강조했다. 왜냐하면 입력의 양이 많을수록 언어는 더 유창해지며 유창해지면 언어를 더 많이 사용하게 된다(De Houwer, A., 2009). 또는 이중모국어 교육에 영향을 주는 다른 한 가지 요소는 부모들의 태도라고 지적했다 부모들의 태도는 아이의 언어교육에 얼마만큼 투자할 것인가를 결정할 것이고 나아가서 교육의 효과에 영향을 주게 된다.

2. 계승어 교육의 태도와 인식

1) 부모들의 태도가 적극적이지 못하다

언어교육에 있어서 부모들의 태도는 직접 교육과정을 계획하고 실시하는 부모들의 행위를 좌우지하므로 아이들의 언어 장악 능력에 영향을 준다(Barron-Hauwaert, S., 2004). 중국계 결혼이민자들은 자녀의 교육 문제에 있어서 절박하지 않고 조선족 결혼이민자들은 한민족(韓民族)과의 민족성과 "한국은 고향이다"란 감정을 갖고 있다. 그러므로 자녀의 교육 문제에 있어서 한국 사회에 완전히 적응시켜주는 것을 더 중요하게 생각하며 중국어는 "잘 배울 수 있으면 좋지만 배우지 않아도 상관없다"란 태도를 취하고 있다. 결혼이민을 한 한족 여성들은 비록 자녀들의 중국어 교육 필요성을 인지하고 있지만 현시점에서 해결해야 할 문제로 보지는 않는다.

　"저는 오직 아이가 평범하고 정상적인 한국인으로 성장할 수 있고 모든 한국인 어린이처럼 행복하게 성장했으면 해요 저는 아이가 기타 한국 어린이와 다르게 보이는 것을 원하지 않아요."

　"예전에 저는 아이와 중국어로 대화도 했지만 아이가 유치원에 곧 가게 되므로 그에게 한국어를 빨리 배워줘야 해요. 그렇지 않으면 다른 애들과 같이 놀 수 없어요. 중국어도 배워야 하지만 조건이 영 안 되면 나중에 중국에 보내서 배우도록 해야 하겠죠."

2) 아이의 한국어 실력을 많이 우려한다

많은 결혼이주여성은 앞으로 자기 아이의 한국어 능력이 한국아이보다 약할 수 있다는 말을 듣게 된다. 이런 차이는 주로 한국어가 능숙하지 못한 어머니로 인해 생기는 것이므로 많은 결혼이민자는 심리적인 압박을 받게 된다. 아이의 한국어 능력을 걱정하기 때문에 아이가 한국어 교육 방면에서 남보다 뒤지지 않게 하기 위해 그들은 차라리 아이가 중국어를 모르는 게 낫다고 판단하게 된다.

"저는 다른 사람들이 애 엄마가 중국인이기 때문에 아이가 한국어가 서투르고 공부를 잘하지 못한다고 말하는 것을 싫어해요. 중국어도 중요 하지만 아이가 한국에서 생활하므로 어떻게든 우선 한국어를 잘할 수 있게 하고 난 후에 기타를 생각하는 게 좋다고 보아요."

"딸이 한국어로 글도 잘 쓰고 항상 선생님의 칭찬을 받아서 저는 매우 만족스러워 해요. 나중에 생각했어요. 그래 한국어 능력이 좋으니까 잘 발전시켜줘야 하고 중국어를 할 줄 몰라도 강요하지 말아야겠다 라고요."

3. 계승어의 교육 및 환경적 측면

1) 언어적 입력과 상호작용이 부족하다

입력의 양이 많을수록 언어는 더 유창해지며 유창해지면 언어를 더 많이 사용하게 된다. 다문화가정은 대부분은 한국인 남성과 외국인 여성이 결혼하여 구성된 가정이다. 그래서 그들의 자녀들에 대한 계승어 교육은 결혼이주 배경을 지닌 어머니와 언어적인 상호작용을 통해 주요 형식으로 어머니의 모어를 습득한 것이다(Paul, R., 2007). 하지만 인터뷰를 통해서 중국 어머니들은 너무 바빠서 교육에 신경을 많이 쓰지 못하고 있다는 것을 알아냈고 일상생활 중에서도 아이와 주로 한국어로 대화하고 있음을 발견했다. 중국 결혼이주여성들이 한국 사회생활과 가정의 문화과정에 적응하는데 감당하기 어려운 부담감을 받고 있는데 생활에 시달리다 보니 그들은 아이의 교육에 많은 관심을 줄 수 없게 된다. 그들이 능동적으로 추진해야 이루어질 수 있는 아이들의 중국어 교육은 더욱 실현하기 어려운 현실로 되어 버렸다.

> "제가 일을 시작하면서부터 아이의 중국어 교육을 소홀히 할 수 밖에 없게 되었어요. 예전에는 자기 전에 아이와 같이 당시도 외우고 했는데 지금은 너무 바빠서 누우면 바로 잠들어요."

> "부모님들께서 여기에 계시지 않으므로 저 혼자서 애 둘 키우고 있어요. 집안일도 해야 하고 애들도 챙겨야 하며 한국어도 공부해야 해요. 그들과 대화를 나눌 정신과 체력이 없어요. 그들에게 무슨 일을 시키면 한국어로 해요 중국어로 말하면 천천히 설명해야 하는데 그럴 여유가 없어요."

2) 전문 교육방법에 관한 지식이 부족하다

De Houwer(1990/2009)의 이중모국어 이론을 보면 계승어인 중국어는 아이의 모국어이다. 하지만 외국의 언어 환경 속에서 모국어를 배워야 하는 상황이다. 그러므로 전통적인 의미의 모국어 교육과 다른 계승어 교육은 이주여성들의 교육 지식 영역 밖에 있고 교육에서 문제에 부딪히면 누구에게 물어봐야 할지를 모르는 것이 현실이다. 주변의 대대수 사람은 모국어를 가르쳐주지 않아도 할 줄 아는 사람들이고 외국어는 학교 교육을 통해서 습득한다.

> "아이에게 중국어를 가르쳐줘야 한다는 것을 잘 알고 매일 아이와 대화를 나누고 이야기도 들려주지만 아이는 여전히 말을 잘 할 수 없어요. 예전에는 외국인처럼 말을 했는데 유치원에 가더니 말을 완전히 하지 않게 되더군요. 노력을 많이 해 보았지만 아이의 수준은 여전해요. 그래서 정말로 골치 아프네요. 어떻게 해야 할 지 모르겠어요."

> "말로 하는 건 쉽죠. 정말로 가르쳐주는 것은 그리 쉬운 일이 아니에요. 제가 가르쳐주려 하지만 아이가 배우고 싶은 맘이 없는데 저도 방법이 없죠."

3) 아이에게 언어를 사용하는 환경을 만들어 주기 어렵다

국제결혼가정에서 태어난 아이들에게 중국어를 가르쳐주는 것은 인터뷰 대상자들이 말한 것처럼 "언어교류를 할 수 있는 큰 환경도 없고 언어교류를 할 수 있는 작은 환경을 만들어 주기도 어렵다". 화교 결혼이민여성들과 달리 그들의 거주지역은 분산되어 있고 언어교류 커뮤니티를 형성하기가 어렵다. 언어 노출이 부족하다 보니 아이가 말할 기회가 줄어들고 계승어를 학습하는 적극성도 떨어지게 된다.

> "집에서는 저 혼자만 중국어를 할 수 있고 애 아빠와도 한국어로 대화를 해요. 아이도 똑똑해서 엄마에게 한국어를 해도 엄마가 알아들을 수 있다는 것을 알고 있으므로 저와 중국어를 하지 않으려 하죠. 협박하고 달리면서 중국어를 한다고 해볼게요. 집 밖으로 나가면 또 다들 한국어를 하니 중국어를 안 하려 하죠."

"때론 아이에게 교류 환경을 만들어 주기 위해서 몇 명의 중국에서
온 어머니들과 모임을 갖는데 애들은 유치원에서 한국어를 하는 것에
익숙하므로 애들끼리는 한국어로 대화를 하고 엄마들끼리만 중국어로
대화를 하므로 전혀 효과가 없어요."

"비록 중국의 친척을 연락해서 아이에게 중국어를 사용하는 환경을
만들어 줄 수 있지만 중국은 다민족 다언어 국가라 많은 사람은 사회에서
는 만다린어를 사용하지만 가족들이 모이면 민족언어나 지방 사투리로
교류를 하게 돼요."

조선족 친척들은 주로 한국어로 소통을 하고 일부 한족 결혼이주여성
들도 가족들과 대화를 할 때 방언을 쓰는 문제에 부딪히게 된다. 또한
가부장적 가족문화의 영향 때문에 부담을 느끼는 결혼이주여성들은 시댁
가족들과 자주 소통하거나 연락하는 것을 꺼리는 편이다.

4) 적합한 언어교육 환경이 부족하다

비록 한국에서 중국어를 배우는 사회 분위기가 나쁘진 않지만 지역사회
에서 운영하는 중국어 교육기관들은 대부분 본토 한국인들을 위해 설립되
었고 화교학교에서 가르치는 내용들은 대만의 번체 체계 및 대만 문화를
위주로 하고 있으므로 결혼이주여성들은 자신들의 아이들에게 적합하지
않다고 판단하게 된다. 네이버 지도를 통해 중국어 어학원을 검색한 결과
1,500개 결과가 나왔다. 이 수치는 일본어학원의 배가 된다. 하지만 학원
에서 중국어를 가르치는 가정의 경우 다음과 같은 의견을 표명했다.

"아이는 학원에서 공부한 초급 대화 내용은 다 알 수 있지만 중급 고급
의 문법을 배우면 배울수록 말을 못하게 된다. 이런 내용들은 모두 외국

어 학습방식으로 가르쳐 주고 있으므로 내용을 배우면 배울수록 실제 생활과 멀어져 애들이 생활 속에서 사용하는 내용은 책에서 배운 내용과 다르다고 볼 수 있다."

"TV 온라인상의 교육내용도 중국어학원의 교육내용과 유사하다. 이외에 다문화가족에서 태어난 어린이들을 상대로 하는 다문화 중심의 이중 언어 수업 학교에서 진행하는 다문화 수업 및 제 외국어 수업들도 모두 내용보다 형식을 더 중요하게 보고 있다고 생각하며 기본적으로 초급 인사말만 위주로 교육을 실시하므로 자신의 아이에게 적합하지 않다고 보게 된다."

5) 전문가의 지도의견이 명확하지 않다

다문화가정에서 태어난 자녀들의 교육문제를 두고 2000년 초에 한국 정부는 언어동화정책을 추진하여 다문화가정에서 태어난 자녀들의 한국 어 수준을 향상하는데 힘을 썼다. 2009년에 교육부에서 이중언어 교육을 제시한 후 계승어 교육이 중시를 받기 시작했다. 하지만 언어 동화정책 시기에 형성된 사회 분위기는 이미 결혼한 이주여성들로 하여금 자녀들의 계승어 교육을 포기하도록 했다.

"출생 시에 아이와 중국어를 했는데 유치원에 간 후 아이가 선생님과 대화를 나눌 때 자주 중국어 단어를 사용하므로 선생님께서 알아듣지 못한다고 하네요. 담임선생님은 저에게 아이와 중국어로 대화하지 말고 우선 한국어를 잘 배울 수 있도록 하고 나중에 중국어를 가르쳐주라고 했어요."

4. 사회문화적 측면

1) 단일 문화 분위기로부터 오는 압력이 있다

Lambert은 계승어 유지와 손실에 기여하는 주요한 요인을 한국은 줄곧 단일 언어 단일 문화를 자랑하고 있으며 민중들은 타 문화에 대해 선천적으로 배제하고 있으며 사회에서도 이민자들과 그들의 자녀들을 멸시하고 배척하며 이민자들의 자녀들이 학교폭력을 받고 있는 뉴스들이 끊기지 않는다(Lambert, W. E., & Taylor, D. M., 1996). 이런 사회 분위기 속에서 인터뷰를 받은 사람들은 모두 자신의 아이가 학교에서 배척을 당하는 것을 걱정하고 있다. 심지어 인터뷰를 한 조선족의 아이는 지금까지 자신의 어머니가 중국인이라는 사실을 모르고 있다. 초기에 이민을 간 많은 여성은 이주민을 배척하는 분위기에 영향을 받아서 중국어를 가르쳐주지 않았다고 한다.

> "아이가 학교에서 왕따를 당하는 것을 많이 두려워했는데 지금은 많이 나아졌어요. 우리는 한국에 온지 오래 됐는데 처음엔 외국인이라는 사실을 숨기려고 노력했어요. 애도 포함되죠. 아이가 열등감으로 위축하는 일이 발생하는 것을 두려워했어요. 우리 조선족들은 비록 한국인들과 같은 언어를 쓰고 있지만 발음과 단어 사용에서 차이점이 많아서 아이에게 영향을 주지 않으려고 한국에 와서 바꾸려고 노력을 많이 했어요. 그때는 대부분 아이에게 중국어를 가르쳐 주지 않았어요 지금은 많이 나아졌어요 하지만 저 주변에 여전히 아이에게 엄마가 중국인이라는 사실을 숨기는 사람들이 있어요."

2) 단체문화의 속박을 받는다

동방문화는 단체문화의 특성을 나타내고 있으므로 사람과 사람 사이에 서로 돌보는 특성이 있다. 이런 문화 배경을 지닌 결혼이주여성들은 가정과 함께 있을 때 친척들 앞에서 중국어를 하는 행동은 주변 사람들을 무시하고 존중하지 않는 행동이라고 생각하므로 주변의 사람들을 어색하게 만든다고 보게 된다. 이런 의식은 어머니가 아이와 중국어로 대화하는 기회를 줄여 주는데 영향을 주게 된다.

> "시어머니와 함께 있을 때 저는 아이와 중국어를 하면 오해를 받을 수 있다고 생각해요. 그리고 어머님도 좋은 안색을 보여주지 않아요. 나중에 어머니를 일부로 배척하는 오해를 받지 않으려고 어머니가 있을 때에는 아이와 중국어를 하지 않게 되는데 문제는 어머님이 하루 24시간 동안 집에 있으므로 점점 아이와 한국어로 대화하게 되더라고요."

어머니도 언어를 사용할 때 주변 사람들의 기분을 고려하는데 아이는 더욱 그럴 수 밖에 없다. 아이는 사회생활을 하면서 집단 압력에 더욱 민감할 수밖에 없다.

3) 적극적인 정책 지지가 없다

2006년에 다문화가족정책을 발표한 후 한국 사회의 다문화 분위기는 조금씩 나아지고 있다. 특히 2009년 이후에 이중언어 교육 정책을 실시한 후 많은 사람은 이중언어 교육 및 계승어 교육의 중요성을 인식하도록 했다. 교육부와 여성부에서는 잇따라 이중언어 교육 강사와 엘리트 수업을 개최했다. 하지만 많은 사람은 활동이 너무 형식에만 머물러 있다고 하고 한번 참석할 때 시간만 낭비하고 효과는 별로 없다고 했다. 또한 일부 사람들은 정책은 실질적인 문제를 해결하지 못하다고 했고 직접 비자 문제를 제기한 인터뷰 대상자도 있었다.

> "중국어를 가르치는 가장 좋은 방법은 아이와 함께 중국에 가는 것인데 제가 중국 국적을 들고 있어 귀국하는 것은 상대적으로 편한 일이지만 아이는 한국인이라 수속을 밟는데 너무 부담스러워요. 만약 비자 절차를 밟는 과정이 간단하다면 특가 항공권만 있으면 애를 데리고 중국에 가서 몇 일 살 수 있는데 비자 문제가 있어서 불가능해요. 지금 직계 가족의 수속은 그래도 간단해 졌지만 직계 가족들이 한국에 와도 한국에 있는 것이므로 주변의 대 환경은 여전히 한국어를 하는 분위기이다. 중국이라면 주변에서 듣고 보는 것들이 모두 중국어이므로 가장 효과적이고 빨라요."

5. 마무리

세계 경제의 글로벌화 과정에서 중국의 영향이 점점 커지고 있으므로 중국어는 계승어로서 자녀 언어교육의 필요성이 증대되었다. 따라서 가족의 반대가 줄어들고 오히려 지지하는 분위기가 역력하다. 교육을 포기하거나 교육이 실패한 원인은 교육과정에서 실제로 많은 어려움을 겪게 되기 때문이다. 교육방법이 적당하지 않고 교육 환경이 부족한 등 문제들이 있다. 다른 한 방면은 교육자의 문제인데 엄마가 외부의 요소를 고려해서 자신의 교육 태도와 인식의 적극성을 바꿔버려 교육의 효과에 영향을 주게 된다. 조선족과 한족 이주여성들은 비록 교육의 인식과 태도상에서 차이가 있지만 교육의 과정에서 부딪히는 어려움들은 유사하다. 한국사회

발전의 전략적인 자원으로서 성공적으로 계승어 교육을 추진하기 위해서는 중국어 및 한중 이중언어에 관한 사회적 태도를 개선해야 한다. 이와 동시에 두 가지 언어가 공존하는 다문화가정의 특성을 고려하고 이중모국어의 교육 방면을 강화하는 교육전문가를 육성해야 한다. 다른 한편으로는 다문화가정 아동들에게 계승어를 사용하고 계승어로 교류할 수 있는 환경을 만들어 주기 위해 정부와 지자체는 물론 각급 교육기관에서 많은 노력을 해야 한다고 본다.

9장. 글로벌 브릿지: 자녀 이중언어 교육경험

1. 결혼이주여성과 이중언어 교육

2017 다문화가족지원센터의 조사에 따르면 다문화가정 자녀들의 한국어 구사능력은 약 90%가 비교적 잘한다고 답한 반면, 외국계 부모의 모국어 능력은 쓰기를 제외한 말하기는 비교적 좋은 편이라고 한다(천지아 외, 2017). 최근 들어 교육현장에서 다문화사회로의 변화에 대응하는 이중언어 교육의 필요성을 역설하고 있는 일련의 연구들이 있어왔다. 특히 주목할 것은 권순희(2009), 고은(2010), 이필숙(2015), 박영진·장인실(2018), 권경숙 외(2019), 신용식(2019), 이상미·이유미(2023)의 연구이다. 이 연구들에서는 한국사회가 지속가능한 다문화 사회를 위해 이중언어 교육이 중요하다고 주장하고 있다.

다문화사회를 이미 경험한 북미, 유럽, 호주 등의 주요 선진국가에서는 이미 오래전부터 이중언어 교육을 사회통합을 위한 수단으로 적극 활용하고 있다(권순희, 2009). 이에 우리 정부에서도 중앙부처와 지방자치단체 등을 중심으로 사회통합을 위해 이중언어의 제도적 변화를 모색하고 있다. 다문화가정 자녀의 이중언어 능력을 국가경쟁력으로 작용할 수 있도록 교육부와 여성가족부에서 지원 정책을 시행하는 긍정적인 움직임도 포착할 수 있다.

교육부에서는 2006년에 처음으로 '다문화가정 학생 교육 지원 계획'을 발표하여 다문화가정 학생을 대상으로 한 교육지원 정책을 시행해 왔다. 특히 다문화가정 자녀 대상 교육지원 정책 중 이중언어강사 제도는 2009

년 '이중언어강사 양성 배치 사업'이 처음 시행된 이후로 많은 발전과 변화의 과정을 겪어 왔다. 이중언어강사 양성 배치 사업을 처음 시작한 것은 2009년 서울시교육청이다. 이어 전국으로 확산되어 학교 현장에 적용하였다. 그러나 이러한 노력에도 불구하고 다문화가정의 자녀 이중언어 수준은 10%도 안 되는 것으로 나타났다(원진숙, 2014).

다문화가정 자녀의 언어와 관련된 연구를 살펴보면 2000 – 2017년까지 다문화가정 자녀의 '한국어'에 대한 것으로 한국말이 서투른 외국인 어머니로 인하여 자녀의 한국어에 영향을 미친다는 것이다(성상환, 2010; 송유미, 2009; 오성배, 2007; 팜티휀짱 · 김영순 · 박봉수, 2014). 그러나 2008 – 2017년까지는 다문화가정 자녀의 한국어에 대한 연구가 아닌 이들의 이중언어, 다중언어, 모국어, 계승어에 대한 연구로 확장되었다(고은, 2010; 권순희, 2009; 이창덕, 2010; 이혜련 · 이귀옥, 2006; 천지아 외, 2017). 그리고 최근 2016 – 2017년에는 이들을 지도하는 이중언어강사, 즉 교육부에서 학교로 파견된 이중언어 강사와 여성가족부에서 다문화가족지원센터를 통해 운영되는 이중언어 강사에 관한 연구도 이루어지고 있다(강종훈 · 전주성, 2014; 김윤주, 2017). 그뿐만 아니라 이중언어 교육은 다문화 가정의 환경, 공교육 환경, 지역사회의 지지에 의해 결정된다고 한다(천지아 외, 2017; Huang, S. S, 2011).

이와 같은 선행연구를 통하여 확인할 수 있는 것은 첫째, 기존의 다문화가정 자녀의 언어교육을 한국어 교육과 동일시하던 시각을 벗어난 것. 둘째, 다문화가정 자녀에 대한 이중언어 교육 정책과 현황에 대해 구체적인 논의가 시작되었다는 것. 셋째, 자녀의 이중언어 교육에 대해 이중언어 교육이 자녀에게 미치는 긍정적 영향과 결혼이주민이 자녀에게 모국어를 가르치지 않는 이유로 나누어 설명하고 있다. 또한 이중언어 교육 관련 선행연구 중에서 이중언어 교육이 자녀에게 미치는 긍정적인 결과를 사회적 차원과 개인적 차원으로 구분하여 제시한 연구들에 주목할 수 있다. 우선 개인적 차원에서는 부모-자녀 간의 의사소통과 정서적 유대감을 강화하고 자녀의 정체성 확립을 촉진하며(이다혜 · 정유선, 2014), 아동의 언어능력은 물론이고 인지발달에도 긍정적인 영향을 미친다고 밝혔다(고은, 2010; 이귀옥 · 전효정 · 박혜원, 2003).

그리고 사회적 차원으로는 다문화사회에서 이문화간 갈등을 해소하고 소통과 이해를 촉진시켜 궁극적으로 사회통합에 기여하고(이종열 · 범령령, 2009), 이중언어 교육은 서로 다른 문화적 배경을 가진 이들이 문화적 편견을 넘어서 '우리'라는 공동체 의식을 함양하는 데 기여한다고 한다(권순희, 2009). 그리고 중국계 결혼이주민이 모국어를 가르치지 않는 이유는 자신의 모국어 사용이 자녀의 언어발달에 부정적인 영향을 미칠 것에 대한 두려움(남혜경 · 이미정, 2014; 이다혜 · 정유선, 2014; Laurie, 1890). 배우자나 가족의 반대(이승숙 외, 2014). 자신으로 인하여 자녀가 차별 대우를 받을 것에 대한 두려움(봉진영, 2011; 천지아 · 황해영, 2016) 때문인 것으로 논의하고 있다. 이중언어 교육에서 부각되는 이러한 문제점을 해결하기 위한 방법은 무엇일까? 그리고 이처럼 긍정적 결과를 가져옴에도 불구하고 결혼이민자가 자녀에게 모국어를 가르치지 않는 것은 무엇 때문일까? 이중언어에 대한 시대적 요구에도 불구하고 아직까지도 이중언어 교육이 왜 이렇게 답보 상태에 놓여 있는지에 대한 논의가 재차 필요하다.

우리 사회의 인구학적 다양성으로 인해 공동체의식이 요구되며 타 문화와 언어에 대한 이해와 존중도 필수 불가결해졌다. 이와 더불어 다중언어, 이중언어, 제2 언어, 계승어 등의 다양한 용어들이 더 이상 생소한 용어가 아니다. 제2 언어(second language)는 태어나면서부터 사용한 제1 언어(모국어)를 사용하는 자가 모국어가 아닌 다른 외국어를 배우는 언어를 '제2 언어'라 한다(이창덕, 2010). 제2 언어학습의 목적 중 하나는 아동의 인지발달과 이문화에 대한 민감성을 인식하는 데 있다(Gallagher-Brett, 2005). 이중언어 사용자란 한 사람이 두 가지 이상의 언어를 사용하는 사람을 일컫는다. 그리고 다중언어 사용자는 여러 가지 언어를 사용하는 사람을 의미한다(Colin Baker, 2014). 그러나 실제로 사회언어학에서는 두 용어를 동일한 의미로 본다(Romaine, 1994; Hudson, 1996). 다언어주의는 어떤 공간에서 여러 언어가 함께 사용된다는 뜻이다. 그리고 다중언어주의는 개개인이 여러 언어를 사용할 수 있다는 것이다(Council of Europe, 1992). 모어는 이민 환경으로 인해서 본인이 속한 가정이나 공동체에서 본인과 부모에 의해 모어라고 여겨지는 언어를 일컫는다(원진숙, 2014). 계승어는 부모로부터 이어받은 언어이지만 부모의 모국어가 자녀의 모어는 아니며, 실제 사용 여부와는 무관하게 개인의 문화적 배경과 연계된 언어이다(이재분 외, 2010; 천지아·이영선·김영순, 2017).

현재 우리나라에서는 다문화가정 자녀의 역량 개발 증진을 위해 교육계와 여성가족부에서 이중언어 교육 정책을 시행하고 있다. 교육부에서는 2009년 다문화가정 학생 맞춤형 교육지원계획을 세워 각 시도 교육청에서 결혼이민자 중 일정한 자격을 갖춘 이들을 이중언어 강사로 양성하여 학교에 배치하는 사업을 추진하고 있다(정해숙 외, 2016). 이중언어 강사란 다문화가정 학생들의 문화적, 언어적 배경을 고려하여 그들이 이중언어를 잘 구사할 수 있도록 지원하는 지도 강사를 의미한다(원진숙, 2014). 다문화가정 학생을 위한 이중언어 교육 정책은 학교생활 지원으로 다문화가정의 학부모를 다문화언어 강사로 양성하여 활용하고, 취학 전 유아의 발달 및 교육 지원, 한국어 및 기초학습 교재 개발, 언어·인지 진단도구 개발, 학교 내 한국어 수준별 보충 프로그램 지원, 교사의 다문화 이중언어 교육을 위한 전문 연수과정을 설치, 다문화교육정책 연구학교운영, 지역 커뮤니티 지원을 통해 다문화가정 학부모의 교육 참여 기회 제공 등이 포함되어 있다(이수자, 2017).

여성가족부에서는 다문화가정 자녀의 이중언어 교육을 위한 언어영재교실을 운영하고 있다. 언어영재교실은 여성가족부가 다문화가족지원센터를 통해 운영하는 것으로 다문화가정 자녀 대상의 언어 및 문화 교육 프로그램이다(다누리, 2017). 언어영재교실은 2009년에 5개 다문화가족지원센터에서 시범운영을 거쳐 2010년에는 52개 다문화가족지원센터 특성화 사업으로 운영하였다. 2011년에 언어영재교실로 그 명칭을 바꾸어 다문화가정 자녀를 대상으로 어머니 나라 언어를 배우는 이중언어 교실이 이루어졌다. 그리고 2012년에는 102개 다문화가족지원센터 언어영재교실이 122명의 이중언어강사로 운영되었다(다누리, 2017).

2014년에는 이중언어환경조성사업으로 이중언어부모코칭사업을 시범단계를 거쳐 2015년부터 본격적으로 전국의 다문화가족지원센터에 확대하여 운영하고 있다. 이중언어부모코칭사업은 2009년부터 교육부와 여성가족부에서 운영한 이중언어 교육사업에 대한 보완 대책이라 할 수 있다. 기존의 이중언어 교육사업은 대상과 내용이 중복되고, 교육부의 이중언어 강사 양성사업은 다문화이해교육으로 변질하였다는 지적과 여성가족부의 언어영재교실이 주류언어 중심으로 이루어지거나 외국어 교육으로의 변질되었다는 지적 때문이다. 두 기관은 이와 같은 문제점을 극복하고자 제8차 다문화가족정책위원회에서 여성가족부가 그동안 추진해온 '언어영재교실'을 다문화가족 '이중언어환경조성사업'으로 개편하여 운영하기로 한 것이다(다누리, 2017). 즉 지금까지 운영해오던 다문화가족의 언어문화환경을 재구조화하여 이중언어 문화가족으로 만들려는 의도이다(정해숙 외, 2016). 이는 다문화가족의 강점을 구현하고, 부모 자녀 간의 상호작용을 촉진하고, 인력을 양성하기 위해 프로그램을 개발하는 데 그 목적을 두었다. 이중언어부모코칭사업의 대상은 영유아 자녀를 둔 다문화가족 또는 출산 예정인 결혼이주여성이다. 이중언어부모코칭 내용은 일상생활 내에서 영유아기부터 자연스럽게 이중언어로 소통할 수 있는 다양한 방법들을 코칭하는 것이다(다누리, 2017). 이중언어부모코칭은 놀이를 통한 교육에서부터 교구를 직접 만들어 활용하는 것까지 포함되어 있어 부모-자녀간의 의사소통과 정서적 유대감을 강화하고 자녀의 정체성 확립을 촉진하는 데 기여할 것이라고 기대하고 있다.

'결혼이민자의 이중언어 사용에 대한 우려'에는 첫째, 자녀의 언어 발달지체에 대한 우려, 둘째, 학교 및 사회에서 차별에 대한 우려, 셋째, 가족구성원의 부정적 인식으로 나타났다. 그리고 '결혼이민자 자녀의 이중언어 교육환경'은 첫째, 조선족 발음과 사투리에 대한 우려, 둘째, 경제로 인한 사교육의 한계, 셋째, 사회적 지지기반 빈약, 넷째, 결혼이민자의 자존감 부재와 교육방법의 미숙으로 나타났다. '모국을 활용한 자녀의 이중언어 교육'으로 첫째, 자녀를 중국으로 유학을 보내고, 둘째, 방학을 활용하여 친정방문, 셋째, 외할머니를 초청하여 모국어를 가르치는 것으로 나타났다.

2. 모국어 사용을 우려하는 이유

1) 자녀의 언어 발달지체에 대한 우려

대부분 이주여성은 자신의 모국어를 사용함으로 인해 자녀의 언어발달에 영향을 미칠 것에 대한 우려로 모국어를 사용하지 않는 것으로 나타났다.

> "중국어를 가르쳐야 한다는 것은 알지만 안 가르치는 것 보단 못 가르친 거죠. 중국어를 가르치면 대신 한국말이 서툴다는 것이에요. 얘가 유치원가서 한국말 못할까봐 두려워서 아예 중국말은 안 썼죠. 나는 조선족이다 보니 중국어 발음도 완전 한족 같지 않고, 한국어 발음도 좋지 않고 다 쉽지 않죠."

> "엄마하고 자꾸 중국어만 이야기하면 애가 한국말 못한다고, 그리고 얘가 먼저 한국어를 알아야 사회생활을 할 때 어려움을 겪지 않겠다 이런 생각이 들거든요. 그러다보니 보니까 자연스럽게 한국어만 하게 되더라고요. 근데 엄마의 발음이 자녀에게 영향이 미치잖아요. 엄마는 어쨌든 한국발음이 서툴기 때문에 해봤자 자녀한테 안 좋은 거 아니까 힘들지요."

이주여성들은 대부분 자녀에게 모국어를 가르치고 싶었다. 그리고 가끔은 집에서 모국어를 사용하였다. 그러나 자녀가 자라 어린이집에 가면서부터 모국어 사용을 자제했다. 그것은 자신이 모국어를 사용함으로 인해 자녀의 언어 지체 현상이 나타나 어린이집이나 학교에서의 또래 관계와 사회성에 영향을 미칠 것에 대한 두려움 때문이었다. 그러나 선행연구에 의하면 일시적 지체를 보이는 자녀의 언어능력은 5, 6세가 넘으면 두 가지 언어 모두 단일 언어를 구사하는 아동들과 유사한 수준으로 좁혀진다고 한다(고은, 2010; 이귀옥·전효정 외, 2003). 하지만 자신이 가지고 있는 조선족의 방언과 발음으로 자녀의 한국말이 다른 또래 친구들에 비해 자연스럽지 못하다는 것을 느끼면서 딜레마에 빠진 경험도 가지고 있다.

"내가 중국말하면 애기 한국말 못할까 봐. 내가 중국말 안 쓰는 거구. 학교에서는 친구들이 한국말 쓰니까. 애기 중국어 쓰면 친구들이 못 알아 들으니까. 내가 중국말 안 하는 거지."

"중국말 하면 한국말 늦을까 봐서요. 어렸을 때부터 중국말하면 한국 말 못한다고 걱정해서요. 만약에 중국말 많이 하면 애기 헷갈려요. 중국 말 하면 애기는 한국말 못하고, 또 못 알아들으니까 선생님은 이 애기는 바보 같은 애라고 생각할까 봐요. 애기 생각해서 중국말 그냥 그거 많이 안했어요."

이 이주여성들은 모두 중국 한족이다. 그녀들은 중국에 있을·때는 한국 말을 전혀 못하는 상태에서 한국으로 이주하였다. 결혼을 하고 한국어를 배우기 시작하여 자녀를 출산했다. 자녀를 양육하는 과정에서 모국어를 할 수밖에 없는 환경이었음에도 불구하고 모국어를 사용하지 않고 서툰 한국말을 해야 했다. 그래서 자녀에게 자신의 감정을 충분하게 전달할 수 없었다.

2) 학교 및 지역사회에서 차별에 대한 우려

이주여성들은 모두 학교 및 지역사회에서 차별에 대한 우려 때문에 자신의 모국어를 사용하지 않으며 지역사회에서 모국어로 인하여 차별을 당한 경험이 있다고 한다.

"어떤 엄마들은 자기가 중국에서 왔다는 것을 표현하기 싫어서 중국말을 안 하고, 중국 사람이다 교포다 하면은 아이가 학교에서 왕따를 당한다고 할까 그런 부분이 있어요. 엄마가 중국인이어서 왕따를 당하거나 차별을 당하거나 이런 것..."

"그냥 이렇게 중국 엄마라는 거 숨겨서 사는 거를 원해요. 사람들의 눈빛을 봐서도 알 수 있는 거 같아요. 친구들이 엄마가 중국 사람이라고 놀렸다고. 그래서 밖에서 절대 중국말 안 해요."

"내가 학교에 가면 애들이 내가 중국 사람이라는 거 알게 될까 봐. 내가 중국 사람이라는 거 알면 아들이 친구들한테 놀림 받는다고 남편은 내가 학교 가는 거 싫어해요. 못 가게 해요. 그리고 시어머니도 반대해요. 그래서 학교에 가도 말도 하나도 안 하고 구경만 하고 와요. 내가 한국말 하면 발음 안 좋아서 외국인이라는 거 다 알아요. 그래서 상담도 못해요."

"옛날에 교실 안까지 데려다줘도 괜찮고, 학교 앞까지 데려다줘도 괜찮았는데, 3학년, 2학년 때는 교문 밖에. 이제는 길 건너기 전에 그냥 들어가라고 해요. 딸은 제가 중국 사람이라는 거 비밀로 하고 싶어 해요."

이주여성 모두 자녀에게 모국어를 가르치지 않는 가장 큰 이유는 자신으로 인해 자녀가 학교에서 또는 지역사회에서 차별 대우를 받는 것에 대한 두려움을 이야기했다. 대부분 자신이 중국인이라는 것이 알려지면 자녀에게 영향을 미칠 것이 두려워 자신이 중국인이라는 정체성을 숨기고 산다. 어떤 이주여성의 경우 아들이 아예 엄마가 중국인이 아니라 한국인이었으면 좋겠다고 하고, 어쩌다 밖에서 중국말을 하면 엄마가 자꾸 중국말을 하기 때문에 한국말을 못하는 거라고 핀잔을 주기도 한다고 했다. 이 경우 엄마로서 이주여성의 마음은 어떨까? 뿐만이 아니다.

무엇보다도 이주여성이 집에 있을 경우 자녀가 친구들을 집으로 데리고 오지 않는다고 했다. 친구로 하여금 엄마가 중국사람이라는 것을 아는 것이 두렵기 때문이라고 한다. 다른 이주여성은 자녀의 학교에서 부모 참관수업에 참여하고 싶지만 남편과 시어머니의 반대로 아들의 학교에 갈 수 없다고 한다. 그리고 만약에 자녀의 학교에 가면 말도 한마디도 하지 않고 참관만 하고 온다고 한다.

또 다른 이주여성은 자녀가 초등학교 3학년이다. 그녀는 자녀가 어렸을 때는 마음 놓고 중국어로 이야기도 하고 어린이집에 데려다 주기도 했다. 어린이집에 갔을 때까지만 해도 엄마가 중국인이라는 것에 대해 거부감을 느끼지는 않았기 때문이다. 그러나 초등학교에 들어가면서부터 점차 엄마가 학교에 오는 것을 거부하고 있다. 그녀 또한 자녀가 차별을 받을 것에 대한 두려움으로 멀리에서 배웅한다. 어떤 이주여성의 경우에는 다문화가정 자녀라는 이유로 친구들로부터 상처를 받은 적이 있고, 그 상처 때문에 부모는 죄인으로 산다고 한다. 그녀는 우리사회에서 다문화가정이 차별대우를 받는 것은 다문화가정 구성원의 문제가 아니라 우리 사회의 문제라고 인식하고 있다.

3) 가족 구성원의 부정적 인식

이주여성들은 대부분 자녀와 모국어로 의사소통을 하고, 모국어를 가르치고 싶지만 가족 구성원의 중국어와 중국에 대한 부정적인 인식으로 인하여 자녀에게 중국어를 가르치지 못하는 것은 것으로 나타났다.

> "나는 시어머니랑 같이 살았어요. 우리 시어머니는 내가 중국말 하는
> 거 싫어해요. 중국어 시끄럽다고 하고, 중국 사람은 예의도 없다고 하고.
> 중국 사람은 다 그렇다고 하면서 애기한테 가르치지 못하게 해요."

"아빠가 개방적인 생각을 가지고 있으면 그게 가능해요. 하지만 우리 남편은 중국어 가르쳐봤자 소용없다고 아빠가 못 가르치게 해서…(중략) 싸우기 싫으니까 포기하고 가르치지 않아요."

"애기가 어렸을 때는 집에서 남편도 반대하고 시부모님들도 반대하고 그래서 아이한테 중국어를 가르치지 못했어요. 아직도 중국을 못 사는 나라로 보고, 내가 애기하고 비밀 얘기하는 줄 알아요. 그런 게 있어요."

이 이주여성들은 자녀에게 모국어를 가르치려고 시도했었다. 그러나 시어머니와 남편이 중국은 못 사는 나라이고 예의가 없다는 등 부정적인 시각을 가지고 있어 가르치지 못했다. 특히 자녀와 중국어로 이야기하면 비밀이 있는 것으로 생각하는 가족 때문에 중국어를 사용하지도 가르치지도 못한다고 한다.

3. 자녀의 이중언어 교육 환경

1) 조선족 발음과 사투리에 대한 우려

이주여성은 자녀에게 모국어를 가르치지 않는 이유가 조선족 특유의 발음과 사투리에 대한 염려 때문이었다.

"좀 안쓰럽기는 한데요. 저 같은 경우는 교포고 하다 보니까 발음이 굳어 있어요. 그리고 저는 조선족이니까 조선족 사투리를 해요. 그래서 우리 아들도 조선족 발음이 있어요. 한족 엄마 애기들하고 달라요. 그래서 내가 가르치면 안 돼요."

"조선족이 아무리 중국어를 잘 한다고 해도 한족만큼 발음이 좋지 않아요. 저는 대학에서 교육학을 전공하고 초등학교 교사도 했지만 중국어는 한족 만큼 완벽하지 않았어요. 우리 도시는 조선족이 많이 살다보니 사투리도 많고요. 그래서 딸한테 중국어를 가르치는 것도 조금은 부담이 되지요."

이 이주여성들은 중국의 조선족으로 중국 길림성에 살다가 이주하였다. 길림에는 조선족이 많이 살기 때문에 집에서는 자연스럽게 한국말을 하고, 밖에 나가서 친구와 놀 때는 중국어를 하였다. 그러나 조선족들은 중국어 발음이 한족 같지 않다. 게다가 연길에는 지방말도 많아 자녀에게 모국어를 가르칠 때 발음과 지방 언어의 영향이 미칠 것에 대한 염려를 하는 것으로 나타났다.

2) 경제로 인한 사교육의 한계

이주여성들은 자녀에게 중국어를 가르치고 싶지만 가정 형편으로 인하여 중국어를 가르치지 못하는 것으로 나타나기도 했다.

"처음에는 만약에 정말 가르치려는 결심하면 가르칠 수 있으니까, 우리가 좀만 더 잘하면 된다고 생각했어요. 그런데 가르치는 것이 생각처럼 잘 안 됐어요. 애기들이 이제 다 컸으니까 못 가르쳐요. 지금은 학원 보내고 싶은데 비싸서 못 보내요."

"학원비도 비싸서 가르칠 수 없어요. 진짜 생활비도 없어요. 다섯 달 정도 가스비도 안내서 끊겼어요. 가스회사 와서 가스도 끊었어요. 그리고 물세도 3개월 안냈어요. 어떻게 가르쳐요."

"얘한테 이런 특기가 있는데 어쨌든 경제적으로 어려움이다 보니까 학원에 가려면 비싸고, 얼마나 비싸요."

대부분의 이주여성은 자녀가 고학년이 되면서 중국어에 대한 필요성을 느끼게 되었다. 그러나 주요 과목에 치중하다 보니 중국어는 가르칠 만한 시간도 없다. 그래서 학원을 이용하여 가르치고 싶지만, 형편이 어려워 학원도 보낼 수 없다. 특히 자녀가 자신의 모국어에 특기가 있다는 것을 알면서도 경제적 여건으로 인하여 가르칠 수 없다는 것에 대해 안타깝게 생각한다.

3) 사회적 지지기반 미흡

이주여성은 자녀들에게 모국어를 가르치지 못하는 것은 개인적인 사정도 있지만 무엇보다도 사회적 지지기반이 약하기 때문이라고 한다.

> "가르치고 싶은데 애기가 나랑 하는 거 싫어해요. 엄마가 하면 짜증내요. 그래서 동아리 필요해요. 우리 친구들이 서로 가르치면 돼요. 그런데 동아리 공간 없어요."

> "아이들이 자기 엄마의 나라의 언어를 마음껏 사용할 수 있는 그런 환경이 필요한데 지금은 그런 것이 전혀 안 되어 있다고 보아야 할 것 같아요. 사실 우리들의 장점이 뭐예요? 이중언어 교육 환경이잖아요. 실은 정부에서 혹은 지역사회에서 조금만 신경 써 주면 자녀들의 이중 언어가 쉽게 활성화될 수 있는 환경이잖아요. 근데 사실은 이것을 그냥 정부에서는 개인한테 많이 맡기잖아요. 사회적이나 기반이 뒷받침 해 주지가 않아요. 우리도 사회에 기여하고 싶은데 안타깝지요."

이주여성들은 자녀에게 모국어를 가르치는 데 있어 무엇보다도 사회적 지지기반이 필요하다고 한다. 이주여성은 자녀에게 이중언어 교육을 시도하였다. 그러나 자녀는 엄마와 둘이 공부하는 것을 싫어해서 모국에서 온 친구들과 같이 동아리를 만들어서 가르치기로 했다. 그러나 동아리를 할 수 있는 공간이 없어서 활동을 하지 못하고 있다. 다른 이주여성 또한 이와 같은 맥락이다. 자녀들이 엄마 나라 언어를 마음껏 사용할 수 있는 환경을 위해서는 가정의 환경도 중요하지만 정부나 지역사회의 지지가 동시에 이루어져야 하는데 지금은 그 모든 것을 개인에게 맡기는 것에 매우 안타까워했다.

4) 자존감 부재와 교육방법의 미숙

대부분의 이주여성들은 자녀들에게 모국어를 가르치고 싶지만 체계적인 교육방법을 모르는 것도 있지만 무엇보다도 자신이 없기 때문이라고 한다.

"지금도 가르쳐 주고 싶은데 내가 방법 잘 모르잖아. 그리고 시간이 많이 없어요. 나는 최고의 엄마이고 싶은데, 엄마 마음인 것 같아요. (울음) 저도 애들한테 많이 죄책감을 갖고 있어요. 다문화가정 자녀가 됐으니까요."

"이 사회가 나를 이렇게 만들지 않았나 싶어요. 저도 참 당당한 사람인데 지금은 좀 자존감이 없거든요.(중략) 제 개인적 역량도 있겠죠. 사실 더 전문적인 지식을 가르치고 싶은데 제가 혼자서는 힘들어요. 그런 기관이 없어서 너무 안타까워요."

"엄마들이 중국말 하면서 애도 따라서 하면 된다고 생각했어요. 근데 쉽지 않아요. 그 방법도 안 되고 부족한 게 많고요. 누가 해주면 좋겠어요."

대부분의 결혼이민자들은 자신들에게는 이중언어 교육에 대한 환경이 어느 정도는 갖추어 졌다고 생각한다. 그래서 자녀를 가르칠 수 있다고 생각하고 시도하지만 사춘기에 들어선 자녀를 지도하는 데에는 여러 가지 난관에 부딪히게 된다. 특히 자존감이 약한 결혼이주민에게는 더욱더 어려운 상황이다.

4. 모국을 활용한 자녀의 이중언어 교육

1) 중국으로 유학

이주여성들은 자녀의 이중언어 교육을 위해 모국의 자원을 활용하고 있다. 그녀들은 자녀가 좋은 대학에 가지 못하면 차선책으로 중국으로 유학을 보낼 예정이다.

> "여기에서 마음 놓고 중국어를 할 수 있으면 좋은데 지금은 그런 환경이 없어요. 그래서 진짜 중국으로 유학 보낼 거예요. 만약에 한국 애들이 중국어를 잘 하는 것과 우리 애들이 중국어를 잘 하는 것은 다른 시선으로 보거든요. '다문화가정'이라는 낙인 때문이에요. 여기에서는 중국어 공부하기 힘들어요."

> "친구 중에 딸을 중국으로 유학 보낸 친구가 있어요. 엄마가 중국 사람인데 여기에서도 충분히 가르칠 수 있는데 주변 시선이 무서워서 중국어를 마음 놓고 사용할 수 없기 때문에 할 수 없이 중국으로 유학을 보냈어요. 저도 애가 중학생이 되면 외할머니한테 보낼까 생각 중이에요."

이주여성들은 한국에서 제2외국어의 중요성을 알고 있다. 하지만 우리 사회적 분위기가 한국 일반가정의 자녀가 제2외국어를 잘하는 것과 다문화가정 자녀가 엄마 나라 언어를 잘하는 것과는 별개로 생각하고 차별적인 시선을 가지고 있다고 생각한다. 대부분의 사회적 분위기가 다문화가정 자녀가 제2외국어를 잘하는 것은 '다문화가정'이라는 낙인이 먼저 앞서기 때문이다. 그래서 자녀를 중국으로 유학을 보내려고 생각하고 있다.

2) 방학을 활용한 친정방문

이주여성들은 자녀에게 자신의 모국어를 가르치기 위해 방학을 활용하는 것으로 나타났다

> "저 같은 경우는 교포이다 보니까 발음이 안 좋아요. 이번 글로벌 브릿지 프로그램을 하면서 알았어요. 그래서 내가 가르치는 것보다 방학 때마다 중국에 있는 친정에 보내서 가르치려고요."

> "애기가 나랑 하는 거 싫어하니까, 이제는 어차피 중국어를 많이 해야 해서 어렸을 때는 1년에 한 번씩 중국 보내서 한 달, 두 달 보냈거든요. 이제는 학교 공부가 어려워지니까 그렇게도 못해요. 시간이 없어요. 이제는 2주나 3주 정도 저기서 살다가 와요. 그렇게 가르치고 있어요. 해마다 돈 들여서 중국 보내는 거, 그것도 1년에 한 번씩 너무 힘들지요."

이 이주여성들은 중국 조선족이다. 그녀가 생각하기에는 조선족은 특유의 발음이 있어 그녀가 직접 가르치는 것보다 방학을 활용하여 외갓집을 방문하거나 친척 집을 방문하여 자연스럽게 중국어와 접촉하는 것으로 이중언어를 교육하고 있다. 어떤 이주여성은 또한 방학에는 자녀를 데리고 외갓집에 가서 머물면서 중국어를 가르치고 있다. 하지만 자녀가 고학년이 되면서 장기간 외갓집에 머물 시간도 없고, 더욱이 1년에 한 번씩 중국을 오가는 것도 비용 문제 때문에 쉽지 않다고 한다.

3) 외할머니 초청

이주여성들은 자녀의 이중언어 교육을 위해 자녀의 외할머니 인적 자원을 활용하는 것으로 나타났다.

> "친정엄마가 한국에 계시니까 엄마하고는 중국말을 해야 하잖아요. 엄마가 한국말 못하니까 우리 OO이가 도와줘야 해요. 특히 엄마가 교회에 가면 OO이가 통역해요. OO이는 저랑 중국어로 대화하면 공부라 생각하고 외할머니하고 공부하는 것은 공부라고 생각하지 않아요. 그래서 엄마가 오시면 중국말을 많이 해요."

> "제가 출근하니까 부모님이 한국에 오셔서 OO이도 봐 줬어요. 그 때는 OO이가 중국어를 정말 잘 했어요. 외할머니하고 얘기하려면 어쩔 수 없어. 애기도 외할머니하고는 공부도 잘 하고 얘기도 잘해요."

이주여성들은 방학이 되면 자녀를 데리고 친정에 가서 중국어를 가르치거나 친정 부모님을 한국으로 초청하여 자녀의 이중언어 교육을 하는 것으로 나타났다. 자녀가 결혼이주민과 중국어를 공부하면 싫어하지만, 다행히 친정 부모님과 공부하는 것은 공부라 생각하지 않고 잘 따라 하기 때문이다.

5. 마무리

이번 장에서는 중국계 결혼이민자들을 연구참여자로 삼아 면담을 통하여 그들의 자녀를 위한 이중언어 교육의 현황이 어떠한지, 이중언어 교육의 걸림돌이 되는 요인이 무엇인지, 그리고 그들은 자녀의 이중언어 교육을 위해 어떻게 노력하는지 등을 탐색하였다. 이를 위해 내러티브 연구방법을 적용하여 자녀의 이중언어 교육경험을 기술하였다.

　이를 요약하면 첫째, 모국어 사용에 대한 우려로 '자녀의 언어 발달지체에 대한 우려', '학교 및 지역사회에서 차별에 대한 우려', '가족 구성원의 부정적 인식'으로 나타났다. 둘째, 자녀의 이중언어 교육 환경으로 '조선족 발음 및 사투리에 대한 우려', '경제로 인한 사교육의 한계', '사회적 지지기반 빈약', '결혼이민자의 자존감 결여 및 교육방법 미숙'으로 도출하였다. 셋째, 모국을 활용한 자녀의 이중언어 교육방법으로 '중국으로 유학', '방학을 활용한 친정방문', '외할머니 초청' 등으로 나타났다.

　이주여성들은 자신의 한국어 수준과 무관하게 자녀의 이중언어에 대한 중요성을 인식하고 모국어를 사용하려고 노력하였다. 그들은 자녀가 어머니 나라의 언어를 마음 놓고 사용하지 못하는 것은 가정환경의 탓보다는 사회의 환경으로 인식하고 있었다. 특히 그녀들은 자녀의 이중언어 교육을 위해 본국을 적극 활용하는 것으로 나타났다. 아울러 자녀의 이중언어 교육을 위해 차선책으로 자녀를 본국으로 유학을 보낼 계획까지 가지고 있었다.

10장. 고민: 해체가정의 자녀 언어학습

1. 가정해체 이주여성의 어려움

일반적으로 가정해체는 해당 가족구성원들에게 경제적 어려움을 안긴다. 가정이 해체되면 바로 경제적 곤란을 경험한다. 이 경험은 남성과 여성 모두에 적용되지만, 특히 여성에게 더욱 심각한 문제가 된다(한미현, 2005). 그러나 보다 심각한 문제는 가정해체가 아동에 미치는 영향이다. 가정해체의 가장 큰 피해자는 자녀이기 때문이다(이정전, 2003). 가정해체는 아동에게 경제적 어려움은 물론 여러 형태의 현실적 문제, 심리ㆍ정서적 고통과 상처를 안겨주는 등 직접적 영향을 미친다(장훈, 2015; 한미현, 2005).

이러한 사실에도 불구하고, 국제결혼 가정의 해체에 관한 연구의 주 대상자는 여전히 가정해체 행위의 당사자인 이주여성에만 집중되어 있다. 특히 관련 연구들은 이주배경 가정의 해체 원인, 해체 과정, 해체 경험, 해체 후 적응 및 자립(금민아, 2017; 김강남, 2016; 김희주, 2018; 오혜정, 2017; 주정, 2015) 등에 주목하고 있다. 정작 관심을 많이 받아야 할 해체된 국제결혼 가정 자녀에 관한 연구는 아직 매우 부족한 실정이며 특히 그들의 언어학습에 관한 연구는 찾아보기 힘들다. 현재까지 진행된 국제결혼 가정 자녀의 언어교육 및 학습에 관한 연구들을 살펴보면, 국제결혼 가정 자녀의 언어발달문제 및 한국어 교육(서혁, 2007; 서현ㆍ이승은, 2007; 우현경 외, 2008; 원진숙, 2008) 및 이중언어 교육(권경숙ㆍ이승숙, 2018; 송채수, 2018; 오지영ㆍ홍용희, 2018; 호티롱안, 2018)에 집중돼 있다는 것을 알 수 있다. 이 중 언어교육에 관한 연구가 활발히 이루어지고 있으나, 도출된 결과는 결국 국제결혼 가정 자녀에게 이주여성의 모국어 교육을 실시해야 한다는 것에 제한돼 있다는 것을 알 수가 있다. 국제결혼 해체 모·자녀 가정 연구에서도 자녀의 언어발달, 학습부진 등 문제와 정체성 혼란 문제를 강조(박미정, 2015; 이해경, 2015; 이현주, 2013)하였으며, 가정환경, 언어 등으로 인한 가정해체 문제는 결국 국제결혼 가정 2세인 자녀의 문제로 이어져(송재현, 2018; 안윤지, 2015) 큰 영향을 주고 있다고 밝히고 있다.

이처럼 자녀의 언어학습은 추후의 학교생활, 학업성취, 사회적응, 진로 및 취업과도 직접적으로 연관된다. 따라서 가정해체를 경험한 이주여성 모·자녀 가정의 자녀의 언어교육 및 학습 문제는 결코 무시해서는 안될 부분이라고 할 수가 있다. 이번 장에서 저자는 가정해체를 경험한 이주여성을 통해 자녀의 한국어와 모어, 그 외의 기타 언어학습 등의 언어학습 경로 및 학습 경험을 살펴보고, 가정해체를 경험한 이주여성 가정에서 자녀의 언어학습 어려움과 시사점을 도출하여, 원활한 언어학습을 위한 지원 및 개선방안을 제시하고자 한다.

오늘날의 언어학 연구 분야에서 언어학습 및 습득에 있어서 많은 이론과 가설들이 적용되고 있다. 그중에서 행동주의 이론가인 Skinner의 경험론적 언어습득 가설이 후천적 습득 관점을 대표하고, Chomsky의 생득적 언어습득 가설은 선천적 습득 관점의 대표라 할 수 있다. 본고는 전자의 후천적 언어습득 이론을 채택하여 이주여성 가정에서 자녀의 언어학습 어려움 등의 경험을 설명하기 때문에 무엇보다도 사회이론의 개념 틀을 차용할 것이다.

사회이론에 따르면, 언어학습은 언어와 사회계층의 힘, 인종 편견, 소득과 언어학습의 관계 등 학습자를 둘러싼 정치, 경제, 문화적 사회 환경으로부터 영향을 받는다는 관점이다(민현식, 2009). 문화적응이론(enculturation theory), 문화변용이론(enculturation theory), 목표언어에 대한 학습자의 동기, 근심, 감정적 태도 등을 의미하는 심리적 거리(psychological distance), 문화 충격(culture shock), 그리고 J.H. Schumann의 사회적 거리 가설(social distance hypothesis) 개념이 이에 속한다(서울대학교국어교육연구소, 2014). 또한 사피어-워프 가설(Sapir-Whorf hypothesis)에 의하면 한 사람이 세상을 이해하는 방법과 행동이 그 사람이 쓰는 언어의 문법적 체계와 관련이 있다고 한다. 이는 우리가 어떤 말을 하느냐에 따라 그 사람의 행동이 그 말에 지배되며, 하나의 언어 사회에서 태어나면 그 언어에 제약을 받고 문화적으로 제약을 받는다고 이해할 수 있다(Wardhaugh, 1999).

말은 우리의 생각을 구체화하여 보여주는 구실을 하고 있다. 한 언어와 그것을 상용하는 국민의 의식구조의 특성, 특히 세계관은 밀접히 연관되어 있어 그중 하나를 보면 다른 하나를 알 수가 있다. 언어와 사회는 밀접한 관계가 존재하기 때문에, 언어 연구를 통해 언어 표현에 담겨져 있는 사회적 의미, 인간의 사고 유형, 사회문화적인 현상 등을 읽을 수가 있다(최기호·김미형, 1998).

사회문화적이고 사회정치적인 관점은 가장 기본적으로 사회적인 관계와 정치적 실재가 교수와 학습의 중심이라고 보는 가정에 기본을 두고 있으며, 이는 학습이 사회적 문화적 정치적인 공간에서 발생하고, 학습자와 교사 간의 상호작용과 관계를 통해 발생한다는 것을 의미한다. 사회문화이론 관점에서는 학습은 경험을 쌓는 것을 필요로 하며, 학생들의 다양한 문화 자본에 대해 학교에서 교사가 어떤 태도를 보이는지, 그 태도가 학생에게 어떤 영향을 주는지, 그리고 이러한 문화 자본에 대해 교사들이 어떠한 행동을 하는지도 생각해야 한다는 주장이다. 그리고 넓은 의미에서 문화적으로 민감한 교육학은 문화 감수성 교육이라고 볼 수 있는 정치적 프로젝트라 할 수 있고, 단순히 한 개인의 정체성에 자신감을 고취하고 자긍심을 높여줄 효과를 추구하는 것이다. Vygotsky(1987/2000)에 따르면 발달과 학습이 사회와 문화에 확실하게 영향을 받는다. 사회문화이론(sociocultural theory) 또한 이와 같은 관점이다. 사회문화이론은 학습이 맥락에 영향을 거의 받지 않는다는 전통적인 시각과는 근본적으로 다르다. 전통적인 시각은 한국어(영어)를 잘 구사하지 못하는 학생이 낮은 지능을 가지고 있다고 생각한다. 결과적으로 이러한 학생들은 학습 공동체에 속하는 데 어려움을 겪는다. Vygotsky(1987)의 근접발달영역(Zone of Proximal Development)에 근거하여, 학습의 실패는 개인의 실패가 아니라 체계의 실패이고, 성공적인 사회 교류의 기회를 학습자에게 제공하지 못한 사회체제의 실패라 볼 수 있다(Nieto, 2009/2016).

'학습' 행위가 이루어지려면 '교수'나 '교육' 같은 행위도 반드시 존재할 것이다. '교수'나 '교육'에 가장 쉽게 떠오를 수 있는 사람은 바로 '교사'라 할 수 있다. '교사'라는 용어의 일반적인 개념으로 '주로 초등학교·중학교·고등학교 따위에서, 일정한 자격을 가지고 학생을 가르치는 사람'(국립국어연구원, 1999)이라고 해석한다. 사람이 태어나서 커 가는 과정 중, 가정·교육 기관·사회의 3가지 주요 환경에서 끊임없이 학습하고 성장하게 된다. 이처럼 교육-학습 활동은 실제로 학교에서만 이루어지는 것이 아니다. '학교'라는 공식적인 기관에서 근무하는 교사 외에, 가정에서의 가족 구성원, 사회에서의 사회구성원들도 교사의 역할을 담당하고 있다는 사실이다. 다른 말로 하자면 인간은 살아가는 일생에서 의식적이든 무의식적이든 기본적으로 가정에서의 교육, 학교에서의 교육, 사회에서의 교육을 받고 성장한 것이라고 할 수도 있다. 그 때문에 이번 장에서는 가족 구성원, 교육기관의 교사, 사회구성원을 모두 자녀의 언어교육의 '교수자'로 보고 있다.

필자는 언어습득 과정에서 부모나 타인의 지도와 교정 활동, 칭찬·인정·맞장구치기 등을 통해 강화 활동이 일어난다는 Skinner(1957)의 경험론적 언어습득 가설에 주목하였다. 그리고 부모나 교사가 사회적 문화적 공간에서 학습자와 상호작용하고 관계 형성을 통해 언어활동이 강화된다는 사회문화이론의 관점에 의미를 두었다. 이는 학습의 성패는 체계와 사회 교류의 기회를 학습자에게 어떻게 제공하는가 하는 사회체제와의 연관성 및 근접발달영역에 근거한 Vygotsky(1987/2000)의 '근접발달영역' 주장과 맥락을 같이 하는 것이다. 이러한 이론적 렌즈를 통해 저자는 해체된 국제결혼 가정 자녀 언어학습에 대한 경험을 살펴볼 것이다.

우선 다문화가정 학생의 어려움에 관한 선행연구를 살펴보면 박희훈·오성배(2014)를 주목할 필요가 있다. 이들의 연구에서는 국제결혼 가정 자녀 86명과 일반 한국인 가정 자녀 86명 총 172명의 자료를 분석하였다. 그 결과 국제결혼가정 자녀의 학교생활 적응 수준의 평균이 일반 한국인 가정 자녀의 평균에 비해 통계적으로 유의미하게 낮은 것으로 나타났다. 그리고 국제결혼 가정 자녀의 학년 구분에 따른 학교생활 적응의 평균 차이를 확인한 결과, 초등학교 저학년, 초등학교 고학년, 중학교로 학년이 높아질수록 유의미하게 학교생활 적응의 평균이 낮아졌으며 비다문화가정 자녀와의 차이가 점점 커지며, 가정배경을 통제한 이후에도 학교생활 적응 차이는 여전히 존재하는 것으로 나타났다 학생들의 가정배경이 동일하다고 가정하더라도 다문화가정의 자녀들이 학교생활 적응에 더욱 어려움을 겪는다는 점과 성장 과정에서 교육경험과 학업성취의 격차가 더욱 벌어질 가능성을 시사하였다.

이처럼, 다문화 학생들이 겪고 있는 또래 관계, 학습 문제, 언어 문제, 가정 문제들을 다문화 학생의 학교생활 부적응의 요인으로 볼 수 있다. 이와 같은 다문화 자녀의 학교 부적응 문제를 마치 이주 부모, 특히 주양육자의 책임을 지고 있는 어머니인 이주여성과 연관이 있다는 주장을 많은 연구에서 제기하였다. 오만석(2011)에서는 다문화가정 자녀에 대한 적절한 학습 지원이 요구되며, 다문화가정 어머니의 한국어 능력은 자녀 교육의 성공을 위한 가장 기본적인 역량으로 보고 있다. 이상호 외(2015)에 따르면 다문화가정 자녀의 경우 외국인 어머니가 한국어를 제대로 습득하지 않고 자녀를 양육하면 언어 습득을 제대로 할 수 없게 된다. 유치원에 입학하여 생활할 때는 학업에 필요한 언어를 습득하지 못해 학습 부진으로 이어진다, 가정과 의사소통이 제대로 이루어지지 않아 준비물을 제대로 챙겨올 수 없게 되고, 그러한 일이 반복되다 보면 같은 또래의 아이들로부터 따돌림을 당하게 된다. 아울러 엄마가 자신 있게 사용할 수 있는 모국어 대신 한국어를 사용해 자녀를 양육해야 하는 다문화가족 엄마들은 한국어 능력의 한계로 인해 자녀에게 한국어와 관련한 경험을 충분히 제공해 주기 어려운 실정이다(장명림 외, 2013).

다문화가정의 자녀들은 엄마의 언어능력 부족, 부모의 높은 이혼율,

경제적 어려움 등 열악한 가정환경으로 기초학습 능력이 부족한 상황이며, 언어습득 지연과 이해력 미숙, 학습부진, 사회성 및 성격발달의 문제, 정체성 혼란 등으로 다양한 인지적, 발달적 문제들이 나타나고 있다(송선화·안효자, 2011; 이현주, 2013). 이처럼, 결혼이주여성 어머니들은 한국어능력 부족으로 가족 간의 원활한 언어소통에 어려움을 겪는 상황에서 자녀의 양육과 교육을 담당하게 됨으로써 이들의 자녀들이 언어발달, 또래관계 형성 및 정서발달 등에서 부정적인 문제를 야기하고 있다(권경숙·이승숙, 2018). 이 때문에 다문화가정 자녀의 언어학습에 있어서 아버지의 한국어 교육자로서의 역할을 강조되고 있다.

한국어 교육 외에 연구 분야에서 다문화가정 자녀 언어교육에 관심을 두는 또 다른 주제는 바로 이중언어 교육이다. 이중언어 교육에 관한 논의는 2000년대 후반부터 나타나기 시작했다(천지아·황해영, 2016). 이중언어 화자들은 거의 두 문화나 다문화를 이해하게 된다. 두 문화이해 능력은 언어문화에 대한 지식, 두 문화에 대한 감정과 태도, 문화적으로 적절한 행동, 인식과 공감, 두 문화를 표현하는 것에 자신감을 갖는 것과 관련이 있는 경우가 많다(사오친친, 2017). 이와 같은 두 문화 혹은 다문화 이해 능력은 글로벌시대의 한국 다문화사회에서 강조하고 제고해야 할 부분이다(Baker, 2011/2014). 하지만 여성가족부 통계에 따르면 다문화가정 중 30%의 이주부모가 자녀들이 자신의 모어를 학습하는 것을 적극적인 태도를 가지고 있다(정해숙 외, 2016).

지금까지 가정해체를 경험한 다문화가정 이주여성의 자녀 언어교육에 대한 연구는 극히 드물지만, 저자는 이들의 사례에서 또 다른 어려움의 원인이나 유형이 드러날 것으로 보고 해체 다문화가정에 집중하여 자녀의 다중언어학습 문제를 살펴보고자 한다. 이를 위한 연구 문제는 다음과 같다. 첫째, 가정해체를 경험한 이주여성의 자녀의 언어학습경험에서 나타난 언어학습경로가 어떠한가? 둘째, 가정해체를 경험한 이주여성의 자녀의 언어학습 경험에서 나타난 언어학습 어려움이 무엇인가? 이번 장은 가정해체를 경험한 국제결혼 이주여성을 통해 자녀의 언어학습 경험을 탐색하고, 언어학습에서의 어려움과 시사점을 도출하여, 해체된 국제결혼 가정 자녀의 원활한 언어학습을 위한 지원이나 개선방안을 제시하는 데 목적을 두고 있다.

2. 이주생애와 자녀 이중언어

1) 사례 1

사례 1의 이주여성은 2008년에 남편을 따라 한국에 들어왔으며 2016년에 사고로 남편을 잃었다. 혼자서 아이 2명을 키우고 있고, 국적을 취득하기 위해 사회통합프로그램에 참여했지만, 실제 생활 속에서 거의 사용하지 않고 있다. 가정 내에서 자녀와의 소통언어는 중국어이다. 자녀의 한국어 학습은 주로 유치원, 학교, 지역아동센터에서 이루어지고 있으며, 집에서 큰 소리 내어 동화책 읽기를 계속해오고 있다. 아들은 주말에 조부모와 함께 지내는 날이 많다. 학교 선생님으로부터 아들의 발음 및 한국어 표현에 대한 지적을 받기도 했다. 전에도 한국어 가정 방문지도를 받은 적이 있었다. 기타 언어교육은 현재 중국어만 하고 있다. 자녀들은 아빠가 돌아가셨을 때 두 달 동안 중국에서 생활한 적이 있었다. 중국에서 돌아온 뒤로는 엄마와 자연스럽게 중국어로 대화하기 시작하였으며, 당시 나이는 각각 6살과 1살로, 언어를 배우는 시기였다. 그 뒤로는 집에서 중국어만 사용하였고, 중국 동화책 읽기, 글쓰기 연습, 한자 쓰기 등을 통해 중국어를 가르치고 있다. 그 외에 영어 지도도 반드시 해야 한다고 하였다. 즉 자녀의 언어교육은 이중언어보다 다중언어의 학습이 필요하다는 것이다. 미디어를 활용한 언어교육에 대하여 부정적으로 인식하고 있다. 자녀 둘과 같이 개인 부담 월셋집에 살고 있다. 남편 사망 이후, 일 년에 한 번 이상 친정을 방문하였다.

2) 사례 2

사례 2의 이주여성은 사례 1의 이주여성과 같은 중국 출신 이주여성으로 2007년에 이모 친구의 소개로 남편을 만나 2009년에 한국에 들어왔다. 결혼 전 중국에서의 생활비, 결혼 후의 한국에서의 생활비, 친정방문 왕복 항공권 등의 큰 지출은 모두 친정에서 부담하였다. 한국에 들어와 3개월 있다가, 남편의 무책임한 행동과 태도에 임신한 몸으로 중국으로 돌아갔다. 아이가 태어나자마자 한국에 다시 들어왔다가, 아이가 태어난 지 보름도 채 안 되었을 때 다시 중국에 들어가 아들을 중국에서 키웠다. 아이의 중국 체류 비자 수속 때문에 혼자 한국과 중국을 오가기를 반복하다, 2010년에 이혼하게 되었다. 아들은 중국에서 7년 동안 살았으며, 2016년에 한국으로 데려와 호텔에서 3일 살았는데, 호텔 옆에 있는 마트 주인이 이주여성의 신세를 가엾게 여겨 경찰에 신고하였다. 이를 계기로 이 여성은 천안 ****** 센터에 들어가 살다가 서울이주여성 ***센터로 전소해, 2년 뒤에 퇴소하였다. 현재는 개인 부담 월셋집에 아들과 둘이 살고 있다. 아들은 7살이 되어 한국에 들어와 유치원에 들어간 2주째부터 중국어를 사용하는 것을 거부하였다. 엄마와의 일상 대화도 한국어로 말하기를 요구하였다. 이는 사례 1의 아이와 대조적인 모습이다. 한국어 학습은 유치원, 서울 이주여성***센터, 학교, 지역아동센터가 주요 경로였으며, 집에서는 이주여성인 엄마가 사례자 1과 같이 동화책 읽기 방법을 활용하였다. 중국어 학습은 중국 현지에서 거주하는 7년 동안, 외할아버지와 외할머니 밑에서 자라면서 거의 모국어를 습득하는 것처럼 무의식적으로 자연스럽게 이루어졌으며, 일상회화 및 시구 암송하기에 능통하다. 원활한 이중언어 구사가 가능하나, 사회적인 분위기의 영향으로 소통언어는 주로 한국어이다. 엄마가 중국어로 대화를 시도하려 할 때, 모든 말을 알아듣는 아이로부터 돌아오는 답은 중국어가 아닌 한국어다. 아이의 말로는 한국에서는 한국인이기 때문에 한국어만 사용해야 한다고 한다. 그 외의 기타 언어로 영어 학습은 학교 및 지역아동센터에서 영어 지도를 받고 있다. 엄마가 영어를 구사할 수 있어, 학교 끝나고 잠자기 전의 시간을 활용하여 하루일과 및 학교에서 배운 영어를 화제로 이야기를 나눈다. 잠자기 전에 꼭 세 가지 언어로 인사하는 습관을 양성하였다. 미디어에 대한 인식은 사례 1과 마찬가지로 부정적이다. 때문에 아이가 집에서 사용하지 못하도록 인터넷 설치 자체를 아예 하지 않았다. 올해 고향을 방문할 예정이었으나, 금융사기를 당해 2년 동안 모은 전 재산을 한순간에 잃고 말아서, 결국 고향 방문 계획을 포기해야만 했다. 아이가 집에서 중국어 사용하는 것을 거부해, 매일 친정과의 영상통화 시간을 가져 외조부모와의 중국어 대화 시간을 만들어 중국어 회화를 연습할 수 있도록 유도하고 있다.

3) 사례 3

사례 3의 이주여성은 앞선 두 명의 이주여성과 같은 중국 출신으로 사별 가정의 이주여성이다. 이 이주여성은 2016년 10월까지 남편이랑 아들과 함께 해외인 가나에서 10년 넘게 살았다. 결혼 당시 남편은 이미 한 번 이혼한 경력이 있었다. 영어 구사가 가능했던 이주여성은 가나에 있는 한 호텔에서 카운터 일을 도왔는데 호텔 사장님의 소개로 남편과 만나 결혼하게 되었다. 가나에서 남편과 아들, 그리고 지인과 소통할 때는 주로 영어를 사용하였다. 아들은 7세까지 가나에서 유치원을 다녔고, 한국 학교를 1년 동안 다니며 한국어를 배웠다. 2016년 9월에 남편에게서 암이 발견되어 입국 절차를 밟아 한국으로 입국해 두 달 넘게 병원에서 치료를 받았지만 결국 12월에 남편을 잃고 만다. 아이는 아빠의 투병 과정 및 임종을 엄마와 함께 모두 지켜보았다. 이 때문에, 한국에 들어와 불안정한 정서를 보였으며, 언어 문제, 심리 문제가 동시에 발생하여, 언어치료와 미술 심리치료를 받은 경험이 있었다. 엄마에 대한 애착이 비교적 심한 편이다. 한국어 같은 경우 가나에서 한국 학교를 1년 정도 다녔고, 귀국 후에는 교회, 어린이집, 학교, 지역아동센터 등 시설 및 기관을 다니며 한국어를 배웠다. 아이는 주변인의 시선에 예민하여 가나에 있었을 때 잘하던 영어와 엄마의 모국어인 중국어 사용에 대해 부담감을 가졌다. 이주여성인 엄마는 한국어를 잘 못 하지만, 아들과의 소통을 위하여 경제활동을 그만두고, 현재 다문화 센터에서 한국어를 공부하고 있다. 집에서 아들과의 소통은 주로 공부 중 한국어, 영어, 그리고 간단한 중국어 표현으로 하고 있다. 선생님으로부터 아들이 지속적인 언어치료가 필요하다는 지적을 받았지만, 생계에 바빠서 몇 개월만 하다가 그만두었다. 언어학습 및 심리문제를 극복하기 위해 최근 2년 안에 중국 친정방문을 4번이나 했다. 세 번째 방문부터 아이가 중국 및 중국어에 관심을 가졌다. 올해는 학교의 방과 후 교실에서 중국어를 학습하기 시작하였다. 부담이 좀 된다고 하지만, 아이가 중국에 가는 것을 원해 여름방학 때 또 들어갈 계획이라고 하였다. 한국어와 중국어 외에도 지속적인 영어 공부가 필요하다고 생각하지만, 경제적인 문제로 영어 공부를 하지 못하고 있다. 그 외에 미디어에 대해 앞에 다른 이주여성들과 마찬가지로 부정적으로 생각하고 있다. 아직 국적을 취득하지 못하여 현재 수급자로 생활보조금과 극소수의 수입으로 아들과 함께 개인 부담 월셋집에서 살고 있다.

4) 사례 4

사례 4의 이주여성은 베트남 출신 이주여성이다. 2009년에 결혼 중개회사를 통해 결혼을 했고, 남편과의 나이 차이가 30살 이상이다. 남편은 일 때문에 집에 있는 날이 많지 않아 거의 시어머니와 함께 살았다. 시어머니가 중풍에 걸려, 막 태어난 아들의 양육과 시어머니 뒷바라지를 모두 이주여성이 도맡아야 하는 상황에 무리가 왔다. 시어머니를 요양원으로 보내는 것에 대한 문제로 남편과 갈등을 빚게 되고, 상황이 점점 나빠져 결국 2014년에 이혼하게 되었다. 서울 이주여성***센터에서 2년 생활하는 동안 검정고시를 통과해 고등학교 학력을 취득하였으며, 한국어능력시험 4급도 통과하였다. 지금은 은행업무과 관련된 금융회사에서 한·베 통·번역 업무를 담당하고 있다. 아들의 한국어는 ***센터, 어린이집, 학교, 지역아동센터에서 학습하고 있으며, 집에서는 한국어로 된 동화책 읽기, 받아쓰기 연습 등의 방법을 활용하여 수행하고 있다. 아이는 베트남어

학습에 관심이 별로 없었지만, 3번의 베트남 친정 단기 방문으로 숫자, 과일, 그리고 간단한 어휘의 사용이 가능해졌다. 하지만 귀국 후에는 엄마가 한국어 사용에 익숙해지게 되면서 베트남어를 사용할 기회가 줄고, 주변에 베트남어를 배울 수 있는 학습 기관이나 활용할 수 있는 교재가 부족해 베트남어 학습은 간단한 어휘 사용에만 그치고 말았다. 그리고 베트남어보다 아이에게 중국어를 꼭 시키고 싶다고 하였다. 이주여성 또한 미디어 사용에 대해 부정적으로 생각하고 있다. 서울 이주여성***센터의 도움으로 임대아파트에서 아들과 함께 지내고 있다. 2009년 결혼하고 2014년 남편과 이혼하기 전까지 친정방문은 한 번밖에 하지 못 했다. 2016년 말 서울 이주여성***센터에서 퇴소한 이후 아이와 함께 베트남에 2번 방문하였다. 그리고 2019년 겨울에 세 번째 방문을 계획 중이라 하였다.

5) 사례 5

사례 5의 이주여성은 사례 4의 이주여성과 같은 베트남 출신 이주여성으로, 대학교 때 지인 언니의 소개로 남편과 만나게 되어 2008년에 한국에 들어왔다. 시댁과의 갈등으로 두 달 뒤에 분가하여 신혼 생활을 시작하였으나 그로부터 8개월 뒤에 임신한 상태에서 남편을 사고로 잃고 말았다. 재산 분쟁으로 소송이 진행되었지만 어린아이를 데리고 지방을 오가는 것에 지쳐 결국 재산 상속을 포기하였다. 생계를 유지하기 위하여 아이가 5개월 때 유치원에 보내고 회사를 다니기 시작했다. 그 과정에서 아이에게서 언어문제가 나타났지만 바쁜 직장생활에 발견하지 못했다. 학교에 들어간 뒤 담임선생님의 도움을 받아 아들의 언어테스트를 진행했는데,

엄마의 부정확한 한국어 발음과 표현 사용이 그 원인이라는 결과가 나와 매우 자책하고 있다. 정서적 불안정 때문에 한동안 놀이치료를 받다가, 지금은 언어치료를 하고 있다. 한국어는 어린이집, 학교, 복지관, 교회에서 주로 습득하게 되었고, 집에서 엄마와의 소통언어도 한국어이며, 잠자기 전 하루 일과에 대한 것이 대화의 대부분이다. 기타 언어학습은 학교 및 복지관에서 영어 지도를 받고 있다. 베트남어는 전혀 학습하지 못하였다. 그동안 회사를 계속 다녀왔기 때문에, 자격이 되지 않아 한부모 가정 지원을 받지 못했으나, 최근 몇 개월은 자녀의 양육 및 사회통합프로그램의 참여로 수급비를 받아 생활하고 있다. 개인 부담 월셋집에 아들과 함께 살고 있다. 미디어 교육에 대해 긍정적으로 생각하고 있으나, 관련 정보가 부족하여 언어교육에 활용하지 못하고 있다. 아이가 어릴 적에 한국어 학습에 방해가 된다는 우려에 베트남어 사용을 기피하였다. 훗날, 주변 친구의 자녀들은 베트남어를 하는 것을 부러워하여 아들에게 베트남어를 가르치려고 시도를 하였지만, 아이가 거부를 해 현재 베트남어 학습은 전혀 이루어지지 못하고 있다. 기타 언어학습은 학교에서의 영어 과목 학습 및 복지관에서의 영어 과목 지도가 전부이다.

6) 사례 간 분석

5명의 이주여성의 사례를 분석한 결과, 가정해체를 경험한 이주여성 자녀의 언어학습 경험은 다음과 같이 나타났다. 첫째, 자유로워진 이주여성의 모국어 사용이다. 그동안 일반 다문화 가정의 경우, 이주여성들이 자녀에게 모국어를 가르치거나 소통언어로 사용하려면, 한국어 습득을 중시하는 가족 및 아빠의 동의와 지원이 필요했다(오지영 · 김혜전 · 전우용, 2018; 홍용희·오지영, 2017). 그러나 해체가정의 경우, 자녀의 언어 습득 적극성 문제가 존재하긴 하지만, 이주여성들은 원활하지 않은 한국어 사용 과정 중 의식적이든 무의식적이든 불가피하게 모국어를 사용했거나 사용하고 있다. 가정에서 권위적인 의사소통 언어 제재 요소가 없어짐으로써 이주여성의 모국어 사용이 비교적 자유로워졌다고 할 수 있다. 둘째, 경제적 어려움을 겪고 있음에도 빈번해진 친정과 해외 방문이다. 사례 5 이주여성을 제외하고, 4명의 이주여성이 자녀의 심리적, 정신적 안정을 위하여 친정방문을 자주 한 것으로 나타났다. 지리적으로 비교적 가까운 중국 출신의 이주여성의 경우 연 1회 이상 친정을 방문하고 있고, 사례 2의 이주여성의 경우 아들 출생 한 달 후 바로 중국으로 보냈다가 7년 후에 다시 한국으로 데리고 왔다. 사례 3의 이주여성의 경우 아들은 7살까지 외국에서 살았고, 남편 사망 후 2년 안에 중국에 4번이나 방문하였다. 베트남 출신 이주여성은 6년이라는 결혼생활 동안 고향에 딱 한 번 가 봤고, 2014년 이혼 이후 ***센터에 입소해서는 친정에 방문할 수 없다는 규칙 때문에 한국에서만 지내다가 2016년 말에 퇴소하고 나서 2019년 4월까지 3년 동안 친정을 2번 방문하였다. 이들의 친정방문 횟수가 늘어난 것은 본인의 한국생활 스트레스 및 떨쳐버릴 수 없는 향수 때문인 것으로 볼 수가 있으며, 다른 한편으로는 해체가정에서 자란 자녀의 가족·혈족 간의 정 느끼기, 심리적·정신적 안정 찾기 및 자녀의 언어학습이 목적이라고 할 수가 있다. 셋째, 적극적인 지역 시설의 이용이다. 이주여성의 자녀들은 모두 지역아동센터나 복지관 등 방과 후 아동 돌봄 시설을 이용하고 있다. 이는 가정해체를 경험한 국제결혼 가정 자녀의 경우, 지역 시설 이용 시 우선권이 부여되기 때문이다. 또한 이주여성의 경우 경제적, 환경적 학력 및 문화의 차이 등 조건의 제한으로 자녀의 학습 지도가 어려워, 방과 후 무료 학습 시설의 이용에 더욱 적극적이고 선호하는 편이다. 넷째, 편리한 다중언어의 접근이다. 해체가정 이주여성 자녀의 경우, 일반적인 다문화가정 자녀에 비해 다중언어에 접근하기가 쉬운 편인데, 그 이유로는 가정에서의 한국어 외의 기타 언어 사용, 빈번한 친정방문 및 해외 생활, 그리고 적극적인 지역 시설의 이용 등을 들 수 있다.

3. 한국어 학습경로 및 한국어 교육 문제

1) 가정 내 한국어 학습

(1) 우리 둘이 같이 한국어 공부를 해요.

"내가 우리 아들하고 소통할 때 애가 단어를 사용하는 게 많이 달라진 것을 느꼈어요. 나도 계속 공부를 하고 있으니까, 그래서 느낄 수 있어요. 전에는 접속사, 부사 사용이 잘 못 했지만, 요즘에 들어보면 아주 자연스럽게 말하고, 접속사와 부사, 그리고 수식어 모두 잘 사용해요. 작년보다 많이 늘어졌어요. 우리 둘이 같이 한국어 공부를 해요. 지금은 애가 나를 가르쳐 주고 설명도 해 줘요. 여기 있는 것 애가 다 읽을 수 있어요. 그런데 나는 다 이해 못 해요. 그리고 발음도 안 좋아요."

(2) 집에 와서 씻고, 밥 먹고, 한국어 동화책 읽고 받아쓰기를 해요.

"집에 와서 씻고, 밥 먹고, 한국어 동화책 읽고, 그다음 받아쓰기를 해요, 받아쓰기는 학교에 하는 것이 아니라 저희 개인적으로 하고 있어요. 저하고 아이의 약속이에요. 집에서만. 집에서 저랑 하는 거예요."

가정해체를 경험한 이주여성들은 가장으로서 많은 사회활동을 직접 참여하게 된다. 한국사회에서 살기 위하여 반드시 해결하고 극복해야 할 과제 중 의사소통을 위한 한국어 구사 문제가 가장 시급하다고 할 수 있다. 그러나 자신의 한국어 학습보다, 한국인 양육자의 부재로, 자녀가 한국인의 신분으로 한국에서 살아가기 위해서 필수적인 한국어 교육에 대한 관심이 더 높은 것으로 나타났다. 이러한 가정 분위기 속에서, 자신의 한국어 학습 경험과 결합하여, 자녀와 함께 공부하면서 자녀의 한국어 학습을 꾸준히 강화하고 있는 것을 참여 이주여성들을 통해 알 수가 있다.

2) 또래 관계 속의 한국어 학습

(1) 나이가 비슷해서 둘이 붙어서 다녀요.

"오늘도 주말인데 친구랑 놀이터에 놀러 갔어요. 옆집 남자아이 한 명 있는데 나이가 비슷해서 둘이 붙어서 다녀요. 지금 다 컸죠. 학교도 잘 다니고, 친구도 잘 만나고, 친구 집에도 가기도 하고, 친구가 우리 집에 찾아오기도 해요. 성격은 되게 많이 밝아졌고, 말도 많아졌어요."

(2) 같이 많은 이야기하고, 같이 놀고 수다 떨고요.

"교회 다니는 것 좋아해요. 예배는 별로 안 좋아하는데, 예배 끝나고 친구들이랑 노는 것 좋아해요. 저도 이야기를 하면 좀 미안하긴 한데, 교회를 다니기 위해서 교회에 간 것이 아니라, 친구들 만나러 간 것 같아요. 만나서 웃고, 인사하고, 또 뭐 같이 많은 이야기하고, 같이 놀고 수다 떨고 하는 것은 그렇게나 좋더라고요."

Vygotsky(1987; 2000)는 아동의 발달이 성인이나 보다 유능한 또래가 아동에게 새로운 과제를 시도하도록 하는 사회적 중재 과정에 크게 영향을 받으며, 이러한 사회적 상호작용이 아동의 사고와 행동에 지속적이고 단계적인 발달을 가져온다고(한국교육심리학회, 2000) 주장한다. 가정해체를 경험한 이주여성 자녀 또한 또래와의 상호작용 과정에서 한국어의 사용 및 학습이 무의식적으로 이루어졌고, 끊임없이 말을 주고받는 상황에서 자연스럽게 한국어를 습득하게 되었다.

3) 지역 시설과 교육 기관 활용 한국어 학습

(1) 학교 끝나고 바로 아동센터에 가요.

"아이들의 한국어는 유치원과 학교에서 배웠어요. 처음에는 한국어 잘 못 했어요. 유치원에 가고 나서 한국어가 가면 갈수록 잘해졌어요. 내가 한국어 못하니까 학습 지도 같은 것 못 해요. 애들은 지역아동센터를 다니고 있어요. 거기서 국어 수학 다 배울 수 있어요. 지금도 매일 매일 학교 끝나고 바로 아동센터에 가요."

(2) 애 학교 끝나고 복지기관에 가요.

"아이가 학교 다닌 때는 뭐 내가 뭐 해 주어야 하잖아요. 그런데 내가 뭐 공부 이런 것 가르쳐 줄 수도 없고, 1학년 때는 봐줄 수 있는데, 점점 학년이 올라가니까, 우리나라랑 배우는 것 너무 달라서, 애한테 봐 줄 수가 없더라고요. 그래서 그런 것 좀 답답하고, 그래서 저기 성북 복지관이 있어요. 애 학교 끝나고 복지관에 가요. 안에 방과 후 교실이 있어요. 거기는 봐 줘요. 애 봐 주고, 공부도 봐 주고, 간식 이런 것도 주고 그래요. 5시 반까지 봐줘요. 올해 3학년 올라가잖아요. 그래서 지금 제가 더 말을 많이 못 하고 있어요. 복지관 선생님이 부탁해, 애한테 신경 많이 써달라고 했어요."

제시한 바와 같이, 가정해체를 경험한 이주여성의 자녀들은 기본적으로 유치원, 학교 등 공식 교육기관 외에, 지역아동센터, 복지관 등 아이 돌봄 및 교육 시설을 이용하기 용이한 편이다. 가정해체를 경험한 이주여성들은 가정의 가장으로서 육아와 생계를 유지하기 위한 경제 활동을 병행하고 있어, 아이에게 할애할 수 있는 시간이 상대적으로 부족하며, 자국과 한국의 교육 문화의 차이로 인하여 자녀 학습 지도에 어려움이 많다. 이 때문에 학교 교육 과정 지도나 언어 지도를 지원하는 무료 지역 시설 이용에 특히 적극적이다. 이러한 지역 시설 및 복지기관, 교육기관에서는 이들을 대상으로 생활 지도 및 교과목 지도 등의 다양한 프로그램을 운영하여, 그들이 교사 및 학습 지도자와 상호작용하면서 자연스럽게 한국어를 학습하도록 도움을 주고 있다.

4) 가정 내 부정확한 한국어 사용의 부작용

(1) 애도 들리는 대로, 제가 발음한 대로 써요.

"받아쓰기를 보면 틀린 것 좀 있어요. 틀린 원인은 내게도 있어요. 왜냐면 저의 한국어 발음이 안 좋아요. 애도 들리는 대로, 제가 발음한 대로 써요. 그래서 더 많이 틀려요."

(2) 언어 상담 선생님이 아이가 엄마 영향을 받았다고 했어요.

"저도 한국어 잘못해서 애한테 제대로 못 가르쳤어요. 학교 가기 전에, 그때는 어린이집에 가고, 말은 문제없는 것 같아요. 지금도 말은 문제가 없는데, 저는 어차피 한국말을 좀 알지만, 발음이 안 좋잖아요. 검사를 해보니까 우리 **이도 발음이 너무 엄마한테 영향을 받았다고, 그래서 얘 계속 언어치료를 받고 있어요. 그래서 이야기만 하면 마음이 아프긴 한데, 내가 배우는 것만 최선 다 해서 배우고, 말하는 것도 최선 다 하는

데, 그런데 애는 다 저 때문에 발음이 너무 안 좋다고, 따른 애들보다 너무 안 좋다고 그래요. 언어 상담 선생님이 **이가 엄마 영향을 받았다고 했어요, 그런 말을 들으니까 너무 속상한 거예요."

이주여성들은 가정에서 자녀의 한국어 학습을 중요하게 생각하고 있지만, 본인의 정확하지 않은 한국어 발음은 자녀의 한국어 학습에 좋지 않은 영향을 주고 있다. 사례 4의 아들의 경우, 가정에서 받아쓰기 연습을 할 때, 이주여성인 어머니가 발음한 대로 받아 적는 과정에서 철자 오류가 자주 나타났다. 사례 5의 자녀는 엄마의 영향으로 한국어 발음이 부정확해, 언어치료를 계속 받고 있다. 이보다 더 주목해야 할 문제는 이주여성들이 자녀의 언어 문제를 학교 진학 전까지 지각하지 못할 수도 있다는 것이다.

5) 언어치료에 대한 부정적 인식

(1) 문제가 없는 애도 스트레스를 받아서 문제가 생겨요.

"애들은 언어테스트 안 해 봤어요. 그리고 내 생각에 그런 것 많이 해도 안 좋을 것 같아요. 자주 하면 문제없는 애도 스트레스를 받아서 문제가 생겨요. 설령 문제가 있더라도 나중에 크면 다 할 수 있어요. 왜냐면 한국에서 살고 있으니까요."

(2) 문제없는 아이도 그냥 문제아로 구분하게 돼요

"아들은 언어치료를 받은 적이 있어요. 끝나고 두 번 하지 않았어요. 또 하고 싶으면 다시 신청해야 해요. 그리고 언어테스트, 심리테스트 그런 것도 다시 해야 해요. 애는 지금 다 커서 개인적인 이해력 같은 것 있어요. 언어 검사 테스트를 많이 하면, 스스로 무의식적으로 '내가 언어 문제가 있는 아이가 아닌가?'라는 생각을 들 수 있어요. 정신적이든 심리적이든, 스트레스를 주고 싶지 않아요. 다문화 센터에서 진행하고 있는 음악치료, 미술치료 놀이치료 같은 것도 해봤어요. 우리 아들은 놀이치료를 3개월만 하다가 그만뒀어요. 거기 오래 다니면 문제없는 아이도 그냥 문제아로 구분하게 돼요."

자녀의 언어치료가 꼭 필요한 사례 5를 제외하고, 나머지 네 명의 이주여성은 모두 언어치료에 대해서 부정적으로 생각하고 거부하는 태도를 보였다. 즉 발음 교정, 어휘력 향상 등 언어치료의 긍정적인 효과를 기대하기보다는, 아이가 '문제아'로 낙인찍혀 편견이나 차별을 받을 것을 더 두려워하는 모습을 보였다. 한국어의 경우, 한국에서 생활하면서 저절로 습득할 수 있으며 오히려 언어치료를 받아 '문제아'로 인식되어 자녀에게 부정적인 영향을 미칠 수 있다고 여겼다.

6) 미디어 사용은 곧 인터넷 중독

(1) 점점 공부하기 싫어져요. 그리고 눈에도 안 좋아요.

"인터넷에서도 배울 수 있다고 들었지만, 그것 때문에 컴퓨터랑 핸드폰을 보게 하고 싶지 않아요. 그렇게 하게 하면 점점 공부하기 싫어져요. 그리고 눈에도 안 좋아요. 그래서 집에 컴퓨터 고장 났는데도 새도 사지 않았고, 핸드폰도 안 사 줬어요. TV는 가끔 보지만, 그것도 많이(오래) 보여주지 않아요. 내 핸드폰을 가끔 만지지만, 하루에 10분, 많아야 20분만 놀게 해줘요."

(2) 애가 인터넷 중독에 빠지는 것을 걱정돼요.

"평일에는 시간이 없어서 TV를 많이 못 봐요. 주말에는 밖에 안 나가면 tv 좀 보게 해요. 아침밥 준비할 때, 할 일 없을 때 좀 보고, 이것도 그러는데, 제가 애 눈이 나빠질까 봐, 거의 못 보게 해요. 개인 핸드폰도 있는데,

게임을 하고 싶지만, 못 하게 하니까 약속을 했어요. 하루에 30분씩 하고, 규칙을 만들었어요. 주로 한국어를 봐요. 그래도 애가 인터넷 중독에 빠지는 것을 걱정돼요. 그런 습관을 양성하면 안 된다고 생각해요. 그래서 제재를 많이 해요."

오늘날 인터넷이나 미디어 하면 바로 '인터넷 중독', '미디어 중독'을 떠올리게 되며, 이러한 용어들은 현대 사회에서 신문이나, 뉴스, 생활 속에서 자주 등장한다. 이러한 사회적 분위기 속에서, 이주여성들은 자녀교육과 관련하여 미디어 사용 및 인터넷 활용에 대해 더욱 고민하고 걱정을 하게 될 수밖에 없다. 이주여성들처럼 인터넷 및 미디어 사용에 대해 엄격하게 제재를 하거나, 아예 못 하게 하는 것이 이주여성들의 일반적인 반응이다. 이주여성들의 언어 관련 자녀교육을 살펴본 결과 학교 교육 과정과 연계되는 인터넷 강의, 유아기·아동기 자녀를 위한 한글 및 한국어 학습 프로그램 활용도가 비교적 낮으며, 관련 정보의 인지 또한 지극히 부족한 것으로 나타났다.

4. 기타 언어학습 경로 및 언어학습 문제

1) 가정 내 기타 언어학습

(1) 집에서 애들이랑 있을 때도 중국어로만 말해요.

"나는 한족이에요. 우리 가족도 다 한족이에요. 우리는 중국어만 해요. 여기 와서도 중국어만 했어요. 나 한국어 잘못해, 평상시에도 중국어만 했어요. 집에서 애들이랑 있을 때도 중국어만 말해요. 응, 나는 한국어를 배웠지만, 주변 친구와 지인 다 중국인이라서 한국어를 쓸 일이 별로 없는 것 같아요. 집에서도 중국어만 쓰고, 그렇다 보니까 애들도 저절로 배우게 됐어요. **이는 집에서 동생이랑 말할 때는 한국어로 말해요. 나하고 말하면 바로도 중국어로 말해요. 전환 속도가 너무 빨라요. 그리고 내가 가끔 한자 숙제를 조금 내줘요. 한자를 쓰고 그래요."

(2) 집에 오면 나하고 영어로 대화하기도 해요.

"집에 오면 제가 자주 학교 영어 수업에서 무엇을 배웠는지를 물어봐요. 그리고 나하고 영어로 대화하기도 해요. 가끔 내가 까먹은 단어가 있는데, 저를 가르쳐 줘요. 애가 바로 '엄마, 그것 아니야, 이렇게 말해야 해.'라고 해서 나를 다시 알려줘요. 나도 영어를 자주 안 쓰다 보니까 많이 잊어버렸어요. 그리고 밤에 자기 전에 동화책도 읽어주고 그랬어요. 동화책 읽고 나서 꼭 인사를 해요. 인사는 중국어도 하고, 영어도 해요."

일반 국제결혼 가정에서 자녀들이 이주여성의 모국어를 습득하지 못한 이유 중의 하나는 바로 '가족의 간섭'이라 할 수 있다. 그에 반에, 해체 이주여성 편모가정의 경우, 이주여성의 모국어 사용이 비교적 자유로운 것으로 나타났다. 이들은 자녀와의 의사소통 과정 중 생각이나 주장의 표현, 자녀의 교육 및 생활 지도에 있어 한국어로 표현이 원활하지 않은 경우, 모국어를 같이 쓰는 경우가 대부분이다. 또한 자녀의 미래, 진로, 취업 등을 위해 외국어 실력을 키우려는 목적도 있어, 의식적으로 한국어 외에 기타 언어를 최대한 자연스러운 환경에서 가르쳐 주려고 노력하는 편이다.

2) 친정 방문 및 현지 생활 학습

(1) 방학 때마다 애들 중국에 데리고 갔어요.

"아빠가 돌아가시고, 방학 때마다 애들 중국에 데리고 갔어요. 대가족의 정도 느껴보고, 형하고 누나 동생들하고 같이 놀게 하고, 일부러 중국어를 많이 적합하게 해요. 형제자매들은 같이 놀고 말하고, 자기 혼자만 옆에 있어, 이해도 안 되고, 같이 참여하고 싶은데 낄 수도 없고, 소통에 어려움을 느낀 것 같아요. 그래서 올해 내가 중국어 교실을 신청해주니까 반대도 안 하고, 스스로 좀 배우려고 하더라고요. 최근 2년 동안 중국에 자주 들어간 것 같아요. 요즘에 영상 통화할 때 애한테 일부러 인사하라고도 시켜요."

(2) 베트남에 총 3번 가 봤어요, 여름에 한 번 더 가보려고요.

"베트남에 총 3번 가 봤어요. 마지막에는 작년 9월에 갔다 왔어요. 아이도 많이 컸어요. 아이도 베트남어 조금 배웠고, 외할머니, 형들도 너무 좋아서, 정도 들고 그래서 떠날 때는 울었어요. 형아 보고 싶다고, 할머니 보고 싶다고, 여기 오면 심심하고, 놀아줄 사람도 없고, 거기 있으면 같이 놀 사람도 많고, 공부도 안 하니까. 너무 좋은 거예요. 여름에 한 번 더 가보려고요."

가정해체로 인해 나타나는 가장 큰 문제는 가정해체가 아동에 미치는 영향이다. 즉 가정해체의 가장 큰 피해자는 바로 자녀라 할 수 있다(이정전, 2003). 가족 간의 문제, 부부간의 갈등, 남편의 음주와 폭력, 무책임한 행동 등으로 이혼한 국제결혼 가정의 경우, 이주여성뿐만 아니라 어린 자녀에게도 정신적·심리적인 고통과 상처가 고스란히 전해진다. 자녀가 심리적 안정 및 자존감을 되찾고, 대가족과 혈육의 정을 느끼도록 하기 위해 함께 친정을 방문하고 현지에서 거주했던 것이 자녀로 하여금 어머니의 모국어를 학습할 수 있는 좋은 기회가 되었다.

3) 지역 시설과 교육기관 활용 기타 언어학습

(1) 영어는 다 학교 방과 후하고 아동센터에서 배웠어요.

"애는 지금 3학년이에요. 학교에서 영어 수업이 있어요. 학교 방과
후 교실에도 영어 시간이 있어요. 그리고 학교 끝나고 아동센터에 가면,
거기서도 영어를 지도해 줘요. 지금 시작한 지 얼마 안 됐어요. 우리
애는 학원 안 다녀요. 영어는 다 학교하고 아동센터에서 배웠어요."

(2) 지역아동센터에서만 해도 도움이 많이 돼요.

"방과 후하고, 학교 끝나면 우리는 지역아동센터 보내거든요. 거기서
숙제하고, 영어 배우고, 지역아동센터에서 영어를 가르쳐 줘요. 영어는
아동센터에서 지도를 받고, 집에 와서 따로 하는 문제지를 풀거나 그렇지
않아요. 지역아동센터에서만 해도 도움이 많이 돼."

한국은 공식 교육기관인 초등학교 3학년부터 영어 교육이 기초 교육과
정에 들어가 있다. 비영어권 화자 이주여성의 경우, 직접 지도하기에 어려
움이 많으며 가정해체에 따른 경제적 문제로 자녀의 언어학습을 위한
학원비나 교육비 지출에 큰 부담이 되는 실정이다. 하지만, 해체가정 자녀
의 경우, 지역아동센터, 문화센터, 복지관 등 지역 시설 이용에 있어 우선
고려 대상이므로, 일반 가정 자녀보다는 활용하기에 상대적으로 쉬운 편
이다. 이러한 지역 시설과 교육기관에서 제공하는 학교 교과목 지도에
영어 또한 포함돼 있다. 제시한 바와 같이 사례 1의 자녀는 2학년이기
때문에 해당이 되지 않지만, 그 외의 네 명은 모두 학교 외에 지역 기관에
서 영어 지도를 기본적으로 받고 있다.

4) 기타 언어학습에 대한 고민과 우려

(1) 중국에 갔다 와서 한국어 좀 못 알아듣는 것 같다고 선생님이 연락
이 왔어요.

"한 달 정도 중국에 가 있다가 오면 문제가 좀 있어요. 작년에 중국에
가서 한 달 정도 살았어요. 여행도 다니고, 북경, 장가계, 그리고 우리
고향, 한 달 있다가 돌아와서 선생님이 연락이 왔어요. 집에서 중국어로
말을 했었냐고, 왜 한동안 안 보이더니, 중국에 가다 와서 한국어 좀
못 알아듣는 것 같다고, 이해가 안 되는 것처럼 보였다고. 중국에 가니까
한 달 넘게 한국어를 쓸 기회 한 번도 없으니까. 그래서 내가 중국에
갔다고 선생님께 말했더니, 선생님이 어쩐지 애가 발음과 억양이 좀 이상
해졌다고 그랬더라고요."

(2) 애하고 어떤 말로 이야기해야 할지 잘 모르겠어요.

"선생님도 저보고 아들하고 소통할 때 한국어 말고 중국어를 쓰라고
했어요. 그리고 전에 애가 유치원에 있었을 때도 제가 생각했어요. 어차
피 애는 한국에서 살 거니까, 한국어는 저절로 배울 수 있고, 그러면
나는 그냥 중국어로만 말하자. 그런데 천안에 있는 유치원 선생님이 저보
고 집에서도 중국어를 쓰지 말래요. 내가 자주 중국어를 쓰면 애가 한국
어 못한다고, 한 명은 중국어로 해야 한다고 하고, 한 명은 중국어를
하지 말라고 한다고 하고, 도대체 애하고 어떤 말로 이야기해야 할지
잘 모르겠어요."

언어학습은 환경과 밀접한 관계가 있다. 두 번째 언어가 발달할 때,
기존 언어의 능력이 감퇴하거나 일시적 혹은 영구적으로 언어를 잊게
되는 경우가 있다. 이중언어 화자들 중에서도 한 언어가 더 우세한 경우를
종종 볼 수 있다. 이는 시간이 지남에 따라 바뀔 수도 있다. 하지만, 언어
학이나 이중언어 교육에 대해 전문적으로 배우지 않는 이주여성들은 다중

언어학습 과정에서 발생하는 문제점에 대해 우려를 할 수밖에 없다. 또한 국제결혼 가정 자녀의 언어교육 관련 연구는 2010년을 분기점으로 학술계에서도 큰 변화가 일어났다. 2010년 이전까지는 주로 국제결혼 가정 자녀의 한국에서의 학교생활 적응을 위한 한국어 학습에 주목하였지만, 2010년 이후, 이중언어 교육이 사회적 관심사로 대두되면서 국제결혼 가정 자녀의 역량 개발, 그중에서도 특히 이중언어 교육에 대한 관심이 높아져, 이중언어 교육의 필요성이 강조되고 있는 실정이다. 이러한 변화를 겪으면서 많은 이주여성, 특히 가정해체를 경험한 이주여성들이 사례 2와 같이 각자 다른 의견을 주장하는 주변 사람의 영향을 받아 자녀의 기타 언어교육에 대해 깊은 고민에 빠져 있다.

5) 기타 언어 사용 및 학습 환경의 제한성

(1) 전 남편이 베트남어로 말하지 말라고 했어요.

"처음에 아이가 태어나서 베트남어로 아이하고 대화하려고 했었는데 전 남편이 베트남어로 말하지 말라고 했어요. 왜냐면 아이가 한국 사람이니까 한국말로 해야지, 그래서 그렇게 해서 계속 한국어만 해서. 지금까지도 한국어만 했어요. 그 뒤에 이혼하고 여기 센터에 왔지만, 저도 바쁘니까 베트남어로 하는 것을 귀찮아서 안 했어요. 왜냐면 한국어로 하는 것이 더 빠른 것 같아요. 왜냐면 베트남어로 말하면 못 알아들으니까. 지금도 그래요. 베트남어로 말하면 엄마 그게 무슨 말인지 다시 물어봐요. 다시 설명해야 하니까. 그래서 바빠서 그냥 한국어로 말하는 것이 더 편해요. 지금 좀 후회해요."

(2) 베트남어 학원 같은 것 찾기가 어려운 것 같아요.

"여기 베트남어 학원 같은 것 찾기가 어려운 것 같아요. 멀리 가야
해요. 이 근처에는 없어요. 간단한 대화라도 배워야 하는데, 한 번은 베트
남어 배우라고 동영상 같은 것 보여 줬는데, 인터넷에서 여행, 일상회화
그런 것 있긴 한데, 아이한테 안 맞는 것 같아요. 아이가 필요한 것이
아니라 여행 단어, 너무 긴 단어, 애기들이 재미있게 배울 수 있는 그런
것 아니라서 한두 번 배우라고 했는데 안 하고 싶대요. 사실 학원 있으면
학원도 보내려고 했는데 중국어 학원은 많은데 베트남어 학원이 없더라
고요. 부천에 무슨 베트남어 학원이 있다고 했는데, 몇 번 빠지면 다시
못 가니까, 저는 가끔 일을 나가야 하니까 같이 데리고 갈 수가 없어요."

이들은 베트남 출신 이주여성으로, 자녀의 베트남어 학습에 있어 교육
기회 및 교육 교재, 교육 프로그램의 부족을 호소하였다. 2016년에 이르
러 베트남 이주여성의 수는 일본은 물론, 중국 출신 이주여성을 제치고
1위를 차지했다. 현재 한국의 외국어 교육은 영어를 제1외국어로, 중국어
나 일본어를 제2외국어로 하고 있다. 이 세 가지 언어는 외국어 교육
및 학습에 있어 여전히 중요한 위치를 차지하고 있다. 그러나 그 외의
베트남어, 네팔어, 인도네시아어 등 기타 외국어를 배울 수 있는 전문
학원, 교재, 교육프로그램 등은 아직까지 많이 부족한 실정이다. 이 때문
에 기타 소수 언어를 구사하는 가정해체 다문화 자녀들의 경우, 가정 외에
해당 언어를 배울 기회가 거의 없어, 어머니를 통해 배우는 것에 한정될
수밖에 없다.

6) 다중언어학습과 자녀의 단일정체성

(1) 자기가 한국인이라고, 다시 중국어로 말하지 않았어요.

"유치원에 들어가 2주 지나자, 집에 와서 하는 말이 자기가 한국인이라고, 다시 중국어로 말하지 않았어요. 제가 중국어로 말해도 자기는 중국어 모른다고 해요. 집에 와서 절대 중국어로 말 안 해요. 중국어 할 수 있는 자체도 부정해요. 한국에 있으면 자기가 한국인이고 한국어로 말해야 한다고 하고, 중국에 가면 그때 자기는 중국인이라고 하고 중국어를 말해야 한다고 해요."

(2) 내가 중국어로 말하면 싫어해요.

"중국어를 가르치려고 할 때 '난 중국 아이 아니야, 난 한국인이야, 중국어 말하지 마'하고 성질을 뿌려요. 특별히 자기 중국어를 가르친다고 느끼면 싫어해요. 안 배우려고 해요. 아직도 지금도 여기 같은 공공장소에서 내가 중국어로 말하면 싫어해요. 하나는 자기가 못 알아들으니까, 또 한 가지는 내가 중국어를 말하면 주변 사람들이 다 우리를 찾아보니까. 그 시선이 좀 신경 쓰여요. 우리는 그런 것 다 이해하고 무시하면 되지만 얘는 10살 되었지만, 아직도 애예요. 얼마 전에 나한테, '엄마, 우리 지금 한국에 있기 때문에 중국어 말고 한국어로 말해야 해요. 중국어로 말하는 사람이 없는데 엄마는 왜 중국어 말해, 챙피해.'라고 했어요."

언어는 집단, 지역, 문화나 국가 정체성을 지니는 가장 강력한 상징과 경계표지 중 하나이다(Baker, 2011/2014). 한국에서의 공식 언어가 한국어라는 것은 누구나 다 알고 있는 사실이며, 이러한 단일 언어의 사용이 단일정체성 형성에 큰 영향을 미치고 있다는 것을 부인할 수 없을 것이다. 이로 인한 영향은 현재까지 지속되고 있다. 또한 오늘날의 한국사회에서 '다문화'라는 용어 자체에 대해 사회적으로 보수적·부정적 인식이 많고, 인종적·종교적·문화적 공존의식이 미흡하여, 실제 교육현장에서 다문화 학생에 대한 차별과 편견이 존재한다는 연구 결과도 있었다(김영순,

2017). 그 결과, 가정해체를 경험한 다문화 자녀들이 이중언어 및 이중 정체성 습득에 유리한 환경에서 자랐음에도 불구하고, 긍정적인 이중 정체성을 가지지 못 하였다. 이번 장에서 이주여성들의 사례를 살펴본 결과, 자녀들이 이중언어 구사가 가능한 그 자체가 한국인과 다르다고 인식해 한국어 외의 기타 언어 구사에 대한 거부감을 가지고 있는 것으로 나타났다. 이는 다른 측면에서 그동안의 동화주의 중심 다문화교육의 부작용으로 볼 수도 있을 것이다.

5. 마무리

이번 장은 다섯 명의 가정해체를 경험한 이주여성의 자녀 한국어 및 기타 언어학습을 경험을 어머니인 이주여성을 통해 알아보았다. 그 결과, 다섯 가정 모두 한국어 외에 이주여성의 모국어 및 영어 교육 또한 실시하고 있는 것으로 나타났다. 이는 사례 내 분석에서 나타난 것처럼 가정 내에서의 한국어 외의 기타 언어 사용, 빈번한 친정방문 및 현지 생활, 그리고 적극적인 지역 시설의 이용 등으로 인해 해체가정 이주여성의 자녀의 한국어 외의 기타 언어 접근이 일반 국제결혼가정 자녀보다 비교적 편리하고 쉽기 때문이라고 할 수가 있다. 또한 이주여성의 사례를 사례 간 분석한 결과, 가정해체를 경험한 이주여성 자녀의 한국어 및 기타 언어 학습경로 및 학습의 어려움은 다음과 같이 나타났다.

먼저 가정해체를 경험한 이주여성의 자녀의 한국어 언어학습경로는 '가정 내 한국어 학습', '또래 관계 속의 한국어 학습', '지역 시설과 교육기관 활용 한국어 학습'으로, 한국어 외의 기타 언어학습경로는 주로 '가정 내 기타 언어학습', '친정방문 및 현지 생활을 통한 기타 언어학습', '지역 시설과 교육기관 활용 기타 언어학습'으로 나타났다. 언어학습 과정 중의 어려움 및 시사점으로 '가정 내 부정확한 한국어 사용의 부작용', '언어치료에 대한 부정적 인식', '미디어 사용은 곧 인터넷 중독', '기타 언어학습에 대한 고민과 우려', '기타 언어 사용 및 학습 환경의 제한성', '다중언어학습과 자녀의 단일정체성'이 핵심 내용으로 도출되었다.

3부 공동체와 문화의 소통

11장. 변화 혹은 발달: 결혼이주와 문화정체성

12장. 상호소통: 문화의 교환과 교차

13장. 자립성: 자조모임 참여 경험

14장. 문화매개: 통역과 번역의 즐거움

15장. 자조모임 공동체와 상호문화소통

11장. 변화 혹은 발달: 결혼이주와 문화정체성

1. 고려인의 정체성

이번 장은 국내 체류 고려인 결혼이주여성의 정체성에 대해 탐색하고자 한다. 정체성은 인간 연구에 핵심적인 요소임에는 이견이 없을 정도로 매우 중요한 연구 주제이다. 특히 강제되고 강요된 이주로 점철된 파란만장한 이주사에서 살아남은 고려인들에게 정체성은 어느 연구관점에서든 빠질 수 없는 핵심 주제이다(윤석호, 2018). 이들의 정체성은 역사나 문화 바깥에 놓인 고정된 것이 아니라 문화, 역사, 권력의 작용에 의해 끊임없는 '되기'(becoming)의 과정을 이루는 것으로 이들의 정체성은 본질이 아니라 위치성을 갖는다(강희영, 2012). 고려인들은 모국과 한국의 양쪽을 연결하며 다양한 사회적 관계를 형성하고 유지하고 있으며, 새로운 정체성을 만들어내고 있다(김기영, 2019).

결혼이주를 통해서 두 언어와 문화 사이를 살아가는 결혼이주여성들에게 정체성은 의식하든 의식하지 못하든 간에 일상적으로 고민하고 부딪히는 주제이다. 인종 및 민족 정체성은 북미와 같은 다문화사회에서 유럽계 백인과 함께 살아가는 유색인종에 대한 심리적 구성에 대하여 가장 많이 연구되는 주제이지만, 정체성이 어떻게 개념화되고 작동되는지에 대해서 거의 합의가 되지 않은 연구 주제이기도 하다(Yip, Seaton, & Sellers, 2006). 그만큼 정체성은 문화, 인종, 종족 등을 포함하는 포괄적이고 모호한 개념이며 다면적이고 다차원적인 실체를 가진 주제임이 틀림없다. 그럼에도 불구하고 그동안 국내와 해외에서 진행된 소수집단의 정체성 관련

이론을 가지고 고려인 결혼이주여성의 정체성의 중요한 측면을 포착해 낼 수 있다. 이런 맥락에서 이번 장의 연구문제는 우즈베키스탄 고려인 결혼이주여성의 인종문화 정체성 발달은 어떠한가이다.

고려인 정체성에 대한 최근 선행연구는 정체성의 요인, 특성, 변화에 관한 주제를 다루고 있다. Minoak Hong과 Yooncheong Cho(2021)는 특별히 독립국가연합(CIS)에 속한 현지 국가들에 거주하는 102명의 고려인 밀레니얼 세대(고려인 3－4세대)의 국가정체성에 미치는 영향을 살펴보았다. 이 연구는 국가정체성에 대하여 전통적으로 중요하다고 고려된 요인인 가족교육, 한국문화, 한국역사, 한국어, 모국에 대한 관계인지 등의 요인이 여전히 중요한 요인이다. 그럼에도 불구하고, 직접적인 경험적인 요소인 현지국과의 관계, 모국에 대한 경험이 국가정체성에 더 강력한 영향 요인이었다고 말한다.

박신규(2020)은 고려인 귀환 청소년의 이주과정과 정체성 특징을 분석하였다. 고려인 귀환 청소년들은 거시적으로는 재외동포 정책의 변화에 따라서 귀환 이주를 선택하였으며, 미시적으로는 부모의 사회경제적 위치에 따라서 적응과 경험의 차이를 보였다. 하지만 귀환이주의 삶에서 한국사회는 이들에게 여전히 상상의 공동체로 존재하며 현실적으로는 외국으로 존재한다.

김혜진(2016)은 한국에 거주하는 고려인 청년층의 정체성 변화를 설명하였다. 고려인 청년층은 한국으로 이주 전에 한인으로서 명확한 정체성이 있었음에도 불구하고, 이주 후에 이들은 상당한 변화와 혼돈의 기간을 통과하게 되며 거주국에서 보다 모국에서 오히려 한국사회의 일원으로서의 동일화 과정보다는 외국에서 온 한인으로서의 타자화 과정이 발생하였다. 하지만 고려인 청년들은 사회심리적인 요인과 달리 한국사회의 경제 · 사회적인 우수한 인프라와 정책적인 흡입요인으로 인하여 영주귀환을 원하는 모순적인 태도를 취하고 있었다.

강희영(2012)은 초국적 정체성이라기보다는 트랜스로컬(translocal) 정체성이라는 측면에서 구소련권 유학이주여성들의 이주경험을 통해서 고려인의 정체성을 탐색하였다. 영토적 정체성보다는 언어정체성이 더 중요한 이주여성들은 한국과 러시아권 사이에서 어느 한쪽에도 절대적으로 귀속되지 않는 트랜스로컬 정체성을 가지며, 두 문화 사이에서 양자택일이 아니라 취사선택을 하면서 자신의 입지를 확장하는 능동적인 전략을 수행하였다. 아울러서 디아스포라 기원지로서 한국의 체류경험은 정체성 갈등의 해소와 치유 과정이 아니라, 오히려 정체성의 분화과정임을 주장하였다.

최근 선행연구들의 흐름은 고려인 정체성을 바라보는 패러다임이 상당히 바뀌었다는 것이다. 박민철(2014)이 말한 바와 같이, 기존의 고려인 연구가 민족적 요소와 소속감을 강조하면서 민족문화 동질성 측면에서 고려인을 포섭하고자 하는 연구경향을 보인다. 그렇지만 최근에는 디아스포라라는 관점에서 민족정체성의 이질적 측면을 강조하면서 혼종적이고 유목민적인 정체성에 주목하고 있다.

결혼이주여성은 다양한 이주민 유형 중 우리의 이웃이 되어 아이를 낳고 뿌리를 내릴 공존의 대상자들이다(김영순, 2020). 이주의 여성화와 세계화, 이외에도 출신국의 정치경제 상황, 사회경제적인 지위 등 복합적인 요소들이 겹쳐 결혼이주여성을 에워싼다. 유학생이나 투자자, 노동자는 본국 귀환이 기대되지만 결혼이주자는 결혼해 아이를 낳고 한국사회의 구성원이 되기 때문에 다문화 논의에서 핵심적 위치에 놓이게 되었다(김혜순, 2008).

결혼이주여성의 정체성 연구는 크게 다섯 가지로 분류할 수 있다. 첫째, 정체성의 발달과정을 살펴본 연구이다. 박동숙 외(2019)은 결혼이주여성들의 결혼생활 과정에서 적응경험과 그 의미를 파악하고 적응에 영향을 미치는 심리적, 사회문화적 맥락을 근거이론방법으로 탐구하였다. 고유선(2012), 고유선·김태호(2011)는 역시 근거이론 방법을 사용하여 결혼이주여성의 문화적 정체감이 발달하는 과정과 발달 유형을 살펴보고자 하였다.

둘째, 언어적인 측면에서 정체성을 탐색한 연구이다. 홍영숙(2019)은 언어정체성이라는 관점에서 따갈로그, 영어, 한국어의 3개 언어를 사용할 수 있는 필리핀 결혼이주여성의 정체성을 내러티브 탐구로 재구성하였다. 강미옥 외(2019)은 베트남 결혼이주여성의 정체성을 이중언어 교육분야에서 활용되는 이론인 정체성과 투자 모델(Darvin & Norton, 2015)로 분석하였다.

셋째, 주체적인 정체성을 강조한 연구이다. 박선영(2019)은 베트남 결혼이주여성의 정체성을 행위의 주체로서 자아실현 주체, 관계지향 주체, 사회적 주체, 돌봄 주체로서 유형화하였다. 황해영·김영순(2017)은 결혼이주여성의 정체성을 Honneth(1992)의 인정투쟁 관점에서 살펴보았다. 허선미·최인이(2016)는 고학력 결혼이주여성들이 본국에서 누렸던 삶의 자리보다 낮아진 한국에서의 삶의 자리, 즉 탈구위치(dislocation)에서 사회적 지위를 회복하기 위하여 이중언어강사라는 직업을 통해서 임파워먼트를 경험하고 인정투쟁을 적극적으로 전개해 가면서, 결혼이주여성의 정체성을 형성해 간다고 주장하였다.

넷째, 다중적이고 혼종적인 정체성의 측면을 포착하려는 연구이다. 박규택(2015)은 결혼이주여성이 경험하는 이중문화를 경험하는 제3의 공간과 이 공간에서 모호하고 미확정의 상태에 놓인 전이성이라는 관점에서 정체성을 설명하였다. 심영의(2013)는 다문화 소설에 나타난 조선족 출신 결혼이주여성의 사랑과 경제를 통해서 결혼이주여성의 정체성을 경제적인 차원으로 환원시키기 보다는 배우자와의 관계를 포함한 새로운 인간관계, 낯선 문화와의 접촉을 통해서 새로운 정체성을 만들어가는 '유목적 정체성'의 관점에서 살펴보고자 하였다.

다섯째, 정체성과 적응의 관계를 살펴본 연구이다. 조민경·김렬(2010)은 이중문화 정체성이 사회문화적응에 미치는 영향을 살펴보았으며, 조절요인으로서 거주기간, 동거유형, 연령, 성별, 교육수준의 영향을 분석하였다. 김희주(2010)는 Berry의 문화적응이론을 기반으로 Phinney(1990)가 4가지로 유형화한 이주민의 민족정체성을 활용하여 필리핀과 베트남 결혼이주여성들의 민족정체성의 특징을 개인, 가족, 사회적 맥락으로 나누어 분석하였다.

선행연구를 종합하여 볼 때, 결혼이주여성의 정체성은 관점으로는 주체적이고 다차원적이고 중층적이고 비선형적인 특성을 가진다. 아울러서 정체성과 적응의 관계와 관련 요인, 발달적인 측면에서 과정과 유형을 탐색하는 시도가 있었다. 하지만 결혼이주여성의 인종문화정체성 발달에 대한 진지한 논의는 거의 찾아보기 힘들다고 할 수 있다. 이런 맥락에서 이번 장은 이주를 경험한 결혼이주여성들의 정체성이 단계별로 어떻게 변화하는가를 기술할 것이다.

2. 일치 단계와 부조화 단계

1) 일치 단계: 자기경시

이 결혼이주여성은 우즈베키스탄 이름이 길어 외국인으로서 한국사회에서 차별을 당할까 두려운 마음이 있어서 개명을 했다. 또한 자신의 인종과 문화적 특징들이 이주 및 정주 과정에 드러나는 것을 부정적인 요소로 생각했다. 지배집단에 속해있으면서 자신이 이 집단과 구별되는 것에 대한 두려움을 가지고 있었다. 또한 자신에 대해 수치심을 느끼고, 자신의 정체성을 스스로 거부하는 모습을 보였다. 이는 자신을 숨기고 주류사회에 동화되고 싶은 자기 경시태도로 경험되었다.

> "우리나라 이름이 길잖아요. 병원에 갔다가 이제 처방전 받고 약국에 가져다주면 이름을 불러주잖아요? 한참 봐요. 한참 보고 그러고 이제 한국말 알아듣죠? 한국말 알아들으세요? 약간 그런 거. 그리고 저는 이제 우리가 교육받으면서 애들한테 뭐 이렇게 너무 자기 자신을 숨기지 말라. 자기 뭐 외국인이라는 거 숨기지 말라는 건 가르쳤는데 제가 그 당시에는 결혼할 때 그 당시에는 제가 두려웠어요. 우리 애가 이제 어디 가서 외국인이라는 걸 밝히면 왕따를 당하지 않을까. 밝히게 되면 바로 왕따를 당하지 않을까. 그래서 그걸 자기 자신을 숨기고 싶었어요."

이주여성 자신은 다소간 한국사회에 적응되었지만 아직 주류사회에 적응하지 못하고 있는 러시아권 아이들에 대한 우려를 나타냈다. 자신의 문화가 주류사회의 문화와 충돌했을 때, 동화되는 노력을 하는 것이 중요하다고 생각했다. 그 때문에 러시아권 아이들도 그렇게 해야 한다고 생각했다. 자신의 정체성을 탐구하는 것보다 지배집단에 동화되는 것이 더 중요하다고 생각했다. 정체성에 대해 생각한다는 것은 결국 자신의 낮은 자존감을 드러내는 것과 같은 것으로 인식했다.

> "고려인이고 러시아권 아이들을 가르치고 있는데요. 그러니까 이제
> 거기 문화랑 여기 한국문화랑 다르니까 아이들이 이제 여기 문화랑 부딪
> 히기도 하는 거예요. 부딪히는 것보다는 이해가 안 되는 거죠. 저는 이미
> 이제 다 한국 사람."

2) 일치 단계: 소수집단 경시 · 인종차별

이주여성은 이른 나이에 결혼하는 우즈베키스탄의 연애와 결혼 문화에
대해 부정적으로 인식했다. 우즈베키스탄인들과 자신은 결혼관이 다르다
는 것을 강조하며 그들과 자신을 구별했다. 같은 소수민족집단이 갖는
부정적 특성과 자신을 일치시키는 것을 심리적으로 불편하게 생각하기
때문에, 자신의 집단으로부터 자신을 스스로 분리하려는 태도가 강했다.

> "저기 한국 스타일 드라마 보시면 여기 연애할 때는 예쁘게 해요. 선물
> 예쁘게 드려요. 그리고 예의 바르게. 넘치지 않고. 그냥 꼬박꼬박 천천히.
> 우즈베키스탄에서 몇 번 만나서 결혼하자고 해요. 사람들. 그래 선물도
> 많이 안 하고 그렇게 로맨틱 없어요. 그런데 로맨틱 있었어."

이주여성들은 한국사회에서 적응하기 어려워하며 한국어를 적극적으
로 배우지 않는 러시아권 아이들에 대해 아쉬운 마음이 많이 들었다. 같은
소수민족집단이 지배집단에 잘 적응하기를 원하지만 노력하지 않는 같은
소수민족에 대해 부정적 시각을 가지고 있었다. 아이들의 부적응 문제가
소수집단에 대한 지배집단의 부당한 대우와 열등한 교육 때문일 수도
있다는 생각은 하지 못했다. 지배집단의 근본적이고 구조적인 모순에 대
해서도 인식하지 못했다.

"애들이 저는 6학년 맡고 있는데 너무 말을 안 듣고 뭐 얘기를 해도 받아주지도 않고 그냥그냥 자기들끼리 모여서 뭐 떠들고 뭐 전달해도 귀 안 들어가요. 애들이 그리고 나는 이제 조금 더 애들한테 주고 싶은데 애들이 안 받아줘요. 그리고 말도 안 듣고 힘들고. 그러니까 딱 그 시기에 막 자기 뭐 이렇게. 그러니까 이제 좀 컸다고 하면서 고집부리고 막 그래요."

3) 일치 단계: 주류집단 존중

이주여성들은 한국사회에 적응하면서 시댁의 문화와 남편의 의견에 따라 본인의 종교 생활을 중단하기도 하였다. 또한 우즈베키스탄 친구들이 없어 외로운 마음이지만 한국어를 잘하기 위해서는 오히려 잘된 것으로 생각했다. 주류집단인 한국에 빨리 적응하기 위해 시댁 식구와 남편을 따르고 지배집단에 동화되는 것이 자신의 종교적 신념보다 컸고, 한국어를 빨리 배우고 싶은 마음이 친구가 없어 외로운 마음보다 더 큰 것이었다. 그들과 같아지기 위해 열심히 한국어를 배워야 하고 많은 노력을 해야한다고 생각했다. 이 단계에서 자신의 정체성을 인식한다는 것은 지배집단에 동화되는 것을 오히려 방해하는 것이라고 인식했다.

"결혼하고 나서 교회 안 다녔어요. 제사 문화도 그렇고 안 맞는 게 많아서. 남편이 싫다고 해서. 남편도 너는 교회 빠졌으면 좋겠다고 해서요."

"한국 사람들이랑 있다 보니까 내가 어쩔 수 없이 이렇게 늘게 되더라구요. 근데 요즘에 러시아 사람들하고 이야기 많이 하니까 한국말이 잘 생각이 안 날 때가 있어요. 친구들이 없는 건 약간 힘들긴 하지만 그래도 나를 위해서 언어가 늘어나니까 그런 방법들도 괜찮은 것 같아요."

4) 부조화 단계: 자기 안의 갈등

이주여성들은 자신의 인종적·문화적 유산을 가지고 현실 속에서 지배집단에 속해있으면 자신이 속한 소수민족집단과의 부조화를 경험할 수밖에 없다고 생각한다. 이러한 인식의 부조화는 자녀를 키우며 자녀가 보이는 러시아어 사용에 대한 부끄러운 정서에 대한 안타까운 인식으로 나타났다. 이주여성은 지배집단의 문화적 가치가 더 깊이 인식될수록 자신이 속한 소수민족집단의 문화와 더 큰 부조화를 느끼며 갈등한다. 이러한 부조화는 개인으로 하여금 많은 정서적인 문제를 일으키기도 한다.

> "옆에서 친구한테서 아니면 누구 앞에서 러시아 말 쓰지 말라고 해요. 그러는 거 있어요. 바로 사람들이 쳐다봐서 그래. [조사자: 다 쳐다보는구나. 아이는 자랑스럽지 않구나. 그런 거 좀 속상하죠?] 네."

5) 부조화 단계: 소수집단에 대한 감정과 경험 사이의 갈등

이주여성들은 우즈베키스탄의 문화가 한국으로 넘어오면서 많이 약화되거나 잊혀지는 상황에 대한 안타까운 생각을 가지고 있었다. 한국과 다른 우즈베키스탄의 문화와 옛 전통이 점점 바뀌어 가고 있는 우즈베키스탄의 상황들도 언급하며 어쩔 수 없는 현실에 대해 받아들이는 것이 중요하다고 생각했다. 이러한 태도로 인해 다른 한편으로는 지배집단의 모순을 경험할수록 같은 소수민족집단의 특성들이 호소력 있게 받아들여질 수도 있고 매우 매력적으로 생각될 수 있는 '부조화' 현상이 나타나게 된다.

> "문화가 다른 게 우리는 뭐 생일이라던지 무슨 날이면 크게 파티하고

뭐 그런 건데 한국은 안 그렇잖아요. 생일도 그냥 그냥 뭐 케익 하나 사놓고 먹고 아니면 말고 그러고. 그리고 이제 우리 신랑이 또 결혼식 그때 결혼식 우리나라 오셨을 적에 여기는 그냥 뭐 주례 말 듣고 그러고 이제 그냥 돌아갔는데 거기는 막 먹고 춤추고 그런 문화 있구나. 이제 약간 우리 신랑도 놀랐고 저는 또 여기 와서 결혼식 이렇게 간단하게 올린 것도 이런 거구나. 그런데 너무 시간이 그쪽에서 넘어오는 시간이 너무 길다 보니까 점점 잊혀지는거죠. 그런데 거기도 이제 그 상황에 맞게 또 이렇게 바뀌게 점점 바뀌게 되더라고요."

고려인 이주여성들은 같은 민족, 같은 언어지만 한국말과는 거리가 있는 고려인들이 쓰는 한국어와 한국에서 쓰고 있는 한국어 사이에서 괴리감을 느끼고 있었다. 조부모님이 쓰셨던 고려말이 그립지만, 고려말과는 차이가 있는 한국어를 받아들여야 한다고 생각했다. 지배집단의 새롭고 모순된 정보를 접하면서 겪게 되는 인지부조화는 같은 소수민족집단에 대한 향수로 경험되었다.

"열두 살 때? 그 할아버지와 할머니께서 돌아가셨어요. 그래서 제가 한국말도 못 배우고 풍습은 계속 지키고 있어요. 우리 부모님은 한국말을 하시기는 하는데 여기 한국어랑 약간 달라요."

6) 부조화 단계: 지배집단 문화에 대한 존중과 갈등

부조화 단계에서의 개인은 지배집단의 인종적·문화적 가치가 일방적으로 우월하지 않음을 깨닫게 된다. 또한 자신 그리고 같은 소수민족집단, 다른 소수민족집단이 인종차별을 경험했을 때, 지배집단에 대한 믿음이 깨지면서 불신을 갖게 된다. 이는 개인이 갖는 정체성 인식이 일치 단계에서 보다는 점진적으로 이동하고 있음을 의미하는 것이다(Sue 외, 2019).

이주여성은 지배집단인 한국의 교육이 모두 다 좋은 것만은 아니라는 인식을 갖게 된다. 자녀교육 과정에서 한국의 교육과 환경·문화적 가치가 모두 유익하지 않음을 깨닫게 되었고, 폐쇄적인 교육환경, 이른 핸드폰 노출, 학교의 교육환경 등 부정적인 요소들을 인식하게 되었다. 또한 유학생으로 한국과 본국의 교수법과 학생들의 수업 참여방식, 한국의 심각한 경쟁풍토로 인한 자살 등을 비교하며 최고의 대학에 유학을 왔지만 기대와는 다른 상황에 심리적 갈등을 겪었다.

"러시아 쪽은 어린이집부터 학교에서도 숙제 있어요. 동시 외우기. 동시 외우고 그대로 얘기하기. 한국은 외우기 없어요. 왜냐면 다 풀기, 풀기 있어요. 4학년 애. 이거 읽고 나한테 얘기해 봐. 다시 설명해 봐. 뭐 읽었는지 똑같이 아니면 비슷하게. 설명해주기 힘들어요. 한국에는 재미있다. 재미없다 이렇게만 쓰면 돼요. 아니면 그림으로 그려줘요. 힘들지만 여기 어린아이들은 이렇게 대충대충 자기 말을 써야 돼요."

이주여성은 우즈베키스탄보다는 생활이 더 나으리라 생각해서 한국행을 선택했지만 현실은 힘들었다. 막연하게 살기 좋은 나라라고 생각했는데 한국의 가부장 중심의 유교문화와 제사 그리고 시어머니와의 갈등 등의 힘든 일을 경험하게 되면서 지배집단에 대한 부정적 인식이 강하게 자리 잡았다.

"아버님이 장손이셨어요. 제사가 엄청 많았어요. 4대까지 올렸어요. 고려인들은 거기 있으면서 아무래도 거기서 살다보니까 문화를, 한국문화를 보존하지는 못했고 제사 같은 것도 좀 달라요. 3년까지만 치러요. 그다음에는 간단하고 간소하게. 근데 여기는 아니잖아요. 죽을 때까지 해야 하잖아요."

3. 저항과 몰입 단계

1) 자기발견

저항과 몰입 단계에서 개인이 보이는 자신에 대한 태도는 지배집단이 행사하는 소수집단에 대한 억압과 차별을 경험하면서 이에 대해 저항하는 모습으로 나타난다. 이러한 저항은 개인의 생각과 행동을 결정짓는 중요한 계기가 된다는 점에서 중요한 의의가 있다. 이 단계에서 개인은 지배집단에 대해 소수집단의 일원으로써 갖는 죄책감을 갖게 되며, 더 나아가 차별받는 현실에 대한 분노의 감정을 강하게 느낄 수 있다. 부조화 단계에서 가졌던 갈등들을 해소하는 방향으로 점진적으로 이동하는 과정에서 사회적으로 중요한 역할을 하고자 하는 개인의 역할을 좀 더 명확히 이해하게 된다(Sue 외, 2019). 이주여성은 어쩔 수 없는 상황에서 국적을 바꾸었지만 이름은 개명할 수 없다는 강한 인식을 가지고 있었으며, 이는 주류집단인 한국사회에서 나의 존재를 지키기 위해 적극적인 노력을 하는 모습으로 경험되었다.

> "사람들이 이름을 보고 베트남에서 왔냐? 중국인이냐? 동남아? 그냥 자신을 위해서 바꾼 거예요. 국적도 받고, 법원에 가서 신청했어요. 그래도 이름은 남겼어요. 이름은 아무래도 특별한 거잖아요."

또한 이 여성은 집을 공동명의로 해야 나중에 한국에서 자신의 권리를 주장할 수 있다고 생각하여 남편에게 이를 적극적으로 주장한 적이 있다. 결국 공동명의로 하는 모습에서 지배집단의 불합리한 일들을 해결하려는 의지를 보였다. 이 단계에서의 한 개인은 자신의 심리적 문제를 지배집단의 억압과 차별에 대한 결과로 보는 경향이 있으며, 이에 저항하기 위한 노력을 보였다.

"집 보러 갔는데 이제 계약서 썼는데 제가 주민등록증 안 가져요. 그래서 그냥 남편 명의로 했다가 공동명의로 돌렸어요. 그래 공동명의라도 어디야. '나중에 무슨 일 있으면 당신 나가.'"

2) 소수집단에 대한 일치감과 헌신

이주여성은 같은 소수민족집단의 일자리에 대해 부정적인 관점을 가지고 있었다. 적극적인 노력이 있어야만 일자리가 달라질 수 있음을 알고, 더 나은 노력을 고민하고 실천하고자 하였다. 앞으로 다가올 미래에 대해 적극적인 태도로 저항하는 의지를 보였다. 이러한 의지는 다른 단계들에서 보여지는 모습들보다 좀 더 역동적이고 행동지향적으로 보일 수 있다. 동시에 자신의 노력만큼이나 같은 소수민족집단 혹은 다른 소수민족집단의 개인이 적극적인 태도를 보였으면 하는 바람도 강하게 가지고 있었다.

"내가 뭔가 이렇게 배우거나 하지 않으면 갈 곳이라고는 식당 설거지 하던지, 아니면 공장에 가서 일을 하던지 그런 것밖에 안되니까 그래서 뭔가 해야겠다. 그런 생각이 있어서 하는 거지, 하고 싶어서 하는 게 아니에요."

3) 지배집단에 대한 분노와 혐오

저항과 몰입 단계에서의 개인이 갖는 지배집단에 대한 태도는 자신이 속한 소수집단이 겪는 어려움의 원인을 지배집단으로부터 온 것으로 인식하기 시작하면서 기존의 지배집단에 가졌던 동경을 철수하는 모습으로 나타난다. 이러한 과정에서 분노와 적개심을 강하게 갖게 되며 주어진 현실을 나은 방향으로 바꾸고자 하는 적극적인 노력들로 전환된다. 지배집단에 대한 분노와 적개심은 쉽게 가라앉지 않으며 극단적인 모습으로 비칠 수 있다(Sue 외, 2019).

이주여성들은 한국에 살면서 가장 바뀌었으면 하는 부분으로 '다문화'라는 용어가 없어져야 한다고 생각했다. 한국의 다문화에 대한 낮은 인식 수준을 비판하며 지배집단인 한국의 이러한 태도에 대해 실망감과 분노를 드러냈다. 그리고 영어가 아닌 제2외국어를 사용할 때 차별적인 시선을 더 많이 받는다고 인식했다. 이러한 차별을 해소하기 위해서는 다문화가족지원센터의 적극적인 역할을 강조하였다. 자신이 겪고 있는 이런 차별적인 요소로 인해 일어나는 곤경들은 모두 지배집단의 책임으로 인식했다.

> "일단은 다문화란 단어를 없애야 한다고 생각해요. 우즈베키스탄도 우즈베키스탄 사람만 안 살잖아요. 너무 많아요. 누구는 외국 사람 얘기도 안 해. 그런데 역사적으로 엄청 많이 시간 지나갔어요. 왜냐면 우리 여권에서도 저는 고려인. 고려인 카리스키에서 카리스키 러시아 사람에서 러시아 사람이라고 쓰여 있어요. 근데 국적은 우즈베키스탄 사람이에요. 여권도 우즈베키스탄 사람이고 우즈베키스탄이에요. 그냥 외국인이에요. 고려인들 사실은 지금 외국인들과 얼굴 외모 안 닮았지만 차별받지 않아요. 여기에는 다 차별해."

이 이주여성은 한국의 남녀불평등에서 비롯된 문화적 관습에 대한 저항과 동양과 서양 간의 갈등에서 나타나는 부당함에 대해 침묵하지 않고 자신의 권리를 주장하는 모습을 보였다. 이는 자신의 삶에 대해 주체적인 태도를 갖고 있음을 시사한다. 또한 가족의 범위에 대한 입장 차이에서 남편이 '문이 없는 가족이다'라는 것에 반대하였고 '한국 사람은 이렇게 살아.'라는 발언에 고려인, 한국 사람이라고 생각했던 자신의 정체성에 혼란을 느끼며 한국 국적 취득을 하지 않기로 생각하는 등의 강한 저항을 보였다. 같은 민족이지만 다르게 대우받는 탈북민과 자신의 소수집단에 대한 지배집단의 차별에 대해서는 더 역동적이고 행동지향적인 태도로 저항하는 태도를 보였다. 이 단계에서는 차별적인 지배집단의 인식에 대해 부정적인 인식을 넘어서는 분노와 적개심을 볼 수 있다.

> "우리 가족은 너랑 나랑 가족이 아니라 이렇게 크게 다 가족이다라고 하는 거예요. 우리 가족은 이거다(크게 범위를 가리키며), 문이 없는 가족이다...누가 이거 마음에 들어 그러면 '어, 가져가.' 그러면서 마음에 드는 대로 다 가져가고. '먹을 것도 있어?' 이런 거는 이해를 못 하겠더라구요. 그러면 여기는 한국이야, 한국사회가 이런 거야, 한국 사람들은 이렇게 살아 그러는 거예요. 그러면 '나도 한국 사람이야.' 그런데 저는 한국 사람으로 취급을 못 받은 거 같아요. 남편한테도 그렇고 다른 사람들한테도 그렇고. 그래서 참. 여기 오기 전에는 한국 사람인 줄 알았는데 여기 와서 보니까 내가 누굴까 정체성 혼란이 왔어요. 그래서 그 이후로 국적을 받을 생각이 없어졌어요."

4. 내적 성찰 단계

1) 자민족 중심주의에 대한 불편함

이주여성은 이주 전 우즈베키스탄에 살았던 어린 시절, 고려인 1세대 이주민이셨던 할머니로부터 고려인 정체성 유지를 위해 한국인을 만나서 결혼해야 한다는 강요를 받았던 경험에 대해 불편감을 나타내었다. 이는 여러 민족과 어울려 성장하며 초국적 정체성을 가지고 있는 3세대 고려인

이주여성에게 있어 개인의 자율성을 침해하는 것으로 느껴졌으며 갈등으로 인식되었다.

> "어렸을 때부터 저는 교포다 보니까 한국에 관심이 많았고, 할머니가 돌아가실 때까지 한국말을 쓰셨어요... (중략) 어렸을 때부터 남자친구들이 전화가 오면 할머니가 전화도 안 바꿔주셨어요. '너희들은 무조건 한국 사람을 만나야 한다.' 그러셨어요. (중략) 제 친구들이 많이 속상해했어요. 너희 할머니 왜 그러시냐고. 전화해도 안 되고, 너희 집에 찾아갔는데도 문을 열고 보시고는 외모 생김새 보고 안 된다고 하시고. 그래서 내가 할머니한테 몇 번 얘기했는데도 안 돼요. [조사자: 어렸을 때 친구들은 주로 어떤 친구들이 있었어요?] 여러 민족들이요. 유대인들도 많고, 러시아인들도 거기 대표 민족들도. 다양했어요. 오히려 고려인은 많지 않았어요."

이주여성은 학교에서 러시아 출신의 다문화 및 중도입국 자녀들에게 한국어를 가르치면서 아이들과 부모들이 너무 쉽게 학교에 결석하는 것에 불편함을 느꼈다. 이러한 현상이 이전에는 자연스러웠고 자신도 그렇게 살아왔다. 그럼에도 불구하고 한국에 살면서 형성된 개인의 가치와 신념 그리고 기대와 일치하는 않는 다문화가정 자녀들의 모습을 보며 심리적으로 부딪치고 이해되지 않는 상황들을 경험하였다. 내적 성찰 단계에서의 개인은 소수집단(자문화)의 특징에 매몰되어 빼앗겼던 개별성에 대한 문제에 관심을 가지기 시작하면서 내적 갈등을 경험하는 것으로 나타났다.

> "러시아권 아이들을 가르치고 있는데요. 그러니까 이제 거기 문화랑 여기 한국문화랑 다르니까 이제 부딪치기도 하는 거예요. 부딪치기보다 이해가 안 되는 거죠. 저는 이미 이제 다 한국 사람. (중략) 우리 애들은 정말 그때 한번 작은아이가 눈병 걸렸을 때 학교 보내면 안 된다고 했을 때 그때만 쉬고 빠진 적 없어요. 그런데 러시아권 아이들이 너무 학교를

잘 빠져요. 나도 원래 그렇게 살아왔는데, 그런데 너무 이게 한국에 오래 있다 보니까. 그게 이제 이상하게 느껴지죠."

2) 지배문화의 수용에 대한 갈등

이주여성들은 한국 정부의 다문화가정 자녀에 대한 지원정책과 프로그램 제공이 문화적응에 있어 긍정적인 기여를 함에도 불구하고 다문화가정 자녀들의 친구 사귀기 힘든 현실에 대해 혼란과 갈등을 경험하였다. 또 사회적으로 다문화 인식이 개선되고 변화되는 것에 대해 긍정적으로 바라보면서도 일상에서 경험하는 다문화에 대한 차별을 경험할 때면 심리적인 혼란과 갈등을 경험하였다.

"나라에서도 지원 많이 받고 여러 가지 프로그램 많이 나와요. 아이들은? 뭐 나라에서 신청할 수 있으면 그거 일단 신청하고 가고 나오는 데로 다 가는 그 보통 고구마 캐고. 한국문화 연결되는 거 떡 만들기 이런 거. 강화도 다니기 연마다 강화도 다녀요. 여기 학교에서 다문화가족지원센터에서 프로그램 되게 많아요. (중략) 사실은 다문화 아이들은 친구 없어요. 친구 없어. 다문화 아이들이 아니면 진짜 엄마 친구 있으면 엄마끼리 친구 있으면 그래야 만날 수 있어요. 없으면 못 만나요."

"여기에는 다 차별해. 그리고 엄마들 인식도 점점 더 바꿔야 돼요. (중략) 단일민족 의식이 강했는데 지금은 변해가고 있으니까 많이 좋아지고 있어요. 유학들도 많이 다니고 해외로 한국 사람들도 가기도 하니까. 우리는. 남편을 보면 한국사회가 바뀌는 거 느껴요. 방송을 보면 그런 거 나오잖아요. 아빠 일기, 아빠 육아 같은 거. 남자쉐프. 남녀평등, 공동육아. 그런 거 보면은."

5. 통합적 자각 단계

1) 초국적 정체성 형성

이주여성들은 한국어가 유창한 경우에 다문화 이해 강사 및 이중언어 코치 일을 하고 있었다. 이를 통해 그녀들은 초국적인 문화매개 및 가교역할을 담당하였다. 또한 초국적 정체성을 바탕으로 한국의 학부모로서 녹색 어머니 봉사활동뿐 아니라 이주민을 위한 의료통역 봉사활동, 통역 아르바이트 등 적극적인 사회참여를 실천하며 사회에 필요한 사람이 되고자 하였다. 그리고 모국에 돌아갔을 때 한국의 어린이집에서 사용하고 있는 의사전달 시스템을 도입하여 우즈베키스탄 부모들을 위한 어린이집을 운영하고자 하였다.

> "난 그냥 필요한 사람 되고 싶어요. 사람들한테 필요한 사람 되고 싶어요. 그냥 필요한 사람 누구한테 도움 주고. 무슨 도움 잘 모르겠지만 도움을 주고 싶어요. 모든 사람. 봉사활동 했어요. 의료 보험 센터에서. 다문화가족지원센터에 의료 보험에서 와서 무료 진료했을 때. 학교 봉사도 많이 하고, 학교 봉사, 아이들 운동회 할 때 도와주기 이런 거. 교통수단. 내년까지 아마 할 것 같아요. 뭐 제가 항상 행복한 스타일이에요. 항상 행복해요. (중략) 그리고 저희 꿈 하나 있는데 어린이집 우즈베키스탄에서 하나 열고 싶어요. 어린이집 여기 한국에 봐서 너무 좋아요. 교육적으로도 좋고. 알림장에 다 적고 나서 부모들하고 연결 잘 되어 있어요. 우즈베키스탄은 부모들하고 잘 연결되지 않아요. 그냥 다 집에 들어가고 한국식 어린이집 열고 싶은데 그거 한국 아이들 위해서 아니고 그냥 우즈베키스탄 사는 시민을 위해서."

이주여성들은 한국에서 이중언어강사로 일하며 보람도 느끼고 자신의 사회적 역할을 발견하였다. 일을 배우는 과정에서 새로운 지식을 습득하고 아이들 교육에 도움을 주는 것에 보람을 느꼈으며, 다문화가정 자녀들이 당면한 문제에 대한 자신의 역할을 고민하였다. 법학 전공자로서 법을 잘 몰라 복지의 사각지대에 있는 이주민들을 돕고 사회를 변화시키고자 하는 높은 수준의 시민의식을 보였다. 또 자녀들의 학교생활을 위해 국적을 변경하여 한국사회에 적응하는 데 있어 어려움을 주는 상황들을 적극적으로 개선하고 한국에서 살면서 겪게 되는 크고 작은 어려움을 이겨내고자 하였다. 즉 통합적 자각 단계의 개인은 사회의 차별적인 모든 억압을 제거하고 변화시키데 기여하고자 하였으며 개인의 자율성을 바탕으로 삶에 유용한 것을 선택하고자 하였다.

> "정부에서 기회를 주셨으니까 감사하게 생각해요. (중략) 초등학교하고 고등학교랑 그리고 오후에는 심리상담 들어가요. 중학교, 초등학교는 매일 나가고 고등학교는 일주일에 한 번 나가고. 거기는 시간을 안 늘려준다고 해서. 그리고 다른 요일은 오후에 심리상담 통역해요... (중략) 처음엔 힘들었는데 잘 어울려야 하고 모르는 것도 많고. 여기서 안 태어나다 보니까 모르는 것도 많고 개인적으로도 공부를 많이 하죠. 저한테는 이중으로 도움이 되죠. 애들이 초등학교니까. 학습지식도 많이 늘었어요."

2) 다문화적 사고와 태도

이주여성들은 자신의 자녀들이 다문화가정 출신 학생이라는 이유로 학교에서 놀림을 당하고 왔을 때 그것을 놀림의 대상으로 삼는 이들에게 분노하기보다 차별적인 시선을 거부하는 태도를 보였다. 나아가 초국적 정체성을 가지고 자녀들이 이중언어 사용에 대해 자긍심을 가질 수 있도록 격려하고 이중언어 사용의 중요성을 강조하였다. 이전의 단계들에서 느꼈던 분노와 갈등과 불편감은 해소되고 개인적인 통제와 융통성을 발휘하는 것을 확인할 수 있다.

"러시아어 해요. 이해하고 읽기 쓰기 다 가르쳐주고 한국에 왔어요. 그럼 말할 때는 좀 서투르지만 자기가 말하고 싶은 걸 말할 수 있어요. 둘째는 알아들어요. 말은 못 해요. 제가 교육 많이 받아서 좀 규칙 있어요. 나는 꼭 러시아 말로 얘기할 때 얘기하고 못 알아들을 때 그다음에 한국말로. 집에서도 러시아 말 책 읽으라고 계속 시켜요. 큰 애 그러고 책 되게 많아요. 러시아 말을 배우는 책. (중략) 학교에서 우리 아이가 너무 몇 번 했어요. 말이. '너 엄마 외국 사람이야?' 약 올렸어. 몇 번. 두세 번. 그런 거 신경 쓰지 말라고 했어요. 나는 너 특징이 있어요. 너 러시아 말도 알고 저기 한국말도 알고 영어도 배우고 그러니까 신경 쓰지 마. 우리 막내아들은 엄마 왜 러시아 말로 얘기해야 해요 그렇게 물어봐서 러시아 말로 얘기 안 하면 엄마는 외할머니랑 어떻게 얘기할 거야. 너도 배워라 그랬어요."

이 이주여성은 양국의 고유한 문화를 존중하면서 자녀가 성인이 되었을 때 스스로 국적을 선택할 수 있도록 이중국적을 유지하고자 하였다. 이는 집단중심적인 태도에서 벗어나 각 문화의 고유성을 존중하는 이중문화 또는 다문화적인 태도로 볼 수 있다.

"귀화는 아직 제가 정하지 않았어요. 왜냐하면 지금 우리 아이가 이중국적이에요. 제가 우즈베키스탄 국적이고, 남편은 한국 국적이고요. 그래서 지금 아이가 이중 제가 만약에 귀화하게 되면 아이도 저도 우즈베키스탄 국적을 포기해야 하잖아요. 그래서 지금은 아직 결정하지 못했어요. 왜냐하면 아이가 좀 크면 그때는 아이가 제가 한국에서 살고 싶다고 하면 그때 결정하려고요."

3) 지배집단문화에 대한 선택적 수용과 거부

이주여성들은 시댁의 가부장적인 문화에 대해 거부하면서 남편의 중간자적 역할 수행에 대해 긍정적으로 받아들였다. 또한 몇몇 이주여성은 다문화 차별로 인해 발생하는 인권 문제에 빠르고 유연하게 대처하는 한국사회의 모습을 긍정적으로 평가하였으며 개방적인 태도를 나타냈다.

> "아니 우즈베키스탄에서 같이 살아 봤으니까 우리 문화 좀 달라서 알고 있었어요. 집안일은 정리하고 설거지는 안 하고. 정리. 서랍 정리해주고. 신발 닦아주고. 스트레스 쌓이면 신발 닦아요. 원래 한국 사람들 엄청 깔끔해요."

> "법적 지위가 좀 더 안전했으면 좋겠고, 일을 연결해서 일을 주잖아요. 조금 더 회적으로 복지적으로도 더 안전했으면 좋겠어요. 4대 보험도 그렇고, 연수도 더 받고 싶고. 그런데 바뀌고 있는 거 같긴 해요. 기사 내용을 보면. 제가 국적 받았을 때도 무조건 남편이 출석해야 했어요. 그때도 저는 그게 이해가 안 갔어요. 이게 무슨 차별이냐. 이건 인권위반이다. (중략) 지금은 바뀌고 있어요. 그게 인권위반이라고. 누가 그걸 문제로 끄집어내서 검토하고 있어요. 이제 출석을 안 해도 되는 걸로 알고 있어요. 올해만 해도. 그래도 한국에서는 법이 빨리 바뀌고 있어요. 그래서 다행이에요. 무슨 일이 생기면 바로바로 바뀌니까. 유연한 거 같아요."

6. 마무리

이번 장은 소수집단의 정체성 발달의 일반화 이론 중의 하나인 인종문화정체성발달(RCID) 이론을 활용하여 우즈베키스탄 출신 고려인 결혼이주여성들의 이주생애사에 나타난 정체성 발달을 살펴보았다. 이에 대한 결과는 다음과 같다.

첫째, 일치 단계에서 고려인 결혼이주여성은 지배집단의 생활양식이나 문화적 측면을 높게 평가하는 반면 자신이 속한 소수민족집단에 대해서는 부정적이었다. 같은 소수민족 집단에 대한 부정적 인식을 가지고 자기 자신과 소수민족집단을 분리시키려 하였으며, 다른 소수민족 집단에 대해서는 그 집단이 주는 차별적 요소를 부당하다고 생각하기보다는 수동적으로 받아들였다. 지배집단의 문화들이 우월하다고 인식하면서, 한국사회에 적응하기 위해 개인의 종교적 신념을 접는다거나 외로운 상황을 받아들였다.

둘째, 부조화 단계에서 고려인 결혼이주여성은 지배집단의 문화가 전적으로 좋다거나 나쁘다고 인식하지 않으며, 또한 같은 소수민족집단의 문화에 대해서도 벗어날 수 없음을 인식하였다. 이런 감정들로 인해 자신의 정체성에 대한 자부심과 부정적 인식이 동시에 자리 잡고 있었다.

셋째, 저항과 몰입 단계에서 고려인 결혼이주여성은 같은 소수민족집단의 문화적, 사회적 가치를 외면하지 않고 부끄러워하지 않으며 자부심을 느끼는 수준으로 나타났다. 지배집단에 대해 적응해가는 과정에서 같은 소수민족집단에 대한 일체감을 더욱 강하게 느꼈다. 사회적으로 차별받는 현실에 저항하고 의문을 갖게 되면서 침묵하지 않고 주체적으로 자신의 삶을 설계해나가려고 노력했다. 하지만 다른 소수민족집단을 이해하기 위한 노력은 여전히 소극적이며 표면적이었다.

넷째, 내적 성찰 단계에서 고려인 결혼이주여성은 1세대 고려이주민의 강한 민족정체성과 타민족 배타성에 동의하지 않았다. 전통적인 의미의 민족정체성이 흐려진 고려인 4 - 5세대에게 고려인은 다민족 구성원 중

하나로 인식되는 반면 그렇지 않은 1세대 고려인의 인식은 이해하기 힘든 것이었다. 기성세대 고려인 집단이 개인의 가치, 신념 그리고 기대와 일치하지 않는 결정을 하도록 압력을 주는 것에 대한 반감을 품고 있었다. 아울러서 한국의 차별적인 시선, 다문화에 대한 차별, 세대 갈등 등의 요소에 대하여 비판하면서도 한국의 결혼이주여성과 자녀에 대한 다문화 정책의 기능적이고 긍정적인 측면을 받아들이고 활용하였다.

다섯째, 통합적 자각 단계에서 고려인 결혼이주여성은 초국적 정체성을 가지고 한국사회에 기여하고자 하는 의지를 가졌다. 한국사회에서 다문화 이해 강사 및 이중언어 강사로 일하며 이주민들과 다문화 자녀들이 당면한 문제점을 함께 고민하고 활발한 봉사활동을 통해 한국사회에 참여하였으며 한국과 출신국을 연결하고자 하였다. 자녀의 이중언어 교육에 대한 자신만의 신념을 통해 초국적 정체성을 가진 아이로 키우고 있었다. 실제 생활에서 여전히 인종차별과 억압이 존재하지만 이러한 문제를 충분히 해결할 수 있는 심리적 자원을 가지고 있었다. 다문화상담에서 내담자들이 자발적인 치료 모임, 즉 공동체를 통해 당면한 어려움에 대한 치료적 접근을 할 수 있도록 자조모임 및 학습공동체를 제안할 수 있다.

12장. 상호소통: 문화의 교환과 교차

1. 이주여성과 상호문화

문화란 한 인간이 삶을 살아가면서 자연 상태로 있는 사물에 힘을 가미하여 변화시키거나 새롭게 창조해 낸 것을 의미한다. 그러나 이렇게 문화를 한마디로 정의한다는 것은 불가능하다고 할 수 있다. 왜냐하면 각 개인과 집단마다 살아가는 방식이 다르고, 자연을 변화시켜 만들어 낸 산출물에 대한 이해가 다르기 때문이다. 따라서 자신의 문화뿐만 아니라 타인의 문화를 이해하고 존중하는 것이 바로 인간이 가져야 할 당연하고 필수적인 생각이다(김영순 외, 2008).

하지만 인간은 이러한 문화의 본질을 오해하여 문화의 다양성을 인정하지 못하는 태도를 보여왔다. 자신이 속한 문화를 고수하면서 그것만을 유일한 문화로 인정하고, 그렇지 않은 모든 것은 비문화로 규정하는 식의 사고방식이 일반적이었으며, 지금도 이러한 생각이 문화 간의 소통을 방해하고 있다. 특히 우리나라의 경우 단일민족 사상이 지배적인 패러다임으로 작용하고 있기 때문에 외국인과 외국 문화를 대하는 태도가 상당히 배타적이라고 할 수 있다.

문화 간의 소통을 방해하는 이러한 생각은 다문화사회로 급속히 진입하고 있는 우리나라에서 많은 문제점으로 나타나고 있다. 특히 결혼이라는 제도적 절차로 전혀 다른 문화권에 진입하게 되는 결혼이주여성의 경우, 타문화로 들어옴으로써 겪게 되는 자신 내면의 갈등과 더불어 외부에서 오는 문화적 차별까지 경험해야 하는 이중고를 겪고 있다. 그러나 이제는 이러한 결혼이주여성들의 고충과 어려움을 그저 단순히 개인의 문제로 여겨서는 안 되는 시대가 되어가고 있다.

그렇다면 이러한 결혼이주여성의 문화 간 갈등 문제를 해결하고 진정한 의미의 사회통합을 이룰 수 있는 방법은 무엇일까? 이번 장에서는 이에 대한 해결책으로 상호문화주의를 기반으로 한 상호문화소통을 제안하고 자 한다. 상호문화주의의 핵심은 바로 소통에 있으며 소통을 위한 상호문화적 기술이 강조된다(홍종열, 2012). 따라서 이러한 상호문화소통은 개인에게는 물론이고 사회에서도 그 의미가 매우 크다고 볼 수 있다. 즉 상호문화소통 기술을 습득하여 상호문화소통역량을 키운다면 이주민들이 자신이 겪는 다양한 갈등과 어려움을 해결할 수 있을 뿐만 아니라 우리 사회에서 나타나고 있는 정주민과 이주민 간의 갈등을 해결하여 사회통합을 이룰 수 있을 것이다.

이번 장에서는 이와 같은 상호문화소통의 중요성을 인식하고 이론적 논의를 통해 상호문화소통에 필요한 상호문화소통 역량을 도출하였으며, 그 역량을 기반으로 상호문화소통과정 기술 요소를 추출하였다. 이와 더불어 중국 및 중앙아시아 결혼이주여성 10인을 선택하여 심층 면담을 진행한 뒤 의미의 유사성을 근거로 범주화하는 방법으로 이주여성인 결혼이주여성의 상호문화소통에 대해 파악하였고, 이를 기반으로 진정한 의미의 사회통합 방안에 대해 살펴보고자 하였다.

2. 상호문화성과 상호문화소통

상호문화주의는 서로 다른 문화들 사이의 역동적이고 쌍방향적인 상호작용을 중시하는 이념 또는 철학이라고 볼 수 있다. 이러한 상호문화주의와 상호문화성에 관해 기존 연구자들은 다음과 같이 정의하고 있다.

Holzbrecher(2004)는 상호문화주의를 사람들이 마주하는 일상적인 현실의 차원으로 대입하여, 한 문화 내의 구성원들 간의 만남과 관계가 역동적으로 이루어지게 하는 원동력으로 이해했다. 이러한 역동성은 나의 것과 낯선 것을 동시 또는 중첩시켜 표현하며, 낯선 것과의 접촉은 언제나 나 자신의 지각 모델에 따라 성찰이 이루어진다고 했다. 그의 주장에 따르면, 성찰한다는 것은 타인과 낯선 것을 깊이 이해하고자 하는 시도이자 자기 자신을 이해하는 기회가 될 수 있다고 볼 수 있다.

최승은(2015)은 상호문화성의 역동성에 관해 연구하였는데 상호문화성이란 상호문화적 관점으로 타자를 바라보는 것이라고 주장했다. 상호문화적 관점을 지니고 세계를 바라보는 것은 다문화사회를 살아가는 우리에게 필요한 역량으로 간주되어 왔다. 그뿐만 아니라 이 관점을 견지하는 것은 자신과 타자 사이의 개인적 차원의 문제를 넘어서 문화와 문화 간에서 역동적으로 이루어져야 하는 성찰의 과정으로 보았다. 따라서 상호문화성은 문화 간 경계를 허물고, 문화집단의 특성에 중점을 둔 다문화성을 보완하거나 극복할 수 있다고 보았다. 그리고 상호문화성을 기반으로 한 상호문화주의는 문화적 상호작용을 허용하는 다문화사회의 기본적인 행동 철학으로 설정되어야 한다고 주장했다.

정기섭(2011)은 상호문화성을 다문화성이 추구하는 상이한 문화들 간의 공존을 넘어서 다문화사회를 구성하는 다양한 집단 구성원들 간의 상호작용에 중심을 둔 개념으로 보았다. 또한 상호문화성을 상호 간의 교류와 평등한 상호 관계를 지향하는 개념으로 보았다.

허영식(2015)은 상호문화성을 이미 주어진 언어적·문화적 다양성을 인정하면서 서로 다른 문화 사이의 소통을 강조하는 것으로 이해했다. 그는 상호문화를 inter-culture와 cross-culture로 구분하였는데, inter-culture는 어떤 문화의 내부자적 관점 및 상대주의적 문화 관점에서 서로 다른 문화적 배경을 지닌 사람들 간에서 발생하는 이질성에 기반을 둔 상호교류적인 개념으로 에믹관점을 지닌다고 보았다. 에틱적 방법의 특징은 현지 제보자가 관찰자의 서술 및 분석의 적합성에 대한 최종적인 판단자가 된다는 것이다. 에믹적 분석이 적합한지 또는 적합하지 않은지의 여부는, 현지인이 실제적이며 의미 있고 적절한 것이라고 인정할 수 있는 서술을 관찰자가 만들어 낼 수 있는가의 여부에 달려 있다. 이에 반해 에틱적 방법은 관찰자가 서술 및 분석에서 사용된 범주와 개념에 대해 최종적인 판단자가 되는 것이다. 에틱적 설명이 적합한지 아닌지의 여부는 사회문화적 차이점과 유사성의 원인에 대한 과학적인 측면에서 이론을 창안해 내는 관찰자의 능력에 달려 있다고 할 수 있다(허영식, 2015). cross-culture의 의미는 한국어로 '교차문화 간'이라고 번역되며 대조문화를 의미하기도 하는데, 두 개 이상의 문화권에서 유사점으로 발견되는 공통적인 개념 및 요인에 관련된 현상으로 에틱의 관점을 가진다고 보았다(허영식, 2015).

이상의 논의에서 알 수 있듯이, 상호문화성은 초국적 이주가 보편화된 세계화 시대에서 필수적이며 특정한 문화가 다른 문화들을 지배하거나 혹은 동화시키거나 획일화하는 것을 비판하고, 전 세계의 문화가 상호 균등한 위치에서 접촉하고 교류하는 것을 강조하는 개념이다. 그러므로 상호문화성은 자신이 속한 문화에서 볼 수 없거나 느낄 수 없는 다른 세계관 및 문화를 접하고 배울 수 있게 한다. 최근에는 우리 사회에서 굳이 해외에 나가지 않아도 다양한 문화권 사람들을 쉽게 만날 수 있다. 따라서 한 사회 내에서 살고 있으면서 다양한 문화를 배경으로 지닌 사회 구성원들이 갈등이나 차별 없이 평화롭게 공존하는 삶을 살기 위해서는 상호문화성이 내포하고 있는 의미를 이해하고 파악해야 할 것이다.

상호문화소통은 상호문화소통역량이 일상적 차원에서 작동되는 실천 행위를 의미한다. 상호문화소통은 초기에는 주로 의사소통적 측면과 교육적 측면으로 이해되었다. 그러나 초국적 이주에 따라 다문화사회가 확산됨으로써 의사소통만으로는 문화적 차이를 해결하기 어려지자 점차 사회를 살아가는데 필요한 능력과 역량 확보 차원으로 접근되었다. 이런 입장은 시니크롭 외(Sinicrope et al. 2007)에서 잘 나타난다. 이들은 연구를 통해 상호문화소통역량이 초국적 세계시민의 관점을 바탕으로 출발하여 정치, 경제, 교육, 문화 등 다양한 영역에 적합한 문화적 역량에 관한 관점으로 확대된다고 주장한다. 궁극적으로 상호문화소통역량이 타자와 함께 삶을 영위하는 일상생활능력의 차원으로 확대되고 그 필요성을 증가한다고 주장하였다.

중국 및 중앙아시아 결혼이주여성들의 상호문화소통 과정을 기술하기 위한 분석 틀을 다음과 같이 제시하고자 한다. 우선 결혼이주여성들의 상호문화소통을 분석하기 위해서는 이민 초기부터 현재까지 생애사적 경험은 물론이고 타인, 즉 정주민이나 다른 이주 배경의 이민자들과 생활함으로써 얻어지는 경험과 인식의 변화가 기술되어야 한다. 또한 자신의 본국과의 교류와 한국에서의 문화적응을 통해 습득되는 글로벌 태도의 변화 등이 관찰되어야 한다. 이러한 사항들을 고려하여 정리한 요소 중에서 이주민의 상호문화소통과정을 기술하기 위한 요소들을 추출하여 정리하면 다음 〈표 12-1〉, 〈표 12-2〉와 같다. 이주민들의 개인적인 경험에 관한 사항을 확인하기 위해 상호문화소통역량 중에서 개인의 경험과 관련 있는 것들은 개인적인 차원으로 분류하였고, 그러한 개인적 차원의 경험을 바탕으로 다른 사회구성원들과의 소통이나 관계에 관한 것들은 대인적 차원으로 구분하여 정리하였다.

〈표 12-1〉 이주민의 상호문화소통과정 기술요소(개인적 차원)

영역	상호문화소통의 경험 내용 기준
지식	• 자신이 공유하고 있는 언어나 문화에 대한 지식뿐만 아니라 타인, 즉 소통하고 있는 상대방의 문화와 언어에 대한 지식
해석 및 연관 기술	• 자국 문화와 타문화를 이해하고 해석한 경험
발견 및 상호 작용	• 자국과 타문화에 대해 이미 배웠던 지식과 습득한 기술 및 태도를 일상생활에서 실제로 활용한 경험
태도의 경험	• 타인이 사용하는 언어와 그가 지난 문화에 대한 지식 때문에 상대방에게 행했던 실제적인 행동이나 태도의 경험
비판적 문화 인식	• 타인에 대해서 배웠던지식이나 태도를 통해 새로운 문화정체성을 습득한 경험

〈표 12-2〉 이주민의 상호문화소통과정 기술요소(대인적 차원)

영역	상호문화소통의 경험 내용 기준
이해와 존중	• 자국 문화와 다른 문화권 사람들의 다양함을 이해하고 존중한 경험 • 접촉하는 대화 상대의 다양함을 파악하고 차이점을 인정하며 존중한 경험
상호작용	• 사람들과 상호작용을 할 때 효과적이고 원활한 의사소통을 했던 경험
대인관계	• 다양한 문화권으로부터 온 사람들과 상호의존적이며 긍정적인 대인관계를 구성한 경험

공감	• 타인의 의견을 경청하고 그들의 감정을 이해하기 위해 그들의 입장에서 생각하고 행동했던 경험
자극 선호	• 상호문화적인 상황에서 개인이 지닌 인지적 특성이나 자극을 중요하게 생각하여 일상생활에서 조우할수 있는 여러 가지 다양한 상황에 적극적인 태도로 대응했던 경험
글로벌 태도	• 초국적 이주자로서 본국과 이주국 사이에서 자신이 문화매개자의 역할을 했던 경험

이번 장에서는 〈표 12 - 1〉, 〈표 12 - 2〉에서 제시한 바와 같이, 초국적 이주 사회에서 이주민이 문화적응을 하는데 필요한 상호문화소통 기술요소를 개인적 차원과 대인적 차원으로 구분하여 제시하였다. 개인적 차원은 소통의 주체로서 인식과 해석에 중심을 두었고, 대인적 차원은 타인과의 의사소통과 상호작용 관찰에 중심을 두었다. 이 분석 준거 틀은 이주자인 개인과 이주한 사회의 정주민인 다수자나 혹은 다른 문화적 배경을 지닌 다른 이주자 사이에 이루어지는 상호문화소통을 이해하는 데 기여할 것이다.

3. 상호문화소통의 개인적 차원

1) 지식 영역

지식 영역에 해당하는 상호문화소통의 경험은 자신이 공유하고 있는 언어나 문화에 대한 지식을 의미한다. 또한 타인, 즉 소통하고 있는 상대방의 문화와 언어에 대한 지식을 포함한다. 이주여성들에게서 나타난 지식 영역으로는 한국어 능력이나 육아와 같은 일반적인 지식과 관련된 내용이 주를 이루었다.

"6급 땄는데 사실은 말은 하나도 안 되어요. 쓰기도 잘 못 해요. 자기가 문장 만드는 것도 힘들고 읽으면 대충 다 알아 거의 다 알아요.

이 이주여성은 한국으로 시집오면서 한국어를 습득하기 위해 한국어능력시험을 본 뒤 6급 자격을 획득하였다. 그런데도 여전히 한국어에 익숙하지 못하다는 것을 느끼고 있었다. 이는 한국어능력시험이 일반적인 한국어 지식을 확인하는 시험이지만, 한국에서의 가정생활, 자녀양육 등과 같은 일상적인 활동에 필요한 한국어 지식을 평가하는 시험이 아니기 때문에 이주민들이 실제로 필요한 한국어 지식을 습득하기에는 많이 부족하다는 것을 알 수 있었다.

"책 봤어요. 인터넷도 찾았어요. 책 보고 애기 키워요. 양육법이 우리 나라에서 배웠던거와 달라서요."

위 이주여성은 한국에 와서 아이를 양육하는데 있어 한국과 모국의 양육법이 달라 혼란을 경험했다. 자신의 본국과 양육법이 달랐기 때문이다. 하지만 그녀는 한국에 이주해 온 이상 한국에서 아이를 키우려고 계획하고 있었기 때문에 책이나 인터넷을 통해 한국의 양육법을 배우려고 노력하고 있었다. 위의 사례에서 볼 수 있듯이, 대부분의 이민자들은 거주국에서의 생활을 위해 다양한 지식을 습득하기 위해 노력한다. 이러한 지식 습득을 위해 이민자들은 직면하는 여러 가지 필연적인 책무 앞에서 자기주도적인 배움의 주체성을 보여주었다.

2) 해석 및 연관기술 영역

해석 및 연관기술은 자국 문화와 타문화를 이해하고 해석할 수 있었던 경험을 의미한다. 여기서는 이주여성들이 주로 일상적인 문화 즉, 육아나 교육환경 등의 차이를 이해하고 이에 대해 주체적으로 해석하는 것으로 나타났다.

"시어머니랑 문화 차이도 있고요. 시어머니랑 다투는 것도 있어요. 애들 키워서도 만약 애들 열이 나면, 중국 우리 어렸을 때는 열나면 덮어서 땀내야 돼요. 근데 한국은 다 벗고 열이 떨어질 때까지 그렇게 해요. 근데 어떤 때는 시어머니들이 옷 벗어야 된다고. 근데 중국 며느리는 옷 입어야 된다고, 그 때는 좀 다투기도 그래요."

이 이주여성은 아이가 아플 때 시어머니와의 문화 갈등을 경험했다. 자녀가 고열이 날 때 중국에서는 몸을 모두 감싸서 땀을 내야 하는 방식으로 열을 내렸지만, 한국에서는 옷을 모두 벗기고 몸을 차갑게 해서 열을 내리는 방식이었는데 이로 인해 시어머니와 갈등을 겪었다. 이처럼 많은 결혼이민자들이 자신의 문화와 한국문화의 사소한 차이 때문에 갈등을 경험하며, 그 상대와의 관계도 나빠지는 것을 경험한다.

"(그러면 학교도 이런 쪽으로 보낼 생각이 있어요? 고등학교 대학교?) 아니요. 이런 생각이 없어요. 왜냐면 미술 어려워요. 이것 … 이런 사람이, … 우리 일반 사람이 할 수 없어요. 왜냐면 한국 사람하고 우리들의 생각하고 달라요. 우리는 그냥 취미만 생각해요."

"중국 아이들은 한국 아이들보다 더 힘들어요. 아침부터 저녁까지 다 공부해요. 그래서 나 그거 보는 거 아이 우리 아들 공부 어떻게 해야 되는지 진짜 고민 많이 했어요. 저도 중국식처럼 아침부터 저녁까지 노는 시간 좀 줄이고 공부 시간 좀 많이 하면 안 돼요? 이런 마음이 있어요, 근데 한국에 이런 관계니깐 아이들이 다 그렇게 놀아요. 저도 방법 없는 거예요."

이 이주여성은 교육방법에 관해 고민이 많았지만 자기주도적으로 자신만의 교육방법을 선택했다. 자녀가 미술에 재능을 가지고 있지만 그것을 직업으로 선택하도록 하는 것보다는 취미로 할 것을 권유했다. 그녀는 자신들과 달리 한국의 부모들은 자녀가 예체능에 재능이 있다면 전적으로 지원을 하여 전문 예술인으로 성장하기를 바라는 편이라는 것을 알고 있었지만 자신의 교육관을 유지하는 방안을 선택했다. 다른 이주여성 역시 중국에서의 교육법과 한국에서의 교육법 사이에서 갈등을 많이 했다. 중국 아이들은 한국 아이들보다 더 많은 시간을 학습에 사용하는데 한국에 와서도 중국에서처럼 자녀를 교육시키려다 보니 아이와 갈등을 겪은 것이다. 그래서 지금은 한국의 교육 현실과 상황을 이해하고 적응하는 중이라고 했다.

이 영역에서 보여준 이주여성들의 사례를 통해 많은 이주여성이 다양한 문화적 차이로 인해 갈등을 겪고 고민하고 있음을 알 수 있었다. 그러한 갈등 속에서 결혼이주여성들은 거주국의 문화를 이해하고 그것을 따르기도 했지만, 모국 문화와 거주국 문화 사이에서 주체적으로 판단하여 선택하는 모습도 보였다.

3) 발견 및 상호작용 영역

발견 및 상호작용 기술은 자국과 타문화에 대해 이미 배웠던 지식이나 습득한 기술 및 태도를 일상생활에서 실제로 활용한 경험을 의미한다. 이는 특히 앞서 지식이나 해석 영역에서 얻어낸 내용들을 토대로 하여 그것을 일상생활에 적용한 사례라고 볼 수 있다.

> "(집에서는 중국어로 대화하세요? 아니면 한국어로 대화하세요?) 중국
> 어로는… 하고 싶은데. 그 대화 좋은 기간은 놓치고, 우리 처음에는 시어
> 머니하고 큰아버지 같이 살았어요. 한국 식구들 더 많았으니깐 그때는
> 그렇게 살았으니깐 그때는 처음에는 한국말 써라. 중국말 사용하지 마라.
> …(중략)… 제가 중국어 쓰게 되면 또 잔소리 또 나오겠지.' 무서운 거
> 아니지만 그래도 잔소리 듣기 싫었으니깐 그래서 천천히 한국말 쓰게
> 되었어요."

이주여성은 집에서도 자신의 모국어인 중국어를 사용하고 싶어했다.
하지만 함께 사는 시어머니와 큰아버지가 중국어를 사용하지 말도록 요구
했고, 자신도 계속 중국어를 사용하게 되면 시어머니로부터 잔소리를 듣
고 가족 간의 관계도 나빠질 것을 걱정하여 한국어를 배우고 사용하게
되었다. 이는 결혼이주여성이 자신의 모국어를 자신의 필요 때문이라기보
다는 타인의 요구에 의해서 어쩔 수 없이 포기하는 경우였다. 하지만 그녀
는 타인의 요구로 습득한 한국어이지만 일상생활을 하는 데 있어서 반드
시 필요한 부분이었다는 것을 인식하고 있었다.

> "(한국에 오시기 전에 러시아에 계시거나 키르기스스탄에 계시거나
> 있을 때도 한국어 강사를 하심?) 했습니다. 저는 원래 2002년도에 졸업한
> 다음에 여기 한국에도 온 적 있었어요. 연수 프로그램 통해서 연세대에서
> 언어 연수프로그램 받았고 2003년도부터 계속 러시아 이사 갈 때까지
> 비슈케크대학 한국어 학과에서 강사를 맡았습니다. 계속 꾸준히 한국어
> 를 함. 그래서 우리 키르기스스탄에 교육원도 있습니다. 거기에서도 우리
> 한국어를 가르쳤습니다."

이 이주여성은 국제결혼을 하기 전 키르기스스탄에 있을 때부터 한국어 강사로 활동했다. 그녀는 한국으로 이주해 온 이후에도 자신의 언어능력을 활용하여 활발하게 활동하고 있었다. 이를 볼 때 결혼이주여성이 이중 언어능력을 갖추고 있는 것이 한국사회에서 적응하고 생활하는 데 많은 도움을 주는 것으로 확인할 수 있었다.

4) 태도의 경험 영역

태도의 경험 영역은 이주민의 상호문화소통과정 기술 영역 중 사회적 행위와 관련이 있다. 다시 말해 타인이 자신에게 보이는 언어와 태도를 보면서 실제로 했던 행동이나 태도의 경험을 의미한다.

> "저는 오히려 그렇지 않아요. 항상 우리 큰딸 학교에서 왕따를 당할 수 있냐고. 누가 엄마가 외국 사람이기 때문에 뭐라고 하면 쟤들 신경 쓰지 마세요. 너희들 외국 사람이 중국말 하면 오히려 "어? 너는 중국말 잘한다." 오히려 더 좋아요. 그것 때문에 속상하고 그러지 말라고 해요."

이주여성은 자신이 외국인이기 때문에 딸이 다른 사람으로부터 어려움을 겪고 있는 상황에 대해 안타까워하고 있었다. 하지만 그녀는 오히려 딸에게 당당하게 생활할 것을 강조하고 있었으며, 엄마의 나라 언어인 외국어를 잘할 수 있다는 것을 장점으로 생각하라고 조언하였다.

> "우리 딸 초등학교 때 모임이 있었잖아요. 회비도 내고 그러는데 저는 몇 번 했어요. 회비도 내고. 애들 솔직히 애들끼리는 똑같아요. 차별 어디서부터 시작하냐면 부모로부터 이렇게 하고 그 다음에 애들 집에 가서 '저 누구 누구 엄마가 중국 엄마야.' 이렇게 얘기하는 게 아니에요? 그 다음부터 너희 엄마가 중국 엄마야 이렇게 차별하기 시작하는 것 같아요.

…(후략).”

"내가 중국 엄마다, 무식하다 그런 말을 들은 적이 있어요. 저는 그냥 그하고 이야기 안 해요. 내가 당신보다 잘하니까 너랑 이야기하기 싫다 어쩔래, 우리 솔직히 말하면 우리 저소득 가정이잖아요. 다문화가정 대부분이 어렵게 살잖아요. …(중략)… 왜, 이것 신청하면 선생님부터 알잖아요. 선생님부터 저 애기 집이 못 살구나 그런 생각을 가질 가 봐 우리 남편부터 그것 신청하지 말래요."

이주여성은 자녀 학부모 모임에서 불편하고 불쾌한 경험을 한 적이 있었다. 모임에 나온 일반 학부모들이 노골적으로 자신을 무시하는 것을 느꼈고, 2차, 3차로 이어지는 한국의 회식 문화를 불편하게 생각하고 있었다. 그 이후 학부모 모임을 잘 나가지 않았다고 한다. 또한 한국사회에서는 자신이 다문화가정임을 드러내면 오히려 더 무시하고 멸시하는 태도를 보이기 때문에 다문화가정임을 나타내지 않는 것이 더 현명한 것이라고 생각했다.

위 이주여성의 사례를 통해 정주민이 이주민을 어떤 태도로 대하느냐가 이주민의 태도에 많은 영향을 미치고 있음을 확인할 수 있었다. 모든 사회적 관계가 마찬가지이겠지만, 정주민과 이주민의 관계에서는 정주민이 이주민을 대하는 태도가 중요하다. 정주민이 이주민을 불편하게 대하거나 무시하는 태도를 가진다면 이주민들은 정주민에 대해 좋지 않은 태도를 가지게 되고 더욱 고립되게 된다. 따라서 정주민이 상대방의 언어와 문화에 대한 지식을 습득하고 이주민들에게 공감을 가지고 행동하는 것이 중요한 상호문화소통역량 중 하나임을 알 수 있었다.

5) 비판적 문화 인식 영역

비판적 문화 인식은 개인적 차원의 영역 가운데 마지막 영역이다. 이는 타인이나 타문화에 대해 배웠던 지식이나 태도를 통해 새로운 문화정체성을 경험하는 것을 의미한다. 이주여성들은 한국사회의 다양한 일상에서 일어나는 일들에 적응하면서 자신의 문화 배경과 새로운 한국문화 사이에서 정체성 협상을 진행했다.

> "우리는 완전히 한족. 왜 조선족은 엄마 초청하는 거 있잖아요. 그게 한 조선족하고 친정엄마, 형제, 자매, 초청은 1년 여기서 머무는 시간은 1년짜리, 동포들은 5년짜리 나오는데. 왜 우리들 초청하는 것 조건이 이렇게 많고 여기다 3개월밖에 못하고 차별이 심해요. 우리 중국에서 조선족도 솔직히 차별이 없었는데. 왜 똑같이 하는데. 왜 우리는 한국 사람한테 대우받는지. 그 친구가 그런 얘기를 하더라고요. 조선족 친구 많아요."

> "아무리 욕까지 하고 중국 사람들 제일 싫다고 그래 가지고. 그럴 필요 없잖아요. 나중에 기사 아저씨한테 "조용해요." 이렇게 조용히 하라고 어떻게 손님하고 기사님하고 그 아저씨에게 "그만하라고"하고 말하지 말라고 하고 혼냈어요. 내가 혼낸 건 아니고 손님이 혼냈어요."

이주여성은 친구 이야기를 통해 한국의 차별적인 문화를 비판했다. 즉한국 내에서 조선족과 한족 모두 결혼이주여성이라는 공통점이 있는 데, 중국 한족을 더 차별하는 문화에 대해 비판적인 생각을 갖고 있었다. 즉 그녀는 똑같은 중국 국적인데도 왜 한족과 조선족을 차별하고 있는지에 대해 의문을 가지고 있었다. 그러면서 자신의 정체성에 대해 고민한다고 하였다. 또한 버스에서 겪었던 경험을 이야기했는데, 일을 마치고 집으로 돌아오는 버스 안에서 전혀 모르는 사람으로부터 중국 사람이라는 이유로 온갖 욕설을 들어야 했다. 버스 기사의 도움으로 상황이 일단락되기는 했지만, 아직도 자신이 왜 그런 상황을 겪어야 했는지 이해하지 못했다. 이러한 사건을 통해 그녀는 한국 내에서 외국인에 대한 차별과 인권침해가 얼마나 심각한지에 대해 생각하게 되었다.

> "고려인들도 자기 사고방식을 조금 바꿔야 할 필요가 있다고 봅니다. 무슨 말이냐면 여기 고려인들은 보통 구소련에서 온 사람이죠. 거기서 아무래도 사회 오래전부터 사회주의, 자라서 살기 때문에 약간 좀 사고방식이 달라요. 여기 한국에서 아무래도 자본주의에 방향으로 살기 때문에 그래서 약간 좀 예를 들면 많은 사람들은 다른 사람들이 저에게 해야 할 생각이 꼭 있어요. …(중략)… 여기 계속 살려면 약간 좀 한국 사람처럼 이렇게 생각해야 할 필요가 있다고 생각합니다."

이 이주여성은 고려인과 한국문화에 대해 숙고하였다. 그녀는 자신이 고려인이지만 한국 국적을 취득했기 때문에 한국 사람이라고 생각하고 있었다. 또한 앞으로 계속 한국에서 살아가야 하기 때문에 한국의 문화에 적응하고 한국 사람처럼 생각하고 행동해야 한다고 인식하고 있었다.

위의 사례에서 보듯이, 많은 결혼이주여성들이 한국에서 다양한 경험을 하면서 자신의 정체성에 대해 고민하고 있었다. 대다수의 결혼이주여성들은 결혼 이주 후 일정 기간이 지나면 한국 국적을 취득하게 된다. 또한 그들은 한국에서의 삶을 위해 자신의 문화를 포기하였다. 즉 그들은 법적으로뿐만 아니라 문화적으로도 한국인이 되었던 것이다. 하지만 많은 정주민들은 그들을 한국인으로 인정하지 않고 있었다.

"저는 사실 여기 와서 다문화가정? 그 왜 명칭을 달아 줘 가지고 저 이름을 왜 타이틀을 달아줬는지 모르겠어요. 아니 그냥 어 우리 그냥 이렇게 외국 사람하고 결혼한 사람이라고 하면 되지 뭐 다문화가정, 이주 여성 이거를 왜 달아줬는지 모르겠어요. 나한테 별명을 달아준, 좋은 별명도 아니고 그게 다 다문화가정이라면 제가 그래도…. …(중략)… 그 왜 이름을 다문화… 저희는 '다문화가정입니다' 하게끔 만드는지…."

이주여성은 '다문화가정'이나 '이주여성'이라는 명칭에 대해 비판의식을 가지고 있었다. 외국인과 결혼했다는 이유만으로 결혼이주여성을 다문화 가정이나 이주여성이라는 명칭으로 부르는 것이 오히려 차별을 조장한다 고 생각하고 있었다. 또한 미국이나 유럽에서 온 이주여성에 비해 중국이 나 동남아시아에서 온 이주여성에 대한 차별이 여전히 남아 있다고 비판 하고 있었다. 이주여성이 제기한 문제는 숙고해 볼 가치가 있다. 정주민들 이 편의에 따라 붙인 명칭이 이주민들에게 낙인처럼 찍혀서 차별을 받고 있다면 이러한 명칭도 바꾸거나 폐지하는 것을 고려해야 할 것이다.

"솔직히 제가 그래요. 저처럼 이렇게 좋아해서 만나서 결혼한 사람도 많지만 또 소개로 열 몇 살, 스물 몇 살 차이 만난 사람들은 그게 잘 행복하게 산다는 게 보장이 제가 보기엔 참 어려운 거 같아요. …(중 략)… 그 여기 노총각들이 자기가 나이 50인데 20대 자기 딸 같은 사람하 고 산다는 게 행복해 질 수 있을까요? 그렇담 그 자녀를 낳았으면 그 자녀도 행복해질 수 있을까요? 제일 근본적인 문제는 그 문제인 거 같아 요. 물론 나라에서 해주면 물론 좋겠지만. 저희 자신부터 내가 행복해질 수 있는 이런."

또한 이 이주여성은 한국의 국제결혼 문화에 대해서도 비판적인 입장이 었다. 자신도 국제결혼 당사자였지만 나이 차이가 많은 한국 남자와의 결혼이 행복하지 않다는 것을 비판하고 있었다. 그녀는 '행복'을 키워드로 한국의 국제결혼 문화를 비판하였다. 그녀는 이러한 행복의 주체를 자신뿐만 아니라 배우자와 자녀에게까지 확장시켜 바라보고 있었으며 행복을 추구하기 위해 시작한 국제결혼이 결국은 불행으로 끝날 수도 있음을 걱정하고 있었다.

4. 상호문화소통의 대인적 차원

1) 이해와 존중 영역

대인적 차원에서 이해와 존중 영역은 자신과 다른 문화를 가지고 있는 사람들의 다양함을 이해하고 존중했던 경험이나 접촉하는 상대방의 다양함을 파악하고 차이점을 인정하며 존중했던 경험을 의미한다. 면담을 통해 결혼이주여성들이 주로 시댁이나 남편과의 관계에서 나타나는 갈등을 경험하는데 그러한 갈등을 겪는데 그치지 않고 이를 해결하기 위해 노력하고 있는 것을 확인할 수 있었다.

> "시부모들을 지금 가끔씩 만나니깐 좋아하죠. 시어머니도 좋아하고. 시어머니도 계속 며느리 보면서도 힘들지…. … 지금은 저는 적응했어요. 처음에는 많이 불편했는데. 여러 가지 불편했어요. 근데 지금 괜찮았어요."

이주여성은 결혼 초기에는 시어머니와 함께 생활했다. 하지만 자신과 시어머니 사이의 문화 차이로 불편을 경험했으며 시어머니와의 관계도 좋지 않았다. 이후 분가를 했는데 분가 이후에는 오히려 시어머니와 관계가 회복되는 경험을 했다.

> "집에서 있을 걸요. 지금은 다 잊어버렸어요. 싸운 적이 있어요. 애기
> 출산한 후에 2주일쯤에 애기 배꼽에 끼워 있는 것 떨어졌어요. 내가 무서워
> 요. 이것 때문에 남편과 시어머님과 싸웠어요. 왜 이것 떨어졌어요? 원래
> 괜찮아요. 떨어져야 돼요. 나는 경험이 없어요. 그래서 이것 때문에 남편한
> 테도 시어머니한테도 큰소리했어요. 내가 잘못했어요. (하하하 웃음)"

이주여성은 신혼 초기 아이 출산과 육아 문제 때문에 시어머니와 갈등을 겪었다. 하지만 곧 자신의 잘못을 인정하면서 관계를 회복시키기 위해 노력했다. 위의 사례를 통해 볼 수 있듯이, 결혼이주여성들은 다른 사람과 갈등을 경험할 때 상대방의 상황을 이해하고 존중하는 태도를 가지고 있었으며, 그 상황을 해결하려는 적극적인 모습을 보였다.

2) 상호작용 기술 영역

상호작용 기술 영역은 이주민들이 다른 사람들과 상호작용을 할 때 효과적이고 원활한 의사소통을 제공했던 경험을 의미한다.

> "애들 여기서 유치원 가야 되니깐 그냥 중국말 처음에 중국말만 하면
> 애들 유치원 가면 힘들어서 그 생각이 들어서 그래서 처음에는 한국말
> 좀 가르쳐 줬어요. 그리고 애들 아빠한테도 소통해야 되니깐…"

이주여성은 유치원에 가게 된 아이가 선생님이나 다른 친구들과 원활한 의사소통을 할 수 있도록 한국어를 가르쳤다. 또한 아빠와의 의사소통을 위해서도 아이에게 한국어를 가르쳤다고 한다. 그녀는 자신이 외국인이기 때문에 아이에게 정확한 발음 등을 가르쳐 줄 수 없지만 그래도 열심히

아이에게 한국어를 가르치고자 하는 결심을 보였다. 이 이주여성의 경우처럼 많은 결혼이주여성들이 자녀들에게 엄마의 언어보다는 아빠의 언어 즉 거주국의 언어를 교육시킨다. 이는 아이가 한국에서 불편 없이 생활하도록 하기 위함이었다. 하지만 상호문화소통역량의 측면에서 본다면 결혼이주여성과 그 자녀들이 거주국의 언어를 배우는 것보다는 이주민과 정주민 모두가 상대방의 언어를 배워서 함께 소통할 수 있도록 하는 것이 중요하다고 할 수 있다.

> "제가 ○○동 살 때. 그런데 그분이 한 분이 아 어떻게 말하다가 "저희 중국 사람, 중국에서 왔어요." 하니깐 다른 분들 아 그러세요? 하고 마는데 어떤 한 분이 동네 사람인 거 제가 아는데 그분이 어 인상이 바뀌는 거예요. 그리고 어? 이 사람이 중국 사람이었나? 뭐 이게 보는 시선이 전이랑 편안하지 못하고 약간 보는 빛이 별로 안 좋아. …(중략)… 그리고 제가 그 동에선, 아파트에서도 만났는데 피하는 거야."

이주여성은 잘 지내던 주변 사람과 어색한 관계가 되는 경험을 했다. 그녀는 어느 한 주민과 동네에서 잘 지내는 사이였지만, 자신이 결혼이주여성인 것을 안 이후부터는 그 주민이 인사도 제대로 받지 않고 눈빛으로도 피하는 것을 느꼈다.

이러한 사례를 통해 볼 때, 결혼이주여성들은 한국 사람 속에서 자신을 드러내지 않고 사는 것을 더 선호하고 있었다. 이는 많은 정주민들이 이주민에 대해 은연중에 거부감을 갖고 있기 때문이다. 이주민들이 우리 사회에 잘 정착하고 진정한 사회통합을 이루기 위해서는 정주민들이 이주민들에 대해 갖고 있는 적대감과 거부감을 줄여야 할 것이다. 그러기 위해서는 이주민뿐만 아니라 정주민도 상호문화소통능력을 갖추는 것이 필수적이라고 할 수 있다.

3) 대인관계

대인관계는 다양한 문화권으로부터 온 사람들과 상호의존적이며 긍정
적인 관계를 구성한 경험을 의미한다.

> "어렸을 때는 많이. 학교에서 청소 같은 거 참여하고 몇 번 갔는데.
> 그것은 안 갔어요. 왜냐하면 부모님이 다 한국 사람, 저만 외국 사람이어
> 가지고 그냥 가기 좀 부담스러웠어요. 어렸을 때는 적어도 학교 가니깐
> 그때는 다 알고 있어요. 중학교는 거의 안 가니깐 아마 대부분 대부분이
> 우리 큰딸 엄마가 외국 사람인 것을 모르실 수도 있어요."

> "응, 알아요. 같이 차 마시고 한두 번 적이(밖에) 없어요. 거의. 만나서
> 도 말도 잘 안 해요. 어떻게, 친해요."

이 이주여성은 아이가 어렸을 때는 학교행사나 모임에 종종 참여했지만
자신만이 외국인이라는 부담감 때문에 점점 모임에 가는 횟수가 줄었다.
그래서 중학교를 진학한 큰아이의 친구들이나 선생님은 자신이 외국인이
라는 것을 모를 수도 있다고 했다. 또 다른 이주여성은 아이의 친구 엄마
들과 함께 모였던 기억이 한 두 번 밖에 없어 친해질 시간을 갖지 못했다.

> "(교회가면 마음이 편안하세요? (네) 교회에는 같은 고려인 분들도 많
> 이 계세요?) 네 많아요. (서로 정다운 얘기도 많이 나누고 그러실 수도
> 있겠네요. 왜냐면 어린시절 시간을 같이 지냈던 분도 계실테고.) 아니요.
> 어린 시절 없는데요, 그런데 여기 새로운 친구들도 만나고 잘 지내고
> 있어요. …(후략)"

이 이주여성은 종교활동을 통해 좋은 대인관계를 맺고 있었다. 교회에서 활동을 하면서 서로 도와주고 도움을 받는 기회가 많았고 그러한 일들을 통해 친구와 지인을 만들 수 있었다.

위의 사례에서 볼 수 있듯이, 대다수의 이주여성들이 정주민과 소통할수 있는 모임보다는 자조모임이나 종교활동을 통해 이주민들과 서로 소통하고 있었다. 즉 정주민인 한국 사람들과의 소통보다는 같은 국적이나같은 이주민의 처지에 있는 사람들끼리의 소통에 더 안정감을 느끼고활발한 활동을 보여주었다.

4) 공감 영역

공감 부분은 타인의 의견을 경청하고 그들의 감정을 이해하려고 노력하며 그들의 입장에서 생각하는 경험을 의미한다.

> "(상담 통역할 때 가장 어려웠던 점은 뭐 있어요?) 음…. 그 분 슬펐던일, 제가 같이 그랬게 느꼈으니깐 저도 통역하고 나서는 마음이, 마음이힘들어요. 그러니깐 '아 이 사람이 제가 어떻게 도움, 도움이 될 수 있을까? 어떻게 도와야 되나. 제 힘으로 어떤 면으로 해줘야 되나.' 그렇게해서 제가 업무 외에도 사람들 도와줬었어요. 개인 가정으로."

이주여성은 상담업무를 진행하면서 어려운 처지에 있던 사람들에 대해 공감하고 도와줬던 경험이 있었다. 그녀는 자신도 힘든 처지였지만더 힘든 상황의 사람들에게 동병상련의 감정을 느꼈고, 도움이 될 수 있는일을 찾아서 도와주려고 하였다. 즉 자신이 이주민으로서 겪었던 힘듦과어려움이 다른 이주민들에게 투영되어 공감의 감정을 불러일으킨 것이라고 할 수 있다.

5) 자극 선호 영역

자극 선호 영역은 상호문화적인 상황에서 개인의 인지적 특성인 자극을 중요하게 생각하여 일상생활에서 조우할 수 있는 여러 가지 다양한 상황에 적극적인 태도로 대응했던 경험을 의미한다. 이러한 자극 선호는 일부 결혼이주여성에게 등장했다.

> "(그러면 ○○○ 씨가 생각할 때는 아이들은 언제부터 엄마 나라 언어를 가르치는 게 좋다고 생각하세요?) 애들 말 알아들었을 때 하면 더 좋을 거 같아요."

이주여성은 아이들에게 엄마의 언어를 가르치는 것을 중요하게 생각했다. 그녀는 엄마의 언어를 배움으로써 아이들이 일상생활에서 상호문화적 자극을 받을 수 있도록 해주는 것이 중요하다고 판단했다. 그래서 이주여성은 아이들이 말을 알아들을 수 있을 때부터 엄마 나라의 언어를 가르치는 것이 필요하다고 보았다.

6) 글로벌 태도 영역

글로벌 태도 영역은 결혼이주여성이 초국적 이주자로서 본국과 이주국 사이의 문화매개자 역할을 경험한 것을 의미한다.

> "북한 때문에 전쟁 일어날까 봐서 빨리 중국에 와요." 남편 한국 사람이니까요. 그냥 함부로 못 하고 중국 가면 만약에 한국 관계 안 좋으면 남편 거기서도 못 살잖아요. 그때 기간 이런 갈등? 아니면 그런 거 문제에서 사실 우리한테 진짜 가까운 관계에 있는 거예요. …(후략)."

이주여성은 사드 문제로 한국과 중국이 갈등을 겪었을 때, 중국에 있는 가족들과 한국의 가족들 사이에서 걱정하고 염려했던 경험이 있었다. 그녀는 결혼이주자로서 자신의 정체성이 중국과 한국 모두에 있다는 것을 인식하고 있었으며, 두 국가 사이의 갈등을 염려하고 그러한 갈등이 원만히 해결되기를 바라는 마음을 가지고 있었다.

> "이거는 진짜, 그 한국 와서 센터에 가면은 다 똑같이 한국말 배우고 누구누구는 무슨 기술을 가지고 있으니까 그걸 개발해서 일할 수 있게 하고, 또 뭐 할 수 있는지 조사해서 연결해주면 결국 우리도 좋고 또 나라도 좋은 거예요. 우리 인재들이 많은데 왜 인정 안 해줘요. 인정해주고 잘 살 수 있다고 해주는 게 더 좋은 것 같아요. …(후략)"

이주여성은 중국에서 뛰어난 인재가 이주해 오지만 한국이 그들을 인정해 주지 않는 것에 대해 비판했다. 그녀는 외국의 인재를 인정해주지 않는 것이 단지 개인의 문제로 국한되는 것이 아니라고 주장하면서, 이주해 온 외국 인재들을 인정해 주고 그들이 한국에서 능력을 발휘할 수 있도록 기회를 주는 것이 국가적으로도 더 유익하다고 말했다.

> "네. 그래서 저희도 이거 하면서 느꼈는데 다문화가정의 자녀라면은 그 부모도 그렇고 꼭 이 교육을 들으면 좋긴 할 것 같아요. 특히 아이들한테 모르고 있다면 어… 한 개 나라말만 갖고 가는데 알고 있으면 우연하게 엄마 나라말을 어릴 때부터 그냥 공부를 안 하고 놀이하면서 어… 가르칠 수 있으니까 아이가 어릴 때부터 두 개 나라말을 자연스럽게 갖고 가니까 아이 성장에는 아주 나중에 가서도 도움이 많이 되겠죠."

이주여성은 다문화가정의 자녀가 이중언어를 사용하는 것이 중요하다는 것을 인식하고 있었다. 그녀는 자신의 자녀가 이중언어능력을 가지고 있으며 한국은 물론 중국에서도 직업을 가질 수 있을 것이라는 기대감을 가지고 있었다. 또한 본국과 거주국을 이어주는 가교적 역할을 할 수 있을 것이라고 생각하고 있었다.

5. 마무리

이번 장에서는 초국적 이주의 시대에 결혼이주여성들이 일상생활에서 경험하는 상호문화소통의 과정에 대해 살펴보았다. 이를 위해 이론적 논의를 통해 도출한 상호문화소통과정 기술요소를 분석 도구로 삼았으며, 그 기술요소를 개인적 차원과 대인적 차원으로 구분하여 적용한 뒤 분석하였다. 이때 개인적 차원은 이주민들을 소통의 주체로 바라보며 그들이 경험하는 경험에 대한 인식과 해석에 중점을 두었고, 대인적 차원은 이주민들이 다른 사람과의 의사소통과 상호작용을 어떻게 하는지에 중심을 두었다.

개인적 차원은 지식, 해석 및 연관기술, 발견 및 상호작용, 태도, 비판적 문화인식으로 구성되어 있는데 면담 결과, 이주여성들은 문화적 차이로 인해 가족들과 갈등을 겪기도 하고 이주민으로서 정주민의 차별과 무시에 좌절하기도 했었다. 하지만 그들은 오히려 정주민보다 더 열린 마음과 생각을 가지고 주변 환경을 이해하고 적응하면서 나름대로 삶의 방식을 체득하였다. 즉 이주여성들은 자신을 상호문화소통의 주체로 인식하면서 주어진 문화와 환경을 해석한 뒤 주도적으로 삶을 영위하고 있었다.

하지만 이러한 개인적 차원의 사례들에서 숙고해야 할 문제는 이주민들이 정주민 즉 가족이나 주변 사람들과 갈등을 겪는다는 것이다. 물론 모든 인간이 살아가는데 있어서 갈등은 어디에나 존재하고, 갈등이 사회를 발전시키는 도구가 되기도 하지만 이주민이 겪는 갈등은 조금 차원이 다르다. 이들이 경험하는 갈등은 일방적인 변화의 강요 때문에 나타나기 때문이다. 이주민인 이주여성은 한국에서의 삶을 위해 기꺼이 자신의 문화를 포기하는 모습을 보였다. 하지만 대다수의 정주민들은 이주민들을 여전히 한국인으로 인정하지 않고 있었다. 즉 언어가 다르고 생김새가 다르다는 이유만으로 계속해서 '외국인' 취급을 하고 있었으며 이주민들을 '다문화가정', '이주여성'이라는 프레임에 가둠으로써 다양한 형태의 차별을 가하고 있었다. 이러한 상황에서 나타난 갈등은 이주여성들의 이해와 순응으로 인해 해결된 것처럼 보인다. 하지만 이렇게 해결된 것처럼 보이는 갈등은 일방의 희생만으로 봉합된 상태이기 때문에 언제든 다시 불거질 수 있다. 또한 이처럼 이주민들에게 일방적으로 변화와 순응만을 강요하는 분위기가 계속된다면 사회통합은 이루어지지 않을 것이다.

대인적 차원은 이해와 존중, 상호작용, 대인관계, 공감, 자극선호, 글로벌 태도 등을 하위요소로 갖고 있다. 면담을 통해 살펴본 바로는 우선 이주여성들은 다른 사람들과 갈등을 경험할 때 그 문제를 해결하기 위해 적극적으로 노력하는 모습을 보였다. 또한 정주민 또는 다른 이주민들과의 의사소통과 상호작용에 큰 의미를 두고 있었다. 하지만 이들은 정주민보다는 자신과 비슷한 상황에 처한 다른 이주민들과의 관계에 더 집중하였으며 자신이 이주민으로서 겪었던 힘듦과 어려움을 다른 이주민들에게 투영시킴으로써 큰 공감의 감정을 느끼고 있었다. 또한 이주여성들은 자신이 이중적인 정체성을 갖고 있다는 것을 인식하고 본국과 거주국 사이에서 중재자의 역할을 감당하려는 자세도 보여주었다.

대인적 차원의 사례를 통해 고찰해야 할 문제는 이주민들이 정주민보다는 다른 이주민들과의 관계 맺기에 집중한다는 것이다. 이주여성들은 공식적인 관계, 즉 자녀 학교의 학부모들이나 거주지의 주민들과 관계를 맺고 있긴 하지만 대부분 부담을 느끼거나 꺼리는 경향이 많았다. 하지만 종교활동이나 자조모임 등을 통해서 같은 국적 출신의 동포나 다른 국적의 이주민들을 만나게 되는데 그들과의 관계에 더 큰 유대감을 느끼고 있었다. 우리 사회가 진정한 사회통합을 이루기 위해서는 사회의 모든 구성원이 아무런 장벽 없이 소통하고 관계를 맺어야 할 것이다. 그렇게 하기 위해서는 정주민과 이주민 사이에 생긴 장벽을 해체하는 것이 필수적이라고 할 수 있다.

13장. 자립성: 자조모임 참여 경험

1. 생활세계와 공동체

생활세계는 우리가 일상의 문화적 맥락 속에서 삶을 살아가는 공간과 시간 그리고 다른 구성원과의 상호작용을 통틀어 의미한다. 좀 더 학문적인 개념으로 이해하자면 생활세계는 우리에게 주어진 삶의 환경과 테두리 안에서 생성되는 강력한 동일성을 바탕으로 하는 '당연시되는 세계'이다(Berger, 1971). 우리 연구팀에서는 한국연구재단의 인문사회 토대연구 프로젝트를 진행하면 이주와 관련지어 다문화 생활세계 개념을 구체화하였다. 다문화 생활세계는 당연시되는 세계에 역동성을 부여하고, 다원성과 다양성을 바탕으로 여러 문화가 공존하고 혼성적인 자아를 형성하도록 유도한다(김영순 외, 2019). 따라서 다문화 생활세계에서의 낯선 타자의 출현은 자연스러운 삶의 태도에 변화를 야기하며, 기존의 질서에 대한 자기 기만적 태도의 각성을 요구한다. 한편 결혼이주여성의 자조모임과 같은 공동체는 당연시되는 세계의 안과 밖을 넘나드는 상호연결을 시도하며, 다문화 생활세계로의 변화를 추동한다. 국제결혼을 한 이주여성의 자조모임은 가정, 집단 등 다양한 층위의 생활세계와의 상호연결을 통해 그동안 당연하다고 여겨진 지식과 태도에 대한 각성을 요구한다(김광기, 2001).

한국사회는 세계적 차원의 '이주의 여성화' 현상 속에서 2000년대 중반 이후 결혼이주여성이 증가하였고, 이들을 대상으로 하는 사회통합의 필요성이 대두되었다. 사회통합은 궁극적으로 다양한 구성원의 간의 관계 맺음을 통해 서로를 이해함으로써, 공존의 가능성을 찾아가는 과정이라 할 수 있다(김영순 외, 2019). 그러나 여성가족부를 중심으로 실시된 결혼이주여성 대상 사회통합 정책은 일방적인 동화정책의 수준에 머물러 있다(김경옥, 2010; 김은재, 2016; 김이선, 2010; 김현미, 2008). 일례로 결혼이주여성의 사회통합을 위해 실시된 '자조모임'에 대한 정책도 보여주기식 정책에 그치고 있는 실정이다(박경애 외, 2012; 임선우·윤황, 2017).

유목적 주체로서 결혼이주여성은 주체와 주체와의 끊임없는 상호연결을 통해 주체성을 구성해나간다. 또한 자신이 지닌 욕망을 토대로 자신의 모습을 끊임없이 변화시키며 새로운 연결을 생성하고, 유목적 주체들이 마주침을 통해 생활세계 속에 혼합된다(Braidotti, 1994). 즉 다문화 생활세계에서 유목적 주체인 결혼이주여성의 출현은 단절된 공간에서 이루어지는 것이 아니라 '지금-여기'에서 경계를 넘나들며 구성되는 것이다.

경계를 넘나들고 구성된다는 것은 이질적인 것을 향해서, 즉 자신과는 다른 모든 차이를 향해서 개방적 자세를 취함으로써 외부와의 결연으로 나아간다(Deleuze & Guattari, 1968/2001). 여기서 의미하는 결연은 동질성 혹은 익숙한 것을 기반으로 하는 것이 아니라 외부와의 만남과 접속에서 차이를 긍정하고, 상생의 관계를 추구하는 것을 의미한다(이진경, 2018b). 결혼이주여성들이 생성하고, 결연 과정에 있는 자조모임은 다양한 관계 맺기를 통해서 공존의 가능성을 찾아가는 공간이라 정의할 수 있다. 그러나 한국의 사회통합 정책에서 결혼이주여성의 자조모임은 이러한 복합적인 네트워크로서의 존재 양상은 다루어지지 않고, 오로지 한국사회의 기준에서 결혼이주여성의 삶을 단순화시켜서 정책으로 제시하고 있을 뿐이다(최병두 외, 2017).

이번 장은 결혼이주여성의 자조모임을 '지금-여기'에서 상호연결되고 있는 생성의 공간으로 해석하고, 자조모임에 참여한 결혼이주여성의 의미 생성의 과정을 분석하고자 한다. 개인의 의미 생성 과정은 사회문화적 맥락과 얽혀있기 때문에 이주여성의 개별 경험을 세밀하게 파악하고 분석하는 것은, 자조모임이 어떠한 상호연결을 시도하는지 파악할 수 있다(김영천, 2013). 이번 장에서는 결혼이주여성의 자조모임에서의 역동적인 생성의 과정을 탐구함으로써, 당연시되는 세계가 다문화 생활세계로 나아갈 수 있도록 하는 상호연결적 시도라는 점에서 의의를 지닌다.

이번 장의 주요 핵심 개념은 자조모임이다. 자조모임은 사회적 집단으로서 공통의 문제를 공유하고, 상호 간의 노력을 통해 문제를 해결하기 위해 구성된 자발적 조직이다(Borkman, 1976). 자조모임에 참여함으로써, 서로에게 정서적 지원을 제공하고, 삶에 대한 대처 전략을 배워나간다(차현미, 2003; Wituk et al., 2000). 자조모임의 이러한 상호 원조의 과정은 자조모임 구성원들이 각기 직면한 어려움을 해결하는 데 필요한 도움을 얻을 수 있으며, 더 나아가 시민으로서의 권리로 확장할 수 있게 한다(임선우·윤황, 2017). 다시 말해 개별적이면서 공통된 문제를 해결하기 위해서 형성된 자조모임은 집합적 행동으로 조직된다는 점에서 사회운동적인 성격도 내포하고 있다고 할 수 있다(조도현·조대엽, 2008).

1935년 알코올 중독자 자조모임의 성공적인 운영 사례 이후, 만성질환자, 장애인, 여성 등에 이르기까지 자조모임의 성격과 영역은 시대가 지남에 따라 다양해지고 있다(이경준, 2006; Khasnabis et al., 2010). 한국으로 이주한 결혼이주여성들은 심리적 외로움, 언어적 어려움과 같이 개인적 부적응에 기초한 어려움뿐만 아니라, 한국인 배우자와 가족들의 몰이해, 더 나아가 한국사회로부터 '정상 다문화가족'(최연숙, 2021)을 유지해야만 한다는 압박을 경험한다(김경옥, 2010; 이은아, 2012; 최연숙, 2021). 이주여성들의 자조모임 참여는 문제 생활에 대한 대처 및 해결, 정보 지식 경험 등의 교류, 소외와 고립에 대한 극복과 상호협력에 기여한다. 그뿐만 아니라, 결혼이주여성이라는 공통성을 기반으로 자신들의 정체성을 강화하는 동시에 한국에서 살아가는 어려움을 해결하고, 더 나아가 지역사회의 구성원으로 거듭날 수 있는 중요한 촉매가 된다(박경애 외, 2012). 이에 따라 여성가족부는 제1차 다문화가족지원정책(2010－2012)에서 다문화가족간 자조모임 구축을 통해 결혼이민자들의 네트워크 활성화의 필요성을 인지하고, 제3차 다문화가족지원정책(2017－2022)에서도 자조모임의 중요성을 강조하고 있다. 2020년 기준 전국 209개의 관련 기관을 중심으로 460여 개의 자조모임이 운영되고 있다(한국건강가정진흥원, 2021).

이러한 자조모임의 수치는 가족센터1개당 평균2개의 자조모임이 운영된다는 점에서 아직 이주여성의 자발적 결사체로서 자조모임 결성 및 운영은 미비하다고 볼 수 있다. 결혼이주여성의 자조모임에 대한 선행연구의 논의는 크게 심리 및 정서적 연대, 발전 욕구의 실현, 정치적 실천으로 다루어져 왔다. 먼저 심리 및 정서적 연대는 자조모임의 기초가 되는 특성이라 할 수 있다. 결혼이주여성들의 공동체는 이방인들의 피난처이자 타지에 만드는 상상의 고향으로 현실의 외로움에서 벗어나 심리적 위안을 제공한다(김영경, 2015; 김영순 외, 2014; 김정선, 2009; 임선우, 2020; 최미경, 2021).

김영경(2015)은 결혼이주여성의 공동체를 바탕으로 형성된 신뢰와 관계의 사회자본은 정치적 영역의 사회자본으로도 확장할 가능성을 시사하였다. 그러나 이와는 대조적으로 김성호(2019)는 결혼이주여성들이 자발적으로 조직한 공동체에서 만족감과 보람, 자존감 향상에 대한 긍정적인 경험을 하였으나, 지역사회 참여와 같은 정치권리 행사에 소극적이라고 지적하였다. 이는 정보의 부족, 정치에 대한 이해 및 결혼이주여성들로만 운영되는 공동체의 구조적 문제에서 기인한다고 하였다.

둘째, 자조모임은 또한 발전 욕구를 실현하는 장이 된다(임선우·윤황, 2017; 이춘양 외, 2020; 정성미, 2010; 최미경, 2021). 결혼이주여성들은 통번역 자조모임(임선우·윤황, 2017)이나 취업과 관련된 자격증 취득을 위한 자조모임(정성미, 2010) 등에 참여하거나, 자조모임을 통해 취업 관련 정보를 공유하기도 한다(최미경, 2021). 이춘양 외(2020)는 결혼이주여성의 문화예술 자조모임 활동이 심리 및 정서적 연대뿐만 아니라, 자기 발전에 긍정적인 요소가 된다고 하였다.

셋째, 자조모임의 정치적 실천의 차원에서 '정체성 정치'(정성미, 2010)를 구현하는 장으로서, 결혼이주여성들은 자신들에게 부과된 불평등하고 열등한 지위에 대한 반대 작용으로 '공동체'라는 경계를 만들고 의지하며, 다른 어딘가에 속한 것으로 폐쇄적인 커뮤니티를 유지하는 경향이 있다(김영순 외, 2014; 김정선, 2009; 임선우, 2020; 정성미, 2010). 그러나 김영옥(2010)은 결혼이주여성의 공동체를 다문화 공간으로 정의하면서, 초국가적 네트워크의 공간이자, 기존 권력 관계와의 협상이 일어나는 공간으로 규정했다. 나아가 기존 사회에 대한 비판적 시각과 새로운 윤리가 요구되는 인정의 공간으로 바라볼 필요가 있음을 지적하였다. 다시 말해 정치적 실천을 이루기 위해서는 결혼이주여성의 자조모임이 폐쇄적 공간이 아니라 외부와의 상호소통을 이루어야 한다는 의미로 해석할 수 있다.

이상의 선행연구로부터의 시사점을 제시하면 다음과 같다. 첫째, 결혼이주여성의 자조모임은 유입국의 생활세계가 아닌, 별도의 제3공간(임선우, 2020)으로서의 공동체로 다루어지고 있다. 그러나 공간은 서로 결합하고 뒤섞이고, 상호 간 혼합하면서 공존해나간다는 점에서(김은주, 2016), 보다 상호관계적이고 연결될 수 있는 측면에서의 자조모임 연구가 필요하다.

둘째, 결혼이주여성의 자조모임은 심리 및 정서적 연대를 바탕으로 정치적 실천을 지향하는 공동체임을 알 수 있다. 선행연구들에서는 정치적 실천 모습은 투표(김성호, 2019)를 하거나, 지역사회에 대한 참여(김성호, 2019; 김영경, 2015; 최미경, 2021), 당연시되는 생활세계로부터의 인정(김영순 외, 2014; 김정선, 2009; 임선우, 2020; 정성미, 2010)을 바탕으로 그려진다. 선행연구에서 제시된 것들은 정치적 실천에서 중요한 요소이지만, 이번 장에서 결혼이주여성들이 자조모임을 통해서 자신의 욕망을 실현하고 차이를 생성하는 그 자체만으로도 정치적 실천으로 나아갈 수 있다고 본다(이진경, 2018a).

셋째, 다문화 관련 지원센터를 중심으로 한 사회적 자조모임에 관한 연구는 이춘양 외(2020)의 연구를 제외하면 거의 이루어지지 않았다. 지원센터를 중심으로 이루어지는 사회적 자조모임은 사회로부터의 고립이 아닌 연결성을 보장한다는 점에서 결혼이주여성들이 정체성의 정치로 나아갈 수 있는 기반을 마련해줄 것이다(이숙진·김안나, 2013).

인간은 '세계 개방적 존재'로 항상 자기 자신에게 갇혀 있기보다는 그곳으로부터 벗어나 초월하려고 하는, '중심을 이탈하는' 그런 존재이다(김광기, 2001). 다시 말해 인간은 지금의 나를 규정하고 있는 울타리 바깥의 삶을 욕망하며, 내가 나로서 존재하고 있는 '배치'를 바꾸고자 하는 욕망은 인간의 삶을 지탱해 주는 근원이라 할 수 있다(이정우, 2008). Deleuze & Guattari(1983)는 "욕망과 사회만 있을 뿐 그 다른 것은 없다(there is only desire and the social, and nothing else)"라고 하면서, 존재가 지니고 있는 욕망으로 사회의 역동을 설명하였다. 다시 말해 욕망을 가진 인간은 사회 안에서 자신이 현재 존재하고 있는 모습을 끊임없이 변화시키면서 자기 존재의 근원을 찾아간다는 것이다. 따라서 욕망은 사회적인 것이며, 존재를 재확인하는 지속적인 시도이다(O'Shea, 2002). 또한 욕망은 특정 현실화에 대한 조건을 생성하고 새로운 연결을 생성한다는 점에서 반드시 생산적이고 긍정적이라 볼 수 있다(Bignall, 2008).

이러한 관점에서 본다면 초국적 이주를 감행하는 결혼이주여성들은 자신의 욕망을 생성하고, 새로운 연결을 도모하며 배치를 변화시키는 사회적인 존재라는 것을 유추할 수 있다. 그러나 전지구적 차원에서 자본주의 확산은 이주의 여성화 현상을 증폭시켰다. 새로운 질서 속에서 한국은 국제결혼이라는 새로운 결혼제도를 통해 가부장적 성별 분업을 유지하고, 사회 재생산 및 돌봄 노동의 문제를 해결하고자 하였다(김은재, 2016; 황정미, 2009). 또한 한국사회에서 결혼이주여성은 '국민의 배우자'이자 '국민의 어머니'로만 간주되며, 전통적인 여성과 전통적인 어머니로만 형상화되고(이은아, 2012; 최연숙, 2021), 이주국의 가족 규범을 비롯한 사회규범은 결혼이주여성들을 수동적이고 의존적인 타자로 본질화한다(김순남, 2014; 김이선, 2010). 이러한 인식이 지배하는 당연시되는 사회에서 결혼이주여성들이 지닌 차이와 생성의 힘은 무시된 채, 오로지 결핍으로

만 다루어진다(이진경, 2018b). 즉 이들이 지닌 욕망은 당연시되는 세계에 편입하고자 결핍을 채우기 위한 반사작용으로만 여겨질 뿐이다. 그러나 들뢰즈와 가타리의 관점에서 본다면 결혼이주여성들의 욕망은 무언가를 채워나가는 행위가 아니라 생산하는 힘이다.

결혼이주여성을 차별적 시선으로 바라보는 것은 이들이 자신들의 욕망을 생성하며, 삶을 재배치시키고자 하는 유목적 주체라는 사실을 간과하고 있기 때문이다. 결혼이주여성의 관점에서 국제결혼을 통한 이주는 본국 가족에 대한 생계 부양이나, 중산층의 삶을 누리고자 하는 등의 근대적 욕망을 적극적으로 실천하는 행위라고 할 수 있다(황정미, 2009; King & Christou, 2011). 즉 결혼이주여성은 세계 개방적 존재로서 중심을 이탈하여 자신의 삶을 재배치함으로써 욕망을 실천하고, 자신의 존재를 재확인하고자 하는 '모험가'(황정미, 2009)이자 유목적 주체이다. 유목적 주체는 하나의 주체가 다른 주체, 또는 주체들을 만나 주체성의 변이를 이루면서 새로운 주체성을 구성해 나가는 주체로, 주체성을 구성하는 과정은 반복적으로 이루어진다(지명훈, 2021). 이러한 반복적인 과정은 존재의 방식을 창조해 나가는 생성의 과정이며, 결연으로 나아가는 과정이라 할 수 있다(Deleuze & Guattari, 1968; 2001).

결혼이주여성들은 자신들의 정체성을 획일적으로 정의 내리고자 하는 배치에서 벗어나 생성의 선을 그리면서 결연의 공간으로 나아간다. 이 공간은 리좀적 상호연결을 바탕으로 모든 방향으로의 변이가 가능한 존재들이 저마다의 되기를 생성할 가능성의 공간이다(김은주, 2014). 리좀이란 확고한 뿌리나 근거를 갖고 있는 체계, 그러한 체계라고 믿고 있었던 사고에서 벗어나 존재의 생성, 변이와 창조에 대한 관점을 제공한다(이진경, 2018a). 따라서 리좀적 상호연결을 바탕으로 한다는 것은 결혼이주여성을 정의하는 한국사회의 틀에 매몰되지 않고, 공간의 경계를 넘나드는 유목적 주체들의 마주침이 연결되고 혼합되는 과정인 것이다. 이러한 관점에서 결혼이주여성의 자조모임은 제3공간으로 구분되는 다른 어딘가(elsewhere)라기 보다는 결혼이주여성들이 사는 바로 '지금-여기(erehwon)'(김은주, 2016)에서 존재하며, 유목적 주체들이 지닌 생성의 힘이 유입되고 상호연결을 끊임없이 시도하는 공동체라 정의할 수 있다.

2. 결핍의 기억들

결혼이주여성들은 각자의 삶을 생성해 나가는 과정에서 한국인과 결혼했다. 한국에서의 삶을 통해 이들은 항상 그렇게 살아온 것처럼 자신의 삶을 생성해 나가고자 했지만, 한국사회가 이주여성을 대상으로 포섭을 시도하였고, 정형화된 틀 속에 두고자 하였다. 이러한 사회적 맥락 속에서 주변인으로 전락하거나, 결혼의 진정성을 의심받고, 외국인 엄마라는 한계를 마주한다. 한국에서 이들은 온전한 주체로 인정받지 못했으며, 다수자들에 비해 '무언가 부족한' 사람으로 객체화되었다. 다시 말해 이들이 지닌 '차이'가 생산의 힘이 아닌 '결핍'으로 취급되었다. 결핍의 기억들은 당연시되는 세계라는 사회적 맥락 속에서 이들이 경험했던 이야기이다.

1) 이주여성 A: 주변인으로의 전락

베트남 출신 결혼이주여성 A는 대학 재학 중 남편을 만났고, 연애한 지 3개월 여만의 결혼을 결심했다. 가족들의 반대가 있었지만, 대학교를 중퇴하면서까지 남편과의 결혼을 강행했다. 이 이주여성은 한국으로 먼저 이주해 온 친구들이 한국생활에서의 결혼생활에 만족하면서 살고 있는 것을 예전부터 들어왔기 때문에 결혼에 대한 절차들을 생략하고 한국으로 왔다.

> "학생인데. 왜 결혼하고 한국에 가냐 미쳤냐고(웃음) 저도 처음. 그때 는 모르잖아요. 그냥 아…, 나는 결혼하고 싶은데(웃음). 결혼하고 그래 서 물론 친구도 저는 아는 친구도 결혼하니까 그 친구는 그 친구지만 언니죠. 그냥 결혼도 하고 여기 와서 한국… 괜찮다고 조금 믿고 여기 오라고 했거든요. 그런데 저희 부모님은 반대했어요. 할머니도. 친척분 다. 아니 이렇게는 공부도 하고 있는데 갑자기 저 결혼하는 거는 생각도 못한 거죠. 부모님이 많이 서운해했기 때문에 얘기를 제대로 못 했어요."

이주여성을 한국으로 이끈 것은 아마도 한국 삶에 대한 기대감과 새로운 환경에서 도전해보고 싶은 욕구였을 것이다. 그녀는 대학에서 영어영문학을 전공했는데, 영어영문학을 전공한 것도 새로운 사람과 환경에 대한 호기심이 강했기 때문이었다. 자신의 삶을 바꿀 수 있는 전략적 선택으로서 한국행을 선택했지만, 한국에서의 삶은 기대했던 것과 달리 자유롭게 새로운 사람을 만나고 새로운 환경을 접하는 것이 허용되지 않았다. 주변인으로서 고립된 채 혼자서는 아무것도 할 수 없는 생활이 지속되었다.

> "처음에 너무 힘들었어요. 신랑도 출근해야 하니까 옆에 없고. 아는 사람도 없고. 그 뭐 가족의 시댁도 있는데 그런데 말을 통하지 않으니까. 병원 가거나 아니면 은행. 우체국하는 거는 너무 힘들었어요. 하나하나 다 적고 만약에 먼저 뭐. (남편에게) 가기로 했다고 말해요. 그러면 은행 가거나 소포같은 거 보낸다 그러면 간단하는 거 적어 달라고 해요. 만약 에 갑자기 아프면 신랑한테 꼭 전화하고. 와서 만나고. 다음에 그때는

치료받을 수 있죠."

남편이 없으면 아무것도 스스로 할 수 없다는 사실은 이주여성을 우울하게 만들었다. 게다가 그 당시에는 결혼이주여성들을 대상으로 통번역 서비스가 무료로 지원되고 있다는 것조차 몰랐다. 집안에 고립된 채 오로지 아이만 키워야 하는 상황에 대해 이주여성은 억울한 감정을 느꼈다고 호소하기도 했다. 그리고 동시에 고립된 공간에서 벗어나야겠다는 다짐을 하게 한다.

> "임신하고 아기 낳으면 아기 돌봐야 되는데. 왜 지금 나가야 하냐고. 저는 억울한 거예요. 나도 활동해야 되고 젊은 나이에 많이 경험을 쌓아야 나중에 모든 일도 할 수 있는데. 지금 물론 아기도 봐야 되는데, 도전하고 활동도 해야 되잖아요. 처음에는 반대하다가 지금은 괜찮다고. 그래도 아기도 크고."

한국사회에서 결혼이주여성의 초기 적응의 어려움은 대개 언어적 어려움이나 자녀양육의 어려움, 한국문화의 낯섦에서 비롯되는 것으로 판단하고 이들을 '수동적인 수혜자'(최연숙, 2021)로 가정한다. 입국 초기, 고립된 생활로 한국어를 제대로 구사하지 못했던 이주여성 또한 혹시나 자신의 부족함으로 자녀가 차별받지는 않을까 염려하는 마음도 있었다. 그러나 이주여성의 어려움을 자녀양육의 어려움으로만 설명하기에는 한계가 있다. 이주여성은 자유롭게 상호연결되고 변이와 생성을 거듭하는 매끄러운 공간에서 스스로의 삶의 행위자로 나아가지 못하고, 홈 패인 공간[2]에서

---

2 홈패인 공간은 동일성에 입각한 기준을 토대로 모든 것을 번역하며 환원되는 공간이다(이진경, 2018b). 매끄러운 공간과 홈 패인 공간은 상호의존성을 토대로 구성되는 공간이며, 이분법적으로 구분되어 있는 것이 아니라, 혼합된 채로 존재한다(김은주, 2016). 중요한

주변인으로 전락해버린 자신의 모습을 보면서 억울함과 우울감을 경험했다. 따라서 이주여성의 어려움을 극복함에 있어서 '한국 어머니'로서 자녀 양육을 더 잘할 수 있게 하는 환경을 마련하는 것은 오히려 한국사회의 모성적 이미지의 홈 패인 공간으로 고립시키게 하는 것이 될 수 있다. 따라서 이주여성이 삶의 행위자로 살아갈 수 있는 것을 전제로 하는 모성적 이미지에 대한 고민이 선행되어야 한다.

2) 이주여성 B: 결혼 진정성에 대한 의심

중국 한족 출신인 이주여성 B는 유복한 집안의 외동딸로 결혼보다는 친구들과 어울리는 것을 더 좋아하던 사람이었다. 지인의 소개로 지금의 남편을 만났는데, 당시로써는 결혼하기에 다소 늦은 나이(26살)인 자신에게 자상하게 대해주고 아껴주는 남편이 마음에 들었다.

> "이거는 우리 엄마의 친구, 우리 엄마의 여자 친구는 여기서 남편은 한국 사람이에요. 이 남편분은 우리 남편의 친구예요. 그래서 소개해 주셔서. 그래서 왜냐면 좀 거리 좀 머니까 혹시 괜찮나? 우리 온라인에서. 많이 만나면 우리 남편 옛날에 중국 출장 조금 했어요. 중국어 조금 말하니까, 많이 모르니까 그래서 우리 영어로 통화했어요. 영어로~ 뭐 왜냐하면 제가 중국말 하면 이분도 잘 못 알아들어. 또 한국말 하면 제가 제대로 못 알아들으니까 그래서 우리 영어로 조금 하는데, 제 대학교 전공 영어예요."

남편은 특히 책임감이 강한 사람이었다. 자신의 일을 묵묵하게 해내는 모습을 보면서 이 정도 사람이면 괜찮겠다 싶었다. 친정 부모님도 이주여

것은 지금 여기에서 차이의 생성을 하고 있느냐일 뿐이다.

성의 의사를 존중해주었다. 한국에서의 신혼생활은 중국에서 살던 집에 비해 많이 작았지만, 남편과 함께 열심히 살아가다 보면 충분히 더 나은 곳으로 갈 수 있을 것이라는 믿음 때문에 버틸 수 있었다. 그러나 참을 수 없었던 것은 남편 누이들의 무례한 행동이었다.

> "나중에 알았어요. 한국말 잘 모르니까 나중에 알았어. 큰 시누이가 '아 이렇게 젊은 여자 결혼하니까 좋기는 좋은데 혹시 마음이 불편해서 금방 도망치면 어떡하지?' 뭐 이렇게 이야기했는데… 그런데 결혼했는데, 왜 도망칠거라고 생각하죠? 그거 생각 문제지 않아요?"

시누이들은 남편보다 14살이나 어린 이주여성의 결혼 의도를 의심했다. 남편을 사랑했기 때문에 중국에 비해 부족한 환경도 받아들인 것이지만, 금방이라도 이주여성이 남편을 버리고 도망칠 것이라는 의심의 눈초리를 보냈다. 명절이나 제사가 되면 시누이들은 이주여성과는 상의도 없이 남편의 카드를 가져가 함부로 장을 보고, 냉장고에 있는 음식들을 모조리 가져갔다. 이주여성을 가족의 일원으로 수용하지 않고, 도리어 결혼에 대한 진정성을 의심하고, 믿을 수 없는 '불확실한 주체'(김순남, 2014)로 취급하였다. 대체로 한족 결혼이주여성의 결혼에 대해 국가의 인식은 '진짜 결혼'이 아니라 '가짜 결혼'으로 인식되는 경우가 많다(문경연, 2011). 시누이들의 무례한 태도에는 이러한 인식이 내재되어, 이주여성에게로 표출되었다.

> "진짜 솔직히 이야기해서 우리 남편 때문에 결혼 와서 이렇게 하는데, 그런데 남편 식구들이 상대방에게 이렇게 하니까 좀 마음이 아팠죠. 이렇게 약간 좀 스트레스 받는 거에요. 그래서 우리 남편하고 싸우는 거 형제 때문에 싸우는 거야 형제 때문에…"

'언제나 떠날 수 있는 여성으로 규율화하는 권력규범'(김순남, 2014)으로서의 시누이들의 태도는 이주여성 B를 끊임없이 고립시켰고, 이는 남편과의 불화로 이어지기도 하였다. 이주여성은 시누이들이 만들어내는 불확실한 주체라는 인식에서 벗어나기 위해 한국어를 열심히 배우기 시작한다. 그러나 한국어를 공부하는 것은 시누이들에게 확실하고 친밀한 주체로 인정받기 위한 행동으로 단정될 수 없다. 오히려 '중국 국적을 가진 한국인'으로서 자신의 정체성을 만들어 나가기 위한 시도라고 볼 수 있다.

3) 이주여성 C: 외국인 엄마의 한계

베트남 출신인 이주여성 C는 한국에서 일하고 있던 친언니의 소개로 지금의 남편을 만났다. 베트남에서 평범한 직장인이었던 이주여성은 남편과 영상통화로 1년 정도 연애를 한 끝에 결혼을 결심했다. 친언니가 중간에서 통역을 자처해서 서로의 언어는 몰랐지만, 소통을 할 수 있었다. 한국에 오자마자 남편의 도움으로 바로 한국어 공부를 시작했다.

> "문제는 한국 사람은 아직 외국 사람에 대한 그 뭐라고 하지 시선이라든지 좋지 않은 그 시선을?(연구자: 부정적인 인식) 네. 영어를 말하면 오~괜찮은데 그건 높게 보는데… 근데 아시아 여자들이 오면은 필리핀, 베트남 아니면 중국 보면 한국 사람들은 못 사는 나라에서 왔나라고 하는 인식이 있어요."

한국은 친언니가 말한 것처럼 좋은 나라였지만, 동남아시아 출신 결혼이주여성에 대한 차별적 인식이 뿌리 깊게 남아 있음을 느꼈다. 이러한 차별적 인식을 극복하고 한국인들로부터 인정받고자 한국어를 열심히 공부했다. 또한 언어를 배우려면 한국문화를 알아야 한다는 생각으로 2년 정도 합창 자조모임에 참여하기도 했다. 그러나 한국어를 배우고 한국사회를 알아 가면 갈수록, 뿌리 깊은 차별을 마주했다.

> "근데 문제는 엄마 아빠들 지금 아이들은 괜찮은데 근데 엄마 아빠는 보통은 외국 자녀 다문화가정을 볼 때는, 너 엄마 한국 외국인이랑 같이 놀지 말라고 그런 경계 있어요. 그럴 때마다 저희 아이가 그런 거를 보니까 우리 아이가 더 많이 열심히 공부할 수밖에 없어요. 그래서 세 살 때부터 계속 선생님 불러와서 공부 교육을 시켰거든요. 그런 스트레스 때문에 그거 아이한테 가는 거예요..."

문제는 그러한 차별적 시선이 자신에게서 그치는 것이 아니라, 자녀도 영향을 받는다는 것은 정신으로 견디기 괴로운 일이었다. 한국의 다문화 정책은 한국어와 한국문화를 모르는 외국인 엄마가 한국인 자녀를 키우기에는 부족하다는 인식을 바탕으로 한다(이은아, 2012). 이러한 인식 속에서 이주여성은 자신의 자녀가 일반적인 한국 아이들보다 더 똑똑하게 자라기를 희망했다. 이는 차별에 대한 저항이라고도 볼 수 있지만, 동시에 당연시되는 세계의 정형화된 틀 속에 스스로를 매몰시키고, 생성을 저해하는 요소이기도 하다.

3. 생성의 선을 그리다

유목적 주체로서 이주여성들은 자신들을 '결핍의 주체'로 맥락화하는 사회적 환경 속에서 고립이 아니라 무언가와의 연결과 접속을 선택한다. 이러한 접속을 통해 생성의 흐름을 만들어 나가는 것이다. 따라서 자조모임은 이주여성들 각자 생성의 힘이 만나는 공간으로 정의될 수 있다. 그러나 이주여성들이 그려나가는 생성의 선은 모두 동일하지 않다. 자조모임 안에서 이러한 다양한 생성의 선들은 다시 접속과 연결을 통해 변이하고, 사회적 환경에 자신들의 욕망을 투영시킨다.

1) 이주여성 A: 경험을 나누다

이주여성은 한국사회에서 능동적으로 살아가기 위해서는 한국어를 공부하는 것이 먼저라고 생각했고, 국적도 취득할 목적으로 법무부 사회통합프로그램에 등록하여 한국어를 배우기 시작했다. 2016년 사회통합프로그램을 모두 수료하고, 2017년 A 가족센터에서 운영하는 통번역 자조모임 활동을 시작하였다. 리더로 나서길 모두 주저했지만, 이주여성은 예전의 모습을 되찾기 위해서 다시 한번 도전하기로 마음먹었다.

> "처음에는 (리더) 누가 하실건지 물어봤는데 다들 조용한 거예요. '내가 하고 싶은데 근데 내가 할 수 있을까' 그리고 고민하고 손을 안 들었어요. 마지막에 도전을 하고 싶은 거예요. 워낙에 말 많은 사람인데 여기와서 내성적인 사람이 된 거예요. 다시 전의 모습처럼 돌아가고 싶은데. 도전하고 그렇게 (리더가) 된 거예요."

자조모임은 또 한 번의 도전을 할 수 있게 된 도약대가 되었다. 이러한 도전이 이주여성이 고립되었던 공간에서 매끄러운 공간으로 나아가게 하는 시작점이 되었음이 분명하다. 물론 리더로 활동하는 것은 쉬운 일이 아니었다. 자조모임 구성원들과 A 가족센터를 중간에서 조율해야 하는 역할은 너무 힘들었다. 그렇지만 이러한 경험을 통해서 A 가족센터가 어떻게 운영되는지, 그리고 사람들에게 어떻게 의견을 전달해야 하는지를 배울 수 있었다.

"좋은 점은 많이 배웠어요. 작성하는 거 이거는 배웠고… 사람 앞에서 많은 사람 앞에서 어떻게 전달하는지 정확하게 전달하는 거 또 배웠고 의견 같은 거 각자 의견 다 이렇게 얘기하는데 딱 하나만 정하는 것도 배웠어요. 다 기분 좋게 그렇게 많이 배웠어요."

이주여성은 자조모임 안에서 고군분투하는 과정을 통해 '경험적 지식 (experiential knowledge)'을 터득했다. 경험적 지식은 자조모임 안에서 공통의 문제를 공유하고 상호 노력을 통해 문제를 해결하기 위한 과정에서 생성되는 지식으로(Borkman, 1976), 자조모임의 자발적 결속을 더욱 강화시키는 역할을 한다. 이주여성은 자조모임을 참여하면서 통번역 서비스가 무료로 제공된다는 것을 뒤늦게 알게 되었다. 혹시 이런 정보를 몰라서 어려움을 겪고 있을 결혼이주여성들에게 적극적으로 정보를 공유하기도 하고, 무료 통번역 봉사활동에도 참여하였다. 수익이 나는 활동은 아니었지만, 비슷한 처지에 있는 결혼이주여성들에게 '긍정적인 말 같은 것도 해주고, 위로도 해주는 것'에 의미를 두었다. 이러한 생성의 '점'들이 '선'이 되어가는 과정은 혼자서 할 수 있는 것이 아니었다. 비슷한 고민을 갖고 함께하는 사람들이 있었기 때문에 가능했다.

"좋은 거 많이 얻었어요. 그 처음에는 여기 와서 내가 이렇게나 활동할 수 했는지 꿈도 못 하는 거죠. 말도 못 하는데 말할 때도 지금 물론 마찬가지로 말할 때가 상대방이 못 알아듣는데 이렇게는 간단히 모아서 얘기도 하고 정보들도 얻을 수이고 만약에 혼자이면은 정보 같은 거는 못 찾잖아요. 물론 나중에 찾을 수 있는데 그 시간이 걸리니까 사회성도 많이 키우고 자신감도 생기고 사람 앞에는 어떻게 대화하는지 그 방법들을 좀 많이 배웠어요."

2) 이주여성 B: 다가가고 드러내다

가족센터로 찾아다니면서 한국어를 공부했지만, 누군가와 교류하거나 한국어를 할 수 있는 기회는 거의 없었다. 이주여성은 '처음 왔을 때 친구가 없고, 친척도 없고 혼자'였다. 남편이 주말에도 근무를 했기 때문에 공부하는 시간 이외에 다른 모임을 참여한다는 것이 쉬운 일이 아니었다. 아이가 어린이집에 다니기 시작할 무렵 A 가족센터에서 자조모임 참여자 모집공고문을 확인했지만, 선뜻 참여할 자신이 없었다. 한국어가 많이 서툴렀기 때문에 스스로를 드러내는 것에 대한 부담을 느꼈었기 때문이다.

> "센터 담당 선생님 이야기가 "아니요. 괜찮아요. 스트레스받지 마세요." 부담스러워 했더니 "여기 걱정하지 마요. 스트레스 받지 마요. 괜찮아요. 우리는 문제 해결하는 사람이에요. 문제 만드는 사람 아니에요" 이렇게 "한번 들어와 봐요" 가니까 좋죠. 큰 문제 있을 때 도움이 많이 돼요."

이주여성은 막상 자조모임에 참여하고 보니, 자신의 서툰 한국어도 이 안에서는 부족하고 이상한 것이 아니었다. 오히려 이것은 너무나 당연한 것으로 여겨졌다. 아무도 이주여성을 불확실한 주체로 바라보지 않았으며, 정형화된 틀로 규정짓지 않았다. 자조모임을 통해 일상적으로 일어나는 차별에 대해 명확하게 인식하게 되면서(이은아, 2012), 시누이들의 무례한 태도와 인식들은 자조모임 안에서 해체되고 무력화되었다. 또한 이곳에서 한국어는 한국사회 적응의 지표가 아닌, 서로를 공감할 수 있게 하고, 이주여성들이 더 잘 연대할 수 있게 하는 도구가 된다. 김선숙 외 (2020)는 결혼이주여성의 높은 한국어 능력이 생활만족도와 우울감에 있어서 긍정적인 역할을 한다고 밝히고 있으나, 이는 결혼이주여성들의 네트워크가 지닌 생성의 힘을 간과하고 있기 때문이다. 한국어가 조금은 서툴지라도, 결혼이주여성이라는 동일한 경험을 바탕으로 하는 만남 안에서 심리적 위안을 얻으며, 교류하고, 관계를 맺으며 살아갈 수 있는 존재라는 확신을 얻는다.

> "여러 나라 모르는 사람 많아요. 솔직히 어떻게 말해요. 무슨 말 해야 할지도 몰라요. 그래서 뭐 계속 다른 분들이 다 친절하니까. 솔직히 이야기하면, 우리 모두 다 와이프 되어서 왔어. 다 와이프 되어서 여기 와 있으니까. '아 한국어 못해' '거짓말하지 마세요. (하하) 언니 그냥 말하세요' 한국어 못하는 거 우리 모두 똑같아요."

자조모임은 서로 힘들었던 이야기를 나눌 수 있는 공동체이자, 정보를 공유하고 서로의 문제를 맞대고 해결할 수 있는 장소이다(임선우·윤황, 2017). 이 안에서 배운 경험과 지식들은 나의 발전으로만 그치는 것이 아니라, 누군가를 도울 수 있는 바탕이 된다. 자조모임이라는 매끄러운 공간에서는 매끄러운 공간에서 살아가기 위한 윤리적 실천이 요구된다(김은주, 2018; 윤성우, 2006; 이진경, 2018a). 이주여성은 A 가족센터 자조모임을 통해 연결되고 접촉함으로써 봉사활동과 같은 지속적인 실천을 통해 생성의 힘을 만들어 나가면서 매끄러운 공간을 확대해나갔다.

> "결혼이민자(한국에 온 지 얼마 안 된 결혼이민자들)들이 한국말 못하잖아요. 그런 거 봉사활동 했어요. 그분들이 아기도 있고 하는데, 말 못하니까 어떨 때는 선생님이 무슨 말을 하는지 도대체 모르니까 그래서 제가 알려주고 마트나 보건소나 이렇게. 아기 어떻게 하나. 왜냐면 아기도 있어요. 도와주고…"

"솔직히 봉사활동 하는 거 돈 버는 것보다도 좋아. 돈 버는 거 물론 좋아하지만 자기의 노동에 의해서 돈 바꿨잖아요. 그런데 자원봉사는 자기 능력에서 다른 사람 도우는 일이라서. 그럼 진짜 행복한 마음 나와요."

매끄러운 공간에서의 윤리적 실천을 통해 회복한 자신감은 자녀에게도 고스란히 전달된다. 아이와는 주로 중국어만 사용했는데, 어린이집에서 놀림을 받는다는 것을 알게 된 이후 서툴러도 한국어를 사용하려고 하는 편이다. 그렇다고 해서 이중 언어를 포기한다거나, 중국인이라는 것을 숨기려고 하는 것이 아니다. 아이에게 중국 국적을 가진 엄마가 노력하고 있다는 것을 보여주기 위한 것으로서 한국어를 사용하는 것이다. 이를 통해 아이도 중국어를 배워야 한다는 것을 인지시킨다.

"우리 아들한테도 좋아. 엄마도 열심히 배우니까 나도 열심히 배워야지요. 그런데 중국어 공부하다가 어렵다고 해서 공부 끝났어. 한국어 책도 안 꺼내. (웃음) 우리 아들한테 이야기해. 아들 나 누군지 알아요? 엄마. 엄마 당연하지 엄마지. 어느 나라 사람이야? 중국 사람. 응 중국 사람이야. 그런데 난 니 엄마야 맞아? 안 맞아? 나도 여자야 중국 사람 니 엄마야."

3) 이주여성 C: 참여하고 실천하다

아이가 다문화가정 아이지만 공부도 잘하고, 베트남어도 잘하고, 사회성도 뛰어난 아이가 되길 바랐다. 일반적인 한국 아이들보다도 더 뛰어나야 '다문화'라는 차별적 인식을 극복할 수 있다고 생각했기 때문이다. 실제로 많은 다문화가정 자녀들은 언어습득 지연이나 학습 부진, 사회성 부족 등의 어려움을 겪고 있다고 보고되고 있다(황지영, 2020). 대부분의 결혼이주여성들은 이주여성 C와 마찬가지로 '한국 아이'라는 기준점을 설정하고, 한국이라는 공간에서의 경쟁 구도 속에 자녀가 더 뛰어난 '한국 아이'가 되는 것이 살아남는 방법이라 생각한다(최승은, 2019). 한국사회에서의 결핍을 채우고자 노력했던 이주여성의 시도는 오히려 자녀와의 관계를 더 악화시켰다. 과거에도 자조모임 참여 경험이 있던 이주여성은 악화된 자녀와의 관계를 개선하기 위해 부모와 자녀가 함께하는 자조모임에 다시 참여하게 된다.

> "보통 저희 특히 다문화가정 아이들의 특징이 있어요. 사회성은 약간 덜 발달되거든요. 왜냐하면 여기가 어쨌든 엄마 외국인이라서 친구도 한국 친구도 거기 그렇게 많지 않아서 그래 가지고 친구 사귈 때는 왠지 맞는 친구 있으면 자기가 어떻게 대처하는지를 그거는 발달하잖아요. 내 친구 없으니까 자기가 어떻게 사귀는지 그런 거를 부족하거든요. 근데 사회적 여기 뮤지컬 배우면 친구 사귀는 거를 자기가 스스로 스스로를 자기가 어떻게 해야 할지 자기 판단에서 거의 사귀니까 그래서 이 친구는 이렇게 사귀는구나라고 자기가 느끼고 다음에 다른 새로운 친구 있으면 자기도 약간 멀리 보지 않고 다가와서 자기가 얘기하는 거 사귀는 거잖아요..."

아이는 엄마와 공연했던 것을 친구들에게 자랑하기도 하는 등 예상했던 것 이상으로 자조모임 활동을 매우 즐거워했다. 자조모임 활동은 엄마와 아이를 묶어주는 연결고리가 되었던 것이다. 덕분에 이주여성은 "자녀에게 화도 덜 내게 되었고, 아이도 스트레스나 엄마 거부감이라든지 그런 게 많이 줄었다"면서 자조모임 참여에 대한 만족감을 드러냈다. 또한 '다른 어머니들'의 존재는 이주여성가 고립되지 않고 함께 어머니 노릇을 공유할 수 있도록 해준다는 점에서(이은아, 2012) 뮤지컬 자조모임은 이주여성을 결핍된 어머니가 아니라 생성하는 어머니로서 재배치시켰다. 한편 자녀에 대한 베트남어 교육에 대한 열망으로 자녀를 직접 가르쳐 보지만 생각보다 쉬운 일이 아니었다.

> "저희 아이한테 베트남어 너무 가르쳐주고 싶거든요. 근데 제가 가르칠 때는 너무 화가 나서 마음대로 뜻대로 안 되니까 제가 화가 나서 안 되니까 선생님은 불러요. 제가 사비로. 근데 그거 너무 비싸가지고.. 기본 1시간 수업인데 보통 아이가 집중 시간은 30분 안 되거든요."

결혼이주여성이 자녀와 모국어로 소통하는 것은 긍정적인 관계성을 구축하는 데 매우 중요하다(최승은, 2019). 자녀와 같은 언어로 소통할 수 있다는 것은 '주고 받을 수 있는 상호작용의 기회'가 되기 때문이다. 이주여성은 자신이 직접 베트남어를 가르치기도 했지만 한계를 느꼈다. 2019년에는 베트남 이주여성들로 구성된 베트남어 교육을 위한 자조모임을 결성하였지만, 전문성이 떨어지거나 서로가 가르치는 방식이 달라 갈등을 겪었다.

> "저 같은 경우에는 이럴 때는 이렇게 표현할 때도 있고. 억양이라든지 발음이라든지. 또 다른 사람은 다른 뜻으로 이해할 수 있고. 그럴 때는 너무 힘든 거를 많이 느꼈고. 저는 또 이렇게 하라고 하는데 근데 어떤 어머님은 열심히 하면 괜찮은데 열심히 활동 안 하시는 분도 있잖아요..."

A 가족센터에서 베트남어 책을 지원해주고 결혼이주여성들이 돌아가면서 아이들을 가르쳤지만, 억양이나 전문성 측면, 준비도에 있어서 편차가 큰 편이었다. 현재 이 자조모임은 정상적으로 운영되지 못하고 있는데, 이는 지나친 자발적 해결만을 추구했기 때문이라 볼 수 있다. A 가족센터

는 이주여성들의 요청으로 자조모임을 운영할 수 있도록 회원 모집이나 홍보 등에 있어서는 관여를 하지만, 실질적인 운영은 완전한 자발성에 기초하고 있다. 그러나 자조모임의 성격에 따라 적절한 조언이나 개입이 필요하다는 사실을 인지할 필요가 있다(이경준, 2006; Adamsen, & Rasmussen, 2001). 생성으로서의 자조모임은 결혼이주여성들만의 생성의 힘으로만 이루어지는 것이 아니라, 상호의존적인 협력을 통해 이루어지는 것이다.

4. 넘나드는 공간으로

이주여성들은 저마다의 생성의 선을 그림으로써 자조모임의 리더로 자원하여 적극적으로 경험을 나누거나 고립된 공간에서 벗어나 자신의 차이를 적극적으로 드러낸다. 또한 이주 어머니로서 사회적 맥락에서 정해둔 틀에서 벗어나 자신만의 방식으로 어머니 역할을 수립해 나간다. 이러한 모든 과정은 자조모임이라는 매끄러운 공간에서 일어나는 차이 생성의 과정이며, 윤리적 실천이라 할 수 있다. 방식이 조금씩 다를지라도 이주여성들은 자신의 문제를 해결해나감으로써 더 큰 공간으로 자신들의 이야기를 투영시키고 있는 것이다. 그러나 여전히 A 가족센터에서 운영하는 자조모임이 넘나드는 공간으로서 기능하기 위해서는 개선되어야 할 부분이 남아 있다. 본 절은 이주여성들의 목소리로 A 가족센터에서 운영하는 자조모임이 '정체성 정치'로 나아가기 위해 필요한 것은 무엇인지 다룬다.

1) 이주여성 A: 미래로의 공간으로

이주여성 A 가족센터 밖에서 자발적으로 조직된 자조모임에도 참여하고 있다. 베트남 출신 결혼이주여성들과 그들의 자녀로 구성된 모임으로 '형제처럼 친한 분위기'를 느낄 수 있는 모임이다. 그 모임이 친밀함으로 가득한 공간이라면, A 가족센터 자조모임은 발전 욕구적 측면에서 이해되고 있다. 임선우와 윤황(2017)의 연구에서도 통번역 자조모임은 사회활동을 목표로 하며, 전문성 욕구를 충족해나가는 활동이라 정의하고 있다. 이주여성 또한 통번역 자조모임에 참여함에 있어 이러한 목적성을 지니고 있었고, A 가족센터에서 이러한 목적을 달성함에 있어 일부 도움을 줄 것이라는 기대감이 있었다.

> "성과 말고 좀 아무리 적어도 조금이라도 도움이 되는 것들이 있으면 좋은데. 결국에는 질보다는 양. 질 같은 것도 좋지 않고. 바꿔야 될 것 같다는 생각도 들어요. 자조 모임 계속 만드는 것보다는 있던 거를 먼저 집중하고 키우고..."

> "왜냐면 저희 아무래도 외국인이라서 사회에 솔직히 사회에 나가서 생활하는 거는 쉽지 않은 거예요. 물론 잘하시는 분도 있지만 우리는 보통은 나가서 자신감도 없고 아무것도 또 없는 상태라서 그런 거는 키워주시면 좋겠어요. 그러면 나가서 활동 활발하게 할 수 있고. 우리도 나가서 이야기할 수 있잖아요. 여기(센터)에서 도와주고 했기 때문에 내가 이렇게 활동할 수 있다고..."

그러나 기대와는 달리 A 가족센터에서는 결혼이주여성들의 자조모임 참여 목적에 대한 고려보다는 실적 측면만을 강조하고 있다는 것은 안타까운 일이다. 이주여성 A는 한국에 아무런 기반이 없는 이주여성들이

A 가족센터 자조모임을 통해 모이고, 활동할 수 있는 하나의 발판이 되어 주길 원하고 있다. '하고 싶은데 내가 할 수 있을까 고민하다가 놓친' 경험 들이 다른 결혼이주여성들에게는 재발되지 않도록 A 가족센터에서 결혼 이주여성들의 가능성을 발굴하고, 경험을 나눌 수 있는 존재로서 생성의 선을 그려나갈 수 있는 하나의 '점'이 되길 희망하는 것이다.

> "각자 각각 개인마다 의견도 들어주시고 그런 자조 모임이 운영해 주 시면 좋을 것 같아요. 그리고 지금은 아니고 미래에 대한 거는 우리는 참여하는 거는 어느 정도는 자기한테 도움 도움이 있는 자조 모임이 참여 해야 미래에 대한 좋은 모습 있잖아요. 만들어서 아무것도 하고 그냥 이렇게만 하면 좋은 건 없을 것 같아요."

이주여성은 자조모임의 리더로서 A 가족센터 측에 더 많은 이야기를 전달하고 소통할 수 있는 위치에 있다. 그러나 동시에 자조모임의 구성원 이자 A 가족센터의 이용자이기도 하다는 측면에서 자신의 의견을 편하게 이야기하는 것은 쉬운 일이 아니다. 결혼이주여성의 입장에서 A 가족센터 는 일자리나 여러 교육 등을 제안받고, 직접적으로 소개하고 연결을 도와 주는 곳으로, 위계적 관계로 받아들여질 수도 있다(서정원·민윤경, 2021). 그렇기 때문에 리더 개인의 의견이 아니라 구성원 모두의 의견이 라는 것을 증명하기 위하여 "의견을 좀 내라"고 하지만, 구성원들은 자신 들의 이야기를 잘 하지 않는다. 동시에 자조모임 구성원들이 A 가족센터 에서 모여 의견을 나누는 시간도 거의 마련되지 않는다. 이러한 분위기 속에서 리더라는 우월적 위치를 이용하여 "여러 이유나 여러 의견"을 무시 한 채 이주여성 개인의 생각일지도 모르는 것을 주장하는 것은 주저되는 면이 없지 않다.

"최선은 되는 엄마 좋은 엄마가 되고 싶어서 일단은 경제는 어느 정도
는 있어야. 이제 자식은 이렇게 편하게 공부를 학습 같은 것도 할 수
있어가지고 그렇게 열심히 하고. 일단 매력적인 여자. 수십 명의 앞에서
말도 편하고 할 수 있고. 계속 이끌어줄 수 있는 여자도 되고 싶고. 지식
있는 여자도 되고 싶은 거예요."

그럼에도 불구하고 리더로 자조모임에 참여하는 것은 A 가족센터와
이주여성들을 연결할 수 있는 "매력적인" 역할을 할 수 있기 때문이다.
이주여성이 되고자 하는 "매력적인 사람"은 '인정투쟁(Honneth, 1996)'처
럼 타인의 관점을 내면화한 "매력적인"이 아니다. 지속적이고 반복적인
실천을 통해 조금씩 매력적인 사람이 되어가고자 하는 것이다(김영옥,
2010). 이주여성 A는 자신이 지니고 있는 차이를 결핍이 아닌 생성의
힘으로 다루고, 매끄러운 공간에서의 윤리적 실천을 통해 타자-되기로
나아가고 있다.

2) 이주여성 B: 열린 공간으로

이주여성 B는 자조모임을 계기로 다양한 출신 배경을 지닌 결혼이주여
성들과 만났고, 서로 정보를 공유하면서 생활세계의 문제들을 해결해나갔
다. 뿐만 아니라 차별적 경험에 대해 서로 이야기를 나누면서 심리 및
정서적인 위안을 얻기도 한다. 동시에 자조모임은 결혼이주여성들을 공동
체적 실천으로 나아갈 수 있게 하는 역할을 한다.

"제가 생각하기에는 이 모임은 나라 관리 자체에도 도움이 될 수 있어
요. 왜냐면 예를 들어서 모임이 있잖아요. 여러 명이서. 혹시 무슨 봉사같

은 거 사람 필요했을 때 공지 받으면 이 모임 하는 사람은 다 알잖아요.
다같이 도와줄 수 있어요."

이주여성은 자조모임에서의 상호연결을 계기로 자원봉사 활동을 활발
하게 하고 있다. 그녀는 누군가를 돕는 것에 행복감을 느끼고, 자조모임
차원이 아니더라도 자원봉사의 기회가 있다면 적극적으로 참여하고 있다.
자원봉사 활동에서는 외국인이나 한국인으로 구분되지 않고 다만 봉사자
로서 자리매김될 뿐이다. 돕고자 하는 그 마음이 가장 중요한 공간이 된
다. '어떤 나라이든 상관없이 마음을 열어도 되는' 자원봉사 활동을 통해
먼저 누군가에게 "도와줄까요?"라고 다가가게 된다. 결혼이주여성의 자원
봉사는 '주체적 에이전시 부활의 장'(김은재, 2018)이 된다. 또한 이주여성
은 자원봉사 활동을 통해 자신을 불합리한 주체로 규정지었던 사회적
시선에 문제를 제기한다.

"우리도 똑같아. 그런데 항상 틀려요. 항상 틀리다고 해요. 솔직히 뭐
다문화아이 뭐 문제에요? 다문화 아이도 반 한국 사람이잖아요. 솔직히
한국 사람은 섞였잖아요. 왜 이렇게 틀리게 보는 거지요. 말로만 똑같아
똑같아 라고 해요. 왜 틀리다고 해요? 틀린 거 없어요. 틀린 거 없어요.
그런데 계속 눈치를 줘."

이주여성 B는 자조모임을 통해 자신감을 회복하고 정서적인 지지 기반
을 획득하였다. 이러한 생성의 힘은 자원봉사 활동을 통해 '말로만' 동등한
것이 아니라 진정한 의미에서 동등한 주체적 행위자로 나아갔다. 이제는
이러한 것들이 자조모임에서도 실현되길 꿈꾼다. 결혼이주여성만 참여하
는 폐쇄적인 공동체가 아니라 서로의 다름을 자연스럽게 받아들일 수

있는 자조모임이 '지금 – 여기'에서 실현되길 희망한다.

> "외국인이 하고 한국인이 같이 섞일 수 있는 모임 제일 좋아해요. 한국 사람하고 여러 나라 외국 사람은 같이 있어야 서로 도움이 될 수 있어요. 예를 들어서 외국 사람이 한국 사람 아이들 교육시킬 수 있어요. 중국어 베트남어 이런 거. 그리고 다문화니까 체험도 할 수 있어요. 한국 사람 있으니까 저희는 한국어 배울 수 있고, 같이 활동하면서 서로 교류할 수 있어요."

뿐만 아니라 오리지널 중국 사람이면서 한국 사람이 되기를 꿈꾼다. 황해영(2018)은 결혼이주여성에게 있어 한국 국적을 취득하고 한국사회가 부여하는 책임과 의무, 권리를 행사하는 것이야말로 합법적인 자기존중의 과정이라고 정의하였다. 그러나 실질적으로 이주여성들은 서툰 한국어 발음과 조금은 다른 생김새조차 그들의 생활세계 안에서는 '한국인'으로 인정받음으로써, 한국사회가 부여하는 책임과 의무, 권리에 대한 무조건적인 순응이 아닌, 전통적으로 인식되는 '한국인'이라는 기준을 확장시키고 있다. 정체성을 형성하는 데 있어 필요한 '타인의 인정'(Mead, 1963)이 자조모임 안에서의 결연을 통해 일어나고 있는 것이다. 이주여성은 자조모임에서 형성된 생성의 힘을 바탕으로, 결혼이주여성의 진정성이 의심받지 않고, 결핍이 아닌 차이를 생성할 수 있는 사회로 확장되기를 원한다.

> "저는 중국 국적이지만 한국 사람 비슷하게 되고 싶어요. 왜냐하면 제2 고향이니까. 여기에 남편도 있고 아들도 있으니까. 그래서 저는 한국 문화도 잘 알고 싶고, 중국인이라는 거 숨기지 않아요. 왜냐하면 저 한국 아이 엄마니까요."

3) 이주여성 C: 소통하는 공간으로

이주여성 C는 결혼이주여성이 직접 가르치는 베트남어 교육 자조모임이 제대로 운영되기 위해서는 "전문 선생님이 아니더라도 선생님을 양성해서 아이에게 가르치면" 좋을 것 같다는 의견을 가지고 있다. 그러나 현실적으로 결혼이주여성을 강사로 양성하는 것은 오랜 시간이 소요된다. 당장은 A 가족센터에서 전문 강사를 초빙해서 아이들의 모국어 교육이 진행되는 것이 가장 큰 바람이다. 이주여성은 수업 개설을 요청하기 위해 직접 수요조사를 하고, 이를 근거로 A 가족센터에 요청하기도 했지만 예산이 부족하다며 난색을 표했다.

> "베트남어 수업이 있는데 혹시 몇 명 참여할 수 있어? 라고 조사해봤거든요. 그때는 대답해준 사람은 약 거의 20명 정도 되거든요. 그거 다 베트남어 원해서 근데 문제는 원하는데 여기 센터는 허락 안 해 주시는 거잖아요. 돈도 없고 그리고 교실도 없으니까 자꾸 모집해도 이런 거를 우리는 할 수 없어 가지고 그래서 아예 못 하게 되고 있어요."

또한 이주여성은 A 가족센터에 가입된 인원이 천여 명이 넘어가는데, 막상 자조모임이나 프로그램이 운영되어도 참여하는 사람이 그에 비해 많지 않음을 지적한다. 이것은 A 가족센터의 "홍보가 부족"한 탓이기도 하지만, 일하는 결혼이주여성을 소외시키는 시스템 때문이다. 한국사회의 다문화 관련 지원기관은 결혼이주여성에게 기대되는 '특정한 이미지'를 규정하고 그것에 부합하지 않는 결혼이주여성들은 소외된다(권인욱 외 2020). A 가족센터가 평일을 중심으로 운영되고 있는 것은 맞벌이 다문화 가정에서 높은 진입장벽이 된다.

"주말에는 보통은 외국인 센터들을 다 주말에 선택하거든요. 근데 저희 센터에는 주말에 안 되잖아요. 인력 없어서 인력 없으니까 주말에 진행할 수 없고 그래 가지고. 또 여기는 장소도 교실은 없어요. G구는 많이 생각하셔야 되요. 연구할 때는 다문화가정들을 위한 더 좋은 프로그램 더 지원해주고 장소를 마련해 주고 그런 거를 거의 많이 써주셔야 될 것 같아요."

　　A 가족센터 자조모임에 참여할 수 있는 여건이 있는 사람들이 있어도 그러한 이주여성들이 A 가족센터를 모르고 있다는 것도 큰 문제이다. 보통 온라인을 통해 홍보가 진행되지만, 한국어로만 정보를 얻을 수 있기 때문에 한국어가 서툰 초기 이주자들은 A 가족센터에 대해 제대로 알 수 없다. 권인욱 외(2020)에서도 지적하고 있는 것과 같이, 누군가 소개해 주지 않거나 한국인 남편이 도와주지 않으면 결혼이주여성이 스스로 참여하기란 어려운 구조이다.

　　"지금은 우리 센터 SNS는 500명 넘게 있어요. 근데 왜 7년 동안 살았는데 이 센터를 알지 못하고 6개월 전에 와서 저희 이 센터는 모르는 센터가 있었는지도 모르고 채널이 있었는지 몰라가지고 이제는 알았다고 이야기 많이 해요."

　　자조모임은 분명 결혼이주여성들이 장기적으로 분명한 목적을 갖고 모이는 공간이다. A 가족센터는 이러한 공간이 잘 운영될 수 있도록 촉진제로서의 역할을 해야 한다. 예산 차원에서만 사업을 결정할 것이 아니라 구성원들의 목소리에 귀를 기울일 필요가 있다. 한 명 한 명 자조모임 원하는 것을 취합해서 어떤 의견이 많은지 확인하고, 고립된 공간에 있는 이주여성들에게 A 가족센터를 적극적으로 알려야 한다. A 가족센터는 차이를 생성하는 이들의 목소리가 한국사회의 홈 패인 곳까지 투영되어 매끄러운 공간으로 나아갈 수 있는 소통과 흐름의 허브가 되어야 한다.

5. 마무리

이번 장은 결혼이주여성의 자조모임을 생성으로서 자조모임으로 정의하고, 센터에서 운영하는 자조모임에 참여한 결혼이주여성의 경험의 의미를 해석 현상학적으로 분석하였다. 그럼으로써 이주여성들의 생활세계를 둘러싼 개인적 사회적 상호작용의 과정을 미시적으로 고찰하였다. 이에 따른 연구결과는 이주여성들의 경험을 관통하는 경험의 패턴으로 '결핍의 기억들', '생성의 선을 그리다', '넘나드는 공간으로' 세 가지가 도출되었다. 이주여성들은 한국으로 이주 후, 주변인으로 전락하거나, 결혼의 진정성을 의심받고, 외국인 엄마로서의 한계를 경험하였다. 이들이 지닌 차이는 한국사회에서 결핍으로만 다루어질 뿐이었다. 그러나 이들은 홈 패인 공간에서 고립된 생활을 그대로 유지하는 것을 넘어, 다른 결혼이주여성들과의 연결과 교류의 전략을 선택함으로써, 생성의 선을 그려나갔다.

자조모임은 이주여성이 지닌 생성의 선이 모이는 생성으로서의 공간으로, 이주여성들은 자조모임을 통해 매끄러운 공간으로 나아간다. 뿐만 아니라, 경험적 지식을 함께 나눔으로써 윤리적 실천을 행한다. 이러한 과정에서 센터는 윤리적 실천을 확장할 수 있는 가능성을 지니고 있지만, 자조모임 참여자들과의 연결이 잘 이루어지지 않고 있었다. 따라서 이주여성들은 생성으로서의 자조모임이 넘나드는 공간이 되기 위해서는 센터와의 상호의존적 협력 관계를 구축하고, 차이의 생성을 실현할 수 있는 허브가 되길 바라고 있다.

이주여성들은 저마다의 결핍의 기억들을 가지고 자조모임에 참여하였다. 결핍의 기억들은 한국사회에서 일반적인 사람들이 지니고 있는 그무엇이 자신에게 없다고 느끼는 것이며, 유무의 차이에 대한 기억이다. 결핍의 기억들 중심에는 '고립'이 자리 잡고 있다. 모국에서 당연하다고 여겨진 생성의 삶으로부터의 고립(이주여성 A), 한국사회의 권력 규범으로 인한 고립(이주여성 B), 당연시되는 한국사회의 규범으로의 고립(이주여성 C)이다. 다시 말해 이주여성들이 지니고 있는 다양성과 그것이 생성하는 힘은 철저하게 홈 패인 공간 안에 머물고, 이주여성들은 한국사회에서 '동일한' 결혼이주여성으로서, 규정된 삶을 강요받는다. 김정선(2009)과 김영순 외(2014)의 연구에서 결혼이주여성들이 경험하는 지배적인 힘에 대항하고자 모국과의 연대를 강화하는 초국적 실천을 주요 전략으로 제시하고 있다. 이번 장에서는 이와 달리 이주여성들은 자신들의 '고립'이 정말로 정당한 것인지 의문을 던지면서 '지금-여기'에서 홈 패인 공간에서 매끄러운 공간으로 나아가는 전략을 취하고 있다.

A 가족센터가 운영하는 자조모임의 참여는 이들이 매끄러운 공간으로 나아가, 생성의 선을 그리게 하는 계기가 되었다. 특히 이들은 자조모임 안에서 저마다의 '경험적 지식'을 획득하고, 자조모임의 자발적 역량을 발휘하며, 생성의 선은 '개인의 욕망'을 충족시키는 것을 넘어서 타자성을 실현하는 윤리적 실천으로 나아간다. 즉 결혼이주여성들이 자신의 욕망을 실천하는 것은 사회를 변화시키는 힘이 되며, 이는 정치적 실천의 차원에서 다룰 수 있는 것이다(윤성우, 2006). 이러한 맥락에서 A 가족센터는 결혼이주여성들의 윤리적 실천의 장으로 작동되지만, A 가족센터는 자조

모임을 기획하고 만들기만 할 뿐, 실질적인 운영의 과정에서 자조모임 참여자들과 연결되지 않고 있다. 생성은 끊임없는 외부와의 연결을 통해 이루어지는 것이다. 결혼이주여성들이 다른 결혼이주여성들을 만남으로써 경험적 지식을 나누며, 생성의 선을 그려나가는 매끄러운 공간을 형성하였다. 이러한 윤리적 실천이 '지금-여기'의 생활세계에서도 지속되기 위해서는 A 가족센터와의 상호의존적 협력관계가 구축되어야 한다.

자조모임이 결혼이주여성들의 차이의 생성에 기반을 둔 공동체라고 하더라도, A 가족센터를 기반으로 하고 있기 때문에 센터 운영에 영향을 미치는 중앙정부의 정책의 방향성에 영향을 받게 된다. 자조모임은 대표적인 다문화가족 대상 사회통합 정책 사업 중 하나로, 다문화가족이 지니고 있는 복합적인 문제를 해결하고, 욕구해소를 목적으로 한다(한국건강가정진흥원, 2021). 결혼이주여성을 대상으로 하는 사회통합정책은 결혼이주여성을 끊임없이 한국사회가 규정해둔 어머니이자 아내, 며느리로 포섭시킨다. 가족센터는 한국사회의 정책적 규범을 결혼이주여성에게 전달하는 역할을 한다. 그럼에도 불구하고 이주여성들은 가족센터에서 운영하는 자조모임이 필요하다는 것을 전제로 하고 있다. 자신들의 결핍을 차이로 변화시킬 수 있는 아무런 기반이 없는 상황에서 가족센터의 자조모임은 이들이 기반을 다질 수 있는 중추적인 역할을 하기 때문이다. 또한 이러한 자조모임을 계기로 결핍으로서의 차이가 생성으로서의 차이로 재평가되기도 한다. 그러나 서술한 바와 같이, 생성의 흐름이 지속되기 위해서는 센터와의 상호의존적 협력관계가 구축되어야 한다. 가족센터는 정책의 전달자가 아니라, 아래로부터의 다문화주의를 실천하는 허브가 되어야 한다. 이주여성들은 이러한 맥락에서 센터가 결혼이주여성들이 지닌 미래의 목적성을 고려하고, 다양한 사람들이 함께 어울릴 수 있는 환경 마련, 구성원들의 목소리를 적극적으로 반영하길 희망한다.

　이주여성들은 자신들을 정형화된 틀로 규정짓는 당연시되는 세계 속에서 매끄러운 공간을 생성해나가고 있다. 비록 이들의 자조모임이 가족센터와의 관계를 맺어나감에 있어 한국사회의 규범적 권력이라는 한계가 작동함에도 불구하고, 서로의 차이에 기반한 공동체를 형성해 나가고 있다는 것은 아래로부터의 다문화주의를 실천할 수 있는 기반이 되고 있다 (김현미, 2008). 이주여성들은 동일성을 근거로 다수자들의 공통된 목소리를 대변하는 것이 아니라, 자조모임을 기반으로 소수자로서 자신의 목소리를 드러내는 소수자-되기를 실현하고 있는 것이다(이진경, 2018b). 생성의 삶을 살고자 하는 개인의 욕망은 다른 많은 소수자들과 연대함으로써 더 이상 개인의 욕망이 아니라 자조모임의 욕망으로 진화한다. 다시 말해 주체 기능을 수행하는 행위자로 자조모임과의 연결을 통해 언제나 같은 상태에 머물러 있는 것이 아니라 계속적으로 변용해나가면서(김은주, 2018), '경험을 나누고', '다가가고 드러내며', '참여하고 실천하는' 등의 행위를 통해 홈 패인 공간과 매끄러운 공간을 넘나든다. 이러한 과정에서 이주여성들은 다문화 생활세계의 새로운 타자를 생성한다. 여기서 의미하는 타자는 주체가 지각하는 대상이나 주체를 지각하는 어떤 주체로서의 타자가 아니라 선험적인 구조로서의 타자를 의미한다(김지영, 2004). 차이의 생성을 통해 타자-되기로 나아가는 것은, 생활세계에서 이들의 삶을 결핍으로 치부하는 한국사회에 반론을 제기하고, 다양한 관계와의 연결을 시도함으로써, 다문화 생활세계에 필요한 지식과 태도를 형성해 나가는 것을 의미한다. 이주여성들이 자조모임을 통해서 그려나가는 생성의 선은 그 안에서만 머무는 것이 아니라, 외부와의 연결 속에서 미래로의 공간이자 열린 공간이며 소통하는 공간으로서 타자 – 되기로 나아가는 과정에 있다.

14장. 문화매개: 통역과 번역의 즐거움

1. 이주여성과 성인학습

자조모임은 비슷한 문제와 욕구를 지닌 사람들이 모여 자신들의 경험을 공유하고 정보를 교류하는 과정을 통해 정서적 지지를 얻을 수 있다. 그뿐만 아니라 문제해결에 필요한 심리적 또는 물질적 자원을 제공하는 역할과 기능을 수행하기도 한다(한국교육개발원, 2011). 그리고 자조모임은 개인을 둘러싼 장애나 삶을 파괴하는 공통의 문제를 상호 교류·상호 원조를 통해 해결하여 자신들의 삶을 효과적으로 조절하기 위해 모인 사람들의 집단이자 자발적인 연합체이며(Zastrow, 1990), 특정한 경험, 문제, 욕구를 가진 사람들이 모임을 통해 문제와 관심을 나누고 다른 사람들로부터 효과적인 지지와 지원을 받을 수 있게 된다(Rothman, 1995). 무엇보다 각자의 특성과 개성에 대한 존중과 신뢰의 분위기 속에서 그들이 가진 문제를 공유하고 그들의 내면적 불안과 좌절을 풀어주는 데 자조모임의 의의가 있다고 볼 수 있다(Leon et al., 1984). 또한 결혼이주여성을 대상으로 한 자조모임의 순기능으로는 결혼이주여성의 자아정체성이나 자아존중감에 영향을 주고, 그것이 지역공동체의식에 영향을 주었을 가능성이 있는 것으로 나타났으며, 한국사회의 일원으로 정착해서 살아가는 데 긍정적인 영향을 줄 수 있는 것으로 나타났다(박상옥 외, 2021).

이와 같은 결혼이주여성 자조모임은 2020년 기준 460여 개의 자조모임이 운영되고 있으며 3,959명이 참여하고 있는 것으로 파악되었다(한국건강가정진흥원, 2020). 하지만 여전히 정부의 정책 대상으로 타자화되는 과정에 있기에 결혼이주여성을 주체적인 시민으로 설 수 있는 기반을 마련하는 것이 무엇보다 요구되어 진다(박신규, 2008). 이러한 측면에서 결혼이주여성 자조모임은 중요한 의미를 가지고 있다. 다양한 사회적 담론과 변화하고 있는 다문화가족 정책들 속에서 결혼이주여성들은 인적 자원, 사회적 지지체계를 이용하여 자신들만의 유연한 정체성을 기반으로 적극적으로 적응해나가고 있다. 더욱이 스스로의 자립과 사회통합을 위한 사회참여 확대 및 경제 활동의 능동적인 주체로서 자조모임에 참여하고 있기 때문이다(임선우·윤황, 2017).

가족센터서의 자조모임은 다문화가족의 한국사회 적응 및 가족 내 관계 증진을 위하여 사회통합 영역에서 선택 사업으로 운영되고 있다. 결혼이주여성의 자조모임의 유형에는 학술적 목적으로 형성된 자조모임, 종교적 배경으로 형성된 자조모임, 친목 위주의 자조모임 등이 있다(정성미, 2010). 이러한 자조모임의 참여를 통해 결혼이주여성은 한국사회 적응과정에서 겪는 외로움과 정체성 혼란을 극복하고, 소외감과 고립감을 최소화하여 소속감을 확보하게 되고, 심리 정서적 불안을 해소할 수 있다(박재규, 2011).

그중에서도 학술 목적으로 형성된 통번역 자조모임은 의사소통에 어려움을 느끼는 결혼이주여성의 가족·사회생활을 지원하는 것을 목적으로 해당 지역 거주 다문화가족을 대상으로 진행하고 있다. 이러한 통번역 자조모임은 결혼이주여성들이 한국사회에 거주하면서 사회적으로 일정한 역할을 수행하고 사회발전에 참여하는 주체로서의 역할을 해나가기 위한 재사회화와도 관련이 있기 때문에 결혼이주여성들에게 필요한 자조모임 중 하나다.

결혼이주여성의 통번역 자조모임에 관한 선행연구를 살펴보면, 임선우·윤황(2017)은 베트남 결혼이주여성의 통번역 자조모임이 능동적 사회통합을 위한 대안적인 사회지지 자원으로서의 바람직한 모델로 보고 특성을 분석하고자 하였다. 이를 위해 통번역 자조모임의 형성과정, 구성원 간 문제해결의 공통욕구, 사회적 지지 및 기반 등을 중심으로 심층면접을 하였다. 그 결과, 통번역 자조모임은 문제해결을 위한 소집단으로 구성되어 있었고, 사회활동의 욕구를 충족하기 위해 능동적으로 활동하고 있었으며, 통번역 자조모임 내에서 상호 간 건강한 사회적 지지체계를 이루고 있었음을 발견할 수 있었다. 이러한 결과를 통해 통번역 자조모임 내에서 결혼이주여성들은 사회활동 목적을 위한 동향공동체를 추구한다는 사실을 발견하였다. 또한 한국교육개발원(2010)은 친목 도모를 주요 목적으로 결성된 모임과 달리 통번역 자조모임은 구체적인 목적을 중심으로 활동하고 있었으며, 이러한 점이 모임의 자생력을 불어넣는 요인이라고 하였다. 결혼이주여성들은 자조모임 내에서 어려움을 함께 해결해 나가면서 연대의식 및 사명감이 강해졌을 뿐만 아니라, 자신들이 이룬 성과에 대한 자긍심도 커졌다. 이러한 과정에서 개개인들의 기술적 역량도 발전하여 자신의 노력에 대한 결과물이 사회에 기여될 수 있다는 의식도 함께 성장했다는 것을 밝혔다. 이러한 선행연구를 통해 통번역 자조모임의 특성, 참여 경험 및 참여과정을 통한 변화를 파악하는 데 의의가 있으나 참여 경험 속에서 나타나는 문제점을 구체적으로 개선할 방안을 제시한 연구는 미흡한 실정이다.

국내 결혼이주여성들은 한국으로의 이주 이후 사회·문화 관습의 차이, 언어 장벽, 사회적 편견 등과 부딪히며 살아가고 있다. 이들이 우리 사회의 구성원으로 적응하고 살아가는 데 있어서 성인학습의 역할은 무엇보다 중요하다. 성인학습은 단순히 지식을 얻는 과정이 아니며, 학교에서 제공되는 지식 중심 학습과는 다른 경로를 통해 자발적으로 이루어진다. 이 경로를 우리는 일상생활 속에서 자연적으로 습득되는 '경험'이라고 한다. 성인들은 사회적 활동을 통해 경험을 하게 되고 이를 통해 자신을 발전시키고 사회적 활동에 긍정적인 방향으로 참여하게 된다(최항석, 2001). 어떠한 유형의 경험일지라도 경험은 성인학습에 특별한 기능을 하며, 성인학습에서의 경험은 활발하게 연구가 진행되고 있는 분야 중 하나이다.

Knowles(1980)는 '경험의 저장소'라는 용어를 사용하면서 경험을 '학습을 위한 풍부한 자원'으로 본다. 그는 "성인들은 그들의 경험으로부터 자기 정체성을 확립해 가며, 그들은 독특한 일련의 경험을 축적하는 존재로 자신을 정의하면서 경험에 깊은 가치를 부여한다"고 언급하고 있다.

성인학습에서의 경험의 기능은 다음과 같다. 첫째, 성인학습자들은 자신을 학습의 중요한 자원으로 활용한다. 성인은 자신의 경험에 의존하면서 학습 활동을 촉진시킬 뿐만 아니라, 학습 상황에서 자신을 타인의 학습을 장려하는 도구로 활용한다. 둘째, 다양한 인생 경험으로부터 의미를 찾는 작업은 학습 활동의 첫 단계를 이끌어내며, 학습에 참여하게 하는 유인이 된다. 셋째, 학습과 경험의 실제적인 결합은 성인기의 학습과 아동기의 학습에서 상이하게 이뤄진다. 아동은 경험을 새로운 지식과 기술을 습득하는 데 활용하지만, 성인들은 경험을 학습에 가치를 부여하고 의미를 전환하며 재통합하는 도구로 사용한다. 마지막으로, 성인의 경험은 새로운 학습에 대한 장애물로 작용할 수 있다. 경험은 학습에 대한 부정적인 태도, 낡은 습관, 편견 등을 없애는 데 기여해야 할 것이다(기영화 외, 2009).

결혼이주여성에게 학습은 가정과 사회에서 이루어지고 있는 모든 교육 경험을 포괄하는 개념이다. 새로운 문화 및 인간관계에서 얻어지는 학습 경험이 한국문화를 이해할 수 있는 계기가 되고, 한국사회의 일원으로서의 역할 등 생활 전반에서의 긍정적인 변화를 경험할 수 있다(심인선, 2007). 이러한 결혼이주여성의 학습을 다룬 선행연구들은 학업 및 학습경험 등과 관련된 연구가 주를 이루고 있다(박미숙 · 이미정, 2015; 원순옥 · 이화숙, 2015; 김가연, 2021; 석영미, 2021). 베트남 결혼이주여성들의 검정고시 학습경험을 연구한 서홍란 외(2016)는 학습경험을 이해하고, 학습경험의 의미를 밝히기 위해 생애사 인터뷰를 수행하였고, 백은숙 · 한상길(2017)은 결혼이주여성의 전문대학 학습경험 의미를 현상학적 연구방법을 통해 탐색하였다. 또한 히로세 준꼬(2020)는 한국에 거주하고 있는 일본 결혼이주여성들의 갈등과 문화적응과정을 전환학습적인 접근으로 파악하여 근거이론 방법으로 분석하며 삶의 특징을 살펴보았고, 석영미(2021)는 결혼이주여성이 이주를 둘러싼 사회적 제약과 구조 속에서 학습을 자원으로 어떻게 주체적으로 성장해 나가는지를 학습생애사 연구방법을 통해 탐구하였다. 이상의 선행연구들은 국내 결혼이주여성들의 학습경험을 탐색하고 의미를 파악함으로써 학습 지원 및 관리 체계에 대해 제언하였으나, 학습 현장에 참여한 결혼이주여성들의 경험을 탐색함으로써 경험에 대한 의미를 찾고, 이를 토대로 정책 및 교육과정 차원에서 구체적인 개선방안을 논의한 학술적 연구는 아직 부족한 실정이다.

국제이주가 지속적으로 증가함에 따라 다문화가족 구성원이 안정적인 가족생활을 영위할 수 있도록 이들의 삶의 질 향상과 사회통합에 이바지

함을 목적으로 2008년 다문화가족지원센터가 전국에 설립되었다(이지은 외, 2014). 이후 국내 이주민의 한국사회 적응을 위한 언어 지원의 필요성이 커지면서 지역사회 통역3에 대한 관심도 대두되기 시작했다. 이에 2009년부터 정부 주관으로 결혼이민자 통번역서비스 사업 교육과정을 마련하여 각 지방 다문화가족지원센터에 결혼이민자 통번역지원사를 파견하고 있다(신윤경, 2018). 통번역지원사 활동이 시작되면서 국제회의의 통역이나 동시통역으로만 인식되었던 통역의 의미가 국내 이주민을 대상으로 하는 통역으로까지 확장되었다(김경희·허영숙, 2014).

결혼이민자 통번역서비스 사업은 이주 초기 결혼이주여성이 정착단계에서 경험하는 의사소통 문제를 돕기 위해 통번역서비스를 지원하여 한국사회에서의 조기 적응에 도움을 주며, 사회적 일자리 확대로 결혼이민자의 자립 능력 및 주체적 역량을 강화하는 것을 목적으로 하고 있다. 본 사업의 주요 내용으로는 한국말이 서툰 결혼이민자의 가족·사회생활에 필요한 의사소통을 지원하기 위한 통번역서비스의 제공이며, 결혼이민자 출신국 언어로 센터별로 1~4개의 언어가 지원된다. 이 사업을 통해 기대되는 효과는 결혼이민자의 기본적인 인권 보장 및 정서적 안정 등을 통한 사회 통합, 이중 언어 환경 조성을 통한 언어 형평성 제공, 동일 국가 출신자 간 유대 관계의 형성 기회를 제공하여 한국사회의 성공적인 정착 유도, 다문화사회의 안정적 정착에 기여 등이다(여성가족부, 2016).

2021년 8월 기준 다문화가족지원센터에 배치된 통번역지원사는 208개소에서 292명이 배치되어 활동하고 있다(한국건강가정진흥원, 2021). 통

---

3 '지역사회 통역'은 해당 지역사회의 공식 언어에 서툴고, 주류 문화에 대한 이해가 부족한 이주민들이 공공 서비스를 언어 장벽 없이 이용할 수 있도록 돕는 통역서비스를 말한다(김경희 외, 2014).

번역지원사 자격증을 취득하기 위해서는 결혼이민자 양성과정 교육을 들어야 하며, 이 양성과정은 신규 양성교육과 통번역 인력에 대한 교육으로 인력의 업무 이해 및 기본 소양 교육을 목적으로 하는 신규양성 교육, 업무 역량 및 전문성 강화를 위한 보수 교육으로 이루어지고 있다. 통번역 서비스 사업은 2020년 기준으로 일상생활, 의료, 법률, 교육, 센터 지원 등에서 약 43만 건의 서비스를 제공하였으며, 이러한 통번역 지원을 통해 입국 초기 결혼이민자의 의사소통 문제를 해결하여 한국사회에서의 조기 적응에 기여하였다(한국건강가정진흥원, 2021).

이러한 서비스의 제공자인 결혼이민자 통번역지원사는 2009년에 새로운 직업으로 창출되어 현재까지 활발하게 활동하고 있으나, 통번역서비스의 주요 자원이 언어 위계가 낮은 아시아 언어라는 점과 결혼이주여성이라는 점에서 고용 불안정과 저임금이라는 점에서 문제가 지속되고 있지만, 열악한 외국인 취업시장에서 보기 드문 사무직으로 결혼이주여성 집단 내에서는 부러움의 대상이며, 통번역지원사 스스로가 자부심을 갖는 직업이기도 하다(김경희 · 허영숙, 2014). 또한 통번역지원사는 결혼이주여성들에게 새롭게 등장한 전문 직종으로, 한국사회에서 일자리가 확대되면서 전문 직업군으로 자리잡게 되어 결혼이주여성의 자립 능력 및 주체적 역량을 강화하는데 중요한 몫을 하게 되었다(김태린, 2021).

이번 장에서는 통번역지원사를 준비하는 결혼이주여성들의 통번역 자조모임에 참여한 경험을 살펴보고자 한다. 특히 그녀들이 통번역 자조모임 경험 속에서 어떠한 과정을 통해 자신을 학습의 중요한 자원으로 활용하고 있는지, 다양한 학습경험으로부터 어떠한 의미를 찾아가고 있는지 등 성인학습 측면에서 경험에 관한 의미를 발견하고 관련 문제들에 대해 파악함으로써 결혼이민자 통번역 관련 모임 및 사업에 대한 구체적인 개선방안을 제시하고자 한다.

A 가족센터 통번역 자조모임은 2017년부터 운영되고 있으며, 통번역 교육을 지원함으로써 통번역 역량 강화를 통해 사회·경제적 자립을 도모하는 데 그 목적을 두고 있다. 매년 3월부터 12월까지 총 9개월 동안 운영되고 있으며, 2021년 기준 참여 인원수는 10명으로 중국, 베트남, 우즈베키스탄 등 다양한 국적의 결혼이주여성으로 구성되어 있다. 자조모임 활동은 COVID-19 발생으로 인해 2020년부터 비대면으로 진행되고 있으며, 매주 1회 가족센터 홍보지를 모국어로 번역하고, 한국어능력시험(TOPIK) 교재를 학습한 후 SNS 단체 대화방에 인증하는 형식으로 진행되고 있다. 또한 통번역서비스 자원봉사 활동을 통해 현장 실습을 진행하고 있다.

2. 이주 후 삶에 대한 성찰

1) 경험의 부족

이주 초기 결혼이주여성들은 대부분 출산 및 양육으로 한국생활을 시작하기 때문에 정규교육기관을 통해 한국어를 배우는 것은 쉽지 않다. 자녀가 어느 정도 성장하고 나면 한국사회의 한 구성원으로서 자리를 잡기 위해 결혼이주여성들은 가장 먼저 다문화가족지원센터에 방문하게 된다. 다문화가족지원센터에서 한국어 교육을 받고, 여러 프로그램에 참여하며, 자조모임에도 참여하게 된다.

수도권 지역 A 가족센터에서는 10여 개의 자조모임이 운영되고 있으며,

그중에서도 학술적 목적으로 운영되는 자조모임은 통번역 자조모임이다. 통번역 자조모임에 참여하는 결혼이주여성들의 궁극적 목표는 통번역지원사가 되기 위함이지만 이주 초기에 다양한 경험하지 못한 것에 대한 아쉬움도 참여 동기 중 하나이다.

> "자조모임 참여하고 싶은 이유는 경험 쌓고 싶어요. 저 진짜 후회했어요. 아기 낳고 오랫동안 센터도 다니지 않고 좋은 프로그램도 많은데 참여하지 않아서... 시간이 지나고 지금 벌써 30살이 됐는데 모르는 것도 많고 경험도 많이 못 하고 그거 진짜 속상했어요. (그래서 자조모임에 참여하게 되었어요.) 여기서 나중에 좋은 일 찾기 위해서 (참여)했어요. 그리고 꼭 좋은 일 아니더라도 그냥 공부도 하고 경험도 할 수 있잖아요."

> "젊은 나이에는 많은 경험을 쌓아야 나중에는 무슨 일이든 할 수 있어요. 지금 물론 아기도 봐야 하지만. 도전하고 많은 활동을 해야 하는 나이잖아요."

2) 취약한 한국어 능력

통번역지원사는 결혼이주여성들이 한국에서 전문적으로 일할 수 있는 소수의 직종이기 때문에 결혼이주여성들의 많은 관심을 받는 직업 중 하나다. 결혼이주여성들은 통번역지원사가 되기 위해 전문 기관에서 사용되는 한국어 통번역 어휘를 배우고자 통번역 자조모임에 참여한다. 그리고 통번역 자조모임에서는 TOPIK 교재 및 응시료를 지원해주기 때문에 한국어 능력을 향상시키고자 자기계발의 목적으로 참여하기도 한다.

> "아무것도 하지 않는 것보다 공부를 하는 게 삶에 좀 더 의미가 있잖아요. 또, 한국에서 일을 하려면 (기본적으로) 한국어를 배워야 돼서(자조모임에 참여하게 되었어요.) 그리고 제가 한국말 너무 부족하다고 생각해

요. 인터넷 뉴스에 나오는 말 중에 모르는 거 사실 진짜 많아요. 외래어도 그렇죠. 그래서 한국어 계속 공부할 필요 있다고 생각해요. (한국어 능력을) 한 단계 더 높인다는 목적으로 참석했어요. (자조모임에) 참석하는 게 진짜 도움이 많이 됐어요."

"토픽 공부도 할 수 있고 여러 가지 프로그램도 정보도 알 수 있어요. 진짜 좋았어요. 책도 무료로 받고 토픽 시험도 지원해줘요. 그래서 시험도 볼 수 있게끔 기회도 만들어주고 다른 나라 사람도 만나야 한국말도 늘죠. 그래서 요즘은 **(타국적) 사람들 많이 사귀어요."

3. 유기적 네트워크 형성

1) 다양한 정보 공유

통번역 자조모임은 정보공유의 장으로 활용되기도 한다. 결혼이주여성들은 한국어로 정보를 검색하는 것이 능숙하지 않기 때문에 이러한 자조모임 내에서 정보를 공유하며 한국사회에서 살아가는 데에 많은 도움을 받는다. TOPIK 관련 정보뿐만 아니라 다양한 자격증을 취득할 수 있는 프로그램에 대한 정보를 공유하거나 취업 준비를 위한 이력서 작성에 대한 정보를 공유한다. 또한 통번역 활동 경험이 있는 회원들은 경험이 없는 회원에게 관련 정보를 공유하기도 한다.

"여기(통번역 자조모임)에 참여하면 많은 정보를 얻을 수 있어요. 무슨 프로그램이든지 다 지원해줘서 진짜 좋았어요. 모르는 거 다 알려주고 서로 도와줘요. 예를 들면 한식 요리 같은 거 아니면 통번역양성 과정 같은 거 그런 프로그램도 참여할 수 있으니까 그거 너무 좋은 거예요. (다양한 프로그램들이 운영되고) 있지만 못 찾는 거죠. 어떻게 찾는지도 모르니까... 이거 자조모임 하다가 이력서 같은 거 어떻게 해야 되는지도

서로 알려주고 이렇게 하면 좋다. 뭐 이런 점이 들어가면 좀 들어도 되는데. 근데 안좋다. 보기 안 좋다. 그렇게 서로 알려줘요."

"여러 명 같이 있어서 필요한 정보 얻을 수 있어요. 제가 (통번역) 경험이 없는데 경험한 선배들이 저한테 좋은 정보나 자기 참여 경험을 이야기 해주면 저는 그거 보고 배워요. 공부해서 저한테도 많이 도와주는 것 같아요."

2) 새로운 인간관계 형성

통번역 자조모임에 참여한 결혼이주여성들은 모임에서 회원들 간의 사적 대화를 통해 시댁 갈등, 육아 문제, 자녀교육 문제, 삶에 대한 고민 등을 털어놓는다. 자신의 고민을 공유하기도 하고, 해결 방안을 제시하기도 하면서 친밀한 인간관계가 형성된다. 또한 이러한 과정을 통해 한국사회에서 결혼이주여성들이 겪는 어려움을 서로 공감하면서 스트레스를 해소하기도 한다.

"자조모임에 친구 한 명 있어요. 일 안 하고 있지만 그래도 공부 열심히 해요. 그 친구가 항상 저랑 통화해요. 그 친구 명절 때 집에서 제사해야 돼서 자기 집은 해마다 집에서 제사해서너무 힘들다고 해요. 그래서 저는 (그 친구랑 통화하면서) 위로해주고, 진짜 설 전날 1시간 넘게 통화했어요."

"한국 직장생활을 어떻게 하는 건지도 많이 물어보고 또 애들은 어린이집이나 유치원 보내면 뭐 준비해야 되는 건지 또 애들 무슨 학습지 시키는지 얘기를 많이 해요. (회원 중에) 자기 딸 어느 외국어 대학교에 입학했다고 해요. 그리고 외국어 고등학교 같은 학교에 우리도 관심 있어요. 그거 뭐부터 준비해야 되는지, 학비 얼마 내야 되는지 그런 거에 대해서 물어보고. 또, 관심 있는 문제에 대해서 (이야기) 나오면 물어보

고. 여러 명 같이 있으면. 문제 해결할 수 있어요. 스트레스도 풀어줄
수 있어요. (하하) 우정. 그런 거니까."

3) 가족 간의 친밀감 향상

결혼이주여성들의 자녀들은 적극적으로 사회참여를 하며, 공부하는 엄
마의 모습을 보고 학습에 대한 동기 부여를 얻는다. 배우자 또한 활발하게
사회참여를 하는 아내를 보며 외부 활동을 지지해주고 응원해준다. 이처
럼 통번역 자조모임 활동은 결혼이주여성뿐만 아니라 가족 구성원 모두에
게 긍정적인 영향을 미친다.

"아휴, 진짜 우리 아들한테도 (자조모임 참여하는 게)좋아. 제가 열심
히 공부하고 있으면"엄마도 열심히 배우니까. 나도 열심히 배워야지요."
(라고 해요)."

"일단 남편이 저를 인정하고 지지해줬어요. 뭐든지 제가 하고 싶은
일을 지지해주고 어디 가서 자랑해요. 저는 너무 부끄러워요. 밖에 나가
서도 마누라 자랑 많이 하고요. 응원해 줘요."

4. 사회참여를 통한 변화

1) 한국어에 대한 자신감

한국사회 적응을 위한 필수적인 요소 중 하나는 한국어다. 통번역 자조
모임에 참여하는 결혼이주여성들은 자조모임 내에서 한국어를 배우고,
한국인 선생님 및 타국가 회원들과 한국어로 소통을 하며, 한국어로 의사
소통하는 것에 익숙해진다. 반복되는 일상생활 속에서 한국어로 소통하는

것에 자신감이 생기면서 성격도 외향적으로 바뀌게 된다. 이러한 경험을 통해 결혼이주여성들은 한국에 안정적으로 정착할 수 있게 된다.

"자조모임을 하기 전에 이렇게 선생님한테 말하는 거 솔직히 자신없었어요. 그런데 자조모임에 참여하면서 한국 선생님이랑 이야기하거나 다른 나라 친구한테 이야기하면서 한국 사람이랑 소통하는 거 지금은 어렵지 않아요. 왜냐면 (한국어) 모자란 거 다 아니까. 저 옛날에는 한국말 했을 때 상대방이 "어?"(못 알아듣는 말투)하면 그냥 말 안했어요. 옛날 (자조모임 참여 전)보다 훨씬 활발해졌어요(웃음)."

"자조모임에 참여하기 전에 계속 집에서 육아하고 나가지 않아요. 안 나가요. 계속 집에 있어요. 아니면 아기가 어디 데려가도 자신감 없었어요. 그래서 동사무소든지 병원에 전화해서 문의하는 그런 것도 못 했어요. 또 전화도 받지 못했어요. 전화 받으면 제 말 못 알아들을까 일부러 피한 거예요. (자조모임 참여하면서) 몇 번을 직접 (한국어로 통화)해보니까 익숙해지는 거예요. 그래서 이제는 전화 받는 거 무섭지 않고, 떨리는 거는 많이 없어진 거예요. 참여하고 나서 자신감도 (많이 생겼어요)."

2) 통역 자원봉사 활동을 통한 보람

통번역 자조모임에 참여하는 결혼이주여성들은 이주 초기 결혼이주여성들을 위해 통역 자원봉사 활동을 한다. 결혼이주여성들은 이러한 활동을 통해 한국사회의 한 구성원으로서 사회에 긍정적인 영향을 미친다는 것에 보람을 느끼며, 통역 자원봉사가 자조모임 활동에서 가장 의미있는 활동으로 꼽는다.

"(한국에 온 지 얼마 안 된 결혼이주여성들에게) 상담 통역하잖아요. 그 시기에는 갈등도 많이 있고 불만도 많이 있는데 상담하고 나서는 안정

되니까 좋고. 그러고 나면 (통역)하는 거에 보람을 느끼는 거예요. (통역을 하고 나면) 나도 쓸 만한(사람이구나 생각이 들어요)."

"(이주 초기 결혼이주여성들에게) 그냥 얘기도 나누고 위로도 해주면서 긍정적인 말 같은 걸 해주는데 (자조모임) 활동하면서 그중에 가장 의미 있는 것 같아요."

3) 구체적인 인생 목표 설정

통번역 자조모임에 참여한 결혼이주여성들은 통번역지원사의 현실적인 문제 즉 일자리 부족, 통번역 능력 부족 등으로 통번역지원사 뿐만 아니라 대학 진학, 간호조무사 등 다양한 미래를 꿈꾸고 있다. 본국에서 대학 졸업 후 안정적인 일자리를 가졌던 결혼이주여성들은 한국에서 아르바이트직 외에는 취업할 수 없다는 사실에 무기력함을 느꼈지만, 통번역 자조모임 활동을 통해 활력을 얻게 되었고, 각자 자신만의 꿈을 가지고 한국사회에 내에서 활발하게 사회참여를 할 수 있도록 준비하고 있다.

"저는 대학교에 가서 한국어 교육 전공을 공부하고 싶어요. 한국 국적이 있어서 일반 대학에 다니려면 수능을 봐야 된다고 해서 저는 사이버 대학교에 다니려고 해요. 수능은 상관없어요. 그리고 앞으로 수십 명의 사람 앞에서 말도 편하고, 많은 사람들을 이끌어줄 수 있는 여자도 되고 싶고 지식 있는 여자도 되고 싶은 거예요."

"통번역사에 되려면은 이것 저것 많이 따지니까 또 한국말만 잘하는 거 아니고 베트남어도 논리적으로 잘해야 돼요. 그런 거는 제가 약해서 안 되니까 그냥 고등학교 (검정고시) 합격 하면 그냥 간호조무사 배우려고요. 더 열심히 돈 벌어서 열심히 살아야겠다 생각해요(웃음). 최종 목표가 집 사는 거예요."

5. 마무리

이번 장에서는 통번역 자조모임에 참여한 결혼이주여성의 경험을 성인 학습 측면에서 탐색함으로써 통번역 관련 모임 및 사업에 대한 시사점을 얻고자 했다.

통번역 자조모임에 참여한 결혼이주여성들은 한국으로 이주한 이후에 임신·출산·육아로 대부분의 시간을 보낸다. 젊은 시절을 육아로만 보낸 아쉬움 때문에 다양한 경험을 쌓기 위해 자조모임에 참여하게 된다. 통번역 자조모임은 결혼이주여성들이 공동체경험을 통해 한국어 실력을 쌓을 수 있는 통로가 된다. 통번역 자조모임에 참여한 결혼이주여성들은 번역 활동을 통해 컴퓨터 활용 능력을 향상시켰고, 통역 자원봉사 활동을 통해 한국어에 대한 자신감을 높일 수 있었다.

하지만, 통번역 자조모임의 번역 활동은 전문가의 피드백이 이루어지지 않아 통번역 역량 향상에 어려움을 겪었고, 이주 초기 결혼이민자를 위한 통역 봉사활동이 필요에 의해 불규칙적으로 진행되고 있어 자조모임 활동 기간에 비해 통역 경험 부족이 부족한 실정이다. 이러한 문제를 해결하기 위해 일부 결혼이주여성들은 전단지 및 인터넷 등의 여러 통로를 통해 통번역 경험을 자발적으로 쌓으려고 노력하지만, 일부 결혼이주여성들은 소극적인 모습으로 자조모임에 참여하고 있는 경우도 확인되었다. 또한 통번역 지원사 양성과정을 통해 수료증을 취득하더라도 실제적인 일자리 마련으로 이어지지 않아 무력감을 느끼는 것으로 나타났다. 이러한 통번역 자조모임의 비체계적인 운영 및 불투명한 일자리 전망은 통번역 자조모임 회원들의 학습 동기를 감소시키는 것으로 알 수 있었다.

통번역 자조모임에 참여한 결혼이주여성들의 경험은 다음과 같은 의미를 형성하고 있다. 결혼이주여성들은 통번역 자조모임 활동을 통해 다양한 대화를 나누면서 친밀한 관계가 형성되고, 여러 정보를 공유함으로써 유기적 네트워크가 형성되었다. 또한 결혼이주여성들은 통번역 자조모임 활동을 통해 타 국가 결혼이주여성과 한국어로 의사소통을 하면서 한국어에 대한 자심감이 생겼고, 다양한 사회참여를 통해 가족 간의 친밀감도 형성된 것으로 나타났다. 뿐만 아니라 통역 자원봉사 활동을 통해 한국사회의 한 구성원으로서 역할이 있다는 것에 보람을 느꼈고, 여러 다양한 경험을 통해 앞으로의 계획이 더 명확해진 것으로 나타났다. 한편 결혼이주여성들은 통번역 자조모임을 정보 공유의 장으로 활용하였으며, 다양한 경험을 통해 자신의 미래 계획을 명확하게 세워나갔다. 그리고 통번역 자조모임의 활동은 더 다양한 경험 확장을 위한 통로로 사용되었으며, 본국에 비해 낮아진 자신의 사회적 위치에 대한 아쉬움을 극복하는 원동력으로써 자조모임을 활용한 것으로 나타났다.

15장. 자조모임 공동체와 상호문화소통

1. 이주여성과 상호문화소통

한국은 세계화와 정보화에 따른 자본과 노동의 초국적 이동으로 인한 다문화사회로의 전환을 맞이하며 급진적인 변화를 경하고 있다. 배경에는 이주노동자나 난민의 유입 등의 이유가 있지만, 무엇보다 국제결혼에 의한 이주여성의 증가를 들 수 있다(김유정, 2021). 결혼이주여성이 증가하면서 언어습득 문제, 문화적응 문제 등 다양한 문제점이 양산되었고 결혼이주여성의 한국생활 정착 과정에 나타난 어려움을 개인의 문제로 보기보다는 사회통합의 차원에서 이를 해결하기 위한 목적을 가지고 다문화정책이 시행되었다(빈부격차·차별시정위원회, 2006).

한국의 다문화정책은 이주민을 위한 교육, 문화, 복지, 고용 등 다양한 분야를 포괄하고 있어 결혼이주여성의 한국사회구성원으로서 사회참여가 기대되고 있다. 여성가족부(2018)는 다문화가족 100만 시대를 앞두고 차별 없는 다문화사회 구현과 다문화가족의 참여 확대를 목표로 하는 '제3차 다문화가족 정책 기본계획(18~22년)'을 수립·추진하며 결혼이주여성들의 사회참여 확대 방안으로 자조 모임을 확대하고자 하였다. 이를 위해 결혼이민자들과의 간담회를 통해 결혼이민자의 정체성을 강화할 뿐 아니라 이들의 한국사회 적응에 지렛대 역할을 수행하는 중요한 사회적 지지체계로 자조모임의 활성화를 강조하였다. 하지만 2018년 전국다문화가족 실태조사에 따르면 결혼이주여성의 30%는 어떠한 모임에도 참여하지 않으며, 45%는 앞으로도 참여할 의사가 없다고 밝혀 사회참여가 기대에 못 미치는 것으로 확인되었다. 반면 결혼이주여성의 모국인 모임에 참여하고 있는 이들은 58.9%에 달하고 있어(여성가족부, 2019), 결혼이주여성들에게 모국인과의 관계를 형성할 수 있는 집단 내 참여가 사회참여의 출발점으로 중요한 의미를 지니고 있음을 시사한다(김이선, 2021).

자조모임은 공통적인 문제와 관심사를 가지고 자발적으로 운영되는 특징이 있으며, 기관 조직이나 전문가에 의해 유지되는 공식적인 체계보다 자조모임 자체에 의존하는 것을 강조하는 것이 보편적이나(여성가족부, 2013) 결혼이주여성들의 자조모임의 경우 자발적 모임과 사회 공적 프로그램에 속한 모임으로 나눌 수 있다. 자발적 모임이란 필요에 의해 주체적으로 모이고 운영되는 반면, 사회 공적 프로그램에 속한 자조모임은 전국의 다문화가족지원센터를 통해 운영되는 모임으로 국적 · 배우자 · 학부모 등 대상별, 또는 취미 · 여가 · 봉사활동 등 주제별로 모임이 구성돼 운영되고 있으며, 센터 측면에서 운영에 필요한 예산과 장소 등이 지원되는 모임이다(여성가족부, 2018). 각 지역 특색과 사회경제적 여건에 따라 자조모임의 활동성과 운영의 크기가 다양하며, 공통으로 모국을 떠나 새롭고 낯선 환경에 적응하는 과정에서 모국과 다른 한국사회의 문화적 특성이 반영된 개인, 가족, 사회적 삶의 요소들과 만나 소통하고 문제를 해결해나가는 장으로서 역할을 하고 있다. 또한 다양한 나라의 이주민들이 모국과 다른 정주국의 문화, 관습, 역할 규칙 등을 배우고 사고방식이나 행동 방법을 이해한다는 측면에서 상호문화소통의 공간이라 할 수 있다. 구현정 · 전영옥(2005)은 다른 문화, 다른 관습, 역할 규칙에서 살아가는 것을 배우며 새로운 사고방식이나 행동 방법을 이해하고 즐기고 도와주는 것이 상호문화소통의 목적이라고 하였다. 즉 다양한 문화의 사람들이 접촉하고 관계를 맺으면서 공존과 이해, 존중뿐 아니라 역동적인 상호작용을 통해 갈등과 반성적 사고 등이 일어나는 것이 특징이다.

상호문화소통에 관한 연구는 커뮤니케이션학과 언론정보학에서 주로 수행되었으며(김숙현 외, 2001; 이수범, 2004; 최윤희·김숙현, 1997), 다문화사회가 확장됨에 따라 다문화교육학을 중심으로 다문화사회를 구성하는 다양한 구성원들의 상호문화소통에 관한 연구가 진행되었다(갈라노바 딜노자·김영순, 2021; 김영순·최유성, 2020; 김종대, 2013; 이미선, 2021; 하종천·오영훈, 2021). 김종대(2013)은 다문화 초등학생을 대상으로 한 사진 치료의 방법들을 상호문화소통의 관점에서 고찰하였으며, 김영순·최유성(2020)은 결혼이주여성의 상호문화소통 양상을 상호문화소통역량 이론을 고찰함으로써 개인적 차원과 대인적 차원으로 나누어 살펴보았다. 갈라노바 딜노자·김영순(2021)은 유학생들의 상호문화소통 경험이 나타난 공간별 의미를 탐색하였고 이미선(2021)은 외국인 한국어 학습자들이 느끼는 한국어 원어민 교사의 상호문화소통 역량에 관한 연구를 진행하였으며 하종천·오영훈(2021)은 외국인 노동자와 한국인 노동자 간 상호문화소통에 나타난 어려움을 살펴보고 방안을 모색하였다. 선행연구들을 살펴보면 다양한 다문화 초등학생, 결혼이주여성, 외국인 유학생, 외국인 노동자와 근무하는 한국인 노동자, 외국인 한국어 학습자 등 다양한 개인을 대상으로 상호문화소통의 경험에 관해 연구되었으나, 공동체 구성원들 간의 상호문화소통 경험에 관한 연구는 미비한 실정이다.

자조모임은 자발적으로 조직된 모임으로 그 모임의 특성과 구성원의 문제에 따라 그 목적과 형태가 달라진다. 자조모임에 대한 개념은 학자마다 다양하게 정의하고 있는데, 캐츠(Katz, 1965)는 개인 생활의 문제 극복과 욕구 충족을 위해 상호 지원하는 모임으로, 개인적·사회적으로 긍정적인 변화를 강조하였다. Borkman(1976)과 Stewart(1990)는 자조모임을 공통의 문제를 공유하고 공통의 목적을 위한 비전문적인 활동으로 정의하였으며, 상호 원조적 노력을 통해 문제를 해결하고자 하는 자발적인 협의체로서 집단 경험적 지식이 문제해결에 있어 중요하다고 하였다. Merrett & Walzer(2004)는 자조모임을 농경사회 협력의 개념이 발전된 '상호협력'의 장으로서 보았으며, Zastrow(2008)는 자조모임 형식에 있어 정규모임 외에도 전화나 대면 접촉 등 다양하고 효과적인 네트워크를 형성한다고 보았다. 이를 종합해 볼 때, 자조모임은 개인을 둘러싼 다양한 환경과 상호 영향을 주고받으며 공통의 문제해결, 정보교환, 상호지지, 사회통합을 이루어가는 공간으로 정규·비정규, 대면·비대면, 자발적·반자발적 등 다양하게 변형·확장되어 운영되고 있다.

이번 장에서 살펴보고자 하는 결혼이주여성의 자조모임은 이주 국가, 나이, 성별, 경제적 차이, 지역 등에 따라 시민의 권리로서 '문화권'을 기반으로 한 '아래로부터 민주주의' 개념에서 자조모임이 시작되었으며, 구성원 간 경험 공유, 상호 원조 및 정보제공, 당면한 어려움 해결, 사회적응에 필요한 전략 획득뿐 아니라 권리 획득의 장으로 활용되고 있다(이형하, 2010; 서태실·이윤정, 2017). 개인 스스로 삶의 질 향상을 위해 참여하는 사회참여 활동으로서 자조모임은 관계적, 정서적, 사회적, 정치·경제적인 면에서 그 가치가 매우 크다고 할 수 있다(서재복·임명희, 2018).

결혼이주여성의 자조모임에 관한 선행연구를 살펴보면 다음과 같다.

유대와 역량 증진과 사회경제적 실천의 공간(박선영, 2019; 임선우·윤황, 2017; 임혜정, 2018), 심리적 위축을 완화하고 정서적으로 지원하며 사회적 지지의 공간(김성호, 2019; 딩징야·진미정, 2017; 박재규 외, 2011; 정의철·정미영, 2018; 최미경, 2018), 공동체 내 소속감과 동질감을 느끼는 사회적 관계 맺음의 공간(김영옥, 2010; 박지인, 2021; 임선우·김수민, 2018), 자녀양육과 교육에 관한 소통의 공간(서태실, 2017), 다문화적 시민 권리 주장(정성미, 2010; 정란희, 2018)으로 나타났다. 이와 같은 선행연구는 자조모임 공동체의 긍정적인 측면에서 결혼이주여성들이 한국에 정착하여 외로움과 고립을 해소하며 역량 증진과 정보획득의 장으로서 의미를 제시했다는 데 의의가 있다. 하지만 공동체 내 구성원들의 상호문화소통이 어떻게 나타나는지 살펴본 연구는 찾아보기 힘들다. 이에 결혼이주여성의 자조모임 공동체에 나타나는 상호문화소통 경험의 의미를 살펴보는 것은 의미가 있을 것으로 보았다.

2. 상호성과 상호문화소통

상호문화는 다문화와 구분되는 용어로 다양한 문화의 공존과 존중을 넘어 문화 간 접촉을 통한 상호작용을 염두에 둔 개인들의 대화와 소통의 중요성을 강조한 개념이다. '구별되는 생활세계들 사이에서 생겨나는 것'으로 A와 B 사이의 세계로서 고정불변 하는 것이 아니라 이전에 접해보지 못한 전혀 새로운 세계일 수 있으며 A와 B 둘 모두에게 익숙하고 친근한 세계일 수 있다(정기섭, 2011). 여기에는 문화적 다양성과 동질성이 함께 존재하며 어떻게 조화를 이루고, 관계 맺는지가 중요하다. 박인철(2017)

은 상호문화성을 '문화간 접촉과 만남을 통해 이루어지는 개개 문화의 변화, 그리고 이에 수반되는 상호융합의 현상과 가능성'이라 정의하였다. 조용길(2015)은 서로 다른 문화 간에서만 일어나는 것이 아니라 개별문화 내 다양한 의견들 사이에 나타나는 소통 능력으로 자신과 다른 문화적 관점이나 가치에 대해 이해하고 포용하며, 원활한 소통을 위해서 서로 협의하여 조정안을 마련하는 능력이라 하였다.

상호문화성을 바탕으로 한 상호문화소통은 서로 다른 문화와 문화적 관점을 지닌 사람들과의 신체·물리적 접촉과 교류를 전제로 한 상호교환과 이해로서 단순한 정보와 지식의 전달 수준을 넘어서서 공감과 포용, 이해와 관용이 요구되며, 동시에 비판적으로 바라보고 표현할 수 있을 때 가능해진다. 적극적인 상호문화소통 행위자가 되기 위해서는 무엇보다 자문화와 타문화에 대한 충분한 지식이 필요하며, 서로 다른 문화가 접촉하면서 이루어지는 상호문화행위도 인지하거나 이해할 수 있어야 한다. 타문화를 접할 때 타문화에 대한 지식이 없으면 그 문화는 물론 그 문화에 속한 타인의 특성에 대해서 제대로 이해하기 어렵기 때문이다.

서로 다른 문화의 사람들이 상호문화소통을 할 때 접촉지대(contact zone)라 불리는 상호문화 공간을 형성하는데(Pratt, 1991) 이 공간은 문화들이 만나고, 충돌하고, 해결을 위해 고심하는 공간이며, 힘의 불균형이 나타나는 공간이라 할 수 있다(Choi, 2016). 여기서 상호문화 공간은 일상적 공간을 의미하며, 상호문화소통은 상호문화소통역량이 일상적 차원에서 작동되는 실천행위를 의미한다(김영순·최유성, 2020). 상호문화소통은 초기에 주로 의사소통 측면과 교육 측면으로 이해되었으나 초국적 이주에 따라 다문화사회가 확산되면서 점차 사회를 살아가는데 필요한 능력과 역량 확보 차원으로 접근되었다(Sinicrope et al., 2007). 즉 상호문화주의의 핵심은 바로 소통에 있으며 소통을 위한 상호문화적 역량이 강조된 것이다(홍종열, 2012).

상호문화소통에 관한 선행연구를 살펴보면 상호문화소통 개념의 정립(이수범, 2004; 유수연, 2012; 김순임 · 민춘기, 2014; 신용식, 2021), 상호문화소통의 교육적 접근(마효정, 2015; 양민정, 2018; 조관연 · 김민옥, 2021), 상호문화소통 경험 탐색(이인혜, 2019; 김영순 · 최유성, 2020; 갈라노바 딜노자 · 김영순, 2021; 하종천 · 오영훈, 2021), 상호문화소통 역량과 증진(김미승, 2020; 김진희, 2019; 김진희, 2021; 이미선, 2021; 이성숙, 2019; 이효영 · 한희창, 2021)으로 나눠볼 수 있다. 상호문화소통에 있어 최근 더욱 역량이 강조되고 있어 한국어 원어민 교사, 사회복지사, 초등 예비교사 등 다문화 구성원을 접하는 직업적 영역에서 상호문화 역량에 관한 효과 및 증진방안 연구가 진행되었으며 다문화를 구성하는 각 개인, 즉 유학생, 결혼이주민, 외국인 노동자의 상호문화소통 경험 및 교육적 접근에 관한 연구가 진행되었다. 특히 김영순(2020)은 상호문화소통역량에 대한 다양한 학자의 이론적 논의와 선행연구를 바탕으로 상호문화소통 기술의 틀을 개인적 차원과 대인적 차원으로 구분하여 제안하였다. 그리고 이 분석틀을 바탕으로 결혼이주여성의 상호문화소통 경험에 관해 연구한 바 있다(김영순 · 최유성, 2020). 이에 결혼이주여성이 참여한 자조모임 공동체 내 구성원들의 상호문화소통 경험이 선행연구와 비교하여 어떠한 특징과 의미가 있는지 살펴보고자 한다.

자조모임에 참여한 결혼이주여성의 상호문화소통 경험을 분석한 결과 지식 습득과 활용, 태도의 경험, 비판적 문화 인식, 이해와 존중, 삶의 적극적 태도, 공감 형성 등 총 6개 범주로 구성되었다. 이는 김영순(2020)이 제안한 개인적 차원과 대인적 차원의 상호문화소통 기술 요소 분석틀을 바탕으로 중국과 중앙아시아 출신 결혼이주여성들의 상호문화소통 경험의 양상 및 의미를 분석한 김영순·최유성(2020)의 연구결과와 차이점을 보였다. 김영순·최유성(2020)은 지식, 태도의 경험, 비판적 문화 인식이 개인 차원의 영역에서 주체적 경험과 해석을 통해 논의된 반면, 본 연구는 공동체 구성원 간 소통에 따른 대인적 차원에서 하위 범주 내용이 구성되었다.

3. 상호문화소통 경험

1) 지식의 습득과 활용

지식의 습득과 활용에 대한 상호문화소통 경험은 자문화, 타문화 간 지식의 공유와 활용, 한국어 습득과정에서 지식과 경험을 공유, 한국의 문화적응을 위한 지식의 전수로 나타났다. 자문화와 타문화 지식을 공유하고 문화 수업 도구를 빌려주며 다문화 강의에 활용하였고, 다국적 배경의 사람들과 교제하며 알게 된 지식을 자녀교육에 활용하였다. 또 한국어 습득과정에서 나라별로 나뉘어 서로의 노하우를 공유하였으며 먼저 온 이주민이 나중에 온 이주민에게 문화적응에 유용한 지식을 전수하여 이주민의 적응과 사회참여 과정을 도왔다.

"다문화 강사끼리 뭐 교구 이렇게 만들고 서로. 왜냐하면 혼자 이게 아무리 같은 나라 아니어도 한 주제 가지고 여러 나라 수업방식이 다르고, 하니까. 아이디어가 혼자 하는 것보다 여러 명 이렇게 만나서 아이디어 내고 교구 만들고 이런 것 했어요."

"저한테 일단 모르는 문화 이제 알게 되고 그렇죠. 그래서 제가 알고서 알아서 이제 저희 애들한테도 알려줄 수 있잖아요. 예를 들어서 누구누구 엄마 베트남 사람이에요. 또 캄보디아 분도 있어요. 캄보디아 그래서 우리 딸 누구 가서 놀다 가고 그러면 캄보디아 문화도 알 수 있고…. (중략) 제가 또 캄보디아에서 그냥 또 설명하고 그래서 또 그래서 이렇게 이런 친구 있기 때문에 그래서 자녀한테도 우리 캄보디아에 대해서 이제 또 알게 되고 베트남도 제가 또 살짝 이 아이한테 또 이제 그 문화 일단 문화 알게 되고 하면 좋죠. 그나마 지금 문화 많이 알게 됐어요."

이 이주여성은 다양한 자조모임에 참여한 이력을 말해주었고 그중 다국적 다문화 강사들로 구성된 자조모임에서의 상호문화소통 경험을 나누며 문화적 차이에도 불구하고 공통으로 적용되는 수업 주제에 대한 아이디어와 교구를 함께 만들며 수업에 활용했던 예화를 들었다. 다른 이주여성은 공동체 모임에서 알게 된 타 국적의 이주민과 교제하며 새로운 문화 지식을 배우고 자녀에게 교육하였다.

"뉴스 그리고 컴퓨터에서 무슨 말 나오면 모르잖아요. 모르는 거 사실 진짜 많아요. (중략) 그래서 한국어 계속 공부할 필요 있다고 생각해요. 그래서 통·번역 자조모임에 참석했어요."

"검정고시 공부하다 보니까 문장을 많이 이해하게 돼요. (중략) 또 애들 알림장에 전문용어 많이 들어가잖아요. 공부하면서 사전에서 무슨 뜻인지 다 찾아보니까 쉽게 이해하고 생활에 많이 도움이 돼요."

"카톡방에서 국적자 10명 정도. 국적도 다양해요. 중국, 베트남, 우즈베키스탄도 있었어요…. (중략) [연구자: 그러면 이럴 때는 어떻게 번역해 이건 어떻게 통역해야 해 그런 것도 서로서로 좀 의논해요?] 네 베트남 사람끼리는 이건 이런 게 좀 더 나은 것 같아 이렇게."

이주여성들은 통·번역과 검정고시 자조모임에서 대면과 SNS를 활용하여 한국어 습득에 관한 서로의 노하우를 공유하였고 사전을 찾아 공부하며 한국어 실력을 높일 수 있었다. 여기서 다국적 출신의 이주민이 서로 통·번역한 결과물을 SNS상으로 공유할 때 한국어 소통 능력의 부족과 한국어 강사의 피드백 부족으로 같은 국적 출신의 이주민 간 피드백과 소통이 활발하게 일어나는 것을 확인할 수 있었다. 김영순·최유성(2020)의 개인적 차원의 연구결과 한국어능력시험을 보고 6급을 획득해도 한국어가 익숙하지 않다는 보고에 대한 대안으로서 통·번역과 검정고시 자조모임 공동체 모임이 활용될 수 있을 것으로 보인다.

"내가 먼저 왔으니까 어떤 어려운 점 이렇게 했으면 좋겠다. 이런 것도 조언해 줄 수도 있고. 아니면 그냥 그 아이 또래? 네 이렇게 만나셔서 서로 양육 관련돼서 그런 거 정보 공유도 되고."

"많은 다문화 결혼이민자 만났어요. 저처럼 이렇게 결혼이민자가 많이 사귀고 그분들한테 저도 진짜 도움을 많이 줬어요. 제가 알 수 있는 정보 제가 도울 수 있는 거 진짜 친구한테 많이 도와줘요."

이주여성들은 선 이주민으로서 거주국의 사회·문화적 지식과 태도에 관한 내용을 후 이주민들에게 제공 및 조언하였다. 그리고 필요시 적극적 행동으로 돕기도 하였다. 주로 자녀양육과 취업을 위한 조언이 이루어졌으며 필요에 따라 자신의 다문화 이해 수업 내용과 교구를 공유하는 적극적 행동으로 나타났다. 김영순·최유성(2020)은 책과 인터넷을 통해 자녀양육에 대한 지식을 배우며 문화 차이로 인한 혼란에 대해 자기 주도적 배움의 주체성이라는 의미를 도출하였다. 이에 반해 이번 장에서는 개인이 부딪히는 자녀양육과 학습 및 취업의 어려움을 자조모임 공동체 내선 이주민의 조언과 도움을 통해 해결해가는 것을 확인할 수 있었다.

위 사례들처럼 자조모임은 사회활동 참여를 위해 자문화와 타문화 지식을 습득하고 그와 관련된 정보를 공유하는 상호문화소통의 공간으로서 존재하였다. 결혼이주여성에게 있어 자녀교육, 학습, 취업은 당면한 삶의 중요한 문제로서 자조모임을 통해 학습의 동기와 동력을 받으며 취업을 위한 지식과 정보습득의 장이 되었다. 이주여성들은 일상에서 활용하는 한국어 수준에서 벗어나 전문적인 한국어 능력에 이르도록 학습하여 성장하고자 하였다.

2) 태도의 변화

태도는 사회적 행위와 관련되며 타인이 자신에게 사용하는 언어와 태도에 대한 실제적인 행동 또는 태도의 경험을 의미한다. 연구결과 이주민 간, 이주민과 정주민 간 서로 다른 양상의 태도 경험을 하는 것으로 나타났다. 이주민 간 상호문화소통 경험은 감정적 해소와 자신감을 증진이라는 긍정적 측면의 내용으로 구성됐지만, 이주민과 정주민 간 상호문화소통 경험은 긍정과 부정적 측면이 모두 나타났다. 문화 공연은 이주민에 대한 정주민의 긍정적 태도를 경험하는 장이 되었지만. 자조모임을 위해 방문한 센터에 방문하며 경험한 직원들의 형식적인 태도 경험은 부정적 측면으로 나타났다.

"한국 와서는 내가 무슨 말을 했나…. 눈치 보게 되고. 신경 쓰게 되고 자조 모임 하면서 이런 것들이 많이 해소도 되시고 자신감도 많이 좋아지

고. (중략) 이거는 좀 진짜 자신감도 많이 키워주고 또 이런 거 활발하게
내 성격이 활발해지고 많이 도움이 됐어요."
　"나라마다 아이가 의상 입고 그리고 노래 부르고 저희가 영상을 찍거
든요. 그리고는 방송국에다가 보냈거든요. 그거는 방송국 제작하고 그
텔레비전에 나와요. 그 한글날에는 몇 번 자기 텔레비전 나왔다 친구한테
너무 많이 자랑했거든요…. (중략) 이렇게 하고 나서의 성취감 뿌듯하고
아이들 친구들한테 자랑도 하고."

　이 이주여성의 경우 중국에서는 사람들을 만나면 말도 잘하고 자신감
있었는데 한국에서는 언어적 한계로 자꾸 눈치를 보게 되고 자신감이
떨어진다고 하였다. 하지만 자조모임에 참여하며 본래 성격대로 다시 활
발해지고 자신감을 얻게 되어 도움이 되었다고 하였다. 이주여성은 뮤지
컬 자조모임의 공연을 통해 자녀의 학교생활과 일상생활에서 자신감을
얻었다고 보고하였다.

　"제가 친정 부모님은 그때 그 풍물 축제? 그때는 와서 보시고 직접
저희 촬영해 주시고 또 그렇게 해서 센터장님도 칭찬 많이 해주시고 해
서."

　"글쎄 진짜 저기 다문화센터에 가면은 좀 진짜 공식적이야 그냥 가서
인사하고 뭐 하다가 나서 그냥 이거 사인하고 그냥 가는 거죠. 인사
하고 우리한테 다 우리한테도 보듬지 않고 물어보지도 않고 그냥 연습하
면 가서 연습하고 그냥 가면 가고 다 바빠. 다른 사람 그냥 다 바빠."

　이 이주여성은 가족센터 내 통·번역 직원으로, 조직의 사람들과 지역
주민들 앞에서 중국 전통춤 공연을 하며 정주민들의 이주민에 대한 긍정
적인 태도를 경험하며 보람을 느꼈다. 반면 이주여성은 자조모임 참석을
위해 센터에 방문할 때 만나는 센터직원들의 이주민에 대한 형식적인

태도에 대해 아쉬움을 표현하였다.

이주민들은 거주국에 정착하며 언어적 한계와 관계의 단절 또는 새로운 문화에 적응하며 태도적으로 위축되었다. 자조모임에서의 이주민 간 소통은 결혼이주여성의 위축된 자아를 회복시켜주고 내면의 힘과 능력을 길러주어 자신에 대한 긍정적 태도를 형성하는 데 도움이 되었으며, 뮤지컬 자조모임에서 준비한 공연이 TV에 방영된 경험은 이주여성 자녀의 성취감과 자신감 획득에 영향을 주었으며, 중국 결혼이주여성의 소수민족 춤 공연은 센터 직원과 공연을 본 정주민들의 이주민에 대한 인식과 태도를 긍정적으로 바꾸었다. 이는 김영순·최유성(2020)에 나타난 태도의 경험과 다른 점으로, 선행연구는 정주민이 이주민을 대하는 태도가 이주민의 태도 형성에 영향을 미친다고 기술하였다. 하지만 본 연구에서는 이주민의 자문화 공연이 초국적 매개가 되어 정주민들의 이주민에 대한 긍정적 태도를 형성하는 데 이바지하는 것으로 나타났다. 이를 통해 정주민과 이주민 모두 상호문화적 지식을 습득하고 공감을 기반으로 한 인지적이고 행동적 측면에서의 공존의 실천적 노력이 필요함을 보여준다.

3) 비판적 문화 인식

비판적 문화 인식은 자문화와 타문화에 대해서 비판적으로 생각할 수 있는 역량으로 특히 거주국의 타문화에 대한 비판적 인식으로 나타났다. 그 내용을 살펴보면 자조모임 활동에서의 소통의 한계를 통한 새로운 진로 모색, 이주민의 상황적 맥락을 고려하지 않는 자조모임의 운영, 한국의 이주민 정책에서 같은 국적이지만 민족적 배경에 따른 정책적용의 차이점에 대한 비판적 문화 인식으로 구성되었다.

"그냥 생각해 보니까 한국에 살면서 그냥 외국인이면 다른 일이 별로 없잖아요. 통·번역이 그 말고는 다른 쪽에 손재주가 있어야 막 그 다른 쪽 일할 수 있는데…. 그래서 간호조무사는 1년 정도만 근무하면 되고 또 병원에서 간단하게 일할 수 있잖아요. 자기 능력 좀 맞고."

"저희가 자조 모임 원하는 시간은 거의 주말이고 그리고 저녁... 주말 없으면 저녁이라도 좀 있으면 좋겠잖아요. 그리고 평일에 진행하다 보니까 일 안 하신 어머님만 가능하잖아요."

"항상 저희 프로그램을 만들 때는 항상 담당자가 있어요. 담당자는 논의하고 근데 보통은 다 담당자를 결정하신 것 같아요. (중략) 자조 모임들을 하기 전에 외국인 한 명 한 명 다 물어보고 그런 거를 취합해서 어떤 거를 더 의견은 많은지 그런 거를 꼭 취합해야 해요."

이 이주여성은 이주민의 상황적 맥락이 고려되지 않은 자조모임 운영에 대해 비판적으로 바라보았다. 이주민의 상당수는 낮에 일하고 퇴근 시간 이후 혹은 주말에만 참여할 수 있으나, 센터를 중심으로 한 공적 자조모임은 센터의 운영시간을 기준으로 운영되고 있어 활용 면에 있어 한계점이 있었다. 또 자조모임 프로그램 구성 시 결정권을 가진 센터와 이용의 주체인 이주민 간 소통의 부족으로 이주민이 필요로 하는 프로그램이 제대로 반영되지 않음이 지적되었다. 이에 이주여성은 이러한 비판적 문화 인식을 바탕으로 자조모임 운영의 주체인 다문화가족지원센터 직원 수의 1/3을 이주민 출신으로 구성할 것과 저녁 시간과 주말을 활용한 자조모임 운영, 이주민의 필요에 대해 설문조사하고 취합해 자조모임 프로그램을 구성할 것에 대해 제안하였다.

"한국에는 이렇게 자녀 많이 낳아라. 계속 이렇게 정부에도 많이 지원해주고 하잖아요. 중국에서는 워낙 인구가 많다 보니까. 몇 년 전까지 계속 한 명 그러다 보니까. 이게 결혼해서 왔는데, 그 나라에 부모님은 혼자 해야 되는데 그게 일정한 기간만 그러니까 아이 돌보는 거, 아이 양육 관련된 거는 허용되지만 그 이후에는 안 되니까 그게 좀 많이. 친구들 그게 좀 많이 힘들어하고."

"지금 걱정하는 거 또 한국에서 여기 부모 부양하는 거 없어서 그거 영주 비자 이런 거 없어서 좀 걱정하고 있어요. 조금 더 나이 드시면 어떻게….(중략) 중국에 이런 영주권 따기 제일 어려운 거잖아. 그래도 그렇게 인도주의로 주는데 한국. 미국도 주고 일본도 다 있어요. 근데 조선족은 되게 잘 줘요. 사촌 팔촌 다 불러올 수 있고 금방 연장되고 뭐하고. 여기 한족은 안 되고. 서울에서 이주여성협회에서도 많이 하는데도. 또 이거 또 어디서 저기 청와대 청원도 했는데도 안 되네. (청원 내용을 사진으로 보여주심) 이런 것도 했잖아. 해봤는데 다 잘 안돼서 그래."

위 이주여성의 경우 같은 중국 전통춤 자조모임의 구성원으로 민족 차이에 따른 다문화정책 적용에 있어 차별을 경험하였다. 이 이주여성은 조선족으로 한국에 귀화한 결혼이주여성이며, 다른 이주여성은 한족으로 한국에 귀화한 결혼이주여성이다. 두 명 모두 한국 국적이지만 부모님을 한국에 초청할 경우, 조선족과 한족의 거주 가능한 기간과 비자 연장에 따른 기준이 다르게 적용되었다. 두 명 모두 이러한 정책적 한계를 문제로 인식하였으며 이는 김영순·최유성(2020)에 도출된 연구결과 내용과 일맥상통하였다. 이는 중국 출신의 이주여성 개인과 공동체 안에서 공통으로 나타나는 비판적 문화 인식의 내용임을 확인할 수 있었다.

4) 이해와 존중

이해와 존중은 다양한 문화적 배경의 사람들을 만나며 다양성을 파악하고 인정하며 존중한 경험을 의미한다. 자조모임에 참여하는 결혼이주여성들은 이주민보다는 거주국의 문화 즉, 가족관계의 문화적 갈등을 통해 이해와 존중의 경험을 하였다. 자조모임에서 이주민 간 갈등은 표면적으로 잘 드러나지 않았고 거주국 내 타자로서의 공통점을 느끼며 서로 이해하려는 모습을 보였다.

> "좀 시간이 지나니까 그냥…. 그때는 적응 시간도 있잖아요. 선생님 그래서 한국말도 적응해야 하고 한국에 그냥 말만 아니고 한국 사람 만나고 한국에서 일하면 어떤 방식으로 일하는 건지 제가 조금 조금씩 이해하는 거예요…."

> "우리 남편이 아침에 꼭 밥을 먹어야 한다. 뭐 냉장고 있어야 된다. 아침부터 왜 그렇게 바쁜데 정신없는데 왜 굳이 이렇게 먹어야 되느냐? 그래서 친구들한테 얘기했거든. 그래서 친구들은 한국은 그렇다. 한국 사람들은 밥심이다."

이 이주여성은 자조모임 구성원들과의 나눔을 통해 가정 내 문화 갈등의 문제를 이해하고 해결하였다. 또 다른 이주여성은 한국의 밥심 문화를 몰랐고 이러한 문제로 부부 갈등을 경험하였다. 이후 공동체 내 선 이주민의 조언으로 남편의 행동을 좀 더 이해하고 남편의 밥심 문화를 존중할 수 있게 되었다. 다른 이주여성도 한국인 남편의 일 중심적이고 가정적이지 않은 모습에 베트남의 가정적인 남편들과 달라 문화적 갈등을 경험했으나 공동체를 통해 한국문화와 한국의 직장 문화를 이해하게 됨으로써 남편을 이해하는 계기가 되었다.

"다수결로. 내 생각에는 좀 어려워 자꾸 이거 우리는 좀 이 동작 좀 어렵고 약간 좀 그래 다 얘기하고 나서 다수결로. 이 말을 하면 약간 눈이 약간 흔들려 그만해야겠다. 이렇게 하면 좋겠다. 서로 좀 다 존중하면서 이렇게 하는 거야."

"차이점은 거의 차이점은 거의 아직 느끼지 않아요. 다 똑같은 결혼이 민자이고. 또 애 키우고 똑같이 애 키우다가도 이나 가고 생활이 좀 비슷 비슷해요."

이 이주여성의 경우 자조모임 구성원과 갈등을 어떻게 해결했는지에 관한 질문에 대해 의견 차이는 다수결로 합의를 이루며, 이주민 간 특별한 갈등을 경험하지 않는다고 이야기하였다. 이는 앞서 가족관계에서 발현되는 이해와 존중과 다른 양상으로, 전자의 경우 갈등의 과정을 통해서라면, 후자의 경우 공감과 이해를 바탕으로 한 상호문화소통 경험이 나타났다. 이를 통해 이주민인지 정주민인지에 따라 이해와 존중에 이르는 과정에 차이가 있음을 확인할 수 있었다.

5) 삶의 적극적인 태도

삶의 적극적인 태도는 일상생활에서 경험할 수 있는 다양한 상황에 대처하는 적극적인 태도에 관한 경험을 의미한다. 이주여성들은 모임 규정에 정해진 만남 횟수에 얽매이지 않고 자조모임 공동체의 주체로서 만남 횟수를 정하여 자조모임을 이끌어 갔다. 또한 모임 이외에도 자발적으로 봉사활동에 참여하며 이주민이 수혜적 대상이라는 편견을 넘어 주체적 존재임을 보여주었다.

"다른 어느 기관에서 연말 이런 행사가 있는 거예요. 어 거기가 기관에서 중국어 반을 이렇게 예산을 받아서 하셨는데. 그러니까 마지막에 종강이시니까 그런 거 이렇게 하려고 하다 보니까 중국 춤췄으면 좋겠다 해서. 그때 급하게만 일주일 동안 매일 가서 그때는 저희 직장 안 다녔으니까 매일 2015년인가. 매일 가서 연습하고 (중략) 그때는 3명? 시작해가지고 해서. 그 이후부터 이렇게 한 명 한 명씩 들어오게 된 거죠."

"다문화센터에서 통·번역이라는 팀이 있으면 좋겠다고 그래서 가끔은 토요일 날에 행사 있잖아요. 가끔은 건강검진이든지 아니면 옛날에 행사가 많으니까. 그럼 자원봉사로 통역하든지 왜냐하면 센터에서 한 명밖에 없잖아요. 그래서 하면은 여러 명이 다 해주면 너무 바쁘니까 그렇게 해주면은 너무 좋고 또 같이 모여서 같이 공부도 하고 막 통역하면 센터는 도움이 되고."

이 이주여성의 경우 이주여성연합회의 종강 행사에 중국팀도 참여하면 좋겠다는 제의를 받고 이를 계기로 중국 전통춤 자조모임을 시작하였다. 우연한 사건에 대한 이 이주여성의 적극적인 태도가 지금의 자조모임을 이끄는 원동력이 되었다. 그녀는 공식적으로 정해져 있는 자조모임의 횟수보다 더 많이 모여서 연습하고 친목을 다지며 의무와 필요를 넘어서 자발적인 동력에 의해서 모임에 참여하고 있었다. 또 다른 이주여성은 통·번역 자조모임을 통해 만난 구성원들과 함께 가족센터 행사에 자원하여 통역 봉사활동을 하였다. 적극적인 삶의 태도는 자기 삶뿐 아니라 사회에 참여함으로 사회구성원으로의 책무를 다하고자 하는 모습으로 나타났다. 이는 그동안 이주민을 수혜적 대상으로 인식했던 것에서 벗어나 상호문화소통의 주체로서 바라볼 필요가 있음을 보여준다.

6) 공감 형성

상호문화소통에서의 공감은 타인의 의견을 경청하고 감정을 이해하며 그들의 처지에서 생각하는 경험으로 정의되고 있다. 공감은 다문화 세계의 상호문화적 관계를 하나로 융합되도록 만들며(Calloway-Thomas, 2010), 문화적 이질성 속에서 발현되는 주체의 공감을 뜻한다(정우향, 2021). 자조모임에 참여한 결혼이주여성들은 서로의 어려움을 공감하고 더 나아가 주변의 어려움을 공감하며 가족과 같은 하나의 융합된 공동체를 형성하였다.

> "그리고 그렇게 만나다 보면, 거의 다 결혼해서 오신 분들은 여기 친척이나 친구들 없다 보니까. (중략) 서로 가정사, 고민, 한국생활하면서 힘들었던 거 수업할 때 학교나 아니면 진짜 교육자들한테 무시당하는 그런 것도 있었고. 그러니까 여러 가지 그런 고민들을 다 이렇게 얘기도 하고 서로 의지도 되면서 그렇게 왜냐하면 공감이 되고. 같은 결혼 이민자다 보니까."

> "근데 막상 가니까 다 같은 나라 사람이니까. 공감할 수 있잖아요. 제가 '외로운 게 힘들죠.' 얘기하면 '그렇구나! 나도 그랬어.', '얼마나 힘들겠어요.' 이런 말을 해주는 것도 저한테 진짜 왜 이렇게 힘이 나는지 모르겠어요."

> "며칠 전에 12월 말 때 한 사람이 거기 중국 친정아버지 돌아가셨는데 우리 거의 다 돈 주고 가서 위로해 주고 좀 괜찮은 것 같아요. 그때는 좀 옆에 사람이 있으면 좋지…. 또 누가 먼저 있으면 전화하면 거의 다 100% 해주고 뭘 위로해 주고 다 그때 제일 좋아."

위 이주여성들은 모두 같은 중국 전통춤 자조모임에 참여하고 있다. 다른 자조모임의 참여 기간이 2~3년인데 반해 여기는 7년 동안 꾸준히 모임을 운영하고 있어 가족 이상의 *끈끈한* 관계를 형성하고 있다. 이들은 구성원 간 속마음을 터놓고 나누며 정서적 위로와 안녕감을 경험하였다. 특히 모국으로의 여행이 쉽지 않은 코로나 시대 모국에 계신 부모님이 상을 당한 경우, 자조모임 안에서 정서적 돌봄뿐 아니라 경제적 지원을 함으로써 가족공동체의 역할을 감당하였다. 이를 통해 강한 소속감과 연대감을 형성하였다. 조선족 결혼이주여성은 부모님이 한국에 머무는 기간이 자유로운 반면, 한족 결혼이주여성이 중국 국적을 소지한 경우에는 부모님의 입국과 이주여성의 출국에 제한이 있다. 서로 다른 처지에 있어 있음에도 불구하고 같은 언어사용과 중국 출신 결혼이주여성이라는 공통점을 기반으로 강한 공감과 연대를 형성하였다. 공감은 자신이 겪은 힘듦과 어려움에 대한 공감(김영순·최유성, 2020)뿐 아니라 자신의 사회·문화적 맥락과 다른 처지의 타자에게도 공감이 발현되는 것을 발견할 수 있었다.

4. 마무리

이 장의 목적은 자조모임 공동체에 참여한 결혼이주여성의 상호문화소통 경험을 살펴보고, 자조모임 공동체의 상호문화소통과 개인이 경험하는 상호문화소통 간 공통점과 차이점을 논의하는 것이다. 그리고 이를 통해 활발한 상호문화소통의 공간으로서 자조모임의 활용방안을 제언하고자 한다. 분석 결과 선행연구 김영순(2020)에서 제안한 상호문화소통에 관한 개인적 차원과 대인적 차원에서의 분석틀 영역의 주제와 공통점이 있으나 범주에 따른 경험의 세부적 내용이 개인적 차원이 아닌, 대인적 차원에서의 소통을 중심으로 한 내용이 도출되어 김영순·최유성(2020)의 결과와 차이점을 보였다. 즉, 개인적 차원의 범주 영역인 지식, 태도의 경험, 비판적 문화 인식의 항목은 같았으나 그 세부 내용이 개인적 차원이 아닌 공동체 구성원들 간 상호소통을 기반으로 한 대인적 차원의 경험으로 나타났다. 대인적 차원의 영역은 이해와 존중, 공감이 공통적이었고 삶의 적극적 태도가 새로운 항목으로 도출되었다.

지식의 습득과 활용은 공동체 구성원 간 소통을 중심으로 자문화와 타문화에 대한 지식 습득을 통해 이루어졌으며 결혼이주여성의 일상생활과 사회참여의 실천적 영역에서 활용되었다. 이는 결혼이주여성의 상호문화소통과정에 대한 김영순·최유성(2020)의 개인적 차원에서의 지식습득이 아닌 자조모임 공동체의 상호문화소통 역할을 찾을 수 있으며 사회활동 참여에 있어 기본적 토대를 마련하기에 의의가 있다고 할 수 있다. 태도의 경험은 문화 공연을 통해 자신과 이주민에 대한 정주민의 긍정적 태도 경험과 자조모임 참여 시 만나는 센터직원의 형식적인 태도 등의 부정적 태도 경험으로 나뉘었다. 자조모임은 이주민과 정주민의 상호문화소통 공간으로 사회참여의 중간통로로 역할을 감당하며 더 나은 자조모임 공동체를 운영하고자 하는 동기가 되었다. 이는 선행연구 김영순·최유성(2020)에서 지적된 정주민의 상호문화소통역량을 증진시킬 수 있는 대안적 공간으로서 정주민과 이주민이 함께 참여하는 가족센터의 자조모임이 상호문화소통의 통로로 활용될 수 있음을 시사한다. 비판적 문화인식은 자조모임 운영의 주제인 센터와 주 이용자인 이주민 간의 소통 부족에서 비롯되었으며, 자조모임이 이주민을 위한 정책의 하나로 시행되고 있지만, 이주민의 입장보다 가족센터 즉 정주민의 관점에서 시행되고 있어

이주민의 사회참여에 어려움으로 작용하고 있다. 이해와 존중의 경험은 정주민과 이주민 사이에 차이를 보였다. 정주민과는 상호문화소통에서는 갈등을 통해 이해와 존중에 이르는 반면, 이주민과는 갈등보다 공감을 통해 상호존중에 이르는 모습을 보였다. 이는 공동체의 이주민 간 심리적인 어려움을 공감하고 해결하며, 사회적 관계망을 형성하여 서로의 필요를 돕는 데서 원인을 찾을 수 있다. 삶의 적극적 태도는 자발적인 공동체 참여로서 통·번역 자조모임에 참여하는 이주민들은 지역사회 행사에 통역 자원봉사로 참여하는 등 사회참여에 있어 적극적인 모습을 보였다.

일부 이주여성은 더이상 수혜자에 머물지 않고 상호문화소통의 주체로서 한국사회에 이바지할 수 있는 부분을 고민하였고 정주민과 동등한 입장에서 혜택을 받고 인식되기를 바랐다. 또한 공감 형성에 관한 경험은 문화와 사회적 맥락의 동질성뿐 아니라 이질성을 바탕으로도 발현됨을 확인하였다.

참고문헌

갈라노바 딜노자 · 김영순(2021). 재한 우즈베키스탄 유학생이 경험한 상호문화 소통의 공간별 의미 탐색. 문화교류와 다문화교육. 10(3). 65 - 87.

강미옥 · 이정애 · 최은경(2019). 베트남 결혼이주여성의 정체성, 자본, 이데올로기. 다문화와 평화. 13(2). 107 - 125.

강종훈 · 전주성(2014). 초등학교 이중언어강사의 다문화교육경험 탐색 및 시사점: 서울시를 중심으로. 교원교육. 30(3). 1 - 19.

강준만(2018). 왜 사회적 행위가 정신과 자아를 창출하는가?: 상징적 상호작용론 외. 인물과 사상. 239. 47 - 81.

강희영(2012). 한인여성디아스포라의 이주경험과 트랜스로컬 정체성에 관한 연구 - 구소련권 유학이주여성의 한국체류경험을 중심으로. 한양대학교 박사학위논문.

고갑승(2011). 클라우드 시스템 보안 기능 요구사항 명세서 개발 지원도구. 한남대학교대학원 박사학위논문.

고영복(2010). 사회학사전. 사회문화연구소.

고유선(2012). 근거이론에 기초한 결혼이주여성의 문화적 정체감 발달 과정에 관한 연구. 우석대학교 박사학위논문.

고유선 · 김태호(2011). 결혼이주여성의 문화적 정체감 발달과정 분석: 아시아결혼이주여성을 중심으로. 상담학연구. 12(4). 1339 - 1352.

고은(2010). 다문화가정 아동의 언어교육지원 체계 구축을 위한 모형제안: 교육의 이론과 실천. 15(2). 1 - 24.

고혜원(2008). 고학력 여성의 취업 실태와 경력개발의 요구 분석. 한국행정학회 학술발표논문집(1). 16.

고혜원 · 김상호(2010). 여성결혼이민자의 취업지원 방안: 언어 · 문화 자원 활용 분야를 중심으로. 한국여성정책연구원 연구보고서. 3. 28.

공수연 · 양성은(2014). 중국국적 결혼이주여성들의 취업준비 경험에 대한 과정 분석. 한국가정관리학회지. 32(1). 133 - 150.

과학기술정보통신부(2023). (2023년 3월말 기준) 무선통신서비스 가입현황.

교육부(2021). 2021년 교육기본통계.

구차순(2007). 결혼이주여성의 다문화가족 적응에 관한 연구. 한국가족복지학. 20. 319 - 359.

구현정 · 전영옥(2005). 의사소통의 기법. 박이정.

국립국어연구원(1999). 표준국어대사전. 두산동아.

권경숙 · 이승숙(2018). 베트남 다문화가정 어머니의 이중언어 교육 지원 실제 탐색. 유아교육연구. 38(4). 141-164.

권경숙 · 황인애 · 이승숙(2019). 근거이론 분석으로 본 결혼이민자가정 어머니의 자녀 이중언어 교육경험. 유아교육학논집. 23(5). 247-274.

권순희(2009). 이중언어 교육의 필요성과 정책 제안. 국어교육학연구. 34. 57-115.

권인욱 · 이병권 · 김수영(2020). 결혼이주여성의 건강가정 · 다문화가족지원센터에서의 소외 경험. 복지와 문화다양성 연구. 2(2). 41-73.

금민아(2017). 한부모 결혼이주여성의 한국 사회 적응 및 자녀양육 경험에 관한 연구. 대구대학교 석사학위논문.

기영화 · 홍성화 · 조윤정(2009). 성인학습론. 아카데미프레스.

김가연(2021). 한국어능력시험 (TOPIK) 학습 경험에서 시작된 삶의 변화-필리핀 결혼이주여성의 생애사를 중심으로. 어문논총. 38. 119-143.

김강남(2016). 한부모 결혼이주여성의 자립경험에 관한 현상학적 접근. 다문화와 평화. 10(3). 54-84.

김경숙(2014). 한국의 여성 결혼이주자 정책: 상호문화주의적 조망과 함의. 디지털융복합연구. 12(9). 21-33.

김경숙 · 김민경(2014). 국내 결혼이주여성의 어머니 동화과정. Journal of Korean Academy of Nursing. 44(1). 1-12.

김경옥(2010). 국제결혼이주여성의 사회통합에 영향을 미치는 요인에 관한 연구. 목포대학교 박사학위논문.

김경희 · 허영숙(2014). 결혼이주여성 통번역사를 중심으로 본 한국의 에스닉 (ethnic) 노동에 관한 연구. 아시아여성연구. 53(2). 75-110.

김광기(2001). 당연시되는 세계와 자기기만. 현상학과 현대철학. 18. 388-416.

김기영(2019). 고려인 고학력 여성의 초국가주의적 선택과 전략-이주와 자녀교육을 중심으로. 디아스포라연구. 13(2). 45-79.

김기화(2022). 결혼이주여성의 공동체 활동 경험연구: 상호문화실천과 임파워먼트를 중심으로. IDI도시연구. 2(1). 45-89.

김미라 · Tuan Anh(2011). 결혼이주여성 가정에 나타나는 문화 간 의사소통 연구. 다문화교육. 2(1). 19-36.

김미령(2008). 여성노인의 삶의 만족도에 영향을 미치는 성공적 노화의 구성요소. 한국노년학. 28(1). 33 - 48.

김미승(2020). 교양 수업에서 문화 간 탄뎀소통으로 상호문화역량을 함양하는 방안. 독일어문학. 91. 297 - 319.

김미종 · 김태임 · 권윤정(2008). 여성결혼이민자의 건강증진 행위와 피임에 관한 연구. 여성건강간호학회지. 14(4). 323 - 332.

김민정(2012). 필리핀 여성의 젠더화된 이주: 한국의 사례. 한국여성학회. 28(2). 33 - 74.

김민정 · 유영기 · 이혜경 · 정기선(2006). 국제결혼이주여성의 딜레마와 선택: 베트남과 필리핀 아내의 사례를 중심으로. 한국문화인류학. 38(1). 159 - 176.

김범수(2007). 현대의 다문화가족: 일본의 다문화 공생 지원제도에 관한 연구. 민족연구. 31. 86 - 113.

김병숙 · 안윤정 · 송혜령(2010). 결혼이주여성의 직업적응 프로그램 개발 및 효과. 한국심리학회지 여성. 15(2). 235 - 258.

김새봄 · 정진화(2016). 결혼이주여성의 인적자본과 취업: 출신 국가에 따른 비교. 여성경제연구. 13(1). 21 - 50.

김선숙 · 고대영 · 김혜원 · 조요셉 · 최성은 · 민기채(2020). 결혼이주여성의 한국어 능력이 생활만족도와 우울에 미치는 영향: 주관적 계층의식의 매개효과 검증. 사회과학연구. 31(3). 59 - 78.

김성호(2019). 상호문화주의에 근거한 결혼이주여성의 지역사회참여 경험 연구 - 사회적 경제공동체 참여 경험을 중심으로. 생명연구. 52. 57 - 84.

김숙영(1995). 취업모의 사회적 지원체계와 유아의 사회적 능력 및 인지발달과의 관계. 이화여자대학교 석사학위논문.

김숙현 · 김평의 · 박기순 · 신인아 · 이두원 · 정현숙 · 최윤희(2001). 한국인과 문화간 커뮤니케이션. 커뮤니케이션북스.

김순남(2014). 이주여성들의 결혼, 이혼의 과정을 통해서 본 삶의 불확실성과 생애지도의 재구성. 한국여성학. 30(4). 189 - 231.

김순임 · 민춘기(2014). 상호문화능력학습을 위한 교양 교과목 개발을 위하여. 교육교육연구. 8(5). 517 - 555.

김양이 · 이채우(2008). 중년층의 노후준비 수준에 관한 연구. 한국사회복지조사연구. 19. 55 - 82.

김연희 · 이교일(2017). 초국적 삶의 주체로서 결혼이주여성의 전환 경험과 미디어행위자 네트워크의 역할. 아시아여성연구. 56(1). 107 - 153.

김영경(2015). 한국사회 이주민의 생활세계: 결혼이주여성의 사이버 공동체 사회자본에 관한 연구. 민족연구. 62(0). 4 - 26.

김영란(2006). 한국사회에서 이주여성의 삶과 사회문화적 적응관련 정책. 아시아여성연구. 45(1). 143 - 187.

김영미 · 박수선 · 김일광(2014). 문화복지로써 결혼이주여성의 한국생활적응을 위한 여가의 의미와 활용 방안. 한국체육학회지. 한국체육학회. 53(2). 407 - 421.

김영순(2010). 이민자 통합을 위한 문화 정책의 기본 방향 연구. 문화정책논총. 23. 45 - 68.

김영순(2014). 결혼이주여성의 초국적 유대관계에 나타난 정체성 협상의 커뮤니케이션. 커뮤니케이션이론. 10(3). 36 - 96.

김영순(2014). 다문화사회를 위한 미디어 다양성 교육. 영상미디어교육의 이해. 커뮤니케이션북스.

김영순(2017). 다문화교육의 이론과 이론가들. 북코리아.

김영순(2020). 이주여성의 상호문화소통과 정체성 협상. 북코리아.

김영순 · 강진숙 · 변철희(2009). 매체언어 사용자로서 장애인의 미디어교육 개선 방안 연구: 교수자 및 학습자 FGI를 중심으로. 한국언어문화. 39. 133 - 162.

김영순 · 김도경(2022). 결혼이주여성이 참여한 자조모임 공동체의 상호문화소통에 관한 연구. 다문화사회연구. 15(2). 5 - 37.

김영순 · 김진희 · 강내영 · 이미정 · 이현지 · 황향희 · 김광희 · 이윤선 · 김기국 · 신규리 · 정미강(2008). 문화의 맛과 멋을 만나다. 한올출판사.

김영순 · 문하얀(2008). 교과서에 나타난 다문화교육 내용의 질적 분석 - '사회 · 문화'교과서를 중심으로. 언어와 문화. 4(2). 57 - 80.

김영순 · 박봉수(2012). 중도입국청소년의 문화적응 중심 재사회화 경험에 관한 질적 연구. 언어와 문화. 8(3). 37 - 63.

김영순 · 박봉수 · 팜티휀짱(2012). 중도입국청소년의 문화적응 중심 재사회화 경험에 관한 연구. 언어와 문화. 7(2). 81 - 102.

김영순 · 오영훈 · 김재민 · 응웬 반 히에우 · 응웬 뚜엉 끄엉 · 응웬 쑤언 화 · 백옥짱 · 응웬 뚜언 아잉(2013). 베트남 문화의 오디세이. 북코리아.

김영순 · 임지혜 · 정경희 · 박봉수(2014). 결혼이주여성의 초국적 유대관계에 나타난 정체성 협상의 커뮤니케이션. 커뮤니케이션 이론. 한국언론학회. 10(3). 36 - 96.

김영순 · 임지혜 · 정경희 · 박봉수(2014). 결혼이주여성의 초국적 유대관계에 나타난 정체성 협상의 커뮤니케이션. 커뮤니케이션 이론. 10(3). 36 - 96.

김영순 · 조영철 · 김정희 · 정지현 · 박봉수 · 오영훈 · 손영화 · 박종도 · 이미정 · 정경희 · 김기화 · 박미숙 · 오세경 · 임지혜 · 황해영(2019). 중국계 이주민의 다문화 생활세계 연구. 북코리아.

김영순 · 조영철, 김정희, 정지현, 박봉수, 오영훈, 손영화, 박종도, 이미정, 정경희, 박미숙(2019). 다문화 생활세계와 사회통합 연구. 북코리아.

김영순 · 최수안(2022). '생성'으로서의 자조모임에 참여한 결혼이주여성의 경험에 관한 연구. 아시아여성연구. 6(1). 127 - 174.

김영순 · 최유성(2020). 사회통합을 위한 결혼이주여성의 상호문화소통 탐색. 현대사화와 다문화. 10(4). 91 - 126.

김영옥(2010). 인정투쟁 공간 장소로서의 결혼이주여성 다문화공동체 - '아이다마을'을 중심으로. 한국여성철학. 14. 31 - 64.

김영천(2013). 질적연구방법론 II Methods. 아카데미프레스.

김오남(2006). 결혼이민자가족의 아내학대와 영향요인 연구. 한국사회복지학. 58(4). 5 - 35.

김오남 · 김경신 · 이정화(2008). 결혼이민자 남편의 부부관계 향상 프로그램 효과성에 관한 연구. 한국가정학회지. 26(1). 69 - 84.

김유정(2021). 결혼이주여성 체류 안정을 위한 법제 개선방안. 강원법학. 63. 35 - 85.

김윤주(2017). 이중언어강사의 역할 수행 실태 및 개선방안 연구. 어문논집. 79. 139 - 163.

김윤희(2010). ADHD 청소년을 위한 목표 추구성 중심의 학습코칭 프로그램의 개발. 서울대학교 박사학위논문.

김은재(2016). 결혼이주여성들의 삶과 글로벌 돌봄노동 맥락: 정신장애인 배우자들의 사례를 중심으로. 중앙대학교 박사학위논문.

김은재(2018). 여성 결혼이민자들의 지역사회 자원봉사활동 참여 경험에 대한 현상학적 연구. 지역사회연구. 26(4). 65 - 90.

김은주(2014). 들뢰즈와 가타리의 되기 개념과 여성주의적 의미. 한국여성철학.

21. 95 - 119.

김은주(2016). 들뢰즈의 생성의 공간 - 변이하는 공간과 공간 생산을 중심으로. 시대와 철학. 27(2). 7 - 37.

김은주(2018). 탈근대의 윤리적 주체화와 책임의 새로운 지평. 한국여성철학. 29. 59 - 86.

김은혜(2018). 다문화가정 청소년의 스마트폰 중독에 영향을 미치는 원인 조건에 관한 탐색적 혼합연구. 어린이재단 연구논문 모음집. 2018(-). 74 - 118.

김이선(2010). 다문화사회의 전개와 다문화정책의 성격: 문화의제를 중심으로. 지역과 세계. 34(1). 1 - 27.

김이선(2021). 한국인 사이에서 살고 있는 이주여성, 한국인과 함께 모임 · 활동 참여는 어려워. (한국여성정책연구원 2021 ISSUE PAPER - 기본연구사업 1 - 9). 한국여성정책연구원.

김이선 · 김민정 · 한건수(2007). 여성 결혼이민자의 문화적 갈등 경험과 소통 증진을 위한 정책과제. 한국여성정책연구원 연구보고서. 291 - 308.

김정선(2009). 필리핀 결혼 이주여성의 귀속(belonging)의 정치학. 이화여자대학교 박사학위논문.

김정희 · 최은수(2012). 다문화출신 이주자의 한국사회 직업획득과정에서 제공되는 평생교육 탐색. 평생교육 HRD연구. 8(2). 79 - 103.

김종대(2013). 사진치료를 통한 다문화사회의 상호문화소통에 대해. 철학과 문화. 26. 7 - 96.

김종호 · 권순용(2013). 결혼이주여성의 여가 경험: 신체적 여가활동을 중심으로. 한국스포츠사회학회지. 26(1). 65 - 82.

김지영(2004). 들뢰즈와 (여성의) 몸 담론. 새한영어영문학. 46(1). 23 - 47.

김진희(2019). 사회복지사의 상호문화역량 영향 요인. 문화예술교육연구. 14(4). 1 - 26.

김진희(2021). 지역아동센터 아동의 상호문화역량에 관한 혼합연구. 문화교류와 다문화교육. 10(6). 141 - 174.

김태린(2021). 결혼이민자의 직업문식성 신장 교육 연구: 통번역 지원사의 업무를 중심으로. 학습자중심교과교육연구. 21(5). 201 - 222.

김태원(2012). 다문화사회의 통합을 위한 패러다임으로서의 유럽 상호문화주의에 대한 이론적 탐색. 유럽사회문화. 9. 179 - 213.

김현미(2008). 이주자와 다문화주의. 현대사회와 문화. 26. 57 - 79.

김현주 · 손은경 · 신혜영(2000). 현장중심 부모교육 이론과 실제. 양서원.

김혜순(2008). 결혼이주여성과 한국의 다문화사회 실험. 한국사회학. 42(2). 36 - 71.

김혜진(2016). 한국 거주 고려인 청년층의 민족정체성 변화. 슬라브학보. 31(2). 31 - 69.

김희주(2010). (A) Qualitative Study on the Ethnic Identity of Marriage Migrant Women in Korea: (A) Case Study of Philippine and Vietnamese women. 서울대학교 박사학위논문.

김희주(2018). 한부모 결혼이민자 여성의 사회적 배제 경험에 대한 질적연구. 가족과 문화. 30(2). 129 - 170.

남혜경 · 이미정(2014). 자녀에게 모국어를 가르치는 결혼이주여성의 경험. 창조산업연구. 1(2). 53 - 74.

다누리(2017). https://www.liveinkorea.kr.

딩징야 · 진미정(2017). 외국인배우자의 사회적 차별 경험이 우울감에 미치는 영향: 자조모임참여의 매개효과. 2017년 한국가족관계학회 가을학술대회 발표자료집. 210 - 210.

레황바오쩜(2012). 베트남 결혼이주여성이 지각한 부모 자녀 관계와 삶의 질: 토착심리학적 연구. 인하대학교 대학원 교육학과 심리교육 전공 석사학위논문.

류은영 · 조숙정(2021). 다문화가정 가정폭력 피해 경험 실태분석과 함의. Crisisonomy. 17(2). 145 - 159.

류정현(2010). 베트남의 생활문화를 통해서 본 결혼이주여성의 가정생활 적응전략. 원광대학교 일반대학원 가정아동복지학과 석사학위논문.

마효정(2015). 청소년의 상호문화 소통을 위한 연극학습모형 개발. 춘천교육대학교 교육대학원 석사학위논문.

문경연(2011). 국민의 배우자를 벗어난 여성들 한족 결혼이주여성들의 결혼과 이혼 사례를 중심으로. 한국문화인류학. 44(2). 71 - 112.

문성훈(2014). 인정의 시대(현대사회 변동과 5대 인정). 사월의 책.

민웅기 · 김상학(2014). 다문화가족 이주여성들의 여가제약이 여가활동 참여 및 여가만족에 미치는 영향. 관광연구저널. 한국관광연구학회. 28(5). 45 - 61.

민웅기 · 김상학(2018). 결혼이주여성들의 여가활동 특성에 대한 비판적 고찰.

문화와 융합. 한국문화융합학회. 40(3). 29 - 62.

민현식(2009). 언어습득 및 문화 관련 이론의 동향. 국어교육연구. 24. 71 - 118.

박경애 · 채옥희 · 정혜선 · 김대건(2012). 다문화가족지원센터 결혼이주여성 자조모임 활성화 방안 연구. (여성가족부 연구보고 2012 - 56). 여성가족부.

박규택(2015). 제3의 공간과 전이성에 의한 결혼이주여성의 유동적, 혼종적 정체성. 한국도시지리학회지. 18(1). 31- 43.

박능후 · 선남이(2010). 특집: 한국의 다문화의식: 국제결혼 이주여성의 취업이 한국사회 적응에 미치는 영향. 민족연구. 41. 120 - 144.

박동숙 · 임해영 · 김은경(2019). 결혼이주여성의 적응 경험에 관한 연구. 한국가족복지학. 65. 5 - 41.

박명숙(2014). 결혼이주여성의 문화적응이 양육 스트레스 영향. 한국아동복지학. 46. 1 - 23.

박명숙 · 송사리(2022). 결혼이주여성의 노동시장 진입과 직장이동의 어려움. 미래사회복지연구. 13(3). 5 - 32.

박미숙 · 김영순(2015). 입국초기 결혼이주여성의 스마트폰 이용 경험에 관한 연구. 여가학연구. 13(1). 1 - 17.

박미숙 · 이미정(2015). 한국대학원에 재학하는 중국 유학생의 효 의식에 관한 연구. 효학연구. 21. 115 - 136.

박미정(2015). 이혼으로 한부모 가장이 된 결혼이주여성의 생애사 연구: 행위의 주체에서 권리의 주체로 거듭나기. 한국가족복지학. 20(2). 273 - 294.

박민철(2014). '좌절된 욕망'의 집단적 심리와 고려인의 가치지향성. 통일인문학. 59. 59 - 92.

박상옥 · 함은혜 · 이은영(2021). 다문화가족지원센터가 결혼이주여성의 지역공동체의식에 미치는 영향 - 조절효과를 중심으로. 교육문화연구. 27(3). 435 - 454.

박선영(2019). 내러티브 탐구를 통한 베트남 결혼이주여성의 정체성 연구: 이야기 정체성을 중심으로. 상명대학교 박사학위논문.

박수정 · 윤채빈 · 김민규(2011). 도서지역 결혼이주여성의 여가참여 실태에 관한 연구. 교육문화연구. 17(2). 113 - 147.

박신규(2008). 국제결혼이주여성의 정체성 및 주체성의 사회적 위치성에 따른 변화: 구미 지역의 국제결혼이주여성의 생애사 분석을 중심으로. 한국지역

지리학회지. 14(1). 40 – 53.

박신규(2020). 귀환 재외한인청소년의 유형별 이주특성과 정체성 형성 분석: 중국 조선족과 고려인 출신을 중심으로. 다문화와 평화. 14(1). 93 – 115.

박애란 · 정미희 · 김정애 · 체첵델게르(Tsetsegdelger)(2018). 다문화가족의 가정폭력에 관한 연구. 인권복지연구. 20(1). 77 – 111.

박영진 · 장인실(2018). 이중언어를 구사하는 다문화가정 자녀 특성에 관한 연구. 다문화사회연구. 11(1). 27 – 260.

박인곤 · 신동희(2010). 스마트폰 이용자들의 이용과 충족, 의존도, 수용자 혁신성이 스마트폰 이용만족에 미치는 영향에 관한 연구. 언론과학연구. 10(4). 192 – 225.

박인철(2010). 상호문화성과 윤리: 후설의 현상학을 중심으로. 철학. 103. 129 – 157.

박인철(2015). 현상학과 상호문화성. 아카넷.

박인철(2017). 상호문화성과 동질성: 상호문화성에서 동질성의 의미와 그 철학적 함축. 코기토. 82. 34 – 69.

박재규(2011). 국제결혼 여성이민자의 가족해체 원인 및 특성 분석: 경기지역 자료를 중심으로. 보건사회연구. 31(3). 104 – 139.

박재규(2013). 농촌과 도시 결혼이주여성의 취업 결정요인 및 지원방안 연구. GRI연구논총. 15(1). 5 – 33.

박재규 · 고지영 · 신은혜(2011). 경기도 국제결혼 이민자 가족의 자조모임 실태 및 활성화 방안연구. (경기도 가족여성연구원 2011 정책보고 2011 – 13). 경기도가족여성연구원.

박지인(2021). 결혼이주여성의 공동체 의식이 지역사회 참여에 미치는 영향. 인하대학교 박사학위논문.

박찬옥 · 이은경(2012). 출신 국가별 다문화가정 어머니의 자녀교육관 및 부모역할 인식. 특집논문. 다문화콘텐츠연구. 12.

박창제(2008). 중 · 고령자의 경제적 노후준비와 결정요인. 한국사회복지학. 60(3). 275 – 297.

박창제(2017). 고령자의 재무적 노후준비 경향과 영향 요인에 관한 연구: 1998년, 2002년, 2009년, 2015년 비교. 사회복지정책. 44(3). 163 – 187.

박현순(2009). 생태계적 관점에서 본 기혼여성과 한부모여성의 취업영향 요인 비교연구. 청주대학교 박사학위논문.

박현식·이선형·최은희(2010). 충청남도 예비노인의 경제적 노후준비 실태에 대한 탐색적 연구: 거주 지역 고령화비율을 중심으로. 한국지역사회복지학. 35. 285 - 315.

박현식·최옥자(2012). 독일교민의 노후준비 실태가 성공적 노후에 미치는 영향. 한국지역사회복지학. 43. 467 - 487.

박희훈·오성배(2014). 다문화가정 자녀의 학교급별 학교생활 적응에 관한 탐색. 한국교육문제연구. 32(2). 35 - 57.

배문조(2011). 중년기의 성공적 노후생활에 대한 인식 및 노후 생활 준비의식이 노후 생활 준비행동에 미치는 영향. 한국가족관계학회지. 16(1). 45 - 61.

백은숙·한상길(2017). 결혼이주여성의 전문대학 학습경험 의미. 한국콘텐츠학회논문지. 17(4). 179 - 199.

백홍진·김세은(2012). 열려있는 지역 공간으로서의 시민 미디어: 제천 시민 TV 〈봄〉을 중심으로. 미디어·젠더 & 문화. 22. 75 - 117.

법무부(2020). 2019년 12월 출입국·외국인정책 통계월보.

법무부(2021). 출입국자및체류외국인통계. 시군구별 결혼이민자 현황.

법무부(2023). 국민의 배우자 지역별 현황.

보건복지가족부(2008). 다문화가족 생애주기별 맞춤형 지원 강화대책.

보건복지부(2015). 2014년도 노인실태조사 결과 발표.

봉진영(2011). 다문화 가정 어머니의 자녀양육과 교사의 교육경험에 대한 탐구. 성신여자대학교 대학원 박사학위논문.

봉진영·권경숙(2013). 부모교육지도사의 다문화가정 방문지도 경험의 의미탐색. 교육연구. 56. 69 - 105.

빈부격차·차별시정위원회 (2006). 혼혈인 등 소수의 사회통합지원방안. 빈부격차·차별시정위원회.

사오친친(2017). 중국배경 다문화가정에서 초등학생 자녀의 이중언어 교육 실태 연구. 석사학위논문. 서울교육대학교.

서울대학교국어교육연구소(2014). 한국어 교육학 사전. 도서출판 하우.

서재복·임명희(2018). 전북지역 결혼이주여성의 사회적 참여: 사회적 지지와 삶의 질의 구조적 관계. 교육종합연구. 16(1). 173 - 193.

서정원·민윤경(2021). 취업적응지원사업에 참여한 결혼이주여성 종사자의 역할 학습에 대한 사례연구: 수도권 북부의 다문화가족지원센터를 중심으로.

질적탐구. 7(3). 491 - 529.

서태실(2017). 조선족 이주여성 자조모임의 초등학생 자녀교육경험에 관한 질적 연구. 경인교육대학교 교육전문대학원 석사학위논문.

서태실 · 이윤정(2017). 조선족 이주여성의 자조모임을 통해서 본 초등학생 자녀 교육경험에 관한 연구. 학습자중심교과교육연구. 17(24). 369 - 391.

서혁(2007). 다문화가정 현황 및 한국어 교육 지원 방안. 인간연구. 12. 1 - 24.

서현 · 이승은(2007). 농촌지역의 국제결혼 가정 자녀가 경험하는 어려움에 관한 연구. 열린유아교육연구. 12(4). 25 - 47.

서홍란 · 김기은 · 김양호(2008). 연구참여자 결혼이민자의 양육스트레스에 영향을 미치는 요인에 관한 연구. 한국가족관계학회지. 13(3). 121 - 143.

서홍란 · 배영미 · 유영림(2016). 베트남 결혼이주여성의 검정고시 학습경험에 관한 생애사 연구. 한국사회복지질적연구. 10(3). 33 - 63.

석상훈 · 권혁창 · 송현주 · 이은영 · 오지연 · 신혜리 · 김균희(2011). 우리나라 중 · 고령자의 노후준비 실태와 기대 Ⅱ : 제3차(2010년도) 국민노후보장 패널 부가조사 분석보고서. 국민연금연구원.

석영미(2021). 결혼이주여성의 학습생애사 연구: 중국 이주여성들의 이야기. 문화예술교육연구. 16(4). 203 - 224.

설동훈 · 윤홍식(2005). 국내거주 여성결혼이민자의 사회경제적 적응과 사회복지 정책. 한국사회복지학. 3. 247 - 265.

설동훈 · 이계승(2011). 여성 결혼이민자 부부의 결혼 만족도와 이혼 의향에 영향을 미치는 요인 분석. 지역사회학. 13(1). 117 - 147.

설진배 · 김소희(2013). 결혼이주여성의 사회적 연결망과 초국가적 정체성 한국 생활 적응과정을 중심으로. 아태연구. 20(3). 229 - 260.

성미영 · 권희경, 장영은(2010). 대학생의 어머니 취업력, 성취동기와 직업양성평등의식이 어머니 취업에 대한 부정적 신념에 미치는 영향. 대한가정학회지. 48(3). 115 - 124.

성상환(2010). 서구의 다문화교육과 아동의 정체성 문제. 한국다문화교육연구학회. 1(1). 37 - 47.

성상환 · 김명정 · 배화순 · 이윤주(2010). 다문화가정 동반 중도입국 자녀교육 수요 및 지원방안 연구. 서울대학교 중앙다문화교육센터.

성지혜(2015). 결혼이주여성의 노후생활 준비에 관한 연구: 대구지역 베트남 결혼이주여성을 중심으로. 여성연구. 88(1). 83 - 115.

손미향 · 최희경(2018). 결혼이주여성과 이혼한 한국남성의 결혼 해체 경험에 관한 연구. 여성학연구 28(1). 113-154.

손민호 · 조현영(2013). 다문화가정 결혼이주여성의 학습경험에 따른 정체성 구성에 관한 연구: 다문화교육 교사양성 프로그램 참여자를 중심으로. 교육문화연구. 19(3). 141-173.

송선화 · 안효자(2011). 필리핀 결혼이주여성의 자녀양육 경험. 정신간호학회지. 20(2), 167-179.

송성이(2009). 준고령자의 직업복귀유형별 재취업욕구와 미래시간전망 비교분석. 경기대학교 대학원 석사학위논문.

송유미(2009). 다문화가정의 한국어 교육 방안 연구. 충남대학교 교육대학원 석사학위논문.

송은아(2013). 헤르만 헤르츠버거의 교육공간에 나타난 사회적 지속가능성에 관한 연구. 건국대학교 박사학위 논문.

송재현(2018). 결혼이주여성의 배우자 사별 경험에 관한 현상학적 연구. 한국콘텐츠학회논문지. 18(8). 379-391.

송채수(2018). 이중언어사회화가 다문화가정 아동 · 청소년의 자기존중감에 미치는 영향: 동남아출신 결혼이주여성과 한국인 아버지의 자녀를 중심으로. 아시아문화연구. 48. 245-280.

신승혜(2015). 결혼이민여성의 정체성 확립을 위한 상호문화교육 방안. 국제지역연구. 19(1). 33-60.

신용식(2019). 상호문화적 의사소통능력 향상을 위한 이중언어 교육. 다문화사회와 교육연구. 4. 119-149.

신용식(2021). 상호문화적 다문화교육의 철학적 근거 모색: 현상학과 의사소통행위 이론을 중심으로. 부산외국어대학교 일반대학원 박사학위논문.

신윤경(2018). 결혼이민자를 위한 문화수업 내용 구성 방안: 결혼이민자 통번역서비스 사업 양성교육을 중심으로. 다문화교육연구. 11(3). 99-218.

신지혜(2008). 국제결혼이주여성 자녀와 일반아동의 심리사회적 적응 비교 연구. 이화여자대학교 석사학위논문.

심영의(2013). 다문화소설의 유목적 주체성 연구. 아시아여성연구. 52(2). 147-174.

심영희(2011). 기획특집: 다문화사회와 이주민의 정체성: 국제결혼이주여성의 초국적 장의 경험과 초국적 정체성 연구. 9(1). 7-44.

심인선(2007). 결혼이주여성의 성인교육경험이 문화적응에 미치는 영향. 성인교육연구. 10(4). 77 - 97.

심인선(2010). 결혼이민자의 취업 및 직업훈련 실태와 정책과제. 보건복지포럼. 165. 36 - 45.

안윤지(2015). 결혼이주여성의 이혼에 관한 탐색적 연구. 동아대학교 박사학위논문.

양민정(2018). 설화를 활용한 다문화 가정의 상호문화소통과 이해: 한국, 중국, 베트남을 중심으로. 한국고전연구. 40. 163 - 199.

양인숙 · 김선혜(2011). 여성결혼이민자의 인적자본 및 사회자본이 취업에 미치는 영향. 경영경제연구. 34(1). 237 - 266.

여성가족부(2021). 2021년 전국다문화가족실태조사

여성가족부(2013). 결혼이민자 자조모임 활성화 방안 연구. http://www.mogef.go.kr (검색일: 2022.03.15.).

여성가족부(2016). 2016 다문화가족지원 사업안내.

여성가족부(2018). 제3차 다문화가족정책 기본계획. http://www.mogef.go.kr (검색일: 2022. 03. 15.)

여성가족부(2019). 2018년 전국 다문화가족실태조사 연구. http://www.mogef.go.kr (검색일: 2022.03.15.).

여성가족부(2021). 다문화실태조사.

여성가족부(2022).http://www.mogef.go.kr/mp/pcd/mp_pcd_s001d.do?mid=plc503에서 2023.1.6. 인출.

염지숙(2017). 영아기 자녀를 둔 농촌지역 결혼이주여성의 취업경험을 통한 정체성 형성. 유아교육학술집. 21(2). 307 - 327.

오만석(2011). 다문화가정 자녀교육의 현실과 과제: 여섯 가정을 중심으로. 다문화교육연구. 4(1). 43 - 77.

오성배(2005). 코시안(Kosian)아동의 성장과 환경에 관한 사례연구. 한국교육. 43(3). 61 - 83.

오성배(2007). 국제결혼 가정자녀의 교육환경과 문제. 교육비평. 22. 186 - 213.

오성배(2009). 외국인 이주노동자 가정 자녀의 교육 실태와 문제 탐색. 한국청소년연구. 20(3). 305 - 334.

오세경, 김미순(2016). 대학생의 다문화 멘토링 활동 경험을 통한 다문화 인식 변화. 예술인문사회융합멀티미디어논문지. 6(9). 201 - 210.

오세경 · 김영순(2018). 사회통합적 접근에서 본 재한 중국 유학생의 여가 경의 의미 분석. 여가학연구. 16(2). 45-65.

오세경 · 김영순(2019). 사회통합적 관점에서 본 동남아시아계 결혼이주여성의 여가 경험과 의미 문화교류와 다문화교육. 8(2). 169-191.

오세연(2013). 다문화가정 자녀의 인터넷 중독 원인과 대응방안에 관한 연구. 한국자치행정학보. 27(3). 165-189.

오은주 · 고진호(2021). 제주지역 중 · 장기 거주 결혼이주여성 취업의 한계와 개선 방안. 인문사회21. 12(4). 2915-2930.

오은진 · 민현주 · 김지현(2009). 교육수준에 따른 여성의 노동시장 이행 실태와 취업선택 결정요인. 고용직업능력개발연구. 12(1). 141-162.

오지영 · 홍용희(2018). 캄보디아 다문화가족 부모의 자녀 언어교육 지원을 위한 실행연구. 유아교육연구. 38(6). 191-228.

오혜정(2017). 한부모 이주여성의 삶에 관한 현상학적 연구: 자녀양육 경험을 중심으로. 한국가족복지학. 57. 39-67.

우현경 · 정현심 · 최나야 · 이순형 · 이강이(2008). 다문화가정 어머니의 한국어 능력과 유아기 자녀의 언어발달. 아동학회지. 30(3). 23-36.

원순옥 · 이화숙(2015). 결혼이주여성의 한국어 교육경험에 대한 질적연구. 민족연구. 62. 93-119.

원진숙(2008). 다문화 시대의 초등학교 국어과 교육: 다문화가정 자녀를 위한 한국어 교육 지원 방안을 중심으로. 국어교육학연구. 32. 269-303.

원진숙(2010). 삶을 주제로 한 자기 표현적 쓰기 경험이 이주여성의 자아 정체성 형성에 미치는 영향에 관한 한국어 쓰기 교육 사례 연구. 작문연구. 11. 137-164.

원진숙(2014). 다문화 시대 우리 사회의 언어 소수자 자녀를 위한 언어 교육 정책. 우리말연구. 39. 25-57.

원진숙(2018). 한국형 이중언어강사 제도의 현황과 과제 - 이중언어강사들의 인식을 중심으로. 한국어문교육. 24. 443-478.

유수연(2012). 상호문화 의사소통능력 개발을 위한 이론과 실제. 외국어로서의 독일어. 30. 81-101.

윤석호(2018). 한국학계의 고려인 연구동향과 인식. 한국민족운동사연구. 94. 267-307.

윤성우(2006). 포스트구조주의의 욕망론 - 들뢰즈를 중심으로. 프랑스학연구. 6.

125 - 146.

윤형숙(2005). 지구화, 이주여성, 가족재생산과 홍콩인의 정체성. 중국현대문학.
　　33. 129 - 156.

윤혜경(2007). 고학력 경력단절 여성의 직업진로 탐색 경험분석: 직업교육 프로
　　그램의 중장년 참여자를 중심으로. 이화여자대학교 대학원 박사학위논
　　문.

윤호신(1998). 특수학급 아동의 통합교육에 대한 교사의 의식 수준 및 개선방안.
　　우석대학교 대학원 석사학위 논문.

응우엔티히엔트랑(2009). 베트남 결혼이주여성에 대한 한겨레 및 조선일보 보도
　　의 비교분석: 2006년 4월부터 2008년 4월까지 보도를 대상으로. 성공회
　　대학교 NGO대학원 석사학위논문.

응포친(2013). 여성결혼이민자의 관점에서 본 다문화가족 방문교육 참여 경험연
　　구: 아동양육지원서비스를 중심으로. 숙명여자대학교 석사학위논문.

이경은 · 박창재(2009). 결혼이주여성을 위한 다문화가정 지원사업의 경제성 분
　　석. 가족과 문화. 21(4). 119 - 143.

이경준(2006). 한국과 독일의 장애인 자조모임 연구: 양국 참가자들의 지원욕구
　　와 인식비교 및 독일의 자조모임 지원 동향. 한국장애인복지학. (4). 111
　　- 166.

이귀애(2016). 다문화가족지원센터 이용 결혼이주여성의 프로그램 만족도와 필
　　요도: 창녕군다문화가족지원센터를 중심으로. 가야대학교 석사학위논문.

이귀옥 · 전효정 · 박혜원(2003). 3 - 5세 아동의 이중 언어 경험과 인지능력 및
　　언어발달에 관한 연구: 인지적 복잡성에 따른 분석과 통제이론을 중심으
　　로. 한국아동학회지. 24(6). 1 - 14.

이다혜 · 정유선(2014). 지속가능한 사회를 위한 다문화가족 자녀 대상 언어교육
　　에 대한 제언: 중국어교육을 중심으로. 지속가능연구. 5(3). 47 - 55

이래혁(2022). 다문화 청소년의 코로나19로 인한 우울이 스마트폰 사용시간에 미
　　치는 영향과 불안을 통한 성별의 조절된 매개효과. 스트레스硏究. 30(3).
　　147 - 154.

이미선(2021). 한국어 원어민 교사의 상호문화 간 소통 역량: 학문 목적 학습자
　　의 관점에서. 문화교류와 다문화 교육. 10(3). 229 - 254.

이미영(2017). 중년층의 노후준비 감사성향 및 주관적 행복감의 관계: 한국과 뉴
　　질랜드 재외동포 비교연구. 한국웰니스학회지. 12(3). 291 - 304.

이미자(2008). 유아기 자녀교육과 양육신념에 대한 어머니와 아버지의 인식 비교. 경기대학교 석사학위논문.

이미정, 이훈재 · 박봉수(2012). 결혼이주여성 시어머니의 생활 경험 연구. 언어와 문화. 8(1). 123 - 143.

이병준 · 장소은(2013). 학습공동체: 사회적 공간 및 친교 담론적 접근. 교육사상연구. 한국교육사상연구회. 27(2). 123 - 137.

이병준 · 한현우(2016). 상호문화역량의 개념 및 구성요소에 관한 연구. 문화예술교육연구 11(6). 1 - 24.

이상미 · 이유미(2023). 중국 출신 다문화가정 어머니의 자녀 이중언어를 위한 부모교육 참여 경험. 열린부모교육연구. 15(1). 27 - 51.

이상호 · 김대군 · 박균열(2015). 다문화가정 자녀의 사회적응력 함양에 관한 연구. 윤리교육연구. 36. 239 - 258.

이성숙(2019). 초등 예비교사의 지속가능발전과 상호문화역량에 관한 연구. 한국실과교육학회지. 32(4). 181 - 199.

이성식(1995). 역할담당 감정으로서의 수치심과 청소년 비행: 상징적 상호작용모델의 검증을 중심으로. 한국사회학. 29. 617 - 649.

이수범(2004). 문화간 대화의 이면: 비영어권 화자의 상호작용에 대한 탐색적 연구. 커뮤니케이션학연구. 12(5). 123 - 138.

이수자(2017). 한국 다문화가정 자녀의 이중언어 교육을 위한 프로그램 연구: 독일상호문화 교육과 비교하여 . 전남대학교 박사학위논문.

이숙진 · 김안나(2013). 결혼이주여성의 임파워먼트와 다문화 지원기관의 상호작용. 가족과 문화. 25(2). 234 - 269.

이승숙 · 송나리 · 이문옥(2014). 결혼이민자가정 자녀의 이중언어 교육에 대한 어머니의 인식과 어려움 및 요구. 유아교육학논집. 18(5). 99 - 126.

이오복(2019). 다문화복지정책에 대한 서비스 제공자의 인식유형 연구: 사회복지사. 방문교육 지도사, 언어발달지도사를 중심으로. 인문사회21. 10(6). 395 - 410.

이은아(2012). 도시 결혼이주여성의 경계적 위치와 모성의 확장적 구성/재구성에 관한 연구. 이화여자대학교 박사학위논문.

이인혜(2019). 미국 대학 한국어 학습자의 원격협력대화에 나타난 상호문화 의사소통 분석. Journal of Korean Culture. 47. 69 - 105.

이재분 · 박균열 · 김갑성 · 김선미 · 김숙이(2010). 다문화 가족 자녀의 결혼 이민

부모출신국 언어 습득을 위한 교육지원 사례연구. 한국여성정책연구원 · 한국교육개발원.

이정남(2007). 동북아 국가체제와 인구이동: 동북아적 특성과 원인. 신아세아. 14(2). 90-111.

이정애 · 최은경(2019). 베트남 결혼이주여성의 정체성, 자본, 이데올로기. 다문화와 평화. 13(2). 107-125.

이정우(2008). 천하나의 고원. 돌베개.

이정전(2003). 가정과 사회적 자본, 그리고 경제. 대한가정학회지. 41(9). 179-190.

이정희 · 이수분(2013). 여성결혼이민자의 직업적응과정에 관한 질적연구. 인적자원연구. 20(1). 141-159.

이종열 · 범령령(2009). 다문화시대의 언어정책. 한국정책연구. 9(3). 41-57.

이지은 · 장애리 · 최문선 · 허지윤(2014). 한국 내 외국인을 위한 통역 서비스 현황에 대한 소고. 통번역학연구. 18(4). 167-191.

이지현 · 진수진 · 주현정 · 조연실(2013). 결혼이주여성의 한국어능력, 자아존중감, 문화적응 스트레스가 가족건강성에 미치는 영향: 부부 적응의 매개효과를 중심으로. 지역사회간호학회지. 24(1). 88-98.

이진경(2014). 다문화가정 방문 한국어 교육지도사를 위한 보수교육 방안연구. 한국사상과 문화. 75. 485-508.

이진경(2018a). 노마디즘 1. 휴머니스트.

이진경(2018b). 노마디즘 2. 휴머니스트.

이창덕(2010). 다문화 한국 사회를 위한 이중 언어 교육. 다문화교육. 1(1). 49-76

이춘양 · 김수민 · 이현주(2020). 여가로서의 결혼이주여성 문화예술 활동 경험 탐색: 'H' 중국 전통무용팀을 중심으로. 학습자중심교과교육연구. 20(5). 1089-1113.

이춘호 · 임채완(2014). 결혼이주여성의 다중적 정체성과 세력화에 관한 연구. 평화학연구. 15(3). 91-116.

이태정 · 이용수 · 신현구 · 김명수(2013). 결혼이주여성의 취업상태에 대한 분석연구. 한국인구학. 36(3). 21-44.

이필숙(2015). 독일의 간문화적 교육학을 통해 조명해 본 한국의 다문화가정 아동 교육에 대한 고찰. 창의인성연구. 〈MeFOT〉41. MeFOT. 67-83.

이해경(2015). 결혼이주여성의 이혼 후 삶의 경험에 관한 연구. 한국가족복지학. 4. 29-54.

이현서 · 김혜숙 · 신희천 · 최진아(2013). 결혼이주여성의 노동 여가생활 변화 인식과 삶의 만족감에 대한 연구. 여가학연구. 11(2). 31-58.

이현옥(2016). 동아시아 맥락에서의 돌봄레짐 변화와 이주의 여성화. 경제와 사회. 문화교류연구. 8(2). 239-269.

이현주(2013). 한부모 이주여성의 자녀양육과 삶에 대한 연구. 여성학연구. 23(1). 171-214.

이형하(2010). 농촌지역 결혼이주여성의 지역사회활동 참여 경험에 관한 질적 연구. 한국사회복지학. 62(3). 219-245.

이혜경 · 전혜인(2013). 결혼이주여성이 지각한 사회적 지지가 결혼만족도에 미치는 영향: 문화적응 스트레스의 매개효과를 중심으로. 한국가족복지학. 18(4). 413-432.

이혜련 · 이귀옥(2006). 이중언어 경험과 선택적 주의능력의 관계. 아동학회지. 27(4). 55-64.

이혜린 · 권유홍(2014). 농촌 결혼이주여성의 여가참여가 여가만족 및 생활만족에 미치는 영향. 관광레저연구. 26(1). 151-170.

이홍균 · 박종일 · 하홍규(2010). 한국인의 삶을 읽다: 창원시 중심으로. 나남.

이화도(2011). 상호문화성에 근거한 다문화교육의 이해. 비교교육연구. 21(5). 171-193.

이효영 · 한희창(2021). 상호문화역량 교육을 위한 한중탄뎀수업 사례와 효과. 중국문학연구. (83). 157-180.

인은영 · 김찬우(2015). 중간소득 이하 중년층의 성공적 노화인식이 노후준비에 미치는 영향. 한국사회복지조사연구. 44. 25-52.

임사랑(2012). 다문화가정 시어머니의 고부갈등 요인에 대한 연구: 순천시를 중심으로. 전남대학교 석사학위논문.

임선우(2020). 대구광역시 결혼이주여성의 공동체 형성에 관한 연구 문화와 융합. 42(9). 189-229.

임선우 · 김수민(2018). 대구 · 경북지역 여성 결혼이민자의 사회적 관계망 역할 분석. 문화와 융합. 40(7). 565-600.

임선우 · 윤황(2017). 베트남 결혼이주여성의 통 · 번역 자조모임 특성에 관한 연구: 대구광역시 사례를 중심으로. 인문사회21. 8(3). 639-660.

임혜정(2018). 결혼이주여성의 사회적경제 실천에 관한 연구: B협동조합의 다문화교육을 중심으로. 다문화와 평화. 12(3). 249-270.

임희경 · 안주아 · 신명희 · 황경아(2012). 사회적소수인으로서 여성결혼이민자의 미디어 접근과 이용에 대한 탐색적 연구. 커뮤니케이션학연구. 20(2). 5-27.

장덕희 · 신효선(2010). 다문화가정 자녀의 학교부적응에 미치는 환경요인. 청소년학연구. 17(3). 123-147.

장명림 · 권미경 · 김혜진 · 공요은(2013). 취약가족의 자녀양육 지원 방안: 다문화가족을 중심으로(연구보고서 2013-26). 육아정책연구소.

장온정(2010). 다문화가정 자녀의 학교생활적응을 위한 예비학부모 역량강화. 한국실과 교육학회지. 23(3). 77-99.

장온정 · 박정윤(2010). 가정폭력 피해 결혼이민자여성의 경험과 지원체계 개선에 관한 연구. 가정과삶의질연구. 28(6). 221-234.

장한업(2016). 상호문화교육의 철학적 기반에 대한 고찰: 상호주관성과 상호문화성을 중심으로. 교육의 이론과 실천. 21(2). 33-54.

장훈(2015). 아동 여가 정책 수립을 위한 기초연구(연구보고서2015-43). 한국문화관광연구원.

전명길(2017).다문화가정의 가정폭력에 관한 연구. 법률실무연구. 5(3). 249-269.

전윤주 · 서광봉 · 임진선(2012). 결혼이주여성의 여가제약 협상과정에 관한 근거이론적 분석. 한국레저사이언스학회지. 3(2). 31-56.

전현곤(2004). 전자미디어에 의한 청소년의 정체성 형성과 학교교육의 변화방향에 관한 연구. 교육학연구. 42(1). 169-198.

정기섭(2011). 지속가능발전교육의 관점에서 본 상호문화역량. 교육의 이론과 실천. 16(3). 133-149.

정란희(2018). 대구 경북 중국계 이주여성의 인정투쟁에 관한 연구. 전남대학교 세계한상문화연구단 국내학술회의. 2004(5). 89-109.

정선희(2014). 국제결혼 이주여성의 이혼 후 삶의 변화에 관한 연구: 경남지역 사례를 중심으로. 창원대학교 대학원 석사학위논문.

정성미(2010). 결혼이주여성의 자조모임과 정체성에 관한 연구. 전북대학교 석사학위논문.

정우향(2021). 로맹 가리 작 자기 앞의 생애 Momo 인물 분석: 상호문화적 개념을 중심으로. 프랑스 문화 연구. 51(1). 249-283.

정의철·정미영(2018). 베트남 이주여성의 공동체 미디어 참여가 문화적 시민권 구축에 미치는 영향. 한국언론학보. 62(5). 136-172.

정해숙·김이선·이택면·마경희·최윤정·박건표·동제연·황정미·이은아 (2016). 2015년 전국다문화가족실태조사 분석(연구보고서 2016-03). 한국여성정책연구원.

정현미(2015). 여성폭력 관련 입법정책의 문제점. 이화젠더법학. 7(1). 51-72.

정혜영·김진우(2010). 베트남 여성결혼이민자 가족의 문화적응과정에서 나타나는 갈등 연구. 한국사회복지학. 62(2). 29-55.

조관연·김민옥(2021). 타문화 이해와 소통 과정을 통한 로컬 지식의 상호작용적 확장. 다문화사회연구. 14(2). 123-150.

조도현·조대엽(2008). 아토피안 자조 집단의 사회운동 조직적 성격. 현상인식. 32(4). 191-213.

조민경·김렬(2011). 한국 다문화사회에 있어서 이주민의 이중문화 정체성과 사회문화적응의 관계. 대한정치학회보. 18(2). 263-291.

조용길(2015). '상호문화성 Interkulturalität' 배양을 위한 토론교육 방안. 獨語教育(Koranische Zeitschrift fur deutschunterricht). 62(2). 82-102.

조현·고준기(2013). 결혼이민자가족의 국내 취업활동 허용을 위한 관련법 개선 방안. 디지털정책연구. 11(8). 251-263.

주정(2015). 탈가정 이후 결혼이주여성들의 사례를 통한 실태와 문제점의 방안. 사회복지경영연구. 2(2). 125-142.

차성란(2011). 결혼이주여성 관점에서의 다문화가정 여가생활. 한국가족자원경영학회지. 15(1). 51-70.

차옥숭(2008). 국제혼인 이주여성 피해실태의 원인분석과 해결방안 모색. 담론 201. 11(2). 139-169.

차현미(2003). 임파워먼트 관점에서의 중도지체장애인 가족보호제공자 자조집단 프로그램 연구. 이화여자대학교 박사학위논문.

채옥희·홍달아기(2007). 베트남 결혼이민자의 한국생활적응 사례연구. 한국생활과학회지. 16(1). 61-73.

채은희·김영순(2020). 중년기 중국동포 결혼이주여성의 노후준비 경험 의미 탐색: 전환학습 관점을 중심으로. 인문과학연구. 39. 215-251.

천지아 · 이영선 · 김영순(2017). 결혼이주여성 계승어 교육에 나타난 어려운 점에 대한 연구. 예술인문사회융합멀티미디어논문지. 7(4). 693-702.

천지아 · 황해영(2016). 국내 다문화가정 자녀를 위한 이중언어 교육 연구동향: 이주부모나라 언어교육을 중심으로. 예술인문사회융합멀티미디어논문지. 6(10). 107-120.

최기호 · 김미형(1998). 언어와 사회. 한국문화사.

최미경(2014). 베트남 해체가족 이주여성의 홀로서기 과정에 관한 경험 연구. 한국가족복지학. 45. 199-227.

최미경(2018). 필리핀 결혼이주여성의 공동체 활동 경험 연구. 서강대학교 박사학위 논문.

최미경(2021). 필리핀 결혼이주여성의 공동체 활동 경험 연구. 생명연구. 61(1). 187-219.

최미화(2018). 재중동포 이중언어 교육의 실제와 개선 방안: 연변조선족자치주를 중심으로. 이중언어학. 71. 289-310.

최병두 · 김연희 · 이희영 · 이민경(2017). 번역과 동맹, 초국적 이주의 행위자: 네트워크와 사회공간적 전환. 푸른길.

최승은(2015). 상호문화교육의 관점에서 본 초등교사의 음악교육경험에 관한 연구. 인하대학교 대학원 박사학위논문.

최승은(2019a). 베트남 출신 결혼이주여성의 가족 관계에 관한 상호문화적 해석. 문화교류연구. 8(2). 143-168.

최승은(2019b). 이주 어머니(migrant mother)의 자녀교육경험에 관한 연구: 동남아시아 출신 결혼이주여성을 중심으로. 여성연구. 101(2). 77-109.

최승호(2010). 충북 결혼이주여성의 인적자원개발 연구. 연구보고서 12권.

최연숙(2021). 결혼이주여성의 성경험. 부산대학교 박사학위논문.

최윤희 · 김숙현(1997). 문화간 커뮤니케이션의 이해. 범우사.

최은숙 · 이연정(2014). 결혼이주여성의 한식에 대한 가치인식이 음식만족, 생활만족 및 국가애호도에 미치는 영향. 관광연구. 28(1). 75-95.

최인이(2016). 결혼이주여성의 경제활동을 통한 정체성형성: 대전지역 결혼이주여성의 직업 활동 경험을 중심으로. 담론. 19(1). 5-44.

최재식(2006). 상호문화성의 현상학: 문화중심주의를 넘어 상호문화주의로. 철학과 현상학 연구. 30. 1-30.

최진호(2014). 초등학생의 스마트폰 중독 실태가 ADHD증상에 미치는 영향분석.

한국위기관리논집. 10(5). 159 - 178.

최항석(2001). 성공적인 성인학습의 전략적 습관. Andragogy Today. 4(2). 한국성인교육학회. 81 - 96.

최현석 · 이현경 · 하정철(2012). 스마트폰 중독이 정신건강, 학교생활, 대인관계에 미치는 영향 - K대 대학생을 중심으로. 한국데이터 정보과학회지. 23(5). 1005 - 1015.

최호림(2015). 국제결혼에서 귀환까지: 베트남 여성의 한국행 결혼이주 경험에 관한 연구. 동아연구. 34(1). 143 - 182.

탁옥경 · 배지희(2014). 해외에서 살아가는 어머니와 자녀들의 모국어 교육경험에 관한 연구. 미래유아교육학회. 21(2). 279 - 303.

통계청(2019). 장래인구특별추계. 국가통계포털.

통계청(2020). 2019년 다문화 인구동태 통계.

통계청(2021). 2020년 다문화 인구동태 통계.

통계청(2023). 인구동태통계연보.

팜티휀짱 · 김영순 · 박봉수(2014). 베트남 결혼이주여성의 가족유형에 따른 영유아기 자녀양육 경험. 교육문화연구. 20(4). 137 - 164.

팜프억마잉(2004). 베트남 유아사회교육 커리큘럼 개발을 위한 기초연구. 계명대학교 석사학위논문.

하밍타잉(2005). 1992년 이후 한국과 베트남 사이의 국제결혼에 대한 연구: 연구 참여자의 문화적 적응을 중심으로. 서울대학교 석사학위논문.

하종천 · 오영훈(2021). 외국인 노동자와 근무하는 한국인 노동자의 상호문화소통에 관한 사례연구. 문화교류와 다문화교육. 10(1). 83 - 102.

한국가정법률상담소(2023). 다문화가정 상담통계.

한국건강가정진흥원(2020). 2020 가족지원사업 연간결과보고서

한국건강가정진흥원(2021). 2020 가족지원사업 연간결과보고서

한국건강가정진흥원(2021). 전국 가족지원센터 통번역지원사 배치현황.

한국교육개발원(2011). 다문화가정 자녀교육역량 증진을 위한 자조모임 프로그램 시범적용 및 모니터링.

한국교육개발원 · 한국여성정책연구원(2010). 다문화가족의 자녀교육역량 증진을 위한 자조모임 프로그램 개발 및 운영방안 연구.

한국교육심리학회(2000). 교육심리학 용어사전. 학지사.

한국문화관광연구원(2008). 문화향수실태조사. 문화체육관광부

한국문화관광연구원(2010). 문화향수실태조사. 문화체육관광부

한미현(2005). 가정해체의 실태 및 해체가정 아동을 위한 정책방안에 관한 연구. 아동복지연구. 3(1). 87 - 102.

한상영(2012). 여성결혼이민자가 경험하는 다문화가족 적응에 관한 연구. 한국산학기술학회논문지. 13(11). 5066 - 5075.

한준상(2003). 행복한 사람들, 그리고 여가에 관한 그들의 이해. 여가학연구. 1(1). 13 - 22.

행정안전부(2016). 2016년 외국인주민현황조사.

허선미 · 최인이(2016). 고학력 결혼이주여성의 탈구위치와 인정투쟁. 사회과학연구. 27(4). 181 - 211.

허영식(2015). 문화적 차이, 다양성에 관한 담론과 함의: 독일과 유럽의 동향을 중심으로. 한국사회과학논총. 25(3). 169 - 194.

호티롱안(2018). 다문화가정의 이중언어 교육에 대한 연구: 한국 - 베트남어를 중심으로. 커뮤니케이션학연구. 26(3). 5 - 30.

홀츠브레허(2014). 상호문화교육의 이해: 교사를 위한 교수 - 학습방법. 정기섭 외 (역). 성남: 북코리아(Holzbrecher, A, Interkulturelle Pädagogik, Berlin: Cornelsen, 2004).

홍기혜(2000). 중국조선족 여성과 한국남성간의 결혼을 통해 본 이주의 성별 정치학. 여성학논집. 17. 329 - 330.

홍길회 · 윤혜자 · 정가윤(2012). 교사의 목소리로 통해 본 유치원 현장의 음악교육. 실천유아교육. 17(1). 55 - 75.

홍세영 · 이혜영(2018). 조선족 1세대의 문화적응 과정에 관한 생애사적 연구. 한국융합인문학. 6(1). 97 - 130.

홍영숙(2019). 필리핀 결혼이주여성 두 명의 언어정체성 형성에 관한 내러티브탐구. 언어학연구. 24(1). 299 - 325.

홍종배 · 유승관(2014). 다문화 소외계층의 미디어 이용과 정책방안에 관한 연구. 스피치와 커뮤니케이션. 23. 7 - 38.

홍종열(2012). 유럽의 다문화사회와 상호문화교육에 관한 고찰. 인문과학연구. 30. 383 - 411.

황민철(2017). 결혼이주여성을 위한 취업지원서비스 효과성 평가. 다문화와 평화. 11(2). 139 - 171.

황정미(2009). 이주의 여성화 현상과 한국 내 결혼이주에 대한 이론적 고찰. 페미

니즘 연구. 9(2). 1-37.

황정미(2012). 다문화사회와 이주 어머니: 모성담론의 재구성과 어머니의 시민권에 관한 고찰. 아시아여성연구. 51(2). 103-142.

황정미(2015). 결혼이주여성의 가정폭력 피해에 대한 재고찰: '취약성' 프레임에서 인간안보(human security) 관점으로. 한국여성학. 31(4). 1-39.

황지영(2020). 다문화가정 부모의 자녀양육에 관한 연구동향 결혼이주자 여성을 중심으로. 다문화콘텐츠연구. 33. 131-160.

황해영(2018). 재한 중국동포 결혼이주여성의 생애경험 탐구: 인정투쟁의 내러티브를 중심으로. 인하대학교 박사학위논문.

황해영·김영순(2017). 재한 중국동포 결혼이주여성의 일상생활에 나타난 인정투쟁 경험과 의미. 교육문화연구. 23(4). 459-479.

황해영·김영순(2019). 재한 중국동포 출신 결혼이주여성의 취업 경험에 대한 질적 연구. 학습자중심교과교육연구. 19(10). 101-120.

히로세 준꼬(2020). 일본 결혼이주여성의 문화적응과정에서의 전환학습에 관한 연구. 다문화교육연구. 13(1). 1-34.

Abdallah-Pretceille, M.(1999). *Diagonales de la communickation interkulturell.* Sankt Augustin, Germany: Anthropos Reasearch & Publications.

Adamsen, L, & Rasmussen, J. M.(2001). *Sociological perspectives on self help groups: Reflections on conceptualization and social processes.* Journal of Advanced Nursing. 35(6). 909-917.

Baker, C.(2014). 이중언어의 기초와 교육(5판). [Foundations of Bilingual Education and Bilingualism]. 연준흠·김주은 역. 도서출판 박이정. (원저 2011년 출판)

Barron-Hauwaert, S.(2004). *Language strategies for bilingual families: The one-parent-one-language approach* (Vol.7). Multilingual Matters.

Berger, P. L.(1971). *Sociology and Freedom.* The American Sociologist. 6(1). 1-5.

Bignall, S.(2008). *Deleuze and Foucault on Desire and Power.* Angelaki: Journal of Theoretical Humanities. 13(1). 127-147.

Bigner, J. J & Gerhardt, C. J.(2002). *Parent-child relations: an introduction to parenting 6th ed.* Merrill Prentice Hall.

Borkman, T.(1976). *Experiential knowledge: A concept for the analysis of self-help groups.* Social Service Review. 50(3). 445-456.

Braidotti, R.(1994). *Nomadic subjects: Embodiment and sexual difference in contemporary feminist theory.* New York, NY: Columbia University Press.

Calloway-Thomas(2010). *Empathy in the Global World: An Intercultural Perspective.* SAGE Publications, Inc.

Choi, E.(2016). *Synchronous Tandem communication between English and Korean learners: learning through international partnership and intercultural communication (Doctoral dissertation).*

Council of Europe(1992). *European Charter for Regional or Minority Languages.* Strasbourg, 5.XI.1992. (European Treaty Series- No. 148.)

Darvin, R. & Norton, B.(2015). *Identity and a Model of Investment in Applied Linguistics.* Annual Review of Applied Linguistics. 35. 36-56.

David W. Johnson & Roger T. Johnson(2002). *Multicultural Education and Human Relations.* 김영순 외 역. 2011. 다문화교육과 인간관계. 교육과학사.

De Houwer, A.(1990). *The acquisition of two languages from birth: A case study.* Cambridge University Press.

De Houwer, A.(2009). *Bilingual first language acquisition.* Multilingual Matters.

Deleuze G., & Guattari, F.(1968). *Mille plateaux: Capitalisme et schizophrenie 2.* 김재인 역 (2001). 천개의 고원. 새물결.

Deleuze, G., & Guattari, F.(1983). *Anti-Oedipus: Capitalism and Schizophrenia.* Minneapolis, MN: University of Minnesota Press.

Fishman, J. A.(1991). *Reversing language shift: Theoretical and empirical foundations of assistance to threatened languages (Vol. 76).* Multilingual matters.

Gallagher‑Brett, A.(2005). Seven Hunderd Reasons for Studying Languages. Southampton : Higher Education Academy.

Heitmeyer, Wilhelm(1997). *Gesellschaftliche Integration.* Anomie und ethnische‑kulturelle Konflikte.

Holzbrecher(2004). *interkulturelle pädagogik.* 정기섭 외 옮김, 상호문화교육의 이해: 교사를 위한 교수‑학습 방법. 2014, 성남: 북코리아.

Honneth, A.(1992). *Kampf um anerkennung. Zur moralischen grammatik sozialer konflikte.* Frankfurt am Main: Suhrkamp. 문성훈, 이현재(역)(2011). 인정투쟁. 고양: 사월의 책.

Honneth, A.(1994). *Kampf um Anerkennung.* 문성훈, 이현재 공역(2011). 인정투쟁. 사월의책.

Honneth, A.(1996). *The struggle for recognition: The moral grammar of social conflicts.* Cambridge, MA: MIT press.

Huang, S. S.(2011). *Language Development Characteristics of the Children in Multicultural Families.* Korean Academic Information.

Hudson, Richard A.(1996). *Sociolinguistics: Cambridge Textbooks in Linguistics.* Cambridge: Cambridge University Press.

Jerry J. Bigner.(2002). *Parent‑child relations: an introduction to parenting 6th ed.* Merrill Prentice Hall.

Johnson, D. W.,& Johnson, R. T.(2002). *Learning Together and Alone: Overview and Meta‑Analysis.* Asia Pacific Journal of Education. 22., 995‑1005.

Katz, A. H.(1965). *Application of self‑help concepts in current social welfare.* Social Work. 10(3). 69‑74.

Kearns, A., & Forrest, R.(2000). *Social cohesion and multilevel urban governance.* Urban studies. 37(5‑6). 995‑1017.

Khasnabis, C., Motsch, K. H., Achu, K., Al Jubah, K., Brodtkorb, S., Chervin, P., … & Lander, T.(2010). *Community‑based rehabilitation: CBR guidelines. Geneva.* Switzerland: World Health Organization.

Kim, Mi‑Kyong.(1999). Frauenarbeit im Spannungsfeld zwischen Beruf und Familie Arbeits‑ und Lebenssituation von Lehrerinnen und

Lehrern in Südkorea. unveröffentlichte Dissertation. Bochum.

King, R., & Christou, A.(2011). *Of counter-diaspora and reverse transnationalism: Return mobilities to and from the ancestral homeland.* Mobilities. 6(4), 451-466.

Knowles, M. S.(1980). *The Modern Practice of Adult Education: From Pedagogy to Andragogy.* Englewood Cliffs: Prentice Hall/Cambridge.

Lambert, W. E., & Taylor, D. M.(1996). *Language in the lives of ethnic minorities: Cuban American families in Miami.* Applied Linguistics. 17(4). 477-500.

Laurie, S.S.(1890). *Lectures on Language and Linguistic Method in School.* Cambridge: Cambridge University Press.

Le Thanh Hoa, Tran Binh Le, Thanh Huong Thi Doan, Dong Van Quyen, Kim Xuyen Thi Le, Viet Cuong Pham, Mitsuru Nagataki, Haruka Nomurae, Yoshiya Watanabe, Yasunori Ikeue, Takeshi Agatsuma(2011). *The Adjuvant Effect of Sophy β - Glucan to the Antibody Response in Poultry Immunized by the Avian Influenza A H5N1 and H5N2 Vaccines.* Journal of microbiology and biotechnology. 21(4).
http://www.phununet.com/WikiPhununet/ChiTietWiKi.aspx

Lenneberg, E. H., Chomsky, N., & Marx, O.(1967). *Biological foundations of language (Vol. 68).* New York: Wiley.

Leon, A.M., Mazure, R., Montalvo, E., & Rodrieguez, M.(1984). *Self-help supportgroups for Hispanic mothers.* Child Welfare: Journal of Policy, Practice and Program. 63(3). 261-268.

Lockwood, D.(1964). *Social Integration and System integration, in G. K. Zollschan and W. Hirsch (eds).* Explorations in Social Change. London: Routledge.

Mall, R. A.(1996). *Was heisst 'aus interkultureller Sicht?' in Ethik und Politik aus interkulturelle Sicht,* hrsg. von R. A., Mall und N. Schneider, Amsterdam-Atlanta, GA.

Mead, G. H.(1963). *Mind, self and society.* Chicago IL: The University of Chicago Press.

Merrett & Walzer.(2004). *Cooperatives and Local Development: Theory and Applications for the 21st Century.* Routledge.

Minoak, H. O. N. G., & Cho, Y. (2021). *Exploring Factors on Identity of Korean Diaspora: Perspectives of Millennial Generation.* 산경 연구논집. 12(4). 15 - 26.

Miriam, J. Stewart.(1990). *Expanding Theoretical Conceptualizations of self-help groups.* Social Science and Medical. 31(9). 1057 - 1066.

Nieto, S.(2016). 언어, 문화 그리고 비판적 다문화교육(1판). [Language, Culture, and Teaching]. 김영순 외(역). 성남: 북코리아. (원저 2009 년 출판)

O'Shea, A.(2002). *Desiring Desire How Desire Makes Us Human, All Too Human.* Sociology. 36(4). 925 - 940.

Papalia, D. E., & Olds, S. W.(1998). *Human development(7th ed.).* New York: McGraw - Hill.

Paul, R.(2007). *Language disorders from infancy through adolescence: Assessment & intervention.* Elsevier Health Sciences.

Phan Ngọc.(2002). *Tìm về bản sắc văn hóa Việt Nam.* Nhà xuất bản Tổng hợp thành phố Hồ CHí Minh.

Phinney, J. S. (1990). *Ethnic identity in adolescents and adults: review of research.* Psychological bulletin. 108(3). 499.

Pratt, M.L.(1991). *Arts of the contact zone.* Profession. 33 - 40.

Romaine, Suzanne.(1994). *Language in society: An introduction to sociolinguistics.* Oxford: Oxford University Press.

Ronjat, J., Escudé, P., & Lieutard, H.(1913). Le développement du langage observé chez un enfant bilingue.

Rossi, A. S. & Rossi, P. H.(1990). *Of human bonding: parent-child relations across the life course.* New York: Aldine de Gruyter.

Rothman, J.(1995). Approaches to Community intervention. In Jack Rothman, John L.Erlich & John E. Tropman. Strategies of Community intervention(5th ed.). Itasca, IL:Peacock.

Seltzer, J. A.(1991). *Relationships between Father and children who live apart: The father's role after separation.* Journal of Marriage and the Family. 53, 79 – 101.

Sinicrope, C., Norris, J., & Watanabe, Y.(2007). *Understanding and assessing intercultural competence: A summary of theory, research, and practice (technical report for the foreign language program evaluation project).* Studies in Second Language Acqui – sition. 26(1). 1 – 58.

Skinner, B. F.(1957). *Verbal behavior.* Acton, MA: Copley Publishing Group.

Smith, J., Flowers, P., & Larkin, M.(2009). *Interpretative phenomenological analysis.* London, UK: Sage.

Stewart, D.W., & Shamdasani, P. N. (1990). *Focus groups: Theory and practice. Applied social research methods series.* Thousand Oaks. CA: Sage Publications, Inc.

Sue, D. W., Sue, D., Neville. H. A., & Smith, L.(2019). *Counseling the culturally diverse: Theory and practice.* John Wiley & Sons. 하혜숙, 김태호, 김인규, 이호준, 임은미 공역(2011). 다문화 상담: 이론과 실제. 학지사.

Thompson, J. R., Bryant, B., cambell, E. M., Craig, E. M., Hughes, C., Rotholz, D. A., Schalock, R. L., Silverman, W. P., Tasse, M. J., & Wehmeyer. M. L.(2004b). *Supports Intensity Scale (sis).* User's manual. Washington, DC: American Association on Mental Retardation.

Thompson, J. R.,Hughes, C., Schalock, R. L., Silverman, W., Tasse, M. J., Bryant, B., Craig, E. M., & Cambell, E. M.(2002). *Integrating supports in assessment and planning Mental Retardaion.* 40. 390 – 405.

Vygotsky, L. S.(1987). *Thinking and speech.* In L. S. Vygotsky. Collected works: Prombles of general psychology (Vol. 1). New York: Plenum.

Vygotsky, L. S.(2000). 사회 속의 정신: 고등심리과정의 발달. [Mind in

society: The development of higher psychological process]. 조희
숙 외(역), 양서원. (원저 1978년 출판)

Wardhaugh, R.(1999). 현대사회언어학(3판). [An introduction to sociolingu-
istics]. 박의재, 정미령 역. 한신문화사. (원저 1992년 출판)

Wituk, S., Shepherd, M. D., Slavich, S., Warren, M. L., & Meissen,
G.(2000). *A topography of self-help groups: An empirical
analysis.* Social work. 45(2). 157-165.

Yip, T., Seaton, E. K., & Sellers, R. M.(2006). *African American racial
identity across the lifespan: Identity status, identity content,
and depressive symptoms.* Child development. 77(5). 1504-1517.

Zastrow, C. H.(2008). *Social Work with Group: A Comprehensive
Workbook.* Belmont. CA: Cengage Learni.

Zastrow, C.(1990). *Social Work with Groups: Using the Class as a
Group Leadership Laboratory.* Chicago: Nelson-Hall.

찾아보기

ㄱ

가정폭력 108
가정폭력 예방 111
가정폭력피해자 110
가정해체 229, 246, 258
가족 여가 41
가족센터 345
가족의 간섭 251
가짜 결혼 325
결핍의 기억 321
결핍의 주체 327
결혼 문화 269
결혼 이주 82
결혼이민자 취업지원 종합대책 84
결혼이민자 통번역서비스 사업 354
결혼이주여성 14, 47, 80, 156
경제 폭력 108
경험론적 언어습득 가설 230, 233
경험의 저장소 352
계승어 교육 199, 206
고려인 이주여성 272
공감 383
공동-존재 20
공동체적 실천 338
국가정체성 264
근접발달영역 232

ㄴ

내러티브 17
내러티브 연구방법 228

ㄷ

내러티브론 17
노후생활의 상실감 148
노후준비 128, 148
노후준비인식 148

ㄷ

다문화 257, 276
다문화 복지서비스 161
다문화사회 199
다문화 생활세계 313
다문화 시민교육 105
다문화 콘텐츠 72
다문화가정 226
다문화가족지원법 35
다문화가족지원센터 69, 350
다문화상담 285
다언어주의 214
대화 29
동향공동체 351
동화주의 중심 다문화 교육 258

ㅁ

문화 287
문화다양성 175
문화변용이론 231
문화적 갈등 380
문화적응이론 231, 267
미디어 47
미디어 사용 250

민족 정체성 263
민주주의 21

ㅂ

밥심 문화 380
방문교육서비스 154
부부관계의 불평등 114
비판적 문화 인식 300, 377

ㅅ

사회문화이론 232
사회이론 231
사회적 관계망 192
사회적 소수자 27
사회적 자조모임 318
사회적 지속가능성 38
사회적 치욕 117
사회통합 37
삶의 적극적 태도 385
상호문화 369
상호문화성 158, 289, 290, 370
상호문화성의 역동성 289
상호문화소통 25, 49, 160, 291
상호문화소통 경험 371
상호문화소통역량 288, 305
상호문화적 지식 377
상호문화주의 288
생득적 언어습득 가설 230
생활세계 20, 313
성 264
세계-내-존재 20
세계체제 이론적 관점 82
소수민족집단 269

스마트폰 58
스마트폰의 경험 76
신고전주의 거시경제학 관점 81
신체적 학대 117
심리적 유아 164

ㅇ

양육 96
양육방식 185, 191
언어학습 254
언어교류 커뮤니티 204
언어교육 201
언어영재교실 215
에틱적 방법 290
여가 33, 143
여가 경험 41
역동적인 상호소통 159
유목적 주체 314, 320
이문화간 갈등 213
이야기 16
이주노동시장 이론적 관점 82
이주의 여성화 107
이중모국어 이론 203
이중모어습득 200
이중언어 사용자 214
이중언어강사 280
이중언어 교육 235
이중언어능력 309
이중언어부모코칭사업 215
이중언어환경조성사업 215
이중적인 약자 123
이혼 결혼이주여성 125
인구학적 다양성 213
인식의 부조화 271
인정의 욕구 95

인정투쟁 338
인종문화정체성 발달 267
인지부조화 272

ㅈ

자녀양육 197
자녀양육 방법 66
자녀양육 스트레스 178
자녀지원 138
자조모임 315, 331, 342, 349, 366
접촉지대 370
정서적 불안 185
정체성 78, 89, 168, 263, 268
정체성 형성 153, 160
주체성 15
지역아동센터 238

ㅊ

참다운 대화 29
초국적 문화매개자 37
초국적 유대관계 38
초국적 이주 사회 293
초국적 이주 행위자 36
초국적 정체성 265, 281, 285
취업경험 81
취업교육프로그램 101
취업동기 91

취업지원 79
취업지원프로그램 105
취업프로그램 81
취업활동 91

ㅋ

커뮤니티 53
코리안 드림 178

ㅌ

타인 돌봄 136
타인의 인정 340
타자 21
타자화 과정 264
통번역 자조모임 351, 358
통번역지원사 357
통역 자원봉사 활동 363
트랜스로컬 265
트랜스로컬 정체성 265

ㅎ

한국사회관계망 198
한국어 교육 63
화교 결혼이민여성 204
환대 27